Wilfred Thesiger
Die Brunnen der Wüste

SERIE PIPER
Band 1407

Zu diesem Buch

Wilfred Thesiger gehört zu jenen Außenseitern, die von Kindheit an durch das Leben in der Wildnis fasziniert werden. Geboren 1910 in Addis Abeba als Sohn eines englischen Diplomaten, hatte er bereits als Jugendlicher »viele Dinge gesehen, die nur wenige Europäer gesehen hatten« (Thesiger). Von 1947 bis 1950 kann er sich einen langgehegten Wunsch erfüllen: Er durchquert das »leere Viertel Arabiens«, die Wüste Rub-al Khali. Sein Bericht über diese unberührte Welt des Schweigens gehört zur großen Expeditionsliteratur und ist mit T.E. Lawrences »Die sieben Säulen der Weisheit« verglichen worden.

Wilfred Thesiger, geboren 1910 in Addis Abeba, studierte in Eton und Oxford. 1947 quittierte er den Verwaltungsdienst, um sich ganz seinen abenteuerlichen Reisen widmen zu können.

Wilfred Thesiger

DIE BRUNNEN DER WÜSTE

Mit den Beduinen durch das unbekannte Arabien

Aus dem Englischen
von Peter Stadelmayer

Mit 25 Abbildungen
und einer Vorsatzkarte

Piper
München Zürich

SERIE PIPER
ABENTEUER
Herausgegeben von Harald Eggebrecht

Außerdem liegen vor:
Joe Simpson, Sturz ins Leere (1247)
Bettina Selby, Ah Agala! (1257)
Lucy Irvine, Eva und Mister Robinson (1274)
Herbert Rittlinger, Ich hatte Angst (1340)

Die Originalausgabe erschien 1959 unter dem Titel
»Arabian Sands«
bei Longmans, Green & Co., London.

ISBN 3-492-11407-5
Neuausgabe Juli 1991
2. Auflage, 7.–14. Tausend 1991
(1. Auflage, 1.–8. Tausend dieser Ausgabe)

Umschlag: Federico Luci
Foto: Gruner + Jahr, Hamburg
Foto Umschlagrückseite: Glass
Satz: Graphische Betriebe R. Oldenbourg, München
Druck und Bindung: Clausen & Bosse, Leck
Printed in Germany

INHALT

Für Bin Kabina und Bin Ghabaisha

und all die andern, die mich begleiteten

Einleitung

Während der Jahre, die ich in Arabien verbrachte, kam mir niemals der Gedanke, ich könne ein Buch über meine Reise schreiben. Sonst hätte ich genauere Aufzeichnungen gemacht, die mir später nützlich und hinderlich zugleich gewesen wären. Sieben Jahre, nachdem ich Arabien verlassen hatte, zeigte ich Graham Watson einige meiner Fotografien, und er riet mir dringend, ein Buch über die Wüste zu schreiben. Ich wies den Vorschlag zurück, weil ich wußte, daß ich mir damit eine ziemliche Arbeit aufhalsen würde, und weil ich in den nächsten Jahren nicht in Europa seßhaft werden, sondern Länder bereisen wollte, die mich interessierten. Am nächsten Tag kam Graham Watson wieder zu mir und brachte diesmal Mark Longman mit. Nach vielem Hin und Her hatten die beiden mich soweit, daß ich den Versuch wagte. Nun, da ich das Buch beendet habe, bin ich ihnen dankbar; denn die Anstrengung, mir jede Einzelheit wieder ins Gedächtnis zu rufen, hat mir die Bedu, mit denen ich reiste, und das riesige leere Land, in dem ich zehntausend Meilen auf Kamelen zurücklegte, wieder näher gebracht.

Ich kam gerade noch rechtzeitig nach Südarabien. Andere werden dorthin gehen, um Geologie und Archäologie zu treiben, um Vögel, Pflanzen und Tiere, ja die Araber selbst zu studieren. Aber sie werden in Automobilen reisen und durch Funkgeräte mit der Außenwelt verbunden sein. Sie werden weit interessantere Ergebnisse als ich nach Hause bringen, aber den Geist des Landes und die Größe der Araber werden sie nicht begreifen. Wer heute nach dem Leben suchen wollte, das ich dort geführt habe, wird es nicht finden; denn nach mir kamen die Ingenieure und die Ölsucher. Heute ist die Wüste, durch die ich reiste, von den Spuren der Lastkraftwagen gekerbt und von den Abfällen der Importe aus Europa und Amerika übersät. Aber diese Schändung bedeutet wenig gegenüber der Demoralisierung, die unter den Bedu selbst stattgefunden hat. Als ich unter ihnen lebte, konnten sie sich keinen anderen Lebensstil als den ihren vorstellen. Sie waren keine unwissenden Wilden; im Gegenteil, sie waren die direkten Nachfahren einer uralten Kultur und fanden innerhalb des Gefüges ihrer Gesellschaft die persönliche Freiheit und Selbstdisziplin, die sie für erstrebenswert hielten. Nun vertreibt man sie aus der Wüste in Städte, in denen man für die Tugenden, die sie einst zum Herrenvolk machten, keine Verwendung mehr hat. Kräfte, so unkontrollierbar wie die Hungersnöte, die sie in der Vergangenheit so häufig heimsuchten, haben ihren Lebensrhythmus zerstört. Heute sehen sie sich nicht dem Tod, sondern der Degradierung gegenüber.

Seit ich Arabien verließ, bin ich durch Karakorum und Hindukusch, durch die Berge Kurdistans und die Sümpfe des Irak gereist. Immer hat es mich in abgelegene Gegenden gezogen, die für Automobile nicht zugänglich sind, und wo das Alte sich noch mehr oder weniger erhalten hat. Ich habe einige der großartigsten Landschaften der Erde gesehen und unter bemerkenswerten und fast unbekannten Stämmen gelebt. Aber keine dieser Gegenden hat mich jemals so angerührt wie die Wüsten Arabiens.

Vor fünfzig Jahren bezeichnete das Wort »Araber« im allgemeinen einen Bewohner Arabiens, und häufig meinte man damit den Bedu. Man nannte »Araber« die aus Arabien nach Ägypten und anderen Ländern gekommenen Angehörigen von Stämmen, die noch immer als Nomaden lebten, während andere, die Bauern oder Städter geworden waren, nicht so genannt wurden. In diesem Sinn benutze auch ich das Wort »Araber« und schließe mich also nicht dem in jüngster Zeit mit dem Anwachsen des arabischen Nationalismus entstandenen Brauch an, jeden, dessen Muttersprache das Arabische ist, unbesehen einen Araber zu nennen.

Die Bedu sind die Kamele züchtenden Nomadenstämme der arabischen Wüste. In England nennt man sie meist Beduinen; das ist ein doppelter Plural, den sie selbst kaum gebrauchen. Ich ziehe die Bezeichnung Bedu vor und habe sie auch in diesem Buch durchgehend angewandt. Die Bedu nennen sich selbst im allgemeinen »die Araber«. Ich spreche von ihnen abwechselnd als von Bedu oder Arabern.

Im Arabischen ist Bedu die Pluralform, Bedui die Singularform. Der Einfachheit halber habe ich das Wort Bedu für den Singular wie für den Plural benutzt. Um den Leser nicht zu verwirren, bin ich mit den Namen der Stämme ebenso verfahren. Der Singular von Raschid lautet eigentlich Raschdi, von Awamir Amari und so fort.

Ich habe möglichst wenige arabische Worte benutzt. Die meisten in meinem Buch erwähnten Pflanzen haben keine englische Bezeichnung; ich nenne sie mit dem landesüblichen, nicht mit dem botanischen Namen, weil die meisten Menschen etwa das Wort *ghaf* leichter behalten als das Wort *Prosopis spicigera.* Am Schluß des Buches findet sich eine Liste der arabischen und botanischen Namen aller erwähnten Pflanzen.

Als Vorlage für die große Karte dienten Karten der Royal Geographical Society von meinen arabischen Reisen und einige Informationen von Thomas und Philby. Ich habe diese Karte nach reiflichem Überlegen nicht nach den neuesten Ergebnissen der seither in Arabien geleisteten Forschung geändert oder ergänzt.

Jede fremde Schreibweise arabischer Wörter führt zu Meinungsverschiedenheiten. Ich habe im Interesse des Lesers versucht, diese Wörter möglichst einfach zu halten. So habe ich etwa für den schwierigen Buchstaben *Ghain* das konventionelle »gh« verwandt. Kenner behaupten, dieser weiche Kehllaut werde ähnlich dem Pariser »r« ausgesprochen. Er erscheint im Namen einer der Hauptfiguren dieses Buches, Bin Ghabaisha. Mit dem »kh« ist unser Rachen-ch wie in Bach, mit dem »q« etwa ein gk gemeint. Das »z« ist ein stimmhaftes s wie im Englischen und Französischen.

Nur ich vermag zu sagen, welche Bedeutung der Anteilnahme und der Unterstützung meiner Mutter zukommt. Ich war neun Monate alt, als sie mich von Addis Abeba mit zur Küste nahm, auf die erste meiner vielen ausgedehnten Kindheitsreisen mit Kamelen oder Maultieren. Da sie selbst den Zauber afrikanischer Reisen kannte, ehe das Reisen dort leicht wurde, hat sie meine Liebe zu Entdeckungsfahrten stets verstanden und mich darin bestärkt.

Bei der Abfassung dieses Buches hat mir Valffrench-Blake höchst dankenswerte Hilfe geleistet. Er hat die ersten Kapitel sofort nach der Niederschrift gelesen und hat das Gesamtmanuskript nicht nur einmal, sondern mehrmals durchgelesen. Sein Verständnis, sein Zuspruch wie seine ausgezeichneten Ratschläge und kritischen Einwände waren für mich von unschätzbarem Wert. Auch mein Bruder Roderic hat meine Aufzeichnungen mit größter Sorgfalt und Geduld gelesen und mir viele wertvolle Hinweise gegeben. Ebensosehr habe ich auch John Verney und Graham Watson zu danken; jenem für unschätzbare Ratschläge, diesem für sein Vertrauen auf die Vollendung der Arbeit, an die ich mich auf sein Zureden hin gemacht hatte. Vielen Dank schulde ich auch James Sinclair & Company, Whitehall, für die große Mühe, die sie sich jahrelang mit meinen Fotografien gegeben haben; einige der Ergebnisse sind in diesem Buch zu sehen. Ich möchte auch der Royal Geographical Society für die Hilfe und Ermutigung danken, die sie mir zuteil werden ließ, ehe ich mich auf jene Reisen begab.

Es wäre sinnlos, den Bedu in einem Buch zu danken, das keiner von ihnen jemals lesen wird. Dennoch geht aus ihm klar hervor, daß ich alles denen verdanke, die mich begleitet haben. Ohne ihre Hilfe hätte ich niemals durch das Leere Viertel reisen können. Ihre Kameradschaft schenkte mir die fünf glücklichsten Jahre meines Lebens.

Prolog

Eine Wolke zieht sich zusammen, Regen fällt, die Menschen leben; die Wolke löst sich auf, ohne Regen zu spenden, und Mensch und Tier sterben. In den Wüsten Südarabiens gibt es keinen Wechsel der Jahreszeiten, kein Steigen und Fallen der Säfte, sondern nur öde Wüsten, in denen nichts als der Wechsel der Temperatur den Lauf der Jahre anzeigt. Es ist ein strenges knochentrockenes Land, das weder Milde noch Behaglichkeit kennt. Dennoch leben dort seit Urzeiten Menschen. Generationen von Nomaden haben an ihren Lagerplätzen verrußte Steine, auf den weiten Kiesebenen ihre kaum mehr erkennbaren Wegspuren zurückgelassen. Anderswo hat der Wind die Fußspuren verwischt. Die Menschen leben hier, weil sie in diese Welt geboren wurden. Das Leben, das sie führen, gleicht dem Leben ihrer Vorväter. Sie nehmen Entbehrungen und Mühsal auf sich, sie kennen es nicht anders.

Lawrence schrieb in seinen »Sieben Säulen der Weisheit«: »Das Leben der Beduinen war hart selbst für diejenigen, die darin aufgewachsen waren, und für Fremde war es entsetzlich – der Tod mitten im Leben.« Niemand kann dieses Leben leben und unverändert daraus hervorgehen. Er wird für immer, mehr oder weniger deutlich, das Zeichen der Wüste, das Zeichen des Nomaden tragen; und er wird immer das Heimweh nach diesem Leben spüren, leise oder brennend, je nach seiner Veranlagung. Denn dieses grausame Land kann einen Zauber ausüben, dem ein gemäßigtes Klima nichts Vergleichbares entgegenzusetzen hat.

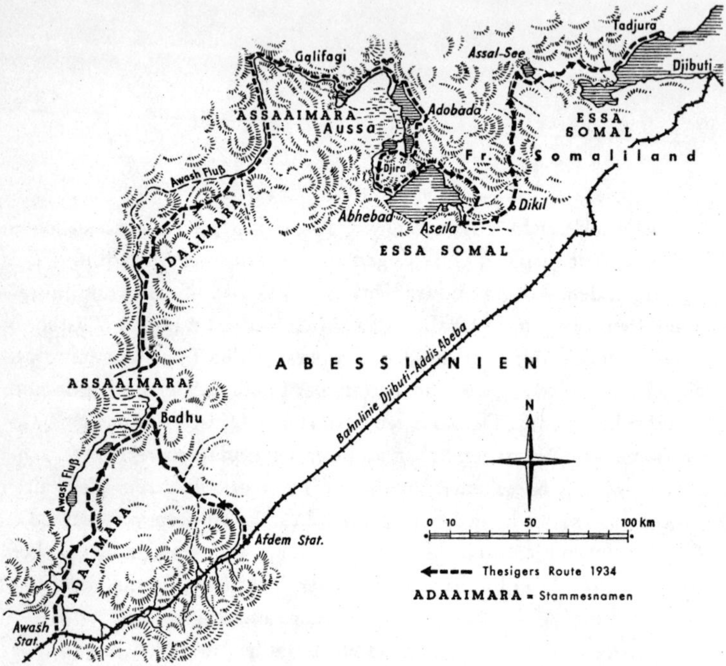

Galifagi
Assal-See
Tadjura
Djibuti
ASSAAIMARA
Aussa
Adobada
ESSA
SOMAL
Fr.
Somaliland
Djira
Awash Fluß
Abhebad
Aseila
Dikil
ADAAIMARA
ESSA SOMAL
ABESSINIEN
ASSAAIMARA
Badhu
Bahnlinie Djibuti-Addis Abeba
N
Awash Fluß
ADAAIMARA
0 10 50 100 Km
Afdem Stat.
Thesigers Route 1934
ADAAIMARA = Stammesnamen
Awash Stat.

Äthiopien und der Sudan

Als ich im Sommer 1946 südlich von Mekka durch das Hochgebirge reiste, wurde ich mir zum erstenmal der Macht bewußt, welche die Sandwüste über mich hatte. Einige Monate zuvor war ich drunten am Rand des Leeren Viertels gewesen, der weiten Sande, die man auch Rub al-Khali nennt. Ich hatte eine Zeitlang mit den Bedu zusammengelebt, ein hartes, erbarmungsloses Leben; immer hatte ich Hunger und meist auch Durst gehabt. Meine Gefährten waren seit ihrer Geburt an dieses Leben gewöhnt gewesen, ich aber war damals zermürbt von langen Märschen durch windgepeitschte Dünen oder über Ebenen, deren Eintönigkeit die in der Hitze flimmernden Spiegelungen der Fata Morgana noch verstärkten. Die Furcht vor Überfällen hatte uns immerfort gespannt und wach gehalten, selbst wenn uns der Mangel an Schlaf schier übermannte. Stets hatten wir die Gewehre in der Hand, die Augen waren suchend auf den Horizont gerichtet. Hunger, Durst, Hitze und Kälte – ich hatte sie während dieser sechs Monate bis zur Neige gekostet. Ich hatte unter Fremden gelebt, die keinerlei Schwäche duldeten. Körperlich und geistig am Rande meiner Kräfte, hatte ich mich oft danach gesehnt, dem allen zu entrinnen.

Nun aber stand ich in Assir auf einem Berghang in fast 3000 Meter Höhe, der mit wilden Olivenbäumen und Wacholder bepflanzt war. Ein Bach schäumte den Hang hinab. Sein eiskaltes Wasser war willkommener Gegensatz zu dem spärlichen bitteren Wasser der Wüste. Hier blühten wilde Blumen, Jasmin und Geißblatt, Heckenrosen und Primeln. Hier gab es terrassenförmig angelegte Felder, auf denen

Weizen und Gerste, Wein und Gemüse wuchsen. Tief unter mir, im Osten, verschleierte ein gelber Dunst die Sandwüste. Aber gerade dorthin schweifte meine Phantasie, und ich plante neue Reisen. Und ich grübelte über jenen seltsamen Zwang nach, der mich in ein Leben zurückzog, das kaum zu ertragen war. Hätte ich in einem Londoner Büro gearbeitet und von Freiheit und Abenteuern geträumt, wäre das verständlich gewesen; hier aber hatte ich doch alles, was ich nur wünschen konnte, und zu weit angenehmeren Bedingungen. Doch mein Gefühl sagte mir, daß es gerade die Härte des Wüstenlebens war, die mich dorthin zurückzog. Es war die gleiche Kraft, die Menschen in das Polareis, ins Hochgebirge und aufs Meer zieht.

Es käme der Annahme einer Herausforderung gleich, wenn ich jetzt in das Leere Viertel zurückkehrte, und ich würde meinen Kräften das Äußerste zumuten, wenn ich lange dort bliebe. Dort gab es noch sehr viel unerforschtes Gebiet. Das Leere Viertel war einer der wenigen Orte, an denen ich einem inneren Zwang gehorchen könnte, dorthin zu gehen, wo noch kein anderer gewesen war. Mein bisheriges Leben hatte mir alle Voraussetzungen für eine derartige Reise gegeben. Das Leere Viertel bot mir Gelegenheit, mich als Entdecker hervorzutun. Aber ich glaubte, daß es mir noch mehr bieten könne, daß ich in jenen öden Wüsten den Frieden, den die Einsamkeit bringt, und bei den Bedu die Kameradschaft inmitten einer feindseligen Welt finden könne. Viele, die sich in gefährliche Gegenden wagen, haben diese Kameradschaft unter Angehörigen der eigenen Rasse gefunden; einige wenige finden sie leichter bei Menschen anderer Länder. Gerade die Verschiedenheit trennt zwar, sie bindet jedoch auch um so enger. Ich fand jenen Kameradschaftsgeist bei den Bedu. Ohne ihn wären meine Reisen ein sinnloser Opfergang gewesen.

Ich habe mich häufig gefragt, ob die Erklärung für diesen abstrusen Zwang, der mich aus meinem Heimatland in die Wüste des Ostens treibt, vielleicht in meiner Kindheit zu finden sei. Vielleicht ist sie in den tiefsten Schichten meines Bewußtseins zu suchen: – in den Reisen durch die Wüsten Abessiniens; in der Erregung, die ich verspürte, als ich im Alter von drei Jahren meinen Vater eine Oryx-Antilope schießen sah; in der undeutlichen Erinnerung an Kamelherden an der Tränke; im Geruch des Staubes und der blühenden Schirmakazien in der Sonnenglut; im Geheul der Hyänen und Schakale, das sich aus der Finsternis um das Lagerfeuer erhob. Aber diese Erinnerungen verblassen hinter späteren Erinnerungen an das abessinische Hochland, wo ich meine Kindheit verlebte, bis ich fast neun Jahre alt war.

Es war eine ungewöhnliche Kindheit. Mein Vater war der Britische Gesandte in Addis Abeba, und dort wurde ich 1910 in einer der Lehmhütten geboren, in denen damals die Gesandtschaft untergebracht war. Als ich nach England kam, hatte ich bereits Dinge erlebt, die nur wenige Menschen in England jemals gesehen hatten. Ich hatte die Priester in Timkat vor der Bundeslade zum gedämpften Klang silberner Trommeln tanzen sehen, ich schaute zu, wie die Würdenträger der äthiopischen Kirche in vielfarbigen prunkvollen Roben die Wasser segneten. Ich war dabei, wie während des Großen Aufstands von 1916 die Armeen zum Kampf aufbrachen. Tagelang zogen sie über die Ebene vor der Gesandtschaft. Ich hatte das Klagegeheul gehört, als Ras Lul Segeds Armee beim Versuch, den Vormarsch des Negus Michail aufzuhalten, vernichtet wurde. Und ich war Augenzeuge der Jubelfeiern gewesen, die den endgültigen Sieg verkündeten. Ich hatte die triumphale Rückkehr nach der Schlacht von Sagale erlebt, wo, nur fünfzig Meilen nördlich von Addis Abeba, in verzweifeltem Einzelkampf die Armeen des Nordens und des Südens einen Tag lang ineinander verkrallt waren.

Jeder Feudalherr war von Söldnern seiner Provinz umgeben gewesen. Die gemeinen Soldaten waren weiß gekleidet, die Häuptlinge aber prangten in vollem Kriegsschmuck mit Kopfputzen aus Löwenmähnen, in leuchtenden Samtmänteln, die von Gold- und Silberstickerei starrten, in langen, bunten Seidengewändern, und führten gewaltige Krummsäbel mit sich. Alle trugen Schilde, die zum Teil versilbert oder vergoldet waren, und viele schwangen ihre Gewehre. Die Zulukrieger, die vor Tschaka paradierten, und die Derwische, die sich vor Omdurman zum Kampf formierten, können kaum barbarischer ausgesehen haben als diese erregte Menschenmenge, die den ganzen Tag lang zum Donner der Kriegstrommeln und den gellenden Stößen der Kriegshörner um den königlichen Pavillon wogte. Das war keine feierliche Truppenparade. Diese Menschen waren eben aus einem verzweifelten Kampf um das nackte Leben zurückgekehrt, und die Erregung jener hektischen Stunden kochte noch immer in ihnen. Das Blut auf den Gewändern, die sie den Toten abgenommen und ihren Pferden übergehängt hatten, war kaum getrocknet. Sie wogten vorüber, die Reiter in Staubwolken gehüllt, das Fußvolk heftig drängelnd. Waffenschwingend und ihre kühnen Taten laut verkündend, stürmten sie die Stufen zum Thron hinauf, wo die Hofmeister sie mit langen Stäben zurücktrieben. Über ihren Köpfen flatterten und tanzten zwischen funkelnden Speerspitzen unzählige Fahnen. Ich entsinne mich eines kleinen Jungen, wohl kaum älter als ich, den man im Triumph vorbeitrug. Er hatte zwei Männer getötet. Ich erinnere mich an den Negus Michail, den König des Nordens, den man in Ketten vorbeiführte, einen Stein auf der Schulter zum Zeichen der Unterwerfung – ein alter Mann in schlichtem schwarzem Burnus, den Kopf von einem weißen Tuchfetzen umhüllt. Der bewegendste Augenblick dieses ungeheuer erregenden Tages trat ein, als plötzlich die Trommeln verstummten und in der tödlichen Stille Hunderte von Männern in zerfetzter weißer Alltagskleidung langsam durch die endlose Schlange wartender Soldaten schritten, an ihrer Spitze ein Jüngling. Es war Ras Lul Segeds Sohn, der die Überreste der väterlichen Armee zurückbrachte, die fünftausend Mann stark in die Schlacht gezogen war.

Was Wunder, daß ich während meiner Schulzeit von Afrika träumte. Ich las jedes Buch über afrikanische Reisen und Abenteuer, das mir in die Hände kam, die Bücher von Gordon-Cumming, Baldwin, Bruce, Selous und vielen anderen. Ich verschlang Rowland Wards »Records of Big Game« und ich hätte eine Prüfung in afrikanischer Fauna spielend bestanden, während ich in Latein wiederholt versagte. In der Schulandacht beschwor ich die Bilder meiner Kindheit herauf, die Berge, die meinen Horizont gesäumt hatten, Zuqala, Fantali, Wotschertscher, Furi und Managasha. Diese Namen verursachen mir heute noch brennendes Heimweh. Ehe ich in die Schule kam, hatte ich außer meinen Brüdern kaum ein europäisches Kind gesehen. Nun sah ich mich einer feindseligen und unbegreiflichen Welt gegenüber. Die strengen Konventionen, denen Schulknaben sich unterzuordnen haben, waren mir fremd, und ich hatte entsprechend zu leiden. Ich erzählte von den Dingen, die ich gesehen und getan hatte, und prompt nannte man mich einen Lügner. Ich traute mir kaum zu, mit meinen Mitschülern Schritt halten zu können, und war meist einsam. Glücklicherweise kam ich dann nach Eton, für das ich eine tiefe, dauernde Zuneigung faßte. Mit Zwanzig kehrte ich nach Abessinien zurück. Haile Selassie hatte es nicht vergessen, daß mein Vater in den kritischen Tagen des Großen Aufstands seinen kleinen Sohn, den heutigen Kronprinzen, in der Gesandtschaft versteckt gehalten hatte. Als dem ältesten Sohn meines Vaters schickte er mir eine persönliche Einladung zu seiner Krönung, und so fuhr ich im Gefolge des Herzogs von Gloucester nach Äthiopien. Wir landeten in Djibuti. Ich bin wohl kaum jemals so unbeschreiblich glücklich gewesen wie in der Nacht, durch die unser Zug nach Addis Abeba rollte. Als ich wieder die Gesandtschaft betrat, war mit einem Schlag mehr als die Hälfte meines Lebens ausgelöscht. Nur mit Mühe vermochte ich mich auch nur an die jüngste Vergangenheit zu erinnern. Ich konnte nicht glauben, daß elf Jahre vergangen waren, seit ich das letztemal den Hügel hinter der Gesandtschaft erstiegen und den blauen Rauch aus den Dienerschaftsunterkünften in die kalte, klare Luft aufsteigen gesehen oder den schrillen Schreien der Raubvögel über den Eukalyptusbäumen gelauscht hatte. Jeden Vogel, jede Pflanze, ja die einzelnen Steine erkannte ich wieder.

Während zehn hektischer Tage nahm ich an Umzügen, Zeremonien und Staatsbanketten teil, und schließlich war ich Zuschauer, als Haile Selassie, der König der Könige, vom Patriarchen gekrönt wurde. Gekrönt, gewandet und gesalbt zeigte er sich seinem Volk, ein König aus der langen Reihe, die sich auf Salomon und die Königin von Saba zurückführt. Ich blickte auf Straßen hinab, in denen die Stammesangehörigen aller Provinzen seines Reiches sich drängten. Ich sah wieder die Schilde und die leuchtenden Gewänder, deren ich mich aus meiner Kindheit erinnerte. Aber die Außenwelt war eingebrochen, und ich gewahrte das Menetekel. Ich begriff, daß Bräuche, Überlieferungen und Riten, die hochgehalten und geehrt worden waren, bald abgeschafft würden, daß die üppige Farbigkeit, die dieses Schauspiel auszeichnete, auf immer aus diesem Land verschwinden werde. Schon sah man ein paar Automobile in den Straßen, die den Wechsel ankündeten. Man sah Journalisten nach vorn drängen, um den Kaiser auf dem Thron und die Priester beim Tanz zu fotografieren. Einer schob mich rücksichtslos beiseite und rief: »Platz da für die Augen und Ohren der Welt!«

Ich war aufgewachsen mit dem Traum von Großwildjagd und Forschungsexpeditionen, und nun, wieder in Afrika, war ich entschlossen, fort in die Wildnis zu gehen. Ich hatte ein Gewehr mitgebracht. Eines Tages, während einer Pause zwischen den Krönungsfestlichkeiten, fragte ich auf der Treppe zur Gesandtschaft Oberst Cheeseman, den bekannten Forscher, ob es in Abessinien noch etwas zu erforschen gebe. Er meinte, ungeklärt sei lediglich noch der Verlauf des Awash-Flusses, der in der Nähe von Addis Abeba auf der Ebene Akaki entspringt, in die Danakil-Wüste fließt und nie das Meer erreicht. Diese Unterhaltung machte mich auf das Danakil-Land neugierig, dessen Bewohner Geschlechtsteile sammelten wie die Kopfjäger Köpfe. In sechs Wochen wurde ich wieder in Oxford erwartet, aber ich konnte zumindest bis zur Grenze dieses Landes vordringen und mich umsehen. Mit Hilfe von Oberst Sandford, einem alten Freund meiner Familie, stellte ich eine Karawane zusammen. Als ich gerade aufbrechen wollte, erklärte mir Sir Sidney Barton, der britische Gesandte, er sei nicht sehr glücklich darüber, daß ich allein in dieses völlig unverwaltete und gefährliche Gebiet reise, und schlug mir vor, mich statt dessen einer von ihm arrangierten Jagdexpedition anzuschließen. Ich war ihm für dieses Angebot dankbar, wußte aber, daß ich die Verwirklichung meiner Knabenträume für immer aufgab, wenn ich es annahm. Das würde bedeuten, daß ich die Flinte ins Korn warf, noch ehe ich angefangen hatte. Unbeholfen versuchte ich ihm zu erklären, was auf dem Spiel stand. Daß ich allein dorthin müsse, um die Erfahrung zu sammeln, die ich brauchte. Er verstand mich sofort, wünschte mir alles Gute, und als ich das Zimmer verließ, rief er mir nach: »Paß gut auf dich auf. Es wäre peinlich für uns, wenn die Danakil dich unmittelbar nach der Krönung verhackstückten. Das würde alles wieder verderben.«

Als ich die erste Nacht vor meinem Zelt saß, Ölsardinen aus der Büchse stocherte und zusah, wie meine Somal die Kamele vom Fluß herauftrieben, damit sie sich neben dem Zelt lagerten, da wußte ich, daß ich um keinen Preis irgendwo anders hätte sein wollen. Einen Monat lang reiste ich durch ödes, feindseliges Land. Ich war allein, es gab niemanden, den ich hätte um Rat fragen können. Wenn wir auf feindliche Stämme stießen, würde mir niemand helfen können; wenn ich krank würde, konnte mich niemand verarzten. Ich hatte Männer, die mir vertrauten und meinen Befehlen gehorchten; ich war verantwortlich für ihre Sicherheit. Oft war ich müde und durstig, und manchmal hatte ich Furcht und fühlte mich verlassen, aber ich schmeckte die Freiheit und lernte eine Lebensform kennen, aus der es kein Zurück mehr geben konnte.

Es war der entscheidungsvollste Monat meines Lebens. Als ich nach Oxford zurückkehrte, verdrängten jene Bilder alle anderen Gedanken. Ich sah wieder die Gruppe von Danakil, die sich auf ihre Speere stützten, schlanke, anmutige Gestalten in kurzen Lendentüchern, die lockige Frisur mit Butter eingeschmiert. Ich sah eine Niederlassung aus kleinen kuppelförmigen Hütten und die schrägen Sonnenstrahlen in den Staubwolken, als die Herden bei Sonnenuntergang eingebracht wurden. Ich sah den trägen trüben Fluß und das Krokodil, das sich auf einer Sandbank sonnte; den Wasserbüffel, der aus dem Tamariskendschungel zur Tränke herabkam; den Kudustier mit den prachtvollen spiralförmigen Hörnern, dessen Silhouette im schwindenden Licht vor dem Himmel stand; die verzweifelte Flucht der Oryx-Antilope, die ins Herz getroffen war; die Aasgeier, die regungslos lauernd am Himmel standen, bereit, zu den andern, die plump die Beute umhüpften, hinabzustoßen. Ich sah, wie auf einem Fries, Affen auf einer Klippe hocken. Ich fühlte wieder die Sonne auf mein Hemd brennen, ich fühlte die Kühle der Morgendämmerung, ich schmeckte den Kamelurin im Wasser. Ich hörte den Gesang meiner Somal am Lagerfeuer, das Brüllen der Kamele, die beladen wurden. Ich war entschlossen, zurückzugehen und zu erforschen, was es mit dem Awash-Fluß auf sich hatte. Aber es war die magnetische Kraft des Unbekannten und nicht die Liebe zur Wüste, die mich in die Danakil-Wüste zurücklockte. Noch immer glaubte ich, mein Herz im abessinischen Hochland verloren zu haben, und hätte es dort noch ein anderes unerforschtes Land gegeben, ich hätte es gewißlich der Wüste vorgezogen.

Drei Jahre später kehrte ich in Begleitung von David Haig-Thomas nach Abessinien zurück, um das Danakil-Land zu erforschen. Wir reisten zunächst zwei Monate auf Maultieren durch das Arussi-Gebirge, weil wir die Männer, die uns begleiteten, erst einmal unter leichten Bedingungen erproben wollten, ehe wir sie in die Danakil-Wüste mitnahmen. Wir zelteten auf Berggipfeln, deren Hänge mit Baumheide bewachsen waren, oder noch höher, zwischen mannshohen Senezien, wo Wolken sich zusammenballten und wieder zerflossen und uns nur hin und wieder kurze Blicke auf die Grabensenke schenkten, die dreieinhalbtausend Meter unter uns lag. Wir reisten tagelang durch Wälder, wo schwarz-weiße Kolobus-Affen in schlingpflanzenumrankten Bäumen spielten, wir ritten über die hügeligen Weiten, in denen der Webbi Schibeli seinen Ursprung hat. Wir kamen durch einige der schönsten Gebirgsgegenden Abessiniens. Dann stiegen wir aus dem Tschertschergebirge hinunter bis zum Rand der Wüste. Die warme Luft umspielte uns und raschelte in den trockenen Blättern der Akazienbüsche. In jener Nacht brachten meine Somal-Diener mir aus einem Nomadenlager in der Nähe eine Schale mit Kamelmilch. Tiefe Zufriedenheit erfüllte mich. Ich war bereits der Wüste verfallen, ohne es noch zu wissen.

Die Danakil-Wüste liegt zwischen der äthiopischen Hochebene und dem Roten Meer nördlich der Bahnlinie, die Addis Abeba mit Djibuti an der Küste verbindet. Ein grausames Land mit einem grausamen Ruf. Hier wurden irgendwo gegen Ende des vorigen Jahrhunderts die drei Expeditionen von Munzinger, Giulietti und Bianchi vernichtet. Nesbitt hatte es mit zwei Gefährten 1928 von Süden nach Norden durchquert. Sie waren die ersten Europäer, die lebend aus dem Innern des Danakil-Landes zurückkehrten, aber drei ihrer Diener waren ermordet worden. Nesbitt schilderte diese bemerkenswerte Reise später in seinem Buch »Desert and Forest«. Die Feindseligkeit der Stämme hatte ihn daran gehindert, dem Lauf des Awash-Flusses ganz zu folgen, und er hatte weder das Sultanat Aussa erforscht, noch die Frage gelöst, wo und wie der Fluß verschwindet.

Die Danakil sind ein Nomadenvolk, ähnlich den Somal. Sie besitzen Kamele, Schafe, Ziegen und Rinder, und die reichen Stämme haben auch einige Pferde, die sie zu Überfällen benutzen. Dem Namen nach sind sie Mohammedaner. Das Ansehen eines Mannes gründete bei den Danakil in der Hauptsache auf seinen Leistungen als Krieger; es richtete sich danach, wie viele Männer der einzelne umgebracht oder verstümmelt hatte. Dabei war es nicht nötig, einen andern im offenen Kampf zu töten. Um Ansehen zu bekommen, bedurfte es lediglich einer entsprechenden Sammlung abgeschnittener Genitalien. Jeder umgebrachte Gegner berechtigte den Krieger zum Tragen eines bestimmten

Schmucks, einer Straußenfeder oder eines Kamms im Haar, eines Ohrrings, eines Armbands, oder eines bunten Lendentuchs. Man konnte auf einen Blick erkennen, wie viele Männer der einzelne getötet hatte. Die Danakil bestatteten ihre Toten in Hügelgräbern und errichteten den Hervorragendsten kleine Steineinfassungen als Denkmäler. Vor jedes Denkmal stellten sie eine Reihe aufrechter Steine, deren jeder ein Menschenopfer des Toten symbolisierte. Das ganze Land war voll von diesen unheimlichen Gedenkstätten, und vor manchen standen bis zu zwanzig Steine. Ich fand es etwas beunruhigend, von den Danakil angestarrt zu werden, da sie meinen Wert als Trophäe abzuschätzen schienen, so wie ich unter einer Herde Oryx-Antilopen nach dem Tier mit dem schönsten Gehörn Ausschau hielt.

Unglücklicherweise bekam David Haig-Thomas auf unserer Reise durchs Gebirge akute Kehlkopfentzündung. Da er zu krank war, um mich in das Danakil-Land zu begleiten, verließ ich ohne ihn das Lager am Awash am 1. Dezember in Begleitung von vierzig Abessiniern und Somal, die alle mit Gewehren ausgerüstet waren. Natürlich konnten wir uns den Weg durch das Land, das vor uns lag, nicht erzwingen; ich hoffte jedoch, daß man uns für zu stark halten würde, um lediglich der Beute wegen auf uns Jagd zu machen. Achtzehn Kamele trugen unsere Vorräte. Da ich dem Flußlauf folgen wollte, rechnete ich nicht mit Wassermangel. Wir brachen so rasch wie möglich auf, da ich gehört hatte, daß die äthiopische Regierung mir die Reise untersagen wollte.

Die Danakil unterteilen sich in Adaaimara und Assaaimara. Die weit mächtigeren sind die Assaaimara. Sie bewohnen die Gaue Badhu und Aussa. Alle Stämme ringsum zittern vor ihnen. Das Dorf der Adaaimara, das wir nach vierzehn Reisetagen erreichten, war kurz zuvor überfallen und mehrere Menschen getötet worden. Die Bewohner warnten uns vor dem Betreten von Badhu. Die Assaaimara würden uns umbringen, wenn wir den Engpaß zwischen Felswand und Fluß an der Grenze von Badhu passieren würden. Wir durchzogen diese Enge heimlich bei Dämmerung. Wir machten dann halt, luden die Kamele ab und errichteten mit dem Gepäck und den Kamelsätteln rasch einen Wall um das Lager, das hier auf einer Seite vom Fluß geschützt wurde. Schon nach kurzer Zeit umdrängten uns aufgeregte Assaaimara, die alle Waffen und meist Gewehre trugen. Drei Jahre zuvor waren an dieser Stelle zwei Griechen und ihre Diener umgebracht worden. Da wir einen Angriff erwarteten, bezogen wir bis zum Morgengrauen Stellung. Am nächsten Tag überredeten wir nach endlosen Debatten einen ausgemergelten und beinah blinden Alten, der in Badhu über großen Einfluß verfügte, uns Führer und Geiseln zu besorgen. Alles schien zur allgemeinen Zufriedenheit geregelt, da traf kurz vor Sonnenuntergang ein Brief der Regierung ein. Er war von einem Häuptling an den andern weitergegeben worden, bis er uns erreicht hatte. Sein Eintreffen verursachte bei den Danakil gewaltige Aufregung, und sie versammelten sich in großer Zahl um ihren alten Häuptling. Der Brief war in amharischer Sprache geschrieben, weshalb ich ihn übersetzen lassen mußte und den Inhalt nicht vertuschen konnte. Ich wurde angewiesen, auf der Stelle umzukehren, da unter den Stämmen ein Krieg ausgebrochen sei, und man versicherte mir mit Nachdruck, daß ich unter keinen Umständen versuchen dürfe, nach Badhu zu gehen, wo ich mich im Augenblick befand. Die Hälfte meiner Leute bestand auf unserer Rückkehr, die anderen wollten mir die Entscheidung überlassen. Ich wußte, daß man uns angreifen und vernichten würde, wenn ich diesen Befehl ignorierte und zahlenmäßig geschwächt weiterreiste. Mir war klar, daß ich zurück mußte, aber es war bitter, daß meine Pläne scheitern sollten, zumal wir so erfolgreich in das Badhugebiet eingedrungen waren und damit die erste große Schwierigkeit auf unserer Reise überwunden hatten.

Auf dem Rückweg kamen wir an den Ruinen eines großen Adaaimara-Dorfes vorbei. Die Assaaimara hatten eine Abordnung von sieben alten Männern in dieses Dorf geschickt, um einen Streit wegen des Weidelandes zu schlichten. Die Dorfbewohner hatten sie üppig bewirtet und in der darauffolgenden Nacht hinterrücks überfallen. Nur ein Mann, dessen Wunden ich in Badhu verarztete, war entkommen. Die Assaaimara hatten daraufhin das Dorf angegriffen und einundsechzig Männer getötet. Dies hatte den jüngsten Stammeskrieg ausgelöst.

Ich begab mich nach Addis Abeba und verlor sechs kostbare Wochen, bis es mir gelang, die Regierung zu überreden, mich nach Badhu zurückkehren zu lassen, und dies erst, nachdem ich eine schriftliche Erklärung abgegeben hatte, die sie aller Verantwortung für meine Sicherheit enthob. Bei meiner Rückkehr stellte ich fest, daß meine Männer an einem Fieber erkrankt waren, das an den Ufern des Awash häufig auftritt. Sie waren niedergeschlagen, und einige von ihnen bestanden darauf, ausgezahlt zu werden.

Als Gegenleistung für die Erklärung hatte die Regierung sich bereit erklärt, einen alten Mann namens Miram Muhammad aus dem Gefängnis zu entlassen und ihm zu gestatten, mich zu begleiten. Er war der Oberhäuptling der Badhustämme. Einige Monate zuvor hatte er die Regierung aufgesucht und war von dieser als Geisel für das gute Verhalten seiner Stämme zurückbehalten worden. Seine Weigerung im Gefängnis, für meine Sicherheit während meiner Anwesenheit im Badhugebiet zu bürgen, hatte meine Rückberufung veranlaßt. Seine Begleitung sicherte mir nun günstige Aufnahme im Badhugebiet und zumindest eine Empfehlung an den Sultan von Aussa.

Während unsres Aufenthalts in Badhu wohnte ich mehrere Tage im Dorf des jungen Häuptlings Hamdu Uga. Er hatte ein bezauberndes Lächeln und ausgezeichnete Manieren und war ein höchst angenehmer Gesellschafter. Obgleich kaum dem Knabenalter entwachsen, hatte er vor kurzem drei Männer an der Grenze von Französisch-Somaliland ermordet, nun feierte er diese Leistung mit einem Gelage, das gerade bei meiner Ankunft in seinem Dorf abgehalten wurde. Drollig affektiert trug er die Straußenfeder, die ihm nun zustand. Zwei Tage nach unsrer Abreise wurde sein Dorf von einem anderen Stamm überfallen, und als ich mich nach Hamdu Uga erkundigte, erfuhr ich, daß man ihn getötet hatte.

Sechs Wochen später war ich in Galifagi an der Grenze von Aussa und kampierte dort am Rand eines dichten Waldes. Die hohen Bäume erstickten unter Schlinggewächsen, das Gras war grün und hoch, kaum ein Sonnenstrahl drang in mein Zelt. Welch ein Unterschied zu der Welt der braunen Ebenen, des verdurstenden Dorngestrüpps, der zersprungenen, von Wüstenlack geschwärzten Felsblöcke, die wir gerade hinter uns hatten! Hier hatte Nesbitt den Sultan Muhammad Yayu getroffen und die Erlaubnis erhalten, seine Reise fortzusetzen. Aber er hatte die Lavawüste in nördlicher Richtung durchqueren, nicht in die fruchtbaren Ebenen von Aussa vordringen wollen. Wie schon sein Vater, fürchtete auch Muhammad Yayu alle Europäer und mißtraute ihnen. Das war durchaus natürlich, hatte er doch miterlebt, wie die Franzosen und Italiener den gesamten Küstenabschnitt, der nur aus Lavafeldern und Salzsteppen besteht, besetzt hatten. Und natürlich glaubte er nun, daß jede europäische Macht danach trachte, die reichen Ebenen Aussas zu erobern, sobald sie von deren Existenz Kenntnis bekam. Vor Nesbitt war keinem Europäer vom Sultan sicheres Geleit zugesagt worden, weshalb man sie auch alle umgebracht hatte. Bis zu meiner Ankunft in Aussa hatte ich mit der Anarchie unter den Stämmen rechnen müssen, aber nun sah ich mich einem Autokraten gegenüber, dessen Wort Gesetz war. Wenn wir hier starben, dann auf Befehl des Sultans und nicht durch eine zufällige Begegnung mit Stammeskriegern im Busch.

Man wies mich an, in Galifagi zu bleiben. Gerüchte schwirrten durch das Lager. Am Abend des dritten Tages hörten wir fernen Trompetenklang. Der Wald lag nach dem Untergang der Sonne und vor dem Aufgang des Vollmondes schweigend in der Dämmerung. Ein Bote traf ein, der mir mitteilte, daß der Sultan mich erwarte. Wir folgten dem Boten auf gewundenen Pfaden tiefer in den Wald hinein und kamen schließlich auf eine große Lichtung. Auf der gegenüberliegenden Seite standen etwa vierhundert Männer. Alle hatten Gewehre in der Hand, und ihre Patronengurte waren gefüllt. Sie trugen Dolche, ihre Lendenschurze leuchteten weiß im Mondlicht. Keiner von ihnen sprach ein Wort. Vor ihnen saß auf einem Schemel ein kleiner dunkler Mann mit bärtigem ovalem Gesicht. Er war ganz in Weiß gekleidet, trug ein langes Hemd und hatte über die Schultern einen Schal hängen. In seinem Gürtel stak ein Dolch mit silbernem Griff. Als ich ihn auf Arabisch begrüßte, erhob er sich und bedeutete mir, auf einem zweiten Schemel Platz zu nehmen. Mit einem Wink entließ er seine Männer. Sie zogen sich bis zum Rand des Waldes zurück, wo sie sich schweigend niederhockten.

Ich wußte, daß alles, auch unser Leben, vom Ausgang dieser Unterredung abhing. Sie verlief völlig anders, als ich sie mir vorgestellt hatte. Der Sultan sprach sehr ruhig, mein Somalführer dolmetschte. Wir tauschten die üblichen Höflichkeiten aus, und er fragte, wie meine Reise gewesen sei. Er sprach wenig und lächelte nie. Es gab lange Gesprächspausen. Sein Gesichtsausdruck war empfindsam und stolz und herrscherlich, aber nicht grausam. Er erwähnte, daß ein Europäer, der im Dienst der Regierung gestanden hatte, vor kurzem nahe der Bahnlinie von Stammeskriegern getötet worden sei. Später erfuhr ich, daß es ein Deutscher gewesen war, der bei der äthiopischen Grenzkommission gearbeitet hatte. Nach etwa einer Stunde sagte mir der Sultan, er wolle mich am nächsten Morgen wiedersehen. Nicht mit einem einzigen Wort hatte er nach meinen Plänen gefragt. Ich kehrte ins Lager zurück, ohne auch nur ahnen zu können, was nun geschehen würde. Am nächsten Morgen trafen wir uns an der gleichen Stelle. Im Tageslicht sah die Lichtung wie jede andere Waldlichtung aus, das Bedrohliche der vergangenen Nacht war verschwunden.

Der Sultan erkundigte sich, wohin ich wolle, und ich sagte ihm, ich hätte vor, dem Lauf des Flusses bis zu seinem Ende zu folgen. Er fragte mich, was ich suche, ob ich für die Regierung arbeite und vieles andere mehr. Auch ohne die zusätzliche Schwierigkeit des Dolmetschens wäre es kompliziert gewesen, diesem mißtrauischen Tyrannen meine Liebe für Entdeckungen klarzumachen. Man verhörte meinen Führer und den Danakil, der mich seit Badhu begleitete. Schließlich gewährte mir der Sultan die Erlaubnis, dem Fluß durch Aussa bis zu seinem Ende zu folgen. Weshalb ich diese Erlaubnis erhielt, die er keinem Europäer zuvor gegeben hatte, weiß ich nicht.

Zwei Tage später stieg ich auf einen Berg und blickte über Aussa. Es war seltsam, sich vorzustellen, daß nur fünfzig Jahre zuvor ein großer Teil Afrikas noch gänzlich unerforscht gewesen war. Seither aber waren die Forscher, Missionare, Händler und Verwalter beinah überallhin gedrungen. Dies hier war einer der letzten noch unbekannten Winkel. Unter mir lag eine quadratische Ebene von etwa fünfzig Kilometern Durchmesser. Dunkle, kahle Berge schlossen sie auf allen Seiten ein. Im Osten stürzte ein Steilhang in die Wasser des vierundzwanzig Kilometer langen Adobad-Sees. Die nördliche Hälfte der Ebene bedeckte dichter Wald. Aber es gab auch breite Lichtungen, auf denen ich Schafe, Ziegen und Rinder weiden sah. Weiter südlich erblickte ich einen großen Sumpf und freie Wasserflächen, dahinter zeichnete sich eine Kette vulkanischer Berge ab.

Wir folgten dem Fluß durch den Wald. Es ging an weiteren Seen und Sümpfen vorüber, bis zum andern Ende von Aussa. Es war ein faszinierendes Gebiet, und ich wäre gern wochenlang dort geblieben, aber unser Begleiter drängte zur Eile. Ich hatte vom Sultan die Erlaubnis erhalten, durch dieses Gebiet zu ziehen, nicht aber darin zu verweilen. Der Awash beschreibt einen Bogen um die Vulkane von Djira, fließt dann wieder in die Wüste und endet dort im Salzsee von Abhedad. Der Fluß macht die lange Reise von den Akaki-Ebenen, um hier in dieser toten Welt zu enden. Und auch ich war von so weit her gekommen, um nun 750 Quadratkilometer salziges Wasser zu sehen, auf dem rote Algen wie eine Blutkruste schwammen. Träge Wellen schwappten über den zähen, schwarzen Schlamm der Uferränder, und zwischen den Basaltfelsen lief heißes Wasser in den See. Es war ein Ort der Schatten, aber nicht des Schattens. Erbarmungslos brannte die Sonne herab, und die ausgeglühten Felsen reflektierten die sengende Hitze. Kleine Schwärme von Sumpfvögeln, die kreischend das Ufer entlang flogen, unterstrichen nur noch die Trostlosigkeit, waren es doch Zugvögel, die nach Belieben fortfliegen konnten. Einige wenige Zwergalligatoren, deren Wuchs zweifellos infolge des Salzwassers, in dem sie lebten, verkümmert war, beobachteten uns aus starren gelben Augen. Sie symbolisierten den Geist dieses Ortes.

Einige der Danakil in meiner Begleitung erzählten mir, hier hätten ihre Väter eine Armee von »Türken« vernichtet und deren Gewehre in den See geworfen. Höchstwahrscheinlich handelte es sich um Munzingers Expedition, die 1875 vernichtet worden war.

Ich überquerte die Grenze von Französisch-Somaliland und war Gast von Kapitän Bernard in dem Fort, das er in Dikil befehligte. Er und die meisten seiner Männer sollten wenige Monate später den Tod finden, als Plünderer aus Aussa sie in einen Hinterhalt lockten. Von Dikil aus reiste ich durch die Lavawüste an die Küste nach Tadjura. Bislang waren die Stämme eine Bedrohung gewesen, nun war es das Land selbst. Es war bar jeden Lebens und jeder Vegetation, ein Chaos aus grotesk geformten, zerklüfteten Felsen, den Überresten unzähliger Erdbeben, des Auswurfs der Erde, der einst ihre Oberfläche versengt hatte. Diese tote Landschaft erschien mir wie die Vision der endgültigen Verödung einer abgestorbenen Welt. Zwölf Tage lang erkämpften wir uns den Weg, bergauf, bergab, über scharfkantige Laven, durch Schluchten und an Kratern vorbei. Wir berührten das Assalbecken, das hundertzwanzig Meter unter dem Meeresspiegel liegt. Der blauschwarze Spiegel dieses Sees ruht inmitten einer gewaltigen Salzebene, die weiß und glatt ist wie eine Eisfläche und hinter der in dichten Reihen Vulkanberge stehen, mit Decken aus schwarzer und rostroter Lava. Wir hatten Glück. Vor kurzem hatte es ein wenig geregnet, die Wasserlöcher waren aufgefüllt. Aber als wir Tadjura erreichten, waren vierzehn meiner achtzehn Kamele an Erschöpfung gestorben.

Ich war ruhelos. Drei Jahre lang hatte ich diese Reise vorbereitet. Nun war sie vorüber, und die Zukunft schien leer. Ich fürchtete mich davor, in die Zivilisation zurückzukehren; denn das Leben dort kam mir nach den Aufregungen der letzten acht Monate öde und grau vor. In Djibuti spielte ich mit dem Gedanken, die Dau de Monfrieds zu kaufen. Ich hatte seine Bücher »Aventures de Mer« und »Secrets de la Mer Rouge« gelesen und mit dem Danakil gesprochen, der mit ihm gesegelt war. Mich faszinierte de Monfrieds Bericht von einem freien und gesetzlosen Leben.

Ich kehrte jedoch nach England zurück und ging dann in den Verwaltungsdienst des Sudans. Anfang 1935 kam ich nach Khartum. Ich war vierundzwanzig Jahre alt. Beinahe die Hälfte meines Lebens hatte ich in Afrika verbracht, aber in einem Afrika, das sehr anders war als dieses. Khartum kam mir vor, als hätte man die Villenkolonien einer englischen Kleinstadt einfach mitten in den Sudan verpflanzt. Ich haßte die gegenseitigen Besuche und den Austausch von Visitenkarten, die schmucken Villen, die Asphaltstraßen, die schnurgeraden Straßen von Omdurman, die Verkehrszeichen und die öffentlichen Bedürfnisanstalten. Ich sehnte mich nach dem Chaos, den Gerüchen, der Unordnung und dem turbulenten Leben des Marktplatzes von Addis Abeba, ich wünschte mir Farbe und Wildheit, Entbehrung und Abenteuer. Wäre ich in eine der Städte beordert worden, ich hätte zweifellos nach wenigen Monaten enttäuscht meinen Abschied genommen; aber Charles Dupuis, der Gouverneur von Darfur, schien mich zu verstehen und forderte mich für seine Provinz an. So kam ich nach Kutum im nördlichen Darfur, wo ich unter Guy Moore arbeitete, einem Mann von großer Menschlichkeit und großer Einsicht. Er war aus den Wüsten des Irak, wo er gegen Ende des ersten Weltkriegs Beamter gewesen war, in den Sudan gekommen. Er sprach gerne von seiner Zeit bei den Arabern, und seine Erinnerungen beeindruckten mich tief. Wir waren die einzigen Engländer im ganzen Distrikt, der mit seinen 30000 Quadratkilometern der größte des Sudan war. Das Wüstenland bewohnte eine kleine, aber sehr verschiedenartige Bevölkerung von etwa 180000 Seelen. Da gab es arabische Nomadenstämme, Berbernomaden, Negerbauern in den Bergen, und im Süden arabische Bagara, die Rinder halten und sich in der Derwischarmee als die tapfersten Kämpfer ausgezeichnet hatten.

Ich verbrachte die meiste Zeit auf Kamelreisen. Im Danakil-Land hatte ich Kamele als Lasttiere benutzt, nun ritt ich sie zum erstenmal. Die Distriktkommissare reisen meist mit einem Bagagetrain von vier oder fünf Kamelen, die mit Zelten, Lagerzubehör und Konserven beladen sind. Guy Moore lehrte mich, leicht zu reisen und zu essen, was das Land bietet. Gewöhnlich reiste ich in Begleitung von drei oder vier Angehörigen örtlicher Stämme, ich hielt mir keine Diener, die nicht aus der Gegend waren. In den Dörfern bewirteten uns die Dorfbewohner, sonst bereiteten wir ein einfaches Mahl aus Haferbrei und aßen alle aus einer Schüssel. Ich schlief im Freien auf dem Erdboden neben meinen Dienern und sah mehr und mehr diese als Gefährten und nicht als Dienstboten an. Als ich Kutum verließ, besaß ich einige der schönsten Reitkamele im ganzen Sudan, sie interessierten mich weit mehr als die zwei Pferde in meinem Stall. Auf einem dieser Kamele ritt ich in dreiundzwanzig Stunden 185 Kilometer weit, und wenige Monate später legte ich die Strecke von Djebel Maidob nach Omdurman, eine Entfernung von 720 Kilometern, in neun Tagen zurück.

Während des ersten Winters meiner Zeit im Sudan reiste ich einen Monat lang durch die Libysche Wüste. Ich wollte die Brunnen von Bir Natrun besuchen, einen der wenigen Orte in dieser Wüste, wo es Wasser gab. Er lag nicht im Kutum-Distrikt, nicht einmal in der gleichen Provinz. Da aber niemals Beamte dort hinreisten und man mir gesagt hatte, daß Khartum mir die Reisebewilligung verweigern würde, beschloß ich, mich einfach, ohne vorher anzufragen, auf den Weg zu machen. Mit fünf Begleitern brach ich von Djebel Maidob auf. Als wir am ersten Tag eine Anhöhe erreichten und weithin die völlige Öde sahen, stockte mir der Atem. Vor uns lagen acht wasserlose Tage, und der geplante Rückweg von Bir Natrun war sogar auf zwölf Tage berechnet. An den ersten zwei Tagen sahen wir hin und wieder eine weiße Oryx-Antilope und ein paar Strauße, dann aber sahen wir nichts mehr. Stunde um Stunde, Tag um Tag zogen wir dahin, und nichts änderte sich. Die Wüste und der leere Himmel trafen sich stets in der gleichen Entfernung. Zeit und Raum waren eins. Um uns war ein Schweigen, in dem nur die Winde spielten, und eine Reinheit, die der Welt der Menschen unendlich weit entrückt war.

Meine Rückreise führte mich nach Fasher, dem Hauptquartier der Provinz, wo ich Weihnachten feierte. Beim Abendessen sprach man davon, daß die Italiener Bir Natrun besetzt hätten. Vor kurzem erst hatten sie die kleine Oase Uwainat an der sudanisch-libyschen Grenze erobert, die man bislang stillschweigend zum Sudan gerechnet hatte. Der Vorfall hatte zu Protesten und zu einem Notenwechsel geführt. Nun war von Dongola nach Khartum berichtet worden, einige Araber hätten kürzlich weiße Männer in Bir Natrun gesehen, woraus man auf weitere Übergriffe der Italiener schließe. »Notmaßnahmen« waren eingeleitet worden, man hatte Flugzeuge in Wadi Halfa stationiert. Ich erhob Zweifel gegen die Nachricht, da ich gerade aus Bir Natrun komme und dort nur ein paar Araber gesehen habe. Verblüffte Stille trat ein, dann sagte der Kommandeur des west-arabischen Streitkorps finster: »Ich fürchte, *Sie* waren die Italiener.« Als ich kurze Zeit danach über Khartum auf Urlaub ging, wies man mich nachdrücklich, wenn auch freundlich, darauf hin, daß es nicht üblich sei, ohne Einwilligung des jeweiligen Distriktkommissars durch einen fremden Distrikt zu reisen, und ganz gewiß nicht statthaft, ohne Erlaubnis des Gouverneurs Ausflüge in eine andere Provinz zu machen.

Ende 1937 erfuhr ich, daß man mich nach Wad Medani, dem Hauptquartier der Provinz Blauer Nil und Zentrum der Baumwollplantagen der Djezira, versetzen wollte. Der Gedanke, weitere zwei Jahre oder gar noch länger in dieser afrikanischen Villenkolonie verbringen zu müssen, war mir entsetzlich. Auf der Durchreise durch Khartum zu Beginn meines Urlaubs beschwor ich den Zivilsekretär, er möge mir gestatten, aus dem normalen Beamtendienst auszuscheiden und als vertraglich gebundener Angestellter weiterzuarbeiten, unter der Voraussetzung, ausschließlich in der Wildnis Dienst zu tun. Das bedeutete, daß ich meinen Pensionsanspruch verwirkte. Aber ich war mir nicht sicher, ob ich den Rest meines Berufslebens im Sudan verbringen würde. In Darfur war ich glücklich gewesen. Die stimulierende Härte dieses öden Landes und das Nomadenleben, das ich dort führte, hatten mich befriedigt. Ich war mit Vergnügen auf die Jagd gegangen. Es war aufregend gewesen, wilde Schafe zwischen den Kratern von Maidob zu erlegen oder Kudus in den Hügeln von Tagabo oder Addax und Oryx am Rande der Libyschen Wüste. Es war noch aufregender gewesen, mit einer Bande bewaffneter Stammeskrieger durch den dichten Busch einem fliehenden Löwen nachzusetzen, ihm, wenn er ermüdete, mit speereschwingenden und Kampfrufe ausstoßenden Arabern dicht auf den Fersen zu bleiben, den Dschungel, in den das Tier sich geflüchtet hatte, zu umstellen und im Schattengewirr der Blätter nach ihm zu fahnden, während die Luft von seinem Geheul erzitterte. Ich hatte die Menschen, unter denen ich lebte, liebgewonnen. Ich bewunderte ihre Vorzüge und wachte eifersüchtig darüber, daß sie ihre Lebensform bewahrten. Aber ich wußte, daß ich nicht zum Distriktkommissar geboren war, denn ich hielt nichts von den Veränderungen, die wir einführten. Ich sehnte mich nach der Vergangenheit, verabscheute die Gegenwart und fürchtete die Zukunft.

Man schickte mich in den westlichen Nuer-Distrikt der oberen Nilprovinz. Dorthin begab ich mich nach der Rückkehr aus einem Urlaub, den ich zum Teil in Marokko verbracht hatte.

Die Nuer gehören, wie die Dinka und Schilluk, zu den Nilvölkern und leben in den Sümpfen oder Sudd südlich des Weißen Nils bei Malakal. Sie sind ein Bauernvolk, das große Rinderherden besitzt, eine männliche, starke Rasse hochgewachsener, splitternackter Männer, mit schönen, arroganten Gesichtern und langem Haar, das sie mit Kuhurin goldblond färben. Dieser Distrikt wird erst seit 1925 verwaltet, und die Nuer hatten sich erst nach heftigen Kämpfen unterworfen. Aber sie faszinierten beinahe alle Engländer, die je mit ihnen zu tun gehabt hatten.

Ich wohnte mit Wedderburn Maxwell, meinem Distriktskommissar, auf einem Raddampfer. Wir waren ganz uns selbst überlassen. Der Gouverneur verlangte von uns lediglich, daß wir ihm hin und wieder schriftlich über unser Befinden Bericht gaben. Wir verfügten über ein paar Aktenordner, waren aber nicht mit dem Papierwust belastet, der sich auf den Büroschreibtischen eines normaleren Distrikts anhäufte. Mit dem übrigen Sudan hatten wir glücklicherweise keine Verbindung, da es in unserem Distrikt keine Straßen gab. Wir waren nur auf einem Dampfer zu erreichen, und in unserm Distrikt konnte man nur mit Trägern reisen. Das Land war voll von Wild. Einmal sah ich eine Herde von etwa tausend Elefanten am Flußufer. Es gab Büffel und weiße Nashörner, Flußpferde, Giraffen und viele Antilopenarten, Leoparden und zahlreiche Löwen. Während der fünf Jahre meines Aufenthalts im Sudan schoß ich siebzig Löwen.

Dies war das Afrika aus den Büchern meiner Knabenzeit, das ich im Sudan nicht zu finden gehofft hatte, als ich zum erstenmal nach Khartum gekommen war: die lange Kette nackter Träger, die sich über eine Ebene wand, auf der Antilopen grasten; meine Spurensucher, die bei der Verfolgung einer Büffelherde durch den flirrenden Busch krochen; die zitternde Erregung, wenn wir einen Löwen in seinem Versteck aufstöberten; das grollende Husten, wenn er zum Sprung ansetzte; die stinkenden roten Fleischfetzen, wenn wir einen gestürzten Elefanten zerlegten; das blutbesudelte Junge, das zwischen den klaffenden Rippen hervorgrinste; weiße Reiher, die vor einem Hintergrund von Papyrusstauden über den Nil flogen, wie es auf den Gräbern der Pharaonen dargestellt ist; der No-See und die untergehende Sonne, die sich rötlich in seinem Wasser spiegelte, das wie polierter Stahl funkelte; grunzende Flußpferde in der von unzähligen Lauten erfüllten Nacht; der Rauch, der sich über den Lagern der Nuer kräuselte; hüpfende, sich im Rausch eines Kriegstanzes verrenkende Gestalten; die starren Gestalten junger Männer, die sich den Qualen der Mannbarkeitsriten unterziehen müssen. Früher hätte ich mir nichts anderes gewünscht, nun aber verfolgte mich die Erinnerung an die Wüste.

Im Jahre 1938 verbrachte ich meinen Urlaub in der Sahara und besuchte das Tibesti-Gebirge, das nur die französischen Offiziere kannten, die auf Dienstreisen dort gewesen waren. Anfang August verließ ich Kutum in Begleitung eines jungen Zaghawa, der seit meiner Ankunft im Sudan mein Diener war, und eines älteren Badayat, der die Sprache der Tibbu beherrschte, weil er einige Zeit in der Landschaft Tibesti gelebt hatte. In Darfur mietete ich Kamele, die uns bis nach

Faya bringen sollten; von dort an brauchten wir Kamele, die ans Gebirge gewöhnt waren. Wir reisten mit leichtem Gepäck, denn die Entfernungen waren groß und die Zeit war knapp.

Unter den Nuern hatte ich, getrennt von meinen Leuten, in einem Zelt für mich gelebt und war von meinen Dienern versorgt worden. Ich war ein Engländer gewesen, der in Afrika reiste. Nun aber konnte ich beglückt zu den Wüstenbräuchen zurückkehren, die ich in Kutum kennengelernt hatte. Denn jetzt war ich wieder in der echten Wüste, wo es keine Unterschiede der Rasse, der Farbe, der Klasse und des Besitzes gibt, in der jeder Schein und jede Maske verschwinden und die Grundwahrheiten zutage treten. Hier leben die Menschen in enger Gemeinschaft. Allein zu sein bedeutet hier beklemmende Angst. Die Nacktheit dieses Landes löst größeren Schrecken aus als der finsterste Wald zur Geisterstunde. Im gnadenlosen Licht des Tages waren wir so klein und gering wie die Käfer, die ich mühselig durch den Sand kriechen sah. Nur in der bergenden Dunkelheit konnten wir uns ein paar Quadratmeter Wüste ausleihen, um im Umkreis des Feuerscheins Behaglichkeit zu finden, während über uns das vertraute Muster der Sterne das grauenerregende Geheimnis der Unendlichkeit verbarg.

Wir legten große Strecken zurück, manchmal ritten wir achtzehn bis zwanzig Stunden. Endlich erblickten wir, undeutlich wie eine Wolke am Rand der Wüste, die verschwommenen Umrisse des Emi Kussi, des höchsten Kratergipfels im Tibesti-Gebirge. Er war jetzt unser alles beherrschendes Ziel, leuchtend blau im Morgengrauen, schwarz vor der untergehenden Sonne. Unter Schwierigkeiten bestiegen wir ihn und standen schließlich, 3400 Meter über dem Meeresspiegel, am Kraterrand. Unter uns, im Kraterboden, sahen wir den Vulkanschlot, ein gewaltiges Loch von 300 Meter Tiefe. Im Norden dehnten sich die zerklüfteten Gipfel, einer hinter dem andern, aus schattendunklen Schluchten aufsteigend, ein grauenhaftes Bild von äußerster Trostlosigkeit. Überall bröckelten die von Sonne, Wind und Sturm zerfressenen Felsen langsam ab. Es war eine düstere Landschaft, schwarz, rot, braun und grau. Wir zogen über das windgepeitschte Hochland, über Pässe, durch schmale Schluchten, unter Felswänden hindurch und an steilen Gipfeltürmen vorbei. Von Bardai aus besuchten wir den großen, 750 Meter tiefen Krater von Doon. Wir lagerten im Modratal am Fuß des

Tieroko, des herrlichsten aller Tibestiberge. Als wir nach Darfur zurückkehrten, hatten wir in drei Monaten weit über 3000 Kilometer reitend zurückgelegt.

In der Wüste hatte ich eine Freiheit gefunden, die in der Zivilisation nicht zu erlangen ist, ein Leben, das kein Besitz behindert, da alles, was nicht lebensnotwendig ist, eine Last bedeutet. Ich hatte dort auch eine Kameradschaft gefunden, die aus den Umständen geboren war, und den Glauben, daß hier allein Ruhe zu finden sei. Ich hatte die Befriedigung kennengelernt, die schwere Anstrengung bringt, und die Freude, die ihren Ursprung in der Enthaltsamkeit hat; die Zufriedenheit eines vollen Bauches; die Köstlichkeit eines Stückes Fleisch; den Geschmack klaren Wassers; die Ekstase der Hingabe an den Schlaf, wenn das Schlafbedürfnis zur Qual wird; die Wärme eines Lagerfeuers in der fröstelnden Kühle des frühen Morgens.

Ich kehrte zu den Nuern zurück, aber es machte mich einsam, so abseits auf einem Stuhl inmitten nackter Wilder zu sitzen. Ich wollte mehr, als sie mir geben konnten, obgleich ich gern bei ihnen war. Die Reise in das Land der Danakil hatte mich für das Leben in unserer Zivilisation unbrauchbar gemacht, sie hatte meine Sehnsucht nach der Wildnis nur noch verstärkt. Das Nuer-Land hätte diesem Bedürfnis entsprochen, aber drei Jahre in Darfur und meine letzte Reise nach Tibesti ließen mich nach mehr verlangen, nach etwas, das ich später in den Wüsten Arabiens finden sollte.

Man hatte mich wieder nach Kutum abkommandiert, aber bei Kriegsausbruch war ich gerade beurlaubt. Da ich keinen Distrikt zu verwalten hatte, gestattete man mir, im April 1940 in die sudanesische Verteidigungsarmee einzutreten. Für mich war der äthiopische Feldzug ein Kreuzzug. Zehn Jahre zuvor hatte ich der Krönung des Kaisers Haile Selassie in Addis Abeba beigewohnt, sechs Jahre später hatte ich ihn in Victoria Station den Zug verlassen und ins Exil gehen sehen. Ich bin stolz darauf, unter Sandford, der den Weg für die Rückkehr Haile Selassies ebnete, in Äthiopien gedient und in Wingates Gideon-Armee, die den Kaiser aus dem Sudan über Godjam nach Addis Abeba zurückführte, gekämpft zu haben. Von Äthiopien schickte man mich nach Syrien, wo ich im Djebel al-Druz diente und später ein Jahr lang bei den Beduinenstämmen arbeitete.

Die Wüsten, die ich zuvor bereist hatte, hatten keine erkenntliche Geschichte; die Nomaden, die sie bewohnten, kannten keine Vergangenheit. Ein paar Buschmann-Zeichnungen, ein paar umstrittene Hinweise bei Herodot und Ptolemäus und Stammeslegenden aus der jüngsten Vergangenheit waren alles, was auf uns gekommen war. In Syrien jedoch lag die Patina der menschlichen Geschichte dick auf den Rändern der Wüste. Damaskus und Aleppo waren alte Städte, als Rom gegründet wurde. In Dörfern und Städten hatten viele Kriege Ruine auf Ruine getürmt; jede neue Eroberung hatte neue Eroberer gebracht, die die Vorgänger unterjochten. Die Wüste aber war stets unantastbar geblieben. Hier nun lebte ich unter Stämmen, die ihren Ursprung auf Ismael zurückführten, und lauschte alten Männern, die von Ereignissen sprachen, die vor tausend Jahren stattgefunden hatten, als wären sie Geschehnisse aus ihrer eigenen Jugend. Ich war mit dem Glauben an meine rassische Überlegenheit hergekommen, aber in den Zelten der Bedu fühlte ich mich als ein ungehobelter dumpfer Barbar, als ein Eindringling aus einer schäbigen und materialistischen Welt. Und von ihnen erfuhr ich, wie gastfrei die Araber sind, und wie großzügig ihre Gastfreundschaft ist.

Von Syrien aus ging ich nach Ägypten und dann in die westliche Wüste, wo ich im Special-Air-Service-Regiment diente. Wir fuhren in Jeeps und waren in kleine Gruppen aufgeteilt, die sich in der Wüste verbargen und die feindlichen Verbindungslinien angriffen. Wir führten Nahrungsmittel, Wasser und Treibstoff mit uns, wir verlangten nichts von unserer Umwelt. Ich war in der Wüste, aber der Jeep, in dem ich fuhr, machte mich von ihr unabhängig. Die Wüste war lediglich eine weite Ebene, die auf der Landkarte als »gut« oder »schlecht« passierbar bezeichnet war. Wären wir zufällig auf Zarzura gestoßen, dessen Entdeckung der Traum jedes Libyenforschers ist, es hätte mich nicht weiter berührt.

Im letzten Jahr des Krieges war ich wieder in Äthiopien, diesmal als politischer Berater in Dessie im Norden. Das Land brauchte Techniker, hatte aber nur wenig Verwendung für politische Berater. Enttäuscht und unglücklich nahm ich meinen Abschied. Eines Abends in Addis Abeba begegnete mir Lean, der Chef der Middle East Anti-Locust Unit. Er sagte, er suche jemanden, der das Leere Viertel

Arabiens bereise, um Anhaltspunkte für die Bewegungen der Heuschrecken zu sammeln. Ich erklärte sofort, daß ich das liebend gern täte, daß ich aber kein Entomologe sei. Lean versicherte mir, dies sei weit weniger wichtig als die Erfahrung in Wüstenreisen. Er bot mir die Aufgabe an, und ich hatte eingewilligt, noch ehe wir unsere Mahlzeit beendet hatten.

Meine ganze Vergangenheit war nichts anderes als das Vorspiel zu den fünf Jahren, die nun vor mir lagen.

Vorspiel in Dhofar

Die Wüsten Arabiens erstrecken sich über mehr als zweieinhalb Millionen Quadratkilometer, und die südliche Wüste nimmt nahezu die Hälfte des gesamten Areals ein. Sie reicht 1500 km weit von der Grenze des Yemen bis zum Vorgebirge von Oman und 900 km weit von der Südküste Arabiens bis zum Persischen Golf und zu den Grenzen des Nedjd. Der größte Teil ist Sandwüste, ist Wüste in der Wüste, und ist so riesenhaft und trostlos, daß ihre nördlichen Anrainer sie Rub al-Khali oder das Leere Viertel nennen.

Im Jahre 1929 schlug T. E. Lawrence in einem Brief an Lord Trenchard, den englischen Luftmarschall, vor, daß Maschinen auf dem Probeflug nach Indien über das Leere Viertel dirigiert werden sollten. Er schrieb: »Der Flug über das Leere Viertel wird eine gewaltige Reklame für sie sein. Er wird eine Epoche der Entdeckungen bezeichnen. Nur ein Flugzeug kann dies tun, und ich möchte, daß es eines unsrer Flugzeuge ist, das sich diese Rosine aus dem Kuchen holt.« Dennoch durchquerte 1930 Bertram Thomas diese Wüste zu Land von Süden nach Norden, und wenige Monate später tat es wiederum ein Engländer, Harry Philby, diesmal von Norden nach Süden. Thomas und Philby hatten bewiesen, daß man das Leere Viertel mit Kamelen durchqueren kann. Aber als ich fünfzehn Jahre später dorthin kam, waren sie immer noch die einzigen Europäer, die dieses Gebiet bereist hatten, und große Abschnitte zwischen dem Jemen und Oman waren noch immer unerforscht.

In Oxford hatte ich »Arabia Felix« gelesen, in dem Bertram Thomas seine Reise beschreibt. Dem Monat, den ich im Danakil-Land verbrachte, verdankte ich gewisse Erfahrungen und eine Neigung zum Wüstenleben, und Lawrences »Aufstand in der Wüste« hatte mein Interesse für die Araber geweckt. Aber in Oxford hatte ich mich nur nach Äthiopien zurückgesehnt. Erst viel später beschäftigte ich mich innerlich mehr und mehr mit dem Leeren Viertel. In den Wüsten des Sudan und der Sahara waren auch andere vor mir gereist; das Geheimnis dieser Wüste war entschleiert: die Routen und Brunnen, die Dünen und Berge waren auf Karten zu finden. Die Stämme standen unter Verwaltung. Es fehlte die Spannung, die ich auf meinen Reisen im Danakil-Land verspürt hatte. Das Leere Viertel war für mich zum Gelobten Land geworden, doch der Zugang war mir versperrt, bis die zufällige Begegnung mit Lean mir die große Chance eröffnete. In Wirklichkeit interessierte ich mich nicht im geringsten für Heuschrecken. Ganz gewiß hätte ich mich niemals angeboten, in Kenya oder in der Kalahari nach ihnen zu suchen, nun aber waren sie der goldene Schlüssel, der mir Arabien aufschloß.

Reisen in die wenigen noch unerforschten Gebiete unserer Erde werden heutzutage dadurch sehr erschwert, daß man von den Regierungen, die Anspruch auf jene Gebiete erheben, eine Reiseerlaubnis haben muß. Es wäre für mich kompliziert, vielleicht sogar unmöglich gewesen, ohne die anfängliche Unterstützung durch die Middle East Anti-Locust Unit in das Leere Viertel vorzustoßen. Aber als ich erst einmal dort war und mich mit den Bedu angefreundet hatte, konnte ich reisen, wohin ich wollte. Ich brauchte mich nicht um irgendwelche Grenzen zu kümmern, existierten sie doch noch nicht einmal auf der Landkarte.

Im Sudan war ich immer wieder auf Heuschrecken gestoßen, und während des Jahres, das ich in Dessie verbrachte, hatte ich einige Schwärme wie Rauchwolken am Horizont gesehen, als die Heuschrecken von ihren Brutstätten in Arabien auf dem äthiopischen Hochland eintrafen. Ich hatte den schwankenden Flug der langbeinigen Insekten beobachtet, die so dichtgedrängt daherkamen wie Schneeflocken in einem Blizzard; ich hatte gesehen, wie ganze Äste unter dem Gewicht niedergehender Schwärme abbrachen und wie in wenigen Stunden grüne Felder kahlgefressen wurden. Ich wußte nur von der

Zerstörungskraft der Heuschrecken, wußte aber nichts über ihre Lebensweise. Daher schickte man mich vor meiner Reise in das Leere Viertel für zwei Monate nach Sa'udi Arabien, damit ich bei Vesey Fitz Gerald, der dort der Heuschreckenplage beizukommen versuchte, mehr erführe. Wenige Europäer hatten eine Einreiseerlaubnis nach Sa'udi Arabien bekommen, und beinah für alle, die sie erhielten, war sie auf Djidda beschränkt, den Hafen am Roten Meer, wo die Diplomaten und Geschäftsleute leben. Heuschreckenbeamte konnten jedoch in beinah alle Teile des Landes ungehindert reisen.

Während des letzten Krieges brachte eine Heuschreckenart, die man »Wüstenheuschrecke« nannte, den Mittleren Osten an den Rand einer Hungersnot. Man wußte, daß eine der Hauptbrutstätten die arabische Halbinsel war, und 1943/44 erteilte König Abd al-Aziz ibn Sa'ud der Middle East Anti-Locust Unit die Erlaubnis, in Sa'udi Arabien gegen die Heuschreckenplage vorzugehen.

Vesey Fitz Gerald erzählte mir von den Entdeckungen, die man in den letzten Jahren gemacht hatte und die der Grund für meine Reise in das Leere Viertel waren. Doktor Uvarov, der Chef des Anti-Locust-Research-Center in London, hatte herausgefunden, daß die Wüstenheuschrecken und ein großer, einzeln auftretender Grashüpfer der gleichen Spezies angehörten, obgleich sie sich in Farbe, Lebensgewohnheiten, ja sogar in der körperlichen Beschaffenheit derart unterschieden, daß die Naturforscher sie als verschiedene Arten angesprochen hatten. Die Einsiedlergrashüpfer entwickeln bisweilen, vermutlich infolge Raummangels, Herdeninstinkte. Sie vermehren sich in Jahreszeiten üppiger Vegetation, werden aber in der darauffolgenden Trockenzeit auf ein begrenzteres Gebiet zusammengedrängt. Jetzt hören sie auf, Einzelgänger zu sein, werden Wüstenheuschrecken und wandern. Die anfänglich kleinen Schwärme wachsen sehr rasch an, da die Heuschrecken sich mehrmals im Jahr vermehren und jede Heuschrecke bis zu hundert Eiern auf einmal legt. Die Eier werden in etwa drei Wochen ausgebrütet, die jungen Heuschrecken oder Grashüpfer sind in etwa sechs Wochen ausgereift.

Als ich mit Vesey Fitz Gerald durch Sa'udi Arabien zog, sah ich dichte Schwärme von Grashüpfern, die in geschlossenen Formationen von mehreren Kilometern Länge und mehr als hundert Meter Tiefe auftraten, aber laut Fitz Gerald als kleine Schwärme anzusprechen waren. Ich wußte, daß Heuschrecken bei günstigem Wind ungeheure Entfernungen zurücklegen können, war aber doch erstaunt, als mir Fitz Gerald von einem Schwarm erzählte, der, dreitausend Kilometer von seinem Ausgangspunkt an der afrikanischen Küste entfernt, über dem Atlantik gesichtet worden war. Heuschreckenschwärme können während des Monsuns in Indien brüten, im Herbst nach Südpersien oder Arabien ziehen, dort wieder brüten und dann in den Sudan oder nach Ostafrika weiterfliegen. Mitunter suchen diese Schwärme Gebiete von fünfhundert Quadratkilometern und mehr heim. Schließlich fallen sie einer Seuche zum Opfer und verschwinden dann ebenso schnell, wie sie gekommen sind. Eine Zeitlang gibt es dann keine Heuschreckenschwärme auf der Welt, sondern nur noch einsiedlerische Grashüpfer.

Dr. Uvarov nahm an, daß die Ausgangsherde auf ganz bestimmte Gebiete beschränkt seien und daß man den Einsiedlergrashüpfer am Ausschwärmen hindern könne, wenn man erst einmal diese Gebiete ausfindig gemacht und weiter unter Kontrolle habe. Der erste Schritt dazu wäre es, all jene Ausgangspunkte festzustellen. Einige davon vermutete er in Südarabien, insbesondere um den Brunnen Maghshin. Thomas hatte dort festgestellt, daß die großen Wasserläufe, die von den Küstengebieten von Dhofar landeinwärts strömen, sich im Leeren Viertel verlieren. Es war bekannt, daß Dhofar Monsunregen erhält. Die Annahme schien daher berechtigt, daß alljährlich genug Wasser landeinwärts fließt, um an den Rändern der Wüste eine ständige Vegetation am Leben zu halten. Traf diese Vermutung zu, dann war jenes Gebiet mit größter Wahrscheinlichkeit einer der Ausgangspunkte. Dorthin sollte ich mich begeben, um Untersuchungen anzustellen. Jedenfalls war dieser Teil Südarabiens so wenig bekannt, daß ich, wo immer ich auch hinging, wertvolle Informationen sammeln konnte.

Ende September 1945 traf ich in Aden ein, besuchte das Gebirge an der Grenze des Yemen und flog am 15. Oktober nach Salala, der Hauptstadt von Dhofar, an der Südküste Arabiens. Hier sollte meine Reise beginnen. In Salala war ich Gast der Royal Air Force in deren Lager vor der Stadt. Es lag auf einer kahlen, steinigen Ebene, südlich des Qara-Gebirges, und war im Zuge einer Luftverbindung zwischen Aden und Indien während des Krieges eingerichtet worden. Die Luftstrecke wurde jetzt nicht mehr benutzt, nur einmal die Woche traf ein Flugzeug aus Aden in Salala ein.

Dhofar unterstand dem Sultan von Maskat, der bei seiner Zusage zur Errichtung dieses Lagers darauf bestanden hatte, daß niemand die Stadt besuchte oder das Lager verließ, es sei denn in Begleitung einer Wache des Sultans, und daß mit keinem der Eingeborenen gesprochen werden durfte. Diese Restriktionen galten auch für mich, solange ich im Lager lebte. Sie schienen mir, was die Angehörigen der Royal Air Force anbetraf, durchaus vernünftig. Man wollte damit Zwischenfälle zwischen den Luftwaffensoldaten, deren Mentalität dem Araber fremd war, und den bewaffneten, jähzornigen und allen Fremden gegenüber mißtrauischen Stammeskriegern verhindern. Für mich aber, der ich gekommen war, um mit diesen Eingeborenen zu reisen, war das Verbot außerordentlich lästig, bedeutete es doch, daß ich alle Vereinbarungen über den Wali oder Statthalter treffen mußte.

Um das Jahr 1877 war Dhofar nach Jahrhunderten der Stammesanarchie von einer Streitmacht des Sultans von Maskat besetzt worden, doch 1896 erhoben sich die Stämme, nahmen das Fort, das man in Salala errichtet hatte, im Handstreich und erschlugen die Besatzung. Es dauerte mehrere Monate, ehe der Sultan seine Autorität wieder festigen konnte, die jedoch, mit Ausnahme der Ebene um die Stadt, seither mehr oder weniger auf dem Papier stand.

Am Morgen nach meiner Ankunft begab ich mich nach Salala, um dem Wali meine Aufwartung zu machen. Salala ist eine kleine Stadt, kaum größer als ein Dorf. Es liegt am Rand des Meeres und besitzt keinen Hafen. Die Brecher des Indischen Ozeans rollen über den weißen Sand vor den Kokospalmen, welche die Küste säumen. Als ich die Stadt erreichte, holten die Fischer gerade die Netze ein. Zu Bergen gehäuft, trockneten die Fische in der Sonne. Die ganze Stadt stank nach Verwesung. Der Palast des Sultans, strahlend weiß in der grellen Sonne, war das auffallendste Gebäude. Er überragte den kleinen Suk oder Markt, eine Anzahl flachgedeckter Lehmhütten und ein Labyrinth aus Binsenmatten, Zäunen und engen Gassen. Der Markt bestand aus einem Dutzend Buden, war aber der größte Umschlagplatz zwischen Sur und Hadramaut, also im Umkreis von 1280 Kilometern. Auf dem Weg zum Palast kam ich an der Moschee vorbei, in deren Nähe sich ein paar alte Steinhäuser und ein sehr großer Friedhof befanden. Auf der Ebene vor der Stadt gibt es etliche Ruinen, die geringen Reste einer bedeutenden Vergangenheit, denn Dhofar war im Altertum das wichtigste Weihrauchland Südarabiens.

Die Kulturzentren, deren blühender Wohlstand die Griechen und Römer veranlaßte, Südarabien das »Glückliche Arabien« zu nennen, waren weiter westlich zu suchen. Die Sabäer hatten bereits um 1000 v. Chr. am Ostfuß des Hochlandes von Yemen ein Hochkultur-Zentrum entwickelt. Die Geschichte von der Königin von Saba ist kein Märchen. Später waren die Minäer, deren Städte nördlich von Marib, der Hauptstadt von Saba lagen, die mächtigsten in Südarabien. Sie waren Händler, deren Niederlassungen nach Norden bis Ma'an in der Nähe des Golfs von Aqaba reichten. Ihren Wohlstand verdankten sie großen Teils dem Weihrauch von Dhofar, den sie nach Ägypten und Syrien und über den Hafen Ghazza nach Griechenland verkauften. Die Reiche der Minäer und Sabäer, der Qatabanen und Hadramiten wurden zwischen 60 und 300 n. Chr. vom Sabäo-Himyarischen Reich abgelöst. Dann aber fand die südarabische Kultur im 7. Jahrhundert n. Chr. ihr Ende, als die ganze arabische Halbinsel erst das Reich Mohammeds, dann Teil des Kalifenreichs wurde. Während ihres Bestehens aber hatte sich jenes abgelegene Land den Ruf sagenhaften Reichtums erworben. Jahrhundertelang trachteten Ägypter, Assyrer und Seleukiden nach jenen Schätzen und kämpften um den Besitz der Karawanenstraße, über die der Weihrauch nach Norden gebracht wurde. Im Jahre 24 v. Chr. wollte Kaiser Augustus mit einer Armee unter Aelius Gallus, dem Prokonsul von Ägypten, die Länder erobern, aus denen jene unschätzbare Ware kam. Die Armee marschierte 1500 km südwärts bis vor die Tore der sabäischen Hauptstadt, wo sie sich zur Umkehr gezwungen sah. Es war das einzige Mal, daß eine europäische Macht auf dem Landweg in Südarabien einfiel.

Am Ausgang von Salala begegnete ich einer kleinen Karawane. Auf meine Frage erklärte die mich begleitende Wache, sie hätten Weihrauch geladen. Heute spielt der Weihrauchhandel nur eine untergeordnete Rolle und ist auf dem Markt von Salala kaum größer als der Handel mit Ziegen und Brennholz.

Die Männer, die die Kamele führten, erregten meine Aufmerksamkeit. Sie waren klein und drahtig, etwa 1,60 Meter groß und in dunkelblaues Tuch gekleidet, das um die Hüften gegürtet war. Ein Ende hatten sie über die eine Schulter geworfen. Die Indigofarbe war ausgelaufen und hatte Brust und Arme verfärbt. Sie waren barhaupt, ihr Haar war lang und ungepflegt. Beide trugen Dolche im Gürtel und Gewehre in der Hand. Meine Wache sagte, sie seien Bedu von jenseits des Gebirges und gehörten zum Stamm der Bait Kathir. Auf dem Markt waren noch mehrere solcher Männer, andere warteten vor den Palasttoren. Sie erinnerten mich an die Stammeskrieger, die ich vor kurzem in Dhala an der yemenitischen Grenze gesehen hatte, und schienen mir sehr verschieden von den Männern der großen Bedu-Stämme, denen ich im Süden und im Nedjd begegnet war.

Die Palasttore wurden von Bewaffneten in langen arabischen Hemden und Turbanen bewacht. Einige von ihnen kamen aus Oman, die übrigen waren Sklaven, keiner gehörte den örtlichen Stämmen an. Einer von ihnen führte mich in den Empfangssaal, wo mich der Wali empfing. Er war ein Städter aus Oman, groß und ziemlich korpulent, trug ein weißes Hemd, das bis zum Boden reichte, einen braunen goldbestickten Umhang und einen Kaschmirschal, den er lose um den Kopf geschlungen hatte. Vor dem Bauch hing ein großer Krummdolch. Ich begrüßte ihn auf arabisch, und ehe wir unsere Unterhaltung begannen, aß ich einige Datteln und trank drei Tassen bitteren schwarzen Kaffees, den mir einer seiner Diener reichte.

Der Wali sagte mir, der Sultan habe ihm Anweisung gegeben, eine Gruppe von Bedu mit Kamelen zusammenzustellen, die mich nach Maghshin bringen sollte. Er habe fünfundvierzig Bedu zu meiner Begleitung beordert und werde nun Boten in die Wüste schicken, um sie holen zu lassen. Ich dankte ihm, ließ jedoch durchblicken, daß fünfundvierzig Männer weit mehr seien, als ich benötige, ein Dutzend sei vollauf genug. Ich wußte, daß der britische Konsul in Maskat, der mir die Erlaubnis zu dieser Reise beschafft hatte, mit dem Sultan übereingekommen war, der Wali solle die Anzahl der Männer bestimmen, und ich hätte den Gegenwert von zehn Schillingen pro Tag jedem Mann meiner Begleitung zu zahlen. Ich war mir darüber klar, daß man hier in mir einen Boten des Himmels sah, der die Möglichkeit zur Bereicherung bot, und daß man daher versuchen werde, meine Karawane so groß wie möglich zu machen. Der Wali versteifte sich nun darauf, er könne in Anbetracht des großen Risikos, das mir von räuberischen Banditen drohe, die Verantwortung einer Reise nach Maghshin mit weniger als fünfundvierzig Mann nicht übernehmen. Auch die Bedu selbst seien nicht gewillt, mit einer kleineren Karawane zu reisen. Ich wußte, daß es in der Nähe von Maghshin zu Überfällen gekommen war, als Bertram Thomas 1929 dorthin reiste. Da er jedoch der einzige Europäer war, der jemals das Qara-Gebirge, das ich an diesem Morgen einige Kilometer hinter dem Lager erblickt hatte, durchquert hatte, besaß ich keine Vorstellung, was in der Wüste vor sich ging. Schließlich erklärte ich mich nach mehreren Unterredungen mit dem Wali damit einverstanden, dreißig Mann mitzunehmen. Der Wali sagte mir, es seien Männer des Stammes der Bait Kathir und fügte hinzu, daß sie in vierzehn Tagen bereitstehen würden.

Diese Zeit wollte ich zu einer Reise durch das Qara-Gebirge nutzen, das 1895 von Theodore und Mabel Bent und 1929 von Bertram Thomas erforscht worden war. Der Wali versprach mir vier seiner Diener, zwei Omani und zwei Sklaven. Wir sollten von den Qara im Gebirge Kamele mieten und diese in jedem Tal gegen andere Kamele austauschen, da jedes Tal einem anderen Teil des Stammes gehöre und alle aufeinander eifersüchtig und untereinander verfehdet seien. Er warnte mich: »Trau ihnen nicht. Diese Gebirgler sind nicht wie die Bedu der Wüste. Sie sind hinterhältig, diebisch und kennen keinerlei Ehrbegriff.«

Es war offenkundig, daß der Sultan von Maskat wenig Macht über die Qara besaß, obgleich sie nur wenige Meilen von Salala entfernt lebten. Die Araber regieren, aber sie verwalten nicht. Die Art ihres Regierens ist ungeheuer individuell, und der Erfolg beruht auf dem Grad von Furcht und Respekt, die der Herrscher erweckt, und seiner Geschicklichkeit im Umgang mit dem einzelnen. Diese auf dem Individualismus begründete Regierungsweise ist Schwankungen unterworfen und kann jeden Augenblick in Chaos ausarten. Sie entspricht der Mentalität des arabischen Stammesangehörigen, und ihr Erfolg oder Mißerfolg sollte niemals nach den westlichen Maßstäben von Tüchtigkeit und Gerechtigkeit gemessen werden. Die Stammesangehörigen huldigen der Ansicht, daß Sicherheit durch den Verlust der individuellen Freiheit allzu teuer erkauft sein kann.

Zwei Tage später ritten wir auf unseren Kamelen über die steinige Ebene von Djarbib. Wir kamen an kurzen Strecken bebauten Landes vorüber und zogen weiter zum Djebel Qara, der etwa 600 Meter hoch ist und auf beiden Seiten von viel höheren Massiven flankiert wird, die zum Meer abfallen, so daß das Gebirge den Küstenhof von Dhofar und die Ebene von Salala sichelförmig umgreift. Irgend etwas in der Form dieser Berge zieht die Monsunwolken an, so daß die Regenwolken sich auf den Südhängen des Djebel Qara zusammenballen. Diese Hänge sind daher den ganzen Sommer über von Nebel und Regen verhangen. Ihr Bewuchs dunkelte nun, nach dem Monsun, im vollen Laubschmuck zu uns herüber. An der ganzen südarabischen Küste, auf der 2200 km langen Strecke zwischen Perim und Sur fällt fast nur in diesem dreißig Kilometer breiten Streifen regelmäßig Regen. Wohl sind die Randgebirge weiter im Westen oft sehr schön, zumal in der Morgendämmerung und bei Sonnenuntergang, wenn die Nüchternheit von Fels und Sand in seltsame Farben getaucht wird; aber nur ganz selten überzieht sie ein grüner Schimmer. Für gewöhnlich rascheln die spärlichen Kameldornbüsche, die ein dünnes Schattennetz über den dunklen, verwitterten Fels werfen, trocken in der Brise. Auf dem Djebel Qara aber sind die Wälder mit Jasmin, großen Winden und Lianen geschmückt. In den Tälern wachsen knorrige Tamarisken, und auf den Hochplateaus stehen große Feigenbäume im windgewellten Gras, wie Eichen in einem englischen Park.

Wir schlugen unser Lager am Talausgang unweit eines Qara-Dorfes auf. Für mein ungeübtes Auge glichen diese Stammesangehörigen den Bait Kathir, die ich in Salala gesehen hatte. Sie haben jedoch eine eigene Sprache, während die Bait Kathir Arabisch sprechen. Drei Stämme, die Qara, die Mahra und die Harasis, sowie die Überreste anderer Stämme, wie etwa die Shahara, sprechen verschiedene Dialekte gleichen Ursprungs und werden von den arabischen Stämmen die Ahl al-Hadara genannt. M. Bittner, B. Thomas und andere haben diese Dialekte studiert. Sie sind mit den altsüdarabischen Sprachen der Sabäer, Minäer, Qatabanen und Hadramiten verwandt. Bertram Thomas hält es für möglich, daß Hadara soviel bedeute wie Hadoram, den die Genesis als einen der Söhne Joqtans, eines Nachkömmlings des Sem, erwähnt, zumal Hadramaut, der heutige Name des Landes, das im Westen unmittelbar an das Mahra-Land grenzt, auf Hazarmaveth, den Bruder des Hadoram zurückzuführen ist.

Als wir höher stiegen, sah ich rotbraun-schwarze Fliegenschnapper mit langen weißen Schwanzfedern und leuchtend bunte Schmetterlinge. Sie paßten zu den wilden Hainen und Gebüschen, die uns umgaben, und waren hier in Arabien ein ebenso überraschender Anblick wie diese selbst. Wir erreichten das Hochplateau und lagerten nahe einem Gipfel des Randgebirges. Klopfenden Herzens ging ich zur Wasserscheide und blickte vom Gipfel auf die andere Seite. Ich stand zwischen zwei Welten. Im Süden erstrecken sich grüne Weiden, auf denen Rinder grasten, da gibt es dichtes Unterholz und breit ausladende Bäume; und einen Steinwurf weit von hier oben, auf dem Tafelland im Norden, war leere Wüste, waren Sand, Felsen und hier und da ein paar Büschel verdorrten Grases. Der Übergang ist so abrupt wie im Niltal der zwischen den bewässerten Feldern und der Wüste.

Die Trennungslinie läuft über den Kamm des Randgebirges, das nach Norden sanft abdacht.

Die Qara hatten ihre Zelte auf dem Hochplateau, nach Sippen getrennt, aufgeschlagen. Sie besitzen kleine buckellose Rinder, ein paar Kamele und Ziegenherden, aber weder Schafe noch Pferde noch Hunde. Die meisten Familien hatten zwanzig bis dreißig Kühe. Thomas erwähnt in seinem Buch, daß beim Tod eines Mannes die Familie die Hälfte seiner Kühe opfert. Er hält dies für einen nur von den Qara geübten Brauch, doch offenkundig huldigen ihm auch die Wahiba, ein Bedu-Stamm in Oman. Die Qara hatten noch einen weiteren seltsamen Brauch, den ich bislang nur bei den Nuern im südlichen Sudan kennengelernt hatte. Ehe ein Mann eine Kuh melkt – Frauen ist es verboten, die Euter auch nur zu berühren –, legt er manchmal seinen Mund an die Vagina der Kuh und bläst hinein, um die Kuh zu veranlassen, ihre Milch in das Euter zu ergießen. Diese Qara erzählten mir, daß sie bis Januar hierbleiben, um dann zum Fuß des Gebirges hinunterzuziehen und sich mit den Herden in großen Lagern zu versammeln. Wir hatten ein solches Lager auf unserem Weg gesehen. Es bestand aus kleinen grasbedeckten Unterschlupfen, die sich am Taleingang drängten. Wenn der Monsun einsetzte, zog man wieder in die Gebirgstäler und brachte die Tiere in den Höhlen der Kalkklippen unter oder in niedrigen dunklen Ställen aus Stein, die mit geflochtenem Gras bedeckt waren.

Ich blieb zehn Tage im Hochland. Dann erreichte mich das Gerücht, daß die Bait Kathir, die mich begleiten sollten, in Salala eingetroffen seien, und ich kehrte zurück. Einige Qara begleiteten uns. Sie nahmen Butter, Brennholz und einen Topf wilden Honigs mit, die sie auf dem Markt verkaufen wollten. Für den Erlös wollten sie getrocknete Sardinen kaufen, um sie in der Zeit, wenn das Gras spärlich wird, an ihre Tiere zu verfüttern.

Nach meiner Rückkehr lud mich der Wali ein, damit ich einige der Bait Kathir, die mich begleiten sollten, kennenlernte. Als ich erschien, saßen acht von ihnen bei dem Wali. Sechs trugen Kopfbedeckungen und arabische Hemden, die bis zur Mitte der Wade reichten; zwei waren barhäuptig und hatten nur Lendentücher. Alle führten Krummdolche und Patronengürtel mit sich, ihre Gewehre hatten sie vor dem Empfangssaal abgelegt. Während wir Kaffee tranken und Datteln aßen, beschäftigte mich der Gedanke, wie ich wohl mit diesen Menschen auskommen würde. Ein alter Mann mit weißer Schifferfräse und lustigen Augen, Salim Tamtaim, war ihr oberster Scheich. Der Wali erklärte mir, er sei Achtzig, aber noch sehr rüstig, und habe eben eine neue Frau geheiratet. Und der alte Mann rief aus: »Bei Gott, ich kann noch immer reiten und schießen.« Mir fiel vor allem ein Mann auf, den sie Sultan nannten und der eher einem Indianer denn einem Araber glich. Die anderen wandten sich häufiger an ihn als an Tamtaim, und ich entsann mich, daß die Qara gesagt hatten, Sultan sei mit den Bait Kathir in Salala eingetroffen. Offenkundig war er der Anführer. Er hatte ein ungewöhnliches Gesicht, scharf geschnitten, faltig und haarlos, bis auf einen kleinen Bartsproß, der sich auf seinem Kinn lockte. Der Wali deutete auf einen zweiten Mann und sagte: »Musallim wird Fleisch für euch schießen. Er ist ein berühmter Jäger.« Der Mann trug ein sauberes, weißes Hemd und ein besticktes Kopftuch. Er war kleiner als die anderen, aber kräftiger gebaut und ein wenig O-beinig. Er wirkte eher wie ein Städter als ein Bedu. Ich verabredete mit den Männern, daß sie mich am nächsten Morgen im Lager der Royal Air Force abholen sollten.

Sie kamen nach dem Frühstück, von einer großen Menschenmenge aus Salala begleitet. Es war eine furchterregende Gesellschaft. Die meisten trugen nur Lendentücher, alle waren sie mit Gewehren und Dolchen bewaffnet. Ich zeigte dem alten Tamtaim und Sultan die Nahrungsmittel, die ich für die Reise eingekauft hatte – Reis, Mehl, Datteln, Zucker, Tee, Kaffee und flüssige Butter. Mit Hilfe des Lagerverwalters der Royal Air Force hatte ich die Sachen in Säcke eingenäht, die man meiner Ansicht nach gut transportieren konnte, aber Sultan sagte sofort, sie seien zu schwer. Die Männer öffneten die Säcke und machten sich ans Umpacken. Reis, Mehl und Zucker schütteten sie in schmutzige Ziegenhäute. Heftig streitend schrien sie sich mit ihren harten Stimmen an. Die Kamele wurden herangeführt und auf die Knie gezwungen, aber sie taumelten brüllend wieder hoch und mußten abermals auf die Knie gezwungen werden. Ein verschmutzter Wilder mit entzündeten Augen und verfilzten Haaren weigerte sich, ein Kamel beladen zu lassen, und wollte es wieder wegführen. Ein anderer ergriff das Halfter, und ich glaubte schon, es komme zu einer Rauferei. Alle Anwesenden bildeten einen Ring um die beiden und schrien wild darauf los. Ich konnte kaum ein Wort verstehen. Schließlich wurde das Kamel wieder herangeführt und beladen.

Als die Vorbereitungen ihrem Ende entgegengingen, zog ich mich in meine Hütte zurück und legte arabische Kleidung an. Hätte ich auf der Reise europäische Kleidung getragen, hätte mich das sofort den Bait Kathir entfremdet; denn wenn auch einige von ihnen mit Bertram Thomas gereist waren, hatten doch die meisten von ihnen noch nie ein Wort mit einem Engländer gewechselt. Ich hatte mir ein Lendentuch besorgt, ein langes Hemd und ein Kopftuch, dessen Enden ich nach Art der Bait Kathir um den Kopf geschlungen hatte. Keiner der Männer trug das schwarzwollene Stirnband, das für die Araber im Norden so charakteristisch ist.

Da ich das erstemal arabische Kleidung trug, fühlte ich mich höchst unsicher. Mein Hemd war neu, weiß und ziemlich steif und stach von den schäbigen Gewändern der Bedu merklich ab. Sie waren alle klein, und da ich gut 1,80 Meter groß bin, kam ich mir vor wie ein Leuchtturm und mußte meinen Begleitern so fremd erscheinen wie die Luftwaffensoldaten.

Auf meinen früheren Reisen hatte ich als Engländer Autorität gehabt, und im Sudan hatte mir meine Stellung als Regierungsbeamter Prestige verschafft. Auf meinen Reisen durch die Wüste hatte ich die Schranke zwischen mir und meinen Begleitern niederzureißen versucht, meinte aber stets ein wenig herablassend zu wirken. Nun reiste ich zum ersten Mal ohne Diener. Drei oder vier, ja, wenn ich die geplante zweite Reise nach Hadramaut auch noch unternahm, sechs Monate lang sollte ich mich nun vollkommen allein inmitten einer Horde von Bedu bewegen, die ich nie zuvor gesehen hatte. Auf den ersten Blick machten sie den Eindruck von Wilden, fast so primitiv wie die Danakil. Aber bald sollte ich zu meiner Verblüffung feststellen, daß ich in ihren Augen als eine neue und höchst willkommene Einnahmequelle galt, sie jedoch nicht einen Augenblick an meiner Inferiorität zweifelten. Sie waren Mohammedaner und Bedu, ich war keines von beiden. Von Engländern hatten sie nie etwas gehört, und für sie waren alle Europäer einfach Christen, oder, noch wahrscheinlicher, Ungläubige, und irgendwelche Nationalität besagte ihnen gar nichts. Vom Krieg wußten sie nur sehr ungefähr, daß es ein Krieg zwischen Christen war, und die Regierung in Aden war ihnen, als eine Christenregierung, ein recht undeutlicher Begriff. Ihre Welt war die Wüste, und was außerhalb der Wüste vor sich ging, hatte für sie nur wenig oder gar kein Interesse. Mich identifizierten sie mit den Christen aus Aden, sie kannten aber keine größere Macht als die von Ibn Sa'ud. Eines Tages sprachen sie über einen Scheich in Hadramaut, der sich vor kurzem gegen die Regierung aufgelehnt hatte, und gegen den die Truppen aus Aden mehr oder weniger erfolglos vorgegangen waren. Da wurde mir klar, daß sie annahmen, diese Streitmacht sei alles, was mein Stamm aufzubieten habe. Sie beurteilten die Macht nach der Anzahl und Tüchtigkeit der kämpfenden Männer, nicht aber nach Maschinen, die sie nicht begreifen konnten.

Ich werde das erste Lager am Fuß des Qara-Gebirges niemals vergessen. Wir hatten in einem seichten Flußbett, das in der Ebene verlief, haltgemacht und unser Gepäck zwischen Dornenbüschen und Felsblöcken verteilt. Meine Begleiter waren sofort damit beschäftigt, Wasserschläuche einzufetten, Seile zu drehen, Sättel zu flicken und ihre Kamele zu versorgen. Ich saß nicht weit von ihnen und spürte deutlich, daß sie mich beobachteten. Zu gerne wäre ich zu ihnen gegangen, um mit ihnen zu arbeiten, aber meine Hemmungen hielten mich davon ab. Es war das erste und das letzte Mal, daß ich mich in Arabien einsam fühlte. Schließlich kam der alte Tamtaim herbeigehumpelt und lud mich ein, mit ihnen Kaffee zu trinken. Und Sultan holte meine Decken und Satteltaschen und legte sie neben dem Lagerfeuer nieder. Später kochte Musallim Reis, und wir nahmen, jeweils zu sechst, das Mahl ein.

Ich fragte sie nach al-Rub al-Khali oder dem Leeren Viertel, dem Ziel meines Ehrgeizes. Keiner von ihnen hatte je davon gehört. »Wovon spricht er? Was will er? Gott allein weiß es. Ich kann sein Gerede nicht verstehen.« Endlich rief Sultan aus: »Oh, er meint al-Rimâl, die Sande.«[1] Und da begriff ich, daß dies ihre einzige Bezeichnung für die Große Sandwüste Südarabiens war. Ich habe Städter und Dorfbewohner im Nedjd und im Hedjaz diese Sandwüste al-Rub al-Khali nennen hören, aber niemals die Bedu, die an ihren Rändern leben.

Ich hatte Mühe, ihren Gesprächen zu folgen. Im Sudan hatte ich die Anfangsgründe des Arabischen bei Stämmen gelernt, die es neben ihrer eigenen Sprache sprachen. Aber erst in Syrien während des Krieges hatte ich richtig damit begonnen. Doch zwischen dem syrischen Arabisch und dem Dialekt der Bait Kathir, dessen Aussprache und Betonung sich von allem, was ich bisher gehört hatte, völlig unterschied, und der mit uralten Wörtern durchsetzt war, bestand ein gewaltiger Unterschied. Die Bait Kathir waren über meine Sprechweise genauso erstaunt, doch dies hinderte sie nicht daran, Fragen über die »Christen« zu stellen. Ob sie an Gott glaubten? Ob sie fasteten und beteten? Ob sie beschnitten seien? Ob sie wie die Mohammedaner heirateten oder sich einfach eine Frau nahmen, wenn ihnen der Sinn danach stand? Wie hoch der Brautpreis sei, den sie bezahlen müßten? Ob sie Kamele besäßen? Ob sie in Stämmen organisiert seien? Wie bestatteten sie ihre Toten? Es waren immer dieselben Fragen, die sie mir stellten. Keiner von ihnen zeigte Interesse für die Automobile oder Flugzeuge, die sie im Royal Air Force-Lager gesehen hatten. Die Gewehre, mit denen sie kämpften, waren das einzige, was sie von der Außenwelt über-

[1] Dies *al-Rimâl* ist die Mehrzahl von *al-ramla (ramlat)*, der Sand. Teile von *al-Rimâl* heißen *»Sand«*, z.B. *Ramlat al-Ghafa*, andere »Dünen«, *urûq*, Mehrzahl von *irq*, z.B. *Urûq al-Shaiba*.

nommen hatten, die einzige Errungenschaft der Neuzeit, für die sie sich interessierten.

Sie sprachen von Bertram Thomas, mit dem sie gereist waren. Die Bedu merken sich alles und vergessen nichts. Streitsüchtig von Natur, erinnern sie sich an alles. Auf ihren langen Märschen vertreiben sie sich die Zeit mit Gesprächen, und an den Lagerfeuern schwatzen sie bis spät in die Nacht weiter. Ihr Leben ist zu allen Zeiten verzweifelt hart, und sie üben gnadenlose Kritik an allen, die die Geduld und den Humor verlieren und deren Großzügigkeit, Loyalität und Mut zu wünschen übriglassen. Sie billigen dem Fremden keine Ausnahmestellung zu. Wer mit den Bedu lebt, muß sich ihren Regeln fügen und ihren Maßstäben anpassen. Nur wer mit ihnen gereist ist, weiß, wie anstrengend ein solches Leben ist. Von Geburt an sind sie an die physischen Entbehrungen der Wüste gewöhnt, an das spärliche bittere Wasser, das aus dem Sand quillt, an das sandige, ungesäuerte Brot, an den an den Nerven reißenden Flugsand, an bittere Kälte und glühende Hitze, an den blendenden Glast eines Landes ohne Schatten und Wolken. Aber noch zermürbender ist die fortwährende Nervenanspannung. Ich sollte erfahren, wie schwer es ist, mit Menschen eines anderen Glaubens, einer anderen Sprache und einer anderen Kultur in der Einsamkeit der Wüste eng zusammenzuleben, und wie leicht ihre Zudringlichkeit und Unbedachtsamkeit zu sinnlosem Zorn reizen können.

Bertram Thomas hätte Grund genug gehabt, aus dem Häuschen zu geraten. Er hatte kostbare Monate der kalten Jahreszeit verloren, als er in Dhofar auf Bin Kalut, seinen Führer, und die anderen Raschid wartete. Und ein Jahr zuvor hatte er Maghshin erreicht, und dort, an der Schwelle der Sandwüste, hatten die Bait Kathir Gefährten seine Pläne vereitelt. Sein Temperament war völlig anders als das der Bedu, und dennoch habe ich keinen von ihnen jemals ein abträgliches Wort über ihn sagen hören. Zwar übten sie Kritik daran, daß er ihre Kamele durch seinen schweren ausländischen Sattel, von dem er sich nicht trennen wollte, ermüdet habe, zwar rügten sie seine Vorliebe, von seinen Gefährten getrennt zu schlafen; aber das waren Eigenarten, die sie hinnahmen, auch wenn sie sie nicht begreifen konnten, Dinge, deren sie sich nun mit einem Lächeln erinnerten.

Er war der erste Europäer, der zu ihnen kam, und er hatte durch seinen geraden Charakter, seine Großzügigkeit und seine Entschlossenheit ihre Achtung gewonnen. In ihrer Erinnerung lebte er als ein guter Reisegefährte fort. Als ich sechzehn Jahre später zu diesen stolzen und abweisenden Menschen kam, hießen sie mich willkommen, weil ich dem gleichen Stamm angehörte wie Thomas. Ich hatte ihn während des Krieges nur zweimal in Kairo gesehen und auch da nur für wenige Augenblicke. Ich hätte ihn gern vor seinem Tod wiedergesehen, um ihm zu sagen, wieviel ich ihm verdankte.

Nach Ghanim am Rand der grossen Sande

Jene erste Reise an den Rändern des Leeren Viertels bedeutete für mich nur die Probe für die weit längeren und weit schwierigeren Reisen, die ihr folgten. Im Verlauf der nächsten fünf Monate lernte ich, mich den Sitten der Bedu und ihrem Lebensrhythmus anzupassen.

Meine Gefährten waren stets wach und auf den Beinen, sobald es hell wurde. Ich glaube, daß die Kälte sie nur in kurzen Zeitspannen schlummern ließ, hatten sie doch außer den Kleidern, die sie auf dem Leib trugen, kaum etwas, um sich zu bedecken. Und in diesen Winternächten gab es häufig Bodenfröste. Im Halbschlaf hörte ich sie frühmorgens die Kamele aufwecken. Die Kamele brüllten und röhrten, als man sie fortführte, und die Männer schrien einander mit ihren harten, weittragenden Stimmen an. Die Kamele stolperten an meinem Lagerplatz vorbei. Ihre Vorderbeine waren zusammengebunden, damit sie nicht fortlaufen konnten, ihr Atem stand weiß in der kalten Luft. Ein Knabe trieb sie zu den nächsten Büschen. Dann rief irgendeiner zum Gebet:

> Gott ist groß.
> Ich bezeuge, daß es keinen Gott außer Gott gibt.
> Ich bezeuge, daß Mohammed der Prophet Gottes ist.
> Kommt zum Gebet!
> Kommt zur Erlösung!
> Beten ist besser denn schlafen.
> Gott ist groß.
> Es gibt keinen Gott außer dem einen Gott.

Jede Zeile mit Ausnahme der letzten wurde zweimal wiederholt. Der langgezogene Wohllaut der Worte, der selbst auf mich, den Andersgläubigen, eine seltsame Macht ausübte, schwebte über dem schweigenden Lager. Ich sah zu, wie der alte Tamtaim, der in meiner Nähe schlief, sich vor dem Gebet wusch. Jede Waschung mußte nach einem genauen Ritual durchgeführt werden. Er wusch sein Gesicht, die Hände, die Füße, zog Wasser durch die Nase auf, säuberte die Ohren mit nassen Fingern und fuhr sich mit den nassen Händen über den Kopf. Die Bait Kathir beteten einzeln, jeder an einer bestimmten Stelle und zu einer bestimmten Zeit, während die Raschid, mit denen ich später reiste, gemeinsam und in einer Reihe beteten. Tamtaim kehrte den Boden vor sich, legte sein Gewehr darauf und betete dann, nach Mekka gewandt. Er stellte sich gerade hin, beugte sich, die Hände auf die Knie gelegt, nach vorn, kniete nieder und neigte den Kopf, bis seine Stirn den Boden berührte. Die rituellen Bewegungen wiederholte er mehrmals langsam und eindrucksvoll, während er das vorgeschriebene Gebet sprach. Manchmal stimmte er lange Abschnitte aus dem Koran an, wenn er sein Gebet beendet hatte, und schon allein der Klang der Worte vermittelte die Schönheit einer großen Dichtung. Viele jener Bedu kannten nur die 1. Sure des Korans:

> Im Namen Gottes, des Allerbarmers, des Allbarmherzigen,
> Preis sei Gott, dem Herrn der Welten,
> Dem Allerbarmer, dem Allbarmherzigen,
> Dem Herrscher am Tage des Weltgerichts.
> Dir wollen wir dienen, dich um Hilfe anrufen,
> Führe uns den rechten Weg,
> Den Weg derer, denen du huldvoll bist,
> Über die nicht gezürnt wird, die nicht irregehen.

Diese Sure wiederholten sie während ihres Gebets mehrmals. Der Mohammedaner soll im Morgengrauen, am Mittag, am Nachmittag, bei Sonnenuntergang und nach Einbruch der Dunkelheit beten. Die Bait Kathir beteten bei Sonnenaufgang und bei Sonnenuntergang, die anderen Gebetsstunden ließen sie meist außer acht.

Kurz nach dem Morgengebet konnte ich dann metallisches Klingen vernehmen: der Kaffee wurde in Messingmörsern zerstampft, und der Mann, der ihn zerstampfte, tat dies stets so, daß eine Art Melodie dabei entstand. Nun erhob ich mich. In der Wüste schliefen wir in unsern Kleidern, so daß ich nichts weiter zu tun hatte, als mein Kopftuch zu richten, mir ein wenig Wasser über die Hände zu gießen, mein Gesicht zu benetzen, ans Lagerfeuer zu treten und die Araber, die darum herum saßen, zu begrüßen: »Salam Alaikum!« (Friede sei mit euch.) Die Araber standen dann auf und antworteten: »Alaikum as Salam!« (Mit dir sei der Friede.) Die Bedu erhoben sich immer, wenn sie einen Gruß erwiderten. Hatten wir keine Eile, dann buken wir das Frühstücksbrot, sonst aber aßen wir die Reste vom letzten Abendessen. Wir tranken süßen schwarzen Tee und dann Kaffee, der bitter, schwarz und sehr stark war. Das Kaffeetrinken verlief zeremoniell und durfte nicht hastig absolviert werden. Der Kaffeeausschenker goß im Stehen winzige Mengen in eine kleine Porzellantasse, die kaum größer war als ein Eierbecher, und reichte einem jeden von uns unter Verneigungen die Tasse. Jedem wurde die volle Tasse so oft gereicht, bis er sie beim Zurückgeben ein wenig schüttelte, was bedeutete, daß er nun genug habe. Es war nicht üblich, mehr als drei Tassen zu trinken.

Nun wurden die Kamele geholt, gesattelt und beladen. Sultan brachte mir Umbrausha, mein Reitkamel. Es war ein prachtvolles Tier, ein berühmtes Vollblut aus Oman. Die anderen Kamele kamen mir, an sudanischen Maßstäben gemessen, sehr klein vor und waren alle in einer recht kläglichen Verfassung. Sultan hatte mir erzählt, daß es in den vergangenen drei Jahren nur sehr wenig Regen in der Wüste gegeben habe und daß die Tiere vom Hunger geschwächt seien.

Die Kamele, die von diesen Bedu geritten wurden, waren Stuten. Im Sudan hatte ich stets Kamelbullen geritten, da man dort, wie in den anderen Teilen der Sahara, die ich bereist hatte, die weiblichen Tiere niemals zum Reiten verwandte, sondern wegen ihrer Milch hielt. In ganz Arabien jedoch reitet man mit Vorliebe Kamelstuten. Die Stämme, die sie für Lastentransporte vermieten, benutzen Bullen als Lasttiere, aber die Bait Kathir schlachten fast alle männlichen Kälber, sie leben in der Hauptsache von Kamelmilch und haben keine Lust, teures Futter an Tiere zu verfüttern, von denen man – da es in dieser Wüste keinen Lastentransport gibt – keine Gegenleistung erwarten kann. Daher sind

Kamelbullen zum Decken Mangelware. Als ich später in Hadramaut reiste, begleitete mich ein Mann, der einen Kamelbullen ritt. Wir wurden unentwegt von Leuten mit weiblichen Tieren verfolgt, die gedeckt werden sollten. Wir hatten eine lange Reise vor uns, und die fortwährenden Anstrengungen erschöpften das Reittier meines Gefährten merklich. Aber er konnte nicht ablehnen. Es war alter Brauch, daß dieses Kamel so viele weibliche Tiere decken mußte, wie ihm zugeführt wurden. Man holte dazu nicht einmal die Erlaubnis des Besitzers ein. Die Stute wurde einfach gebracht, man ließ sie decken und nahm sie wieder mit.

Das Beladen der Kamele war ein höchst lärmendes Geschäft, da die meisten Tiere gurgelnd röhrten und die Zähne bleckten, sobald man sich ihnen näherte, und sie taten es vor allem dann, wenn ihnen die Lasten aufgelegt wurden. Ich fragte Sultan, was sie denn bei Überfällen machten, wo man doch möglichst jedes Geräusch vermeiden mußte, und erfuhr, daß den Kamelen dann das Maul zugebunden wird. Der Lärm, den unsere Kamele vollführten, war in der Stille der Wüste bestimmt in einem Umkreis von zwei Meilen oder sogar noch weiter zu hören. Sultan hatte Umbrausha am Seil zu meinem Zelt gebracht. Nun zwang er sie mit dem Ruf »Khrr-khrr« in die Knie, sie ließ sich nach hinten fallen, zog die Hinterbeine unter den Körper und setzte sich auf die Sprunggelenke, schob dann die Knie so weit nach vorn, bis sie bequem auf dem Boden lag. Sultan band das Ende des Kopfseils um das eine Vorderbein, damit das Tier beim Beladen nicht aufstehen konnte, was kaum nötig war, da man Umbrausha sehr gut abgerichtet hatte. Aber ein Mann in unsrer nächsten Nähe hatte mit einem jungen Tier große Schwierigkeiten. Nachdem er es schon am Boden hatte, richtete sich das Tier halb auf und sprang zwischen den Lasten herum, die er ihm aufladen wollte. Es gurgelte und fauchte und bespie ihn mit halbzerkautem Grünzeug. »Die Räuber sollen dich holen«, schrie der Mann verzweifelt. Das Tier sah aus, als wolle es ihm jeden Augenblick den Kopf abbeißen, aber Kamelstuten sind in Wirklichkeit sehr sanft und beißen nicht. Die männlichen Tiere beißen, insbesondere in der Paarungszeit, und fügen ihrem Opfer grauenhafte Verwundungen zu. Im Sudan hatte ich einen Mann behandelt, der in den Arm gebissen worden war, wobei der Knochen vollständig zersplitterte.

Die Bedu des Südens benutzen nicht den Doppelsattel, den man in Nordarabien verwendet, und an den ich gewöhnt war, sondern den kleinen Omanisattel. Sultan nahm meinen Sattel, der in der Form einer kleinen hölzernen Doppelschraube ähnelte und auf Sattelkissen montiert war, die aus Palmfaser geflochten waren. Diesen Sattel befestigte er mit Gurten auf Umbraushas Widerrist, genau vor dem Höcker.

Meine Satteltaschen waren mit Geld, Reservemunition und dem kleinen Arzneikasten gefüllt, den ich immer mit mir führte, und daher sehr schwer. Die meisten anderen Reitkamele trugen vierzig bis fünfzig Pfund Reis oder Mehl. Hatten wir lange Strecken zwischen den einzelnen Brunnen zurückzulegen und all unsre Ziegenschläuche mit Wasser gefüllt, dann waren auch die Kamele samt und sonders sehr schwer beladen. Ich hatte vier Lastkamele gemietet, die Lasten zwischen anderthalb bis zwei Zentnern trugen. Sobald die Tiere beladen waren, brachen wir zu Fuß auf. Die ersten zwei bis drei Stunden gingen wir immer zu Fuß. Solange wir noch im Gebirge waren, führte jeder von uns sein Kamel oder band es mit dem Kopfseil an den Schwanz des vorderen Tieres. Später, auf den Ebenen der Kieswüste oder in der Sandwüste, ließen wir die Kamele frei laufen, damit sie sich alles, was sie an Nahrung fanden, holen konnten. Dann gingen wir hinter ihnen her, nach Bedu-Art die Gewehre geschultert, den Lauf in der Hand. Im Anfang empfand ich das als höchst unbehaglich, da ich wußte, daß alle Gewehre geladen waren. Bald aber gewöhnte ich mich daran und tat es auch. Wenn die Sonne heißer wurde, bestiegen wir die Kamele. Die Bedu machen sich niemals die Mühe, ihr Reittier anzuhalten und es zum Aufsitzen niederknien zu lassen. Sie ziehen einfach die Köpfe ihrer Tiere herunter, setzen einen Fuß auf deren Nacken und gelangen so mühelos in den Sattel. Anfänglich bestanden sie darauf, daß mein Kamel niederkniete, wenn ich aufsitzen wollte. Das war gut gemeint, wie es auch gut gemeint war, wenn sie mich aufforderten, beim morgendlichen Aufbruch sofort aufs Kamel zu steigen, und wenn sie mir jede Stunde etwas zu trinken anboten. Derlei Aufmerksamkeiten waren mir unangenehm, da ich nur darauf aus war, mich als ihresgleichen behandelt zu sehen.

Der Bedu sitzt entweder mit den Beinen rechts und links neben dem

Höcker oder kniet auf dem Sattel und sitzt auf den Unterschenkeln und den nach oben gekehrten Fußsohlen. In diesem Fall reitet er ausschließlich mittels Gleichgewichtsverschiebung. Die Bedu ziehen es vor, kniend zu reiten, insbesondere beim Galoppieren. Das ist ein bemerkenswerter Balanceakt; denn das Reiten auf einem galoppierenden Kamel ist, zumal auf unebenem Terrain, wie das Reiten auf einem bockenden Pferd. Der Bedu hält sein Gewehr in der Regel unterm Arm, parallel zum Erdboden, was das Balancieren noch wesentlich erschweren muß. Ich habe es nie gelernt, im Knien zu reiten; selbst im Schrittempo war es mir zu unbequem und zu gefährlich. Daher mußte ich unentwegt in derselben Stellung sitzen, was auf langen Märschen ungemein ermüdend war. Als ich im Sudan das erstemal auf einem Kamel ritt, war ich am nächsten Tag so steif, daß ich mich kaum bewegen konnte. Das ist mir später nicht mehr passiert, aber zu Beginn dieser Reise fürchtete ich, ich könne wieder so steif werden; denn es war sieben Jahre her, seit ich das letztemal eine größere Strecke im Sattel zurückgelegt hatte. Und ich hätte mich ziemlich blamiert, da ich mich als geübten Reiter ausgegeben hatte.

In Darfur hatte ich meine Kamele mit Korn gefüttert und war im Trab geritten. Die Bedu in Südarabien traben niemals auf der Reise, denn in jener Gegend bekommen die Kamele nur zu fressen, was sie finden. Und das ist gewöhnlich sehr wenig, und die Entfernungen zwischen den einzelnen Brunnen sind sehr groß. Auf den Reisen nach Bir Natrun und Tibesti hatte ich gelernt, ein Kamel in der Wüste niemals schneller als im normalen Schrittempo zu reiten. Ich sollte sehr bald erfahren, wie rücksichtsvoll die Bedu gegen ihre Kamele sind. Stets sind sie bereit, selbst Entbehrungen zu ertragen, damit ihre Tiere geschont werden. Auf meinen Reisen mit ihnen kamen wir mehrmals in die Nähe von Brunnen, als unser Wasservorrat schon zur Neige gegangen war. Ich erwartete jedesmal, daß sie weiterreiten würden, um die Ziegenschläuche zu füllen, aber sie schlugen oft das Nachtlager kurz vor dem Brunnen auf mit der Begründung, daß es weiter weg nichts mehr für die Kamele zum Fressen gebe.

Wenn wir gut vorankamen und nicht durch Futtersuchen aufgehalten wurden, legten wir durchschnittlich fünfeinhalb Kilometer in der Stunde zurück. In der Sandwüste aber, wo steile Dünen zu überwinden waren, konnten wir manchmal nicht mehr als anderthalb Kilometer in der Stunde schaffen. Es schien mir oft ganz unglaubhaft, daß wir bei diesem Tempo derart große Entfernungen zurücklegten, zumal wenn ich zu Fuß ging und meine Schritte zählen konnte. Dennoch hatte ich nicht das Bedürfnis, rascher zu reisen. Ich hatte jetzt Zeit, auf alles zu achten, auf einen Grashüpfer unter einem Busch, eine tote Schwalbe, eine Hasenspur, ein Vogelnest, auf Form und Farbe der Sandrippeln, auf die Blüten winziger Pflänzchen, die aus der Erde hervorlugten. Ich hatte Zeit, eine Pflanze einzusammeln oder einen Felsen genau zu betrachten. Gerade die Langsamkeit unseres Vordringens milderte dessen Monotonie. Und ich dachte, wie schrecklich langweilig es wohl wäre, wenn man durch dieses Land in einem Automobil rasen würde.

Über unseren Marsch und unsere Ruhepausen herrschte ein nicht näher zu bestimmendes stillschweigendes Einvernehmen. Es kam kaum zu längeren Debatten, wir machten einfach halt oder gingen weiter. Manchmal brachen wir am Morgen auf mit dem Vorsatz, eine lange Strecke zurückzulegen, doch dann stießen wir sehr bald überraschend auf einen Weideplatz und blieben dort den Tag über. Oder wir hatten vor, nach einer bestimmten Strecke zu lagern, und mußten feststellen, daß es an unserm Ziel keine Weidemöglichkeit gab. Dann ging es ohne Pause bis zur Dunkelheit oder sogar noch länger weiter. Machten wir mitten am Tag halt, luden wir eilig die Kamele ab, hobbelten sie an und ließen sie weiden. Wir kochten Hafergrütze oder buken Brot, meist aber aßen wir Datteln. Immer tranken wir Kaffee, nach dem meine Begleiter süchtig waren wie nach einer Droge. Einige von ihnen rauchten, und das war die einzige andere Ausschweifung, die sie sich gestatteten. Keiner rauchte, ohne jedesmal seine Pfeife mit den anderen zu teilen. Sie hockten sich in die Runde und einer fischte ein paar Tabakkrümel aus dem Staub am Boden eines kleinen Ledersäckchens, das er unter dem Hemd auf der bloßen Haut trug. Den Tabak stopfte er dann in eine kleine Pfeife aus weichem Stein ohne Stiel oder in eine alte Patronenhülse mit einer Öffnung an beiden Enden, entzündete ihn mit Feuerstein und Stahl, tat zwei oder drei tiefe Züge und reichte die Pfeife dem Nachbarn. Überkam sie das Gelüst nach Tabak während des Marschs, dann hielten sie einfach an, saßen ab, ließen sich nieder, rauchten und stiegen dann wieder in die Sättel.

Wir kampierten stets dicht beisammen. Um uns war endlose Weite, doch in unseren Lagern konnte man sich kaum bewegen, zumal, wenn auch die Kamele für die Nacht herangeführt wurden und um das Feuer lagerten. Bei Beginn unserer Reise hatten wir uns in Lagergemeinschaften von fünf oder sechs Mann aufgeteilt, deren jede ihr eigenes Essen mit sich führte. Ich aß mit dem alten Tamtaim, mit Sultan und drei anderen Bedu. Einer von ihnen war Mabkhaut, ein zierlich gebauter Mann mittleren Alters, gut gelaunt, gutmütig und entgegenkommend, aber äußerst einsilbig, was bei den geschwätzigen Bedu ungewöhnlich ist. Der zweite, Musallim bin Tafl, war der vom Wali gerühmte Jäger. Er war selbst für einen Bedu ungewöhnlich habgierig, aber auch schlagfertig und arbeitsam. Er hatte Salala häufig besucht und sich in der Nähe des Palastes herumgetrieben und besaß daher einen gewissen Kontakt mit der Außenwelt, was für einen Bedu recht selten ist. Er bot sich freiwillig als Koch unserer Gruppe an.

Wenn wir genug Wasser hatten, kochte er Reis, meist aber buk er Brot für unsere abendlichen Mahlzeiten. Dazu holte er drei oder vier Pfund Mehl aus einem der Ziegenhautsäcke, in denen wir unsere Vorräte aufbewahrten, feuchtete dieses Mehl an, gab eine Prise Salz zu und knetete das Ganze zu einem Teig. Diesen Teig teilte er in sechs gleiche Häufchen, schlug jedes mit den flachen Händen, bis es eine flache Scheibe von etwa eineinhalb Zentimeter Dicke war, und legte diese auf ein Tuch. Inzwischen hatte einer der anderen Feuer gemacht, manchmal mit Streichhölzern, meist aber mit Feuerstein und Stahl. In der Wüste gab es Feuersteine genug, und als Stahl diente eine Dolchklinge. Zum Anzünden benutzten die Bedu kleine Stoffstreifen, die sie von ihren Hemden oder von ihrem Kopfputz abrissen, was dazu führte, daß sie von Tag zu Tag zerlumpter aussahen. Musallim stocherte nun so viel Glut aus dem Feuer, bis er eine glühende Unterlage hatte, auf die er die Teigkuchen legen konnte. Sobald die Hitze die Oberfläche der Kuchen verschlossen hatte, kehrte er sie um. Dann grub er unter der Glut eine Höhlung in den Sand, legte die Kuchen hinein und bedeckte sie mit heißem Sand und Glut. Während das Brot gar wurde, stiegen Blasen aus dem Sand und der Asche. Schließlich scharrte Musallim die Kuchen wieder aus, säuberte sie von Sand und Asche und ließ sie auskühlen. Dann reichte er jedem von uns einen Kuchen, wir setzten uns im Kreis zusammen und tauchten Stücke dieses Brotes in eine kleine Schale mit geschmolzener Butter oder, wenn wir gerade die nötigen Ingredienzien zur Hand hatten, in Suppe. Das Brot war, je nach der Dauer des Backens, steinhart oder schwammig und schmeckte immer nach Sägemehl. Manchmal erlegte Musallim eine Gazelle oder eine Oryx-Antilope, und nur dann war das Essen gut und nahrhaft. Sobald wir das Essen beendet hatten, begann die Unterhaltung. Die Bedu verständigen sich stets schreiend, auch wenn sie nur wenige Meter voneinander entfernt sind. So konnte jedermann hören, was die andern im Lager sagten, und wenn einer an einer Unterhaltung teilnehmen wollte, die an einem andern Lagerfeuer geführt wurde, konnte er von seinem Platz aus mitreden.

Bald nach dem Abendessen breitete ich meine Decke und mein Schaffell aus, legte meinen Dolch und den Patronengürtel unter die Satteltaschen, die ich als Kopfkissen benutzte, und streckte mich, mein Gewehr neben mir, unter drei Decken aus. Solange ich unter Arabern lebte, war ich sorgfältig darauf bedacht, mich so zu benehmen wie sie; sie sollten mich bis zu einem gewissen Grad als einen der ihren betrachten. Ich mußte also in der gleichen Stellung sitzen wie sie, und das war zunächst sehr ermüdend, denn meine Muskeln waren nicht daran gewöhnt. Ich war froh, wenn es Nacht wurde und ich mich niederlegen und alle viere von mir strecken konnte. Schon früher war ich auf dem Boden gehockt, aber da reiste ich mit Männern, die ich gut kannte und vor denen ich mich gehen lassen durfte. Nun aber mußte ich nach einem langen Kamelritt so steif sitzen wie meine Begleiter. Es dauerte lange, bis ich mich daran gewöhnt hatte. Aus dem gleichen Grund ging ich barfuß, und auch dies war zunächst eine Qual. Allmählich verhornten die Sohlen meiner Füße, doch selbst nach fünf Jahren waren sie immer noch weich im Vergleich zu den Füßen der Nomaden.

Die Bedu konnten sich nicht vorstellen, daß man dieselben Dinge auch anders tun könne, als sie es gewohnt waren. Im Royal Air Force-Lager bei Salala hatten wir einen Soldaten gesehen, der sein Wasser abschlug. Am nächsten Tag fragten sie mich, welche körperlichen Gebrechen dieser Mann habe, daß er nicht in die Hocke gehen könne wie sie. Im Gebirge war es mir ein leichtes, meine Bedürfnisse hinter einem Felsen zu verrichten. Später, auf den freien Ebenen, entfernte ich mich eine Strecke von den andern und hockte mich nieder wie sie, den Mantel wie ein Zelt über den Kopf geschlagen. Nach dem Essen rieben wir unsere Hände mit Sand, und wir benutzten Sand an Stelle von Toilettenpapier. Nur wenn wir an einen Brunnen kamen, säuberten wir uns mit Wasser. Die Bedu verrichten ihre Bedürfnisse niemals in unmittelbarer Nähe eines Weges. In der pfadlosen Wüste verlassen Araber, die Wasser lassen wollen, immer die Marschrichtung, bevor sie sich niederhocken.

Die Mohammedaner sind im allgemeinen sehr prüde und vermeiden es ängstlich, sich zu entblößen. Meine Gefährten nahmen ihre Lendentücher niemals ab, auch dann nicht, wenn sie sich an den Brunnen wuschen. Es bereitete mir im Anfang Schwierigkeiten, das Lendentuch mit Anstand zu tragen, wenn ich auf dem Boden hockte. Der Bedu sagt zu jedem, dessen Blöße nicht bedeckt ist: »Deine Nase!« Ich mußte das mehrmals hören, bevor ich gelernt hatte, vorsichtiger zu sein. Das erstemal putzte ich mir die Nase, weil ich meinte, die bittere Kälte habe einen Nasentropfen verursacht.

Zunächst kam mir das Leben mit den Bedu sehr anstrengend vor, und in all den Jahren, die ich mit ihnen verbrachte, schien mir die psychische Anstrengung immer größer als die physische. Es fiel mir nicht leicht, mich ihrer Lebensweise anzupassen. Und ich konnte mich wohl ebenso schwer mit ihrer Vorstellung abfinden, wie sie sich mit meinen – in ihren Augen ausgefallenen – Eigenarten. Ich war es gewohnt, mein eigener Herr zu sein, hier aber hatte ich keinerlei private Sphäre. Wollte ich mit einem von ihnen allein sprechen, so stieß ich zumeist auf Schwierigkeiten. Sobald wir uns ein wenig absonderten, erwachte die Neugier der andern, und sofort kamen sie angelaufen, um sich in die Unterhaltung einzumischen. Jedes Wort, das ich sagte, und jede Bewegung, die ich machte, wurden registriert. Zuerst fühlte ich mich sehr einsam unter ihnen. Ich wußte, daß sie meinten, ich hätte Geld in Hülle und Fülle, und hegte den Verdacht, daß sie mich auszunutzen versuchten. Ihre Habgier brachte mich zur Verzweiflung, ihre Zudringlichkeit zehrte an meinen Nerven. Wenn immer in diesen ersten Tagen einer von ihnen auf mich zukam, dachte ich: ›Was will der jetzt wieder von mir?‹ Die plumpe Schmeichelei, mit der sie ihre Bettelei einleiteten, reizte mich. Ich mußte erst lernen, daß kein Bedu das Betteln als eine

Schande empfindet und daß er häufig das Geschenk, das er empfängt, betrachtet und sagt: »Ist das alles, was ich von dir bekomme?« Ich sah nur ihre schlimmsten Seiten, und ihre anmaßende Überheblichkeit enttäuschte, verärgerte und reizte mich. Folglich war ich barsch und ungerecht.

Auf den Nordhängen des Qara-Gebirges hatte es vor drei Monaten geregnet, und in einigen Talgründen, die das Hochwasser überschwemmt hatte, gab es ein paar kleine grüne Weideplätze. Nur ungern zogen die Bedu von hier in die leeren Wüstenstriche weiter, die vor uns lagen. Sie trödelten und gingen an einem Tag nur eine Stunde weit, am nächsten vielleicht zwei, und meine Verzweiflung wuchs. An jedem Grasfleck auf unserem Weg schworen sie, dies sei der letzte, und bestanden darauf, haltzumachen. Und am nächsten Tag kamen wieder andere Weideplätze, und wieder machten sie halt. Die meisten dieser Weideplätze schienen einen Aufenthalt ohnedies nicht zu lohnen. Meist waren es nur ein paar grüne Sträucher. Ich wußte noch nicht, wie selten man in dieser Wüste auf frische Pflanzen traf. Ich dachte noch immer in Tagesmärschen, die im Sudan, wo wir unsere Kamele von Hand fütterten, ohne Schwierigkeiten zurückzulegen waren. Ich grollte über die ständigen Verzögerungen, ich zählte die verlorenen Tage, anstatt dieses gemächliche Reisen zu genießen. Zu Unrecht unterstellte ich diesen Arabern, sie wollten die Reise in die Länge ziehen, um mir mehr Geld abknöpfen zu können. Wenn ich am Abend Protest erhob und darauf bestand, daß wir ordentliche Strecken zurücklegten, brachten Sultan und die andern mich beinahe zur Weißglut mit der Bemerkung, ich verstünde nichts von Kamelen. Das entsprach der Wahrheit, aber ich berief mich empört auf meine große Erfahrung mit Kamelen im Sudan. Es fiel mir schwer, sie überhaupt zu verstehen, und das machte meine Lage noch trostloser.

In den Tälern, durch die wir zogen, trafen wir Bedu mit ihren Kamelen und Ziegen, die das frische Weideland von weither angelockt hatte. Wie alle Bedu waren sie hungrig und erschienen jeden Abend in unserm Lager, um sich auf unsre Kosten satt zu essen. Alle hatten sie gehört, daß der Christ große Mengen Nahrungsmittel mit sich führte. Die ungebetenen Gäste warteten niemals auf eine Einladung, sondern ließen sich häuslich bei uns nieder. Sie kamen einfach und teilten mit uns, was wir hatten. Viele von ihnen folgten uns und stellten sich Abend für Abend ein. Meine Gefährten nahmen diese Besuche mit Gleichmut hin, hätten sie es doch selbst nicht anders gehalten; und überdies wird kein Bedu jemals einen Gast hungrig fortschicken. Mich aber reizte ihre selbstverständliche Annahme, daß wir sie zu ernähren hätten, und ihre Zahl bereitete mir Sorgen. Mir wurde klar, daß wir nicht genug Nahrungsmittel bei uns hatten und daß wir noch vor der Rückkehr nach Salala damit am Ende sein würden. In meinen schwärzesten Augenblicken erschien mir das Beduleben als ein einziger Reigen von Betteln und Angebetteltwerden.

Es dauerte drei Monate, bis ich wieder nach Salala zurückkehrte. Es waren harte Monate ununterbrochenen Reisens, in denen ich meine Gefährten bewundern und ihre Geschicklichkeit schätzen lernte. Es klingt vielleicht seltsam, aber ich fand den Umgang mit diesen Wüstenarabern viel angenehmer als den mit den aufgeklärteren Arabern in den Städten, die sich, nachdem sie ihre eigenen Sitten und Gebräuche abgelegt hatten, unseren Lebensformen anpaßten. Ich zog die arrogante Selbstbewußtheit der Bedu der Empfindlichkeit der Effendis bei weitem vor. Ich fing an, die Wüste mit den Augen der Bedu zu sehen und die Menschen nach ihren Maßstäben zu beurteilen. Ich war hierher gekommen, um nach mehr zu suchen als nur nach Heuschrecken, und ich fand das Leben, nach dem mich verlangt hatte.

Zwei Erinnerungen vor allem sind mir von dieser Reise geblieben. Ich war mit einem Dutzend Arabern von unserer Marschrichtung abgebogen und in die Sandwüste von Ghanim gezogen, während die anderen weiter den Weg nach Maghshin nahmen. Vor acht Tagen hatten wir den Brunnen Shisur verlassen, und unser Wasservorrat war vor vierundzwanzig Stunden zu Ende gegangen. Wir befanden uns in der Nähe von Bir Hanu, dem »Süßen Brunnen«, als wir an einer Stelle, wo vor wenigen Monaten Regen gefallen war, auf Büschel von gelbblühenden Tribulus stießen. Nachdem unsere Kamele eine Zeitlang geweidet hatten, schlug ich vor, wir sollten weiter zum Brunnen ziehen, denn ich hatte Durst. Schließlich brachen Tamtaim, Sultan und Musallim mit mir auf. Die anderen sagten, sie kämen später nach, wenn sie ihre

Kamele geweidet hätten. Am Brunnen angekommen, sattelten wir unsere Kamele ab, tränkten sie und ließen uns dann in der Nähe des Brunnens nieder. Noch hatte keiner von uns getrunken. Ich wollte nicht ungeduldig erscheinen, aber schließlich schlug ich vor, daß wir trinken sollten. Sultan reichte mir eine Schale mit Wasser. Ich bot sie dem alten Tamtaim an, doch der meinte, ich solle nur trinken, er werde auf die anderen warten. Und er fügte hinzu, es sei nicht schicklich, wenn er trinke, ehe sie einträfen, seien sie doch seine Reisegefährten. Ich hatte bereits gelernt, daß ein Bedu seinen Gefährten niemals etwas voraus haben will und daß er daher niemals in ihrer Abwesenheit ißt, aber diese Enthaltsamkeit schien mir übertrieben. Die andern kamen erst fünf Stunden später. Und ich war schon recht verzweifelt und sehr durstig. Zufälligerweise schmeckte das Wasser, das wunderbar kühl und klar aussah, als sei es mit einer starken Dosis Bittersalz versetzt. Ich nahm einen großen Schluck und spuckte es unwillkürlich wieder aus. Das war meine erste Erfahrung mit dem Wasser von al-Rimâl, den Großen Sanden.

Einige Tage später trafen wir auf Spuren. Ich hätte nicht einmal mit Gewißheit sagen können, ob es Kamelspuren waren, denn der Wind hatte sie beinahe gänzlich verweht. Sultan wandte sich an einen graubärtigen Mann, der als Spurensucher bekannt war, und fragte ihn, was für Spuren das seien. Der Mann folgte ihnen eine kurze Strecke. Dann sprang er von seinem Kamel, untersuchte die Spuren an einer Stelle, wo sie über härteren Boden führten, zerkrümelte etwas Kamelkot zwischen den Fingern und kam wieder zu uns zurückgeritten. Sultan fragte: »Was sind es für Spuren?« Und der Mann antwortete: »Sie stammen von Awamir aus dem Norden. Es sind sechs Mann. Sie haben die Djanaba an der Südküste überfallen und ihnen drei Kamele geraubt. Sie sind von Sahma hierher gekommen und haben in Maghshin Wasser gefaßt. Vor zehn Tagen sind sie hier vorbeigezogen.« Wir hatten seit siebzehn Tagen keinen Araber gesehen und sahen auch in den nächsten siebenundzwanzig Tagen niemanden. Bei unserer Rückkehr trafen wir in der Nähe des Djebel Qara einige Bait Kathir, und als wir Neuigkeiten austauschten, erzählten sie uns, daß sechs Awamir die Djanaba überfallen, drei von ihnen getötet und drei ihrer Kamele geraubt hätten. Für uns war nur neu, daß sie drei Djanaba getötet hatten.

Hier kannte jeder die Spuren seiner eigenen Kamele, und einige konnten sich sogar der Spuren beinahe jeden Kamels, das sie einmal gesehen hatten, erinnern. Auf einen Blick erkannten sie an der Tiefe des Hufabdrucks, ob ein Kamel einen Reiter trug oder nicht und ob es trächtig war. Von fremden Spuren konnten sie angeben, aus welchem Gebiet das Kamel kam. Kamele aus der großen Sandwüste haben weiche Sohlen, mit Fetzen loser Haut, kommen die Kamele aber aus den Kieswüsten, so sind ihre Sohlen glattpoliert. Ein Bedu kann den Stamm, dem das Kamel gehört, bezeichnen, da die einzelnen Stämme Kamele aus verschiedenen Zuchten haben, deren Spuren sich unterscheiden. Aus dem Kot läßt sich häufig ersehen, wo ein Kamel geweidet hat, und ein Bedu kann auf jeden Fall feststellen, wann es zuletzt getränkt worden ist, meist sogar, aus der Kenntnis der Landschaft heraus, an welchem Brunnen. Die Bedu sind stets sehr genau über die politischen Verhältnisse in der Wüste informiert. Sie kennen die Bündnisse und Feindschaften der Stämme und können erraten, welche Stämme einander befehden werden. Kein Bedu wird es je versäumen, mit jedem, der ihm begegnet, Neuigkeiten auszutauschen, und er läßt sich die Möglichkeit, Nachrichten zu erfahren, gern einen großen Umweg kosten.

Ein Ergebnis dieser Reise war die Feststellung, daß die Gegend um Maghshin unter einer jahrelangen Dürre litt. Wäre dort Weideland gewesen, hätten wir Araber mit ihren Herden vorgefunden. Aber wir waren volle 44 Tage lang gereist, ohne einer Menschenseele zu begegnen. Ich erkundigte mich bei meinen Gefährten nach den Hochwassern, und sie erzählten mir, daß seit der großen Überschwemmung vor 25 Jahren kein Wasser aus dem Qara-Gebirge Maghshin erreicht habe. Dies war also offenkundig kein Sammelplatz und »Ausbruchszentrum« für Wüstenheuschrecken. Ich beschloß nun, westwärts nach Hadramaut zu reisen, am Südrand der großen Sande entlang, wo ich festzustellen hoffte, ob das Hochwasser des Mahra-Küstengebirges jemals bis in diese Gegend vordringe. Kein Europäer war bisher durch das Land zwischen Dhofar und Hadramaut gekommen.

Auf meinem Weg nach Maghshin hatte ich einen der Raschid-Scheichs, Musallim bin al Kamam, kennengelernt und sofort eine Zuneigung zu ihm gefaßt. Ich bat ihn, mich mit einigen Männern seines

Stammes im Januar in Salala aufzusuchen und dann mit mir nach Hadramaut zu ziehen. Als ich am 17. Januar in Salala eintraf, erwartete mich dort Bin al-Kamam mit etwa dreißig Raschid. Ich beschloß, Sultan und Musallim bin Tafl von den Bait Kathir zu behalten, und erklärte mich einverstanden, fünfzehn Raschid in meinen Sold zu nehmen, aber Bin al-Kamam entgegnete, daß dreißig Männer uns begleiten würden, und das für den gleichen Lohn. Er erklärte mir, die Gebiete, durch die wir kämen, würden häufig vom yemenitischen Stamme Dahm geplündert. Wie er erfahren hatte, setzten zur Zeit etwa zweihundert Dahm den Manahil auf den Steppen östlich von Hadramaut hart zu.

Die Raschid waren Stammesbrüder und Verbündete der Bait Kathir, beide Stämme gehörten zu den Al Kathir. Die Raschid gefielen mir vom ersten Augenblick an. Sie trugen lange arabische Hemden und Kopfputze, die mit dem Saft eines Wüstenstrauchs angenehm rostbraun gefärbt waren. Diese Gewänder trugen sie mit großer Würde, auch dann, wenn sie in Fetzen gingen. Es waren kleine drahtige Männer, mager und abgehärtet, stets auf der Hut und sehr wendig, und sie konnten unglaubliche Strapazen ertragen. Sie wirkten äußerst lebendig, energiegeladen und kraftvoll beherrscht. Sie waren eine Elite der reinsten Rasse dieser Erde und lebten unter Bedingungen, die nur die kräftigsten und besten aushalten konnten. Sie waren so rassig und sensibel wie Vollblutpferde. Neben ihnen wirkten die Bait Kathir, denen jener letzte Schliff der innersten Wüste fehlte, ungeschlacht und anmaßend.

Die Raschid und die Awamir waren jene Stämme Südarabiens, die sich dem Leben in den Großen Sanden angepaßt hatten. Einige Stammesgruppen lebten im Zentrum dieser Sande, dem einzigen Ort im Leeren Viertel, wo es Brunnen gab; andere waren durch die ganze Wüste bis zur Piratenküste gezogen. Die Heimat der Raschid und der Awamir waren die Wüstensteppen im Nordosten und im Norden von Hadramaut. Die Bait-Imani-Gruppe der Raschid hauste noch immer dort, und auf unserem Weg nach Hadramaut sollten wir auch durch ihr Gebiet kommen. Die Manahil lebten weiter zur Küste hin, zwischen den Bait Imani und den Awamir. Westlich von den Awamir lag das Gebiet der Sai'ar, der Todfeinde der Raschid. Die in viele Gruppen aufgespaltenen

Mahra lebten im Gebirge und auf der Hochebene an der Küste, und westlich von ihnen, im Norden von Makalla, gab es die Humum.

Die Bedu-Stämme Südarabiens sind kleine Stämme, verglichen mit den Stämmen in Zentral- und Nordarabien, wo die Zelte eines einzigen Stammes bis in die Tausende gehen. In Syrien hatte ich die Shammar auf der Wanderung gesehen, ein ganzes Volk, das mit seinen Herden durch die Wüste zog, und ich hatte das Sommerlager der Rualla besucht, eine Stadt aus schwarzen Zelten. In Nordarabien geht die Wüste in bebautes Land über. Dort gibt es allmähliche Übergänge zwischen Bedu, Schafhirten und Ackerbauern. Damaskus, Aleppo, Mossul und Bagdad haben Einfluß in der Wüste. Die Bedu suchen diese Städte auf und treffen in den Bazaren die Angehörigen anderer Rassen, Kulturen und Glaubensbekenntnisse. Sogar im Nedjd haben die Bedu hin und wieder Kontakt mit Städten und städtischem Leben. Hier im Süden aber zogen verstreute Familien unendlich weit herum, um Weideland für ein Dutzend Kamele zu suchen. Die Raschid, die von den Grenzen von Hadramaut bis zum Persischen Golf schweiften, verfügten über nur 300 Männer, die Bait Kathir über etwa 600; aber sie gehörten zu den echtesten Bedu, zu denen, die mit der Außenwelt kaum Berührung haben. Im Südosten endet die Große Sandwüste am Meer, im Norden geht sie in freundlichere Wüsten über, im Westen und Osten stößt sie an die kahlen Gebirge des Yemen und von Oman. Nur wenige Städte sind den südlichen Bedu erreichbar, und diese Städte werden selten von ihnen besucht.

Mein Ziel war die Durchquerung des Leeren Viertels. Ich hatte gehofft, ich könne mich mit den Raschid dorthin aufmachen, wenn wir erst einmal in Hadramaut waren, aber sie erklärten mir, daß es dann zu heiß sei. Ich beschloß also, es mit der Reise nach Hadramaut vorerst genug sein zu lassen und dieses erste Jahr als eine Vorschule für spätere Reisen zu betrachten. Ich wußte, daß ich in den Raschid die Araber gefunden hatte, nach denen ich suchte.

Auf jener Reise begegnete ich Salim bin Kabina. Er war allgemein als Bin Kabina, »Der Sohn der Kabina«, seiner Mutter, bekannt. In anderen Teilen Arabiens ist es üblich, einen Mann den Sohn seines Vaters zu heißen, hier aber bezieht man sich meist auf den Namen der Mutter. Bin Kabina sollte während der fünf Jahre, die ich durch Südarabien reiste, mein unzertrennlicher Gefährte sein. Er erschien, als wir gerade durstige Kamele an einem Brunnen tränkten, der nur wenige Liter Wasser in der Stunde spendete. Zwei Tage lang arbeiteten wir in Tag- und Nachtschichten. Bin Kabina, der durch sein leuchtend rotes Lendentuch und sein Haar, das bis zu den Schultern reichte, auffällig von den anderen abstach, half uns dabei. Am zweiten Tag erklärte er, daß er mit mir gehen werde. Die Raschid-Scheichs rieten mir, den Jungen in meinen Dienst zu nehmen. Ich sagte ihm, er müsse sich ein Kamel und ein Gewehr beschaffen. Er grinste und meinte, er werde beides auftreiben. Und das tat er auch. Er war etwa sechzehn Jahre alt, ungefähr 1,75 Meter groß und schlaksig und bewegte sich mit langen, seitlich ausholenden Schritten, wie ein Kamel, anders als die meisten Bedu, die sehr aufrecht gehen und kurze Schritte machen. Er war bettelarm, von Entbehrungen gezeichnet, hager und hohlwangig. Sein langes Haar, das ihm beim Kochen oder anderer Arbeit ins Gesicht fiel, schob er ungeduldig mit seiner mageren Hand zurück. Er hatte eine ziemlich niedrige Stirne, große Augen, eine gerade Nase, vorspringende Backenknochen und einen breiten Mund mit langer Oberlippe. Sein zartgeformtes und ein wenig spitzes Kinn verunstaltete eine lange Narbe. Dort war er als Kind gebrandmarkt worden, um ihn von irgendeiner Krankheit zu heilen. Er hatte sehr weiße Zähne, die er stets zeigte, da er unaufhörlich lachte und schwatzte. Sein Vater war vor zwei Jahren gestorben, und der kleine Bin Kabina mußte nun seine Mutter, seinen jüngeren Bruder und seine kleine Schwester ernähren. Ich war ihm in einem kritischen Augenblick seines Lebens begegnet, aber das erfuhr ich erst einige Wochen später.

Wir folgten in der kühlen Stille des frühen Morgens den Kamelen, Bin Kabina und ich ein wenig abseits von den anderen. Er machte lange Schritte, hatte den Körper beim Reden etwas seitlich gewendet, das rote Lendentuch lag eng um seine schmalen Hüften. Das Gewehr, das er geschultert hatte und am Lauf festhielt, war rostig und sehr alt. Ich hegte den Verdacht, daß der Abzug zerbrochen war, da er es immer wieder auseinander nahm. Er erzählte mir, daß er vor einem Monat an die Küste gegangen sei, um eine Ladung Sardinen abzuholen, und sein altes Kamel sei auf dem Rückweg zusammengebrochen und verendet. Er gestand mir:

»Ich weinte, als ich da in der Dunkelheit neben meiner alten grauen Stute saß. Sie war alt gewesen, schon lange nicht mehr trächtig und sehr mager, denn es hatte schon lange nicht mehr in der Wüste geregnet. Aber sie war mein Kamel, das einzige, das wir besaßen. In dieser Nacht schien der Tod mir und meiner Familie sehr nahe, Umbarak. Weißt du, im Sommer versammeln sich die Araber um die Brunnen. Eine Tagesreise im Umkreis und mehr sind alle Weideplätze abgegrast. Wenn wir dort lagerten, wo unsere Ziegen grasen konnten, wie sollten wir Wasser holen, ohne ein Kamel zu besitzen. Und wie könnten wir von einem Brunnen zum andern reisen?«

Dann grinste er mich an und sagte:

»Dich hat Gott gesandt. Nun werde ich alles haben.«

Ich hatte ihn bereits liebgewonnen. Aufmerksam und fröhlich erleichterte er mir die unvermeidliche Mühsal jenes Lebens und las mir jeden Wunsch von den Augen ab. Seine Kameradschaft gab meinem Wüstendasein eine persönlichere Note.

Zwei Tage später kam ein alter Mann in unser Lager, der hinkte und selbst für einen Bedu recht abgerissen aussah. Er trug ein zerfetztes altersgraues Lendentuch und hatte ein altes Gewehr in der Hand, das dem Gewehr Bin Kabinas glich. In seinem Gürtel staken zwei volle und sechs leere Patronentaschen und ein Dolch in einer zerbrochenen Scheide. Die Raschid liefen ihm zur Begrüßung entgegen: »Willkommen, Bakhit. Ein langes Leben sei Euch beschert, Onkel. Willkommen, hundertmal willkommen.« Ich war über diese freundliche Begrüßung erstaunt. Der alte Mann ließ sich auf den Teppich nieder, den man für ihn ausbreitete, und aß die Datteln, die man ihm vorsetzte, während die anderen hastig Feuer machten, um Kaffee zu bereiten. Der Alte hatte wäßrige rote Augen, eine lange Nase und einen grauen Haarschopf. Die Haut hing in Falten über seinen leeren Bauch. Ich hielt ihn für einen ausgekochten alten Bettler und war überzeugt, daß er etwas erbitten würde. Später am Abend tat er das auch, und ich gab ihm fünf Riyals, aber da hatte ich meine Meinung über ihn bereits geändert. Bin Kabina hatte mir nämlich gesagt, daß er zu den Bait Imani gehöre und berühmt sei. Auf meine Frage, was ihn denn so berühmt gemacht habe, antwortete er: »Seine Großzügigkeit.« Ich sagte: »Ich hätte nicht gedacht, daß er irgend etwas besitzt, mit dem er großzügig sein könnte«, und Bin Kabina sagte: »Jetzt hat er auch nichts mehr. Er hat nicht ein einziges Kamel, nicht einmal eine Frau. Sein Sohn, ein Prachtkerl, wurde vor zwei Jahren von den Dahm getötet. Er war einmal einer der reichsten Männer seines Stammes. Heute besitzt er nur noch ein paar Ziegen.« Ich fragte: »Was geschah denn mit seinen Kamelen? Sind sie geraubt worden oder an einer Krankheit verendet?« Und Bin Kabina antwortete: »Nein. Seine Großzügigkeit hat ihn ruiniert. Keiner hat je seine Zelte betreten, ohne daß ein Kamel für ihn geschlachtet wurde. Bei Gott, er ist großzügig.« Ich konnte den Neid aus seinen Worten heraushören.

Langsam ritten wir westwärts und tränkten unsere Tiere an den tiefen Brunnen von Sanau, Maghair und Thamud. Wir hätten dort eigentlich Bedu treffen müssen, denn es hatte geregnet, und in den breiten, seichten Flußbetten, die durch die steinigen Ebenen verlaufen, gab es gute Weidegelegenheiten. Doch die Wüste war leer, und die Angst ging um. Manchmal sahen wir in der Ferne Hirten eilig ihre Tiere über die Ebene forttreiben. Einige der Raschid stiegen von ihren Kamelen und warfen Sand in die Luft, ein weithin sichtbares Zeichen für friedliche Absichten. Dann ritten sie zu den Hirten, um sie zu beruhigen und nach Neuigkeiten zu fragen. Stets hieß es, die räuberischen Dahm seien nur wenige Tage zuvor auf dem Weg nach Westen durch diese Gegend gekommen. Es waren mehrere Gruppen, die mit geraubten Vieh in ihre Heimat im Yemen zurückkehrten. Manchmal hieß es, sie seien dreihundert Mann stark, manchmal waren es angeblich nur hundert. Jedenfalls mußte es sich um sehr viele und schwer bewaffnete Männer handeln. Ein paar Manahil-Frauen mit einer Ziegenherde erzählten uns, daß vierzig Dahm vor drei Tagen acht von ihren Ziegen abgeschlachtet hätten. Sie schilderten anschaulich, wie die Räuber im Sand gelegen und sich die Ziegenmilch in den Mund gemolken hatten. Die Frauen kannten einige der Raschid, die mich begleiteten, und rieten uns zur Vorsicht, wir aber prahlten, wir seien Raschid und – *»Ba Rashud!«* – (der Kriegsruf der Raschid) – fürchteten uns nicht vor den Dahm, diesen Hunden und Söhnen von Hunden. Die Frauen antworteten: »Gott gebe Euch Sieg!«

Eines späten Abends, wir hatten den Tag über in Hulaiya Wasser gefaßt, lagerten wir neben einigen Akaziensträuchern auf einer Ebene.

Unsere Kamele grasten, von drei Männern bewacht, zwischen den Sträuchern. Einen halben Kilometer westlich lagen Kalksteinrücken dunkel vor der untergehenden Sonne. Die Raschid beteten, ihre langen Schatten fielen auf die Kiesebene. Ich sah ihnen zu, in Gedanken darüber versunken, wie dieser Ritus sich wohl seit Mohammeds Tagen bis in alle Einzelheiten unverändert erhalten haben müsse, da sagte plötzlich einer der Männer: »Hinter dem Felsen sind Männer.« Sofort hörten sie auf zu beten. »Die Kamele! Die Kamele! Holt die Kamele!« Vier oder fünf Männer liefen den anderen zu Hilfe, die bereits eilig die weidenden Kamele zusammentrieben. Bin Kabina wollte mit ihnen laufen, doch ich befahl ihm, bei mir zu bleiben. Wir hatten unsere Gewehre ergriffen und lagen nun hinter den verstreuten Ballen im Anschlag. Hinter dem Felsen sprengten an zwanzig berittene Männer hervor und kamen auf unsere Tiere zugaloppiert. Wir eröffneten das Feuer. Bin al-Kamam, der neben mir lag, sagte: »Schieß an ihnen vorbei. Ich weiß nicht, wer sie sind.« Ich feuerte fünfmal kurz hintereinander und placierte meine Schüsse etwa zwanzig Meter vor die Kamele, die auf uns zukamen. Wo die Kugeln in den harten Sand einschlugen, stiegen Staubwölkchen auf. Alle schossen. Bin Kabinas drei Magazine enthielten lauter Blindgänger. Ich konnte, da er ganz in meiner Nähe lag, seinen verzweifelten Gesichtsausdruck bemerken. Die Räuber suchten Deckung hinter einem Hügel. Unsere Kamele wurden herangebracht und gelagert. »Wer war das?« Niemand wußte es, man war sich lediglich einig, daß es weder Dahm noch Sai'ar waren, da sie andere Sättel hatten. Einige behaupteten, es seien Awamir, vielleicht auch Manahil. Nein, Mahra seien es nicht, die trügen andere Kleidung. Ein Manahil, der mit uns reiste, erbot sich, nachzusehen. Er stand auf und ging langsam auf den niederen Hügel zu, der schwarz vor dem leuchtenden Himmel stand. Wir sahen einen Mann aufstehen und dem unseren entgegengehen. Sie riefen sich etwas zu, und dann umarmten sie sich. Es waren Manahil, die nun zu uns herüberkamen und sich zu uns gesellten. Sie erzählten, sie seien hinter den Dahm her, hätten unsere Kamele gesehen und uns mit einer ihnen noch nicht bekannten Bande von Dahm verwechselt. Als sie uns nach den Kamelwachen rufen hörten, hätten sie ihren Irrtum erkannt, da unsere Stimmen anders klängen als die der Dahm. Wir hatten an diesem Morgen eine Ziege gekauft, die wir zum Abendessen verspeisen wollten, nun aber bewirteten wir damit unsere unerwarteten Gäste.

Die Raschid hatten sich um das Feuer versammelt, begierig auf die letzten Kriegsneuigkeiten. Nach einiger Zeit legte ich mich nieder, konnte aber wegen des erregten Geschreis nicht einschlafen. Man plante einen Überfall auf die Dahm, um ihnen die geraubten Tiere wieder abzunehmen. Die Raschid und die Manahil waren Verbündete, und beide Stämme hatten in den letzten Jahren sehr unter den räuberischen Dahm zu leiden gehabt. Bin al-Kamam hatte mir klargemacht, wie schwierig es war, sich einem solchen Plan zu widersetzen. In diesen Wüstenländern zwang der Mangel an Weidegrund die Bedu, in weit verstreuten Familiengruppen zu leben und zu reisen. Zwei oder drei Männer, die ein Dutzend Kamele hüteten, waren einem Überfall gegenüber machtlos. Sie konnten lediglich auf den schnellsten ihrer Kamele die Flucht ergreifen. Ihre Frauen und Kinder durften sie unbesorgt zurücklassen, da sie sicher sein konnten, daß die Räuber ihnen kein Leid antun würden. Die Räuber nahmen ein Dutzend Kamele hier, ein halbes Dutzend Kamele dort. Es war ihnen nicht möglich, an einem Tag eine große Beute zu machen, weil bei ihrem ersten Auftauchen die ganze Wüste alarmiert wurde und ihre Feinde sich sofort auf ihre Fährte setzten, sobald sie ihre Herden südwärts in das hügeligere Küstenland getrieben hatten. Je länger die Räuber sich an einer Stelle aufhielten, und je weiter sie auf der Suche nach arglosen Familien nach Osten drangen, desto sicherer würde es auf ihrem Rückweg zum Kampf kommen. Doch Bin al-Kamam meinte, es sei für die Raschid und Manahil nicht leicht, so viele Männer zusammenzubekommen, daß sie den zweihundert Mann starken Räubern erfolgreich Widerstand leisten konnten. Einige solcher Raubzüge legten 1500 km zurück und dauerten zwei Monate lang.

Eine Woche später waren wir im Tal von Hadramaut und ritten langsam bis zur Stadt Tarim hinauf. Ich war auf dieses berühmte Tal und seine unverdorbenen arabischen Städte mit der seltsamen Architektur sehr neugierig. Wir wurden aufs gastlichste bewirtet, wir saßen in geräumigen Gästezimmern auf schwellenden Kissen, wir aßen sehr gut zubereitete Speisen und tranken Wasser, das nicht nach Ziegenschläuchen schmeckte. Meine Begleiter jedoch drängten zur Weiterreise – sie machten sich Sorgen um ihre Kamele, die die Luzernen verweigerten, die man ihnen hier vorsetzte. Ich überredete sie dazu, noch ein paar Tage länger zu bleiben, denn der Gedanke, mich von ihnen zu trennen, war mir trostlos. Das Alleinsein, nach dem ich mich in ihrer Mitte so gesehnt hatte, stand mir bevor. Nun aber wußte ich, daß es eine schmerzliche Einsamkeit sein würde.

Geheime Vorbereitungen in Salala

Ich hatte keine Lust, nach England zurückzukehren, sondern wollte nach Djedda, um dort bei der Anti-Locust Unit, deren Hauptquartier vor der Stadt lag, vorzusprechen und dann in das Hochgebirge von Assir zu reisen. Seit Jahren sehnte ich mich danach, diese wenig bekannte Ecke Arabiens zu besuchen.

Drei Monate lang reiste ich durch dieses Gebirgsland und legte 1500 km zurück, teils auf einem Kamel, teils auf einem Esel, begleitet von einem Scharifi-Knaben aus dem Wadi al-Ahsaba. Wir zogen durch die Tihama, die heiße Küstenebene zwischen dem Roten Meer und dem Gebirge. Wir kamen durch Dörfer, deren Hütten aus Lehm und Flechtwerk mich an Afrika erinnerten. Die Menschen hier waren von ungewöhnlicher Schönheit, ihr Benehmen war angenehm frei und zwanglos. Wir waren Augenzeugen, als sie, in Lendentüchern und mit Kränzen aus duftenden Kräutern auf dem wallenden Haar, zum sich steigernden Rhythmus der Trommeln beim alljährlichen Fest der Beschneidung der jungen Männer im Mondlicht tanzten. Wir waren Gäste der Bani Hilal, der verarmten Nachfahren des berühmtesten aller arabischen Stämme, in ihren Unterschlupfen aus Matten auf den Lavafeldern bei Birk, und bei den beinahe nackten Qahtan, die den Namen jenes Urvaters der Araber tragen und die heute in den Schluchten des Wadi Baish leben. Wir besuchten die Wochenmärkte, die im Morgengrauen in abgelegenen Gebirgstälern aufgeschlagen werden oder für einen Tag lang die Straßen irgendeiner kleinen Stadt verstopfen. Wir sahen vielerlei Städte: Taïf, Abha, Sabiya und Djizan. Wir erklommen steile Pässe, wo uns Paviane von Felsen herab anbellten, wo der Lämmergeier über den Nebelschwaden des Abgrunds schwebte, wir rasteten an plätschernden Bächen in Wacholder- und wilden Olivenhainen. Manchmal verbrachten wir die Nacht mit einem Emir in dessen Gipfelburg oder einem Sklaven in dessen Lehmhütte, und überall wurden wir freundlich empfangen. Wir aßen gut und schliefen behaglich. Ich aber dachte unentwegt an die Wüste, die ich verlassen hatte, an Bin al-Kamam, Bin Kabina, an Sultan und Musallim.

Endlich kehrte ich nach London zurück, voll Sorge, ob es mir wohl gelänge, die Leute in der Zentrale der Heuschreckenkommission zu überreden, mich wieder in das Leere Viertel zurückzuschicken. Ich wußte, daß meine letzte Reise sehr viel Geld gekostet hatte. Ob Dr. Uvarov wohl der Meinung war, daß eine zweite Reise sich lohnen würde? Und, wenn nicht, was sollte ich dann unternehmen, um dennoch wieder dorthin zu gehen?

Sofort nach meiner Ankunft in London suchte ich ihn im Naturhistorischen Museum auf und zeigte ihm auf einer der Landkarten, welche die Wände seines Büros bedeckten, wo ich gewesen war. Ich konnte ihm mit Bestimmtheit versichern, daß das Hochwasser aus den Küstengebirgen nur sehr selten den Rand der südlichen Wüste erreichte. Er deutete auf das Omangebirge und fragte: »Glauben Sie, daß das Hochwasser aus diesem Gebirge die Wüste erreicht?« Das war meine Chance. Ich erwiderte: »Ich habe keine Ahnung, aber ich werde gern hingehen und das untersuchen.« Dr. Uvarov meinte bedauernd: »Ich wünschte, das wäre möglich. Aber wir haben bereits den Sultan um Erlaubnis gebeten, Sie dorthin schicken zu dürfen, und leider hat er es abgelehnt. Seine Ablehnung war sehr bestimmt. Ich bin überzeugt, daß es keinen Sinn hat, ihn ein zweites Mal zu bitten.« Ich sagte: »Erbitten Sie doch über den Konsul in Maskat die Bewilligung für eine Reise nach Maghshin, und überlassen Sie alles andere mir. Aber erwähnen Sie, um Gottes Willen, Oman nicht, ja überhaupt keinen anderen Ort als Maghshin.« Schließlich erklärte Dr. Uvarov sich einverstanden, und ich verließ sein Büro mit der triumphierenden Gewißheit: »Jetzt wird es mir möglich sein, das Leere Viertel zu durchqueren!« Ich war entschlossen, meine Pläne für mich zu behalten. Ich wollte unter allen Umständen verhindern, daß die Presse von meinem

Vorhaben Wind bekäme und daß ein Artikel erschiene, der in Maskat gelesen werden und meine Pläne durchkreuzen könnte.

Ich wußte, daß der Sultan auf Maghshin und die Wüste Ghanim, die unmittelbar nördlich davon lag, Anspruch erhob. Aber Ghanim war Randgebiet des Leeren Viertels, auf das er keinen Anspruch hatte. Auf dem Papier war er der Sultan von Maskat und Oman, in Wirklichkeit aber unterstand das Innere Omans nicht seiner Kontrolle. Es wurde von einem Religionsführer regiert, der als Imam bekannt war. Dieser Imam war ein Feind des Sultans und ein fanatischer Gegner aller Europäer. Ich war mir daher darüber im klaren, daß der Sultan vor allem Einwände gegen eine Reise im eigentlichen Oman erheben würde.

Am 16. Oktober 1946 war ich wieder in Salala. Ich hatte vor, das Leere Viertel von Maghshin bis zur Piratenküste zu durchqueren und über die Kieswüste westlich von Oman wieder nach Salala zurückzukehren. Aber ich wußte auch, daß der Wali, sobald er von meiner Absicht erführe, den Bedu verbieten würde, mich weiter als bis Maghshin zu bringen. Ich konnte lediglich Vorbereitungen für eine Reise nach Maghshin treffen und mußte es meiner Überredungskunst überlassen, daß einige der Bedu mit mir von dort aus die große Wüste durchquerten. Ich erklärte mich also dem Wali gegenüber einverstanden, daß mich genauso viele Bait Kathir begleiten sollten wie im Jahr zuvor.

Die Bait Kathir leben im Tafelland und auf den Kiesebenen südlich des Leeren Viertels. Nur ein Zweig des Stammes, die Bait Musan, dringen in die Großen Sande vor, und auch sie kennen nur das Ghanim-Gebiet. Bertram Thomas hatte seinen ersten Versuch einer Durchquerung des Leeren Viertels mit Bait Kathir unternommen und sah sich nach kurzer Zeit zur Umkehr gezwungen. Bei seinem zweiten Versuch mit den Raschid war ihm Erfolg beschieden. Ich wußte, daß ich mich der Begleitung der Raschid versichern mußte, wenn ich die Wüste durchqueren wollte.

Als ich eines Tages auf dem Markt Kleider kaufte, traf ich einen jungen Raschid namens Amair, der im Vorjahr mit mir gereist war. Bislang hatte ich in der ganzen Stadt keinen Raschid gesehen, und ich wußte nicht recht, wie ich mit ihnen in Verbindung kommen könne.

Die Bait Kathir hätten mir aus Eifersucht nicht dabei geholfen. Ich nahm Amair beiseite und bat ihn, Bin al-Kamam, Bin Kabina und zwei weitere Raschid zu mir zu schicken. Wenn er die Leute, die ich haben wollte, auftriebe, würde ich ihn auch mitnehmen. Er sagte, Bin Kabina sei in Habarut, vier Tagesreisen entfernt. Bin al-Kamam aber sei vermutlich in den Yemen gereist, um einen Waffenstillstand zwischen den Raschid und den Dahm anzubahnen. Wir verabredeten, daß er Bin Kabina suchen und mich in zehn Tagen in Shisur treffen solle. Ich war jetzt ganz sicher, daß mich dort mehr Raschid erwarten würden, als ich brauchte, und so war es auch.

Während ich mit Amair sprach, trat ein Sklave des Wali auf mich zu und machte mich in barschem Ton darauf aufmerksam, es sei verboten, mit Fremden zu sprechen. Ich antwortete, Amair sei für mich kein Fremder, und er solle sich gefälligst um seine eigenen Angelegenheiten kümmern. Murrend machte er sich davon. Sklaven bedeutender Persönlichkeiten sind meist überheblich und ohne Manieren, weil sie sich die Bedeutung ihrer Herren anmaßen. Die Araber kennen fast keine Rassenunterschiede und behandeln einen Sklaven, wie schwarz er auch sein mag, wie einen der ihren. Als ich im Hedjaz einmal im Audienzsaal eines Emirs saß, der ein Verwandter Ibn Sa'uds war, betrat ein kostbar gekleideter alter Neger, der dem König gehörte, den Raum. Nachdem der Emir sich zu seiner Begrüßung erhoben hatte, hieß er diesen Sklaven neben sich Platz nehmen und bediente ihn eigenhändig während der Mahlzeit. Die arabischen Herrscher geben ihren Sklaven häufig große Machtstellungen, da sie ihnen mehr vertrauen als ihren eigenen Verwandten.

Ich verließ Salala am Nachmittag des 25. Oktober mit den vierundzwanzig Bait Kathir, die mich begleiten sollten. Beinahe alle waren schon im Vorjahr mit mir gereist. Auch der alte Tamtaim war da und berichtete voll Stolz, daß seine Frau gerade einen Sohn geboren habe. Ich entsann mich noch, wie er nach einem langen Ritt vom Kamel gestiegen war und einen Kriegstanz aufgeführt hatte, um uns zu beweisen, daß er noch frisch war wie der junge Tag. Ich entsann mich allerdings auch, daß er einmal auf seinem Kamel eingeschlafen und heruntergefallen war, und meiner großen Erleichterung, als er schamrot, aber unverletzt wieder aufstand. Ich war froh, ihn jetzt wieder bei mir zu haben. Sein Rat war mir wertvoll, und er würde während meiner Abwesenheit die ganze Gesellschaft zusammenhalten; denn ich wollte die Große Sandwüste mit nur einigen wenigen Bedu durchqueren. Auch Sultan war da. Ich wußte, daß sein Wort den Ausschlag gab, ob wir uns auf die Reise durch die Wüste machten, und vertraute auf seine Hilfe. Im Jahr zuvor hatte er mir unschätzbare Dienste geleistet. Ich war sicher, daß er meine Absicht schon ahnte, denn auf meine Bemerkung über den kläglichen Zustand der Kamele erwiderte er: »Sie werden uns bis Maghshin bringen, und ehe wir dann weiterziehen, können wir einige von ihnen umtauschen.« Musallim bin Tafl war auch da. Solange er bei uns war, würde es uns nicht an frischem Fleisch mangeln, wenn es überhaupt etwas zu schießen gab. Ich konnte noch Mabkhaut bin Arbain und seinen Verwandten Salim bin Turkia begrüßen, sowie dessen fünfzehnjährigen Sohn, den der Vater mitnehmen wollte. Der Junge war hübsch, hatte träumerische Augen und einen seltsamen Hahnenkamm als Haartracht, das Zeichen, daß er noch nicht beschnitten war.

Wir kampierten bei al-Ain, einer Quelle am Fuß des Qara-Gebirges, und verbrachten den nächsten Tag damit, unsere Vorräte zu sortieren und zu verpacken. Ich hatte 2000 Pfund Mehl, 500 Pfund Reis, Butterschmalz, Kaffee, Tee, Zucker und einige Pakete billiger Datteln erworben. Zu dieser Jahreszeit gab es nur wenige Datteln auf dem Markt, denn die Daue mit der neuen Ernte aus Basra trafen nicht vor Dezember ein. Ich wollte drei Monate lang ausbleiben und sechs Raschid anheuern, so daß wir sechsunddreißig Mann wären, möglicherweise aber mehr. Das Mehl reichte für eine tägliche Ration von ¾ Pfund pro Person. Ich wußte jedoch, daß die Bedu die Hälfte dieser Vorräte während unserer Abwesenheit für ihre Familien beiseiteschaffen würden, und ich wußte auch aus bitterer Erfahrung, daß in unbewohnten Gegenden jeder Bedu im Umkreis von Kilometern sich auf unsere Kosten ernähren würde. Ihnen die Nahrung zu verweigern war unmöglich: In der Wüste darf man niemals einen Gast abweisen, wie unerwünscht er auch sein mag. Sogar hier hatten sich eine Menge Menschen eingefunden, die meisten aus Salala, weil sie eine Mahlzeit zu schnorren hofften. Dagegen jedoch erhob ich Einspruch mit der Begründung, daß wir in die Wüste aufbrächen, und diese Leute nur wenige Kilometer entfernt wohnten. So konnten wir uns der meisten von ihnen noch vor dem Abend entledigen.

Wir teilten uns in Essensgemeinschaften von 6 und 7 Personen auf. Unser Lager befand sich am Fuß steiler Felsen auf einer kleinen Fläche zwischen herabgestürzten Blöcken. Wo man hintrat, stolperte man über lagernde Kamele. Viele der Tiere wurden von Hand mit Sardinen gefüttert, und der durchdringende Gestank der halbgetrockneten Fische hing über unseren Lagern, bis endlich nach einigen Tagen die letzte Sardine gefressen war. Der Fäulnisgeruch zog Schwärme von Fliegen an, die uns später in die Wüste folgten und während des Ritts auf unseren Rücken hingen. Ich hatte eine Ziege für das Abendessen gekauft, und wir hatten ein opulentes Mahl mit Reis und kräftiger, würziger Suppe. Dann braute Musallim Kaffee, und Sultan beschaffte uns eine Schale schäumender, noch warmer Kamelmilch, die wie immer ein wenig salzig schmeckte. Der Feuerschein spielte auf den bärtigen Gesichtern der Männer und ließ die Köpfe und Hälse der Kamele als schwarze Silhouetten hervortreten. Ihre Augen funkelten grünlich. Ich dachte daran, wie ich das erstemal hier gelagert hatte: Damals war ich ein Fremder und einsam gewesen. Heute spürte ich, daß diese Menschen mich beinahe für einen der ihren nahmen. Es war schön, wieder zurückzusein. Ich entsann mich des bohrenden Heimwehs nach diesem unbequemen und doch so befriedigenden Leben, des Heimwehs, das mich wenige Monate zuvor auf den Hängen des Gebirges von Assir überkommen hatte.

Wo ich gewesen sei? Was ich getan habe, seit ich mich von ihnen getrennt hatte? In Assir? Wo das sei? Ob dort Bedu lebten? Sie überschütteten mich mit Fragen, und auch ich stellte Fragen. Wo war Bin Lawi? Wo Bakhit bin Karaith? Hatten die Dahm die Raschid überfallen? Hatte es in Maghshin geregnet? Wo war Umbrausha? Sultan sagte, sie sei tot. Vor zwei Monaten sei sie zwischen Felsen gestürzt und habe sich die Schulter gebrochen. Und so vergingen die Stunden; schließlich erhoben wir uns einer nach dem anderen und suchten uns eine Schlafstätte. Ich hatte mein Hab und Gut hinter einem Haufen von Felsblöcken abgelegt, mußte jetzt aber feststellen, daß dort ein Kamel lagerte. Ich fand, daß wir da beide Platz hätten, und breitete meinen Teppich und mein Schaffell neben dem Tier aus. Das Jahr zuvor hatte ich Decken mitgenommen und sie schließlich schlechten Gewissens eine nach der anderen an meine Gefährten verschenkt, bis ich schließlich unter einer einzigen fröstelte. Es kann in den Winternächten sehr kalt in der Wüste sein. Diesmal hatte ich mir einen Schlafsack mitgenommen. Ich hatte die Kleider, die ich am Leib trug – ein farbiges Lendentuch und ein langes Hemd, das noch weiß war, das ich aber rostrot färben wollte, sobald wir in der Wüste auf einen *abal*-Busch stießen, aus dem man die Farbe gewinnen kann. Um die Lenden hatte ich zu unterst einen geflochtenen Ledergürtel aus vielen Streifen geschnallt, wie ihn jeder Bedu als Halt für den Rücken trägt. Mein Hemd wurde in der Taille von dem Gürtel zusammengehalten, an dem vorne die Scheide des schweren Omani-Krummdolches mit dem silbernen Griff angebracht war. Oberhalb des Gürtels konnte ich so zwischen Haut und Hemd meinen Kompaß, ein kleines Notizbuch und alles, was ich sonst noch brauchte, unterbringen. Ich hatte ein Kopftuch aus Oman, das einem Kaschmirschal ähnelte, und einen braunen hedjazischen Mantel. Ich hatte mein Gewehr und meinen Patronengurt. In meinen Satteltaschen befand sich die Reservemunition, meine Kamera, Filmspulen, ein Barometer, ein Thermometer, ein großes Notizbuch, ein Band Gibbon und »Krieg und Frieden«, eine Pflanzenpresse, eine kleine Apotheke, eine Garnitur Kleider für Bin Kabina, der bestimmt schon wieder in Fetzen herumlief, der Dolch, den ich im vergangenen Jahr getragen und nun durch den neuen aus Oman ersetzt hatte, und mehrere Säcke mit Maria Theresia Talern. Diese Taler mit der Jahreszahl 1780 werden noch immer geprägt. Sie haben etwa die Größe eines Fünf-Shilling-Stücks, den Wert einer halben englischen Krone und sind die einzige Münze, die hier in Zahlung genommen wird. Die Araber nennen sie Riyal. Ich kannte sie schon lange, da sie auch in Äthiopien in Umlauf sind.

Das Geld befand sich in verschnürten Leinensäcken, und die Satteltaschen konnten nicht verschlossen werden. Meine Gefährten waren arm wie Kirchenmäuse, aber die Münzen waren in meinen offenen Satteltaschen so sicher wie in den Stahlkammern der Bank von England. Ich habe fünf Jahre unter den Bedu gelebt und mir ist auch nicht eine einzige Münze und nicht einmal ein Schuß Munition abhanden gekommen, obgleich Munition für sie noch kostbarer ist als Geld.

Nun lag ich in meinem Schlafsack und lauschte den Geräuschen der Nacht. Einige Männer schwatzten noch immer. Sie schwatzten mit Unterbrechungen die ganze Nacht hindurch, denn wenn die Kälte sie weckte, hockten sie sich um das Feuer. Einer sang am andern Ende des Lagers still vor sich hin. Die Kamele, die auf dem steinigen Boden keine Ruhe fanden, scharrten und stöhnten. Irgendwo auf den Hängen über uns hörte ich einen Leoparden bellen. Auch andere hörten ihn, und Musallim rief: »Hast du das gehört? Das ist ein Leopard.« Ich konnte keinen Schlaf finden, in meinem Kopf kreisten die Gedanken, die Rückkehr zu den Bedu war zu aufregend. Ich dachte daran, wie gastfrei die Araber doch sind, gastfreier als irgendein anderes Volk, das ich kenne.

Den nächsten Tag blieben wir noch in der Nähe von al-Ain. Am Nachmittag stieg ich auf die Hänge hinauf. Sultan, Musallim, Bin Turkia und sein Sohn Bin Anauf begleiteten mich. Wir besuchten ein Qara-Lager auf einer kleinen Terrasse unmittelbar über einer schmalen Schlucht, die voll war von Schlingpflanzen und Bäumen. Eine Familie lebte in einer niedrigen Höhle in der Kalksteinwand über der Terrasse, der Boden war mit Ziegendung bedeckt. Im Höhleneingang schwatzten wir eine Zeitlang mit der Familie. Sie bestand aus einem alten halbblinden Mann, zwei sechzehnjährigen Knaben, die beide die hahnenkammähnliche Haartolle trugen, und einem kräftig gebauten Mann mittleren Alters, der einen Säbel mit gerader Klinge, einen Wurfstock aus dickem Holz und einen kleinen runden, geflochtenen und mit Tierhaut bespannten Schild hatte, welchen er als Hocker benutzte. Einer der Knaben brachte ein wenig Sauermilch in einer schmutzigen Holzschale. Musallim warnte mich vor *dhafar*, großen Zecken, deren Bisse schmerzliche dunkelrote Schwellungen und mitunter auch Fieber verursachen, und die in solchen Höhlen, in denen Ziegen untergebracht sind, häufig vorkommen. Ich hatte im Vorjahr, als es zu regnen drohte, in einer solchen Höhle geschlafen und war so abscheulich gebissen worden, daß ich mich noch tagelang kratzen mußte.

Die Sonne ging unter, es war Zeit, wieder ins Lager zurückzukehren. Wir befanden uns hoch auf dem Berghang und sahen hinunter auf die Ebene, Salala und den fernen Ozean. Als wir aufbrachen, trat ein alter Mann auf uns zu und murmelte eine Begrüßung, die wir erwiderten. Er starrte mich mit zusammengekniffenen Augen an. Sein Lendentuch war schmutzig und kurz, und in der Hand trug er einen Stock – offenkundig war er zu arm, um einen Dolch zu besitzen. Auf seiner Brust krauste sich graues Haar, um sein ausgemergeltes Gesicht hing gespenstisches Lockengewirr, beim Sprechen wackelte sein einziger Zahn. Er betrachtete mich eine Weile und murmelte dann wieder: »Ich bin gekommen, um den Christen zu sehen.« Sultan sagte zu mir: »Er ist ein Shahara.« Ich überlegte mir, was er wohl sähe, als er mich so mit seinen trüben Augen forschend betrachtete, dieser alte Mann, dessen Vorväter in der Genesis aufgeführt sind. Vielleicht sah er verschwommen das Ende voraus. Als wir bergab stiegen, fragte ich meine Begleiter, wer er sei. »Er ist verrückt«, antwortete einer von ihnen und äffte: »Ich bin gekommen, um den Christen zu sehen.« Die andern lachten, aber ich fragte mich, ob er nicht vielleicht doch mehr gesehen hatte als die andern, ob er nicht vielleicht die Bedrohung gespürt hatte, die meine Anwesenheit mit sich brachte – den bevorstehenden Zerfall dieser Gesellschaft und die Zerstörung seines Glaubens. Hier sah es doch sehr danach aus, als sollten die schlimmen Folgen eines plötzlichen Wandels die guten bei weitem überwiegen. Solange ich das Leben der Araber teilte, wollte ich nicht anders leben als sie, und wenn ich sie wieder verließ, sollte sich nichts in ihrem Leben geändert haben. Bekümmert machte ich mir jedoch klar, daß die Landkarten, die man nach meinen Angaben anfertigte, anderen Menschen mit materiellen Zielen helfen würden, ein Volk aufzusuchen und zu verderben, dessen Geist einst die Wüste wie eine Flamme erhellte.

Am nächsten Tag erklommen wir den Kismin-Paß und lagerten in einer Bodensenke des Hochplateaus. Hier lebten einige Al Kathir unter den Bait Qatan und Bait Sa'ad, die zu den Qara gehören. Sie gleichen ihnen in Lebensweise und Erscheinung, wenngleich sie arabisch sprechen. Unser Lager wimmelte schon bald von ihnen, denn sie wollten uns Butter und Ziegen zu phantastischen Preisen verkaufen und Mehl erbetteln. Ihr Scheich war ein ganz besonders unangenehmer alter Mann. Die Habgier stand ihm im Gesicht geschrieben und machte seine hohe Stimme schrill, während er mit hurtigen Fingern in meinen Sachen wühlte. Wir verspürten kein Verlangen, hier zu verweilen, zumal es schwierig war, Wasser zu bekommen.

Im Süden erstreckten sich grasige Hänge, buschige Wälder und schattige dunkle Schluchten bis zur Ebene von Dhofar und zum Indischen Ozean, über den der Weg zu einer anderen Welt führte, im Norden jedoch ging es durch eine Landschaft aus schwarzen Felsen und gelbem Sand zum Leeren Viertel hinunter. Ich blickte in die Wüste hinaus. 2300 km weit reicht sie ohne Unterbrechung bis zu den Obstgärten um Damaskus und zu den roten Felsen von Rum. Wüstenwind fächelte meine Stirn. Ich dachte an jene verfallene Burg im fernen Syrien, die Lawrence besucht hatte. Die Araber erzählten ihm, ein Fürst der Grenzmarken habe sie als Wüstenpalast für seine Königin erbaut, und behaupteten, der Lehm sei mit dem Saft von Blumen verknetet worden. Lawrence war von seinen Begleitern durch die zerfallenen Räume geführt worden. Sie schnüffelten wie Hunde und meinten: »Hier riecht es nach Jasmin, hier nach Veilchen, hier nach Rosen.« Endlich aber rief einer von ihnen: »Komm und rieche den allersüßesten aller Düfte!« Und er führte ihn an eine leere Fensterhöhle, vor der der Wüstenwind vorüberstrich. »Dies«, so sagten sie zu Lawrence, »ist der allerköstlichste Duft – er ist geruchlos.«

In der Morgenfrühe des nächsten Tages zogen wir zum Teich von al-Aiyun hinunter, der unter einer senkrechten, sechzig Meter hohen Kalksteinwand am oberen Talschluß des Wadi Ghadun liegt. Der tiefe Teich, den eine kleine Quelle speist, ist etwa 150 Meter lang und 30 Meter breit, sein stilles grünes Wasser säumen Binsen. Tamtaim erzählte mir, eine Riesenschlange lebe darin und hole sich manchmal eine Ziege, wenn die Herden zur Tränke herabkommen.

Wir tränkten unsre Kamele und füllten unsre Ziegenschläuche. Um den Wasserlauf, der in den Teich mündet, drängten sich bald stoßende Kamele, die sich mit täppischer Vorsicht zwischen den Felsblöcken bewegten und an jedem Busch knabberten, an dem sie vorüberkamen.

Viele Engländer haben über Kamele geschrieben. Man kennt bis zum Überdruß jenen abgedroschenen Ton humoriger Geringschätzung, der nur die mangelhafte Kenntnis des Autors verrät und beweist, daß er niemals unter den Bedu gelebt hat, die das Kamel zu schätzen wissen. »Ata Allah« oder »Gottesgabe« nennen sie das Tier, das durch seine Geduld das Herz des Arabers gewinnt. Ich habe niemals einen Bedu ein Kamel schlagen oder mißhandeln gesehen. Das Kamel spielt immer die Hauptrolle, und dies nicht nur, weil das Leben des Bedu vom Wohlbefinden seiner Tiere abhängt, sondern weil die Bedu auch eine echte Zuneigung zu ihren Kamelen haben. Ich habe meine Begleiter sie oft streicheln, küssen und ihnen Koseworte zuflüstern gesehen. Auf dem Ritt durch die Gärten von Tarim in Hadramaut waren wir einem Dorfbewohner begegnet, der ein Kamel schlug. Einige der Raschid meiner Begleitung saßen sofort ab und machten dem Mann erregte Vorhaltungen. Und als wir weiterritten, gaben sie ihrer Verachtung für diesen Menschen beredten Ausdruck.

Einige Tage später, wir gingen im Abstand von etwa dreißig Metern neben unseren Kamelen durch die Wüste, forderte Sultan einen andern Araber auf, er solle doch sein Kamel heranrufen. Kamele sind Herdentiere und trennen sich höchst ungern von ihren Gefährten. Kaum aber hatte der Eigentümer dieses Kamels dessen Namen gerufen, schwenkte es aus der Reihe und kam gelaufen.

Ich erinnere mich eines anderen Kamels, das seinem Herrn wie ein Hündchen zugetan war. Während der Nacht kam es immer wieder stöhnend herbei, beschnüffelte seinen schlafenden Herrn und begab sich dann wieder zu seinem Weideplatz zurück. Meine Gefährten erzählten mir, daß man die Kamele nicht reiten könne, wenn man nicht ein Kleidungsstück des Besitzers mit sich führe.

Die Araber finden Kamele schön, und der Anblick eines guten Kamels bereitet ihnen ebensoviel Freude wie einem Engländer der Anblick eines schönen Pferdes. Tatsächlich eignet diesen Tieren ein ungeheueres Kraftgefühl und viel Anmut. Ich kenne kaum einen schöneren Anblick als den von schnell reisenden Arabern auf Vollblutkamelen. Aber das sieht man selten, da die Araber fast immer nur im Schrittempo reiten.

Dort, wo das Wadi sich verbreiterte, hatten wir unter Akazienbäumen abgesattelt. Bald darauf kamen Bedu vom Teich herüber, die unter der Last ihrer gefüllten Ziegenhäute schwankten. Sie legten diese unter den Bäumen nieder. Die Häute lagen dort in spärlichem Schatten und wabbelten wie riesige Nacktschnecken, aufgedunsen und seltsam obszön. Auf den Reisen mit den Bedu lernte ich, mich ihrer Gebrauchsgegenstände zu bedienen. Ich bin überzeugt davon, daß es falsch ist, Neuerungen einführen zu wollen, ganz gleich, wieviel besser diese zu sein scheinen. Die Araber kennen ihre Ausrüstung – sie hat sich durch alle Zeiten bewährt. Die Ziegenschläuche, in denen sie ihr Wasser aufbewahren, können in leerem Zustand zusammengerollt werden, haben dann fast kein Gewicht mehr und sind leicht zu verstauen. Schwitzen sie, kann man sie mit Butter einschmieren; fangen sie an zu rinnen, kann man die Löcher mit Dornen oder Holzsplittern, um die ein Stück Tuch gewickelt ist, verkorken. Dies erscheint alles primitiv und unzuverlässig, funktioniert aber gut. Das Wasser schmeckt und riecht nach Ziegen, aber reines Wasser schmeckt man in der Wüste nur im Traum. Mehl, Reis und Datteln werden in andere Häute verpackt, die man bequem über den Sattel hängen und als Gegengewicht für die Wasserschläuche verwenden kann. Butter wird meist in Eidechsenhäuten aufbewahrt, die etwa einen halben Meter lang sind.

Musallim war zum Jagen längs der Felswände, die das Tal begleiten, ausgezogen und kehrte kurz vor Sonnenuntergang mit einem Steinbock zurück, den er neben dem Feuer ablud. Es war ein alter Bock, dessen Fleisch vermutlich ebenso schmecken würde wie es roch, aber es war Fleisch. Musallim gab jeder Gruppe einen Teil und half dann, unermüdlich wie immer, dem jungen Bin Anauf beim Braten des übrigen. Später häufte er dampfenden Reis auf ein Tablett und ordnete Tassen mit fettiger Soße um das Tablett herum an. Das gebratene Fleisch wurde gesondert ausgeteilt. Sultan hatte es in sieben gleichgroße Portionen geschnitten. Tamtaim nahm sieben Zweige und gab jedem Zweig einen unsrer Namen. Musallim, der mit abgewandtem Gesicht dagestanden hatte, legte nun einen Zweig auf die erste Portion und sagte dabei: »Das ist für den besten Mann.« Es war Bin Turkias Portion. »Das ist für den schlechtesten.« Diesmal war, gewiß zu Unrecht, Mabkhaut an der Reihe. »Das ist für den Mann, der morgens nicht aufstehen will«, dies galt mir, und zum allgemeinen Gelächter hatte er auf die nächste Portion auch meinen Zweig gelegt. Als aber Musallim rief: »Dies ist für den Mann, der die Mädchen vernascht«, und Tamtaim die ihm zugefallene Fleischportion ergriff, lachten sie noch lauter. Bin Anauf meinte grinsend zu dem alten Mann: »Onkel, du wirst gewiß im nächsten Jahr wieder einen Sohn bekommen.« Musallim verteilte weiter, bis alle ihre Portion Fleisch bekommen hatten.

Wurde das Fleisch nicht auf solche Weise verlost, gab es immer

Schwierigkeiten. Einer behauptete, er hätte mehr bekommen als ihm zustehe, und versuchte, einem anderen sein Stück aufzuschwatzen. Schließlich behaupteten alle, zuviel bekommen zu haben, und es entstand ein Hin und Her, das nur noch durch eine Verlosung zu beschwichtigen war – was man von Anfang an hätte tun sollen. Ich habe nie gehört, daß jemand sich beschwerte, er habe weniger bekommen als die anderen. Das ist bei den Bedu auch unvorstellbar, da sie stets bemüht sind, keinen gierigen Eindruck zu machen. Ich entsinne mich der Geschichte vom ewighungrigen Beduknaben, der seiner Mutter sagt, er esse am liebsten, wenn kein Mond scheint, weil seine Gefährten dann nicht sehen könnten, wieviel er esse. Worauf seine Mutter antwortet: »Setze dich im Dunkeln mit ihnen zusammen und schneide ein Stück Seil mit dem Messerrücken.« Dies tut der Knabe noch in der gleichen Nacht. Es ist Neumond und sehr dunkel. Aber als er sein Messer ergreift, rufen ein Dutzend Stimmen ihm zu: »Du hältst es verkehrt in der Hand!«

Wir setzten uns um das Reisgericht, über das Musallim etwas Bratensaft gegossen hatte. Jeder von uns nahm seine Fleischportion, und wir griffen im Turnus mit der rechten Hand in den Reis. Die Handvoll Reis rollten wir in der Handfläche zu einer Kugel, die mit den Fingern und dem Daumen säuberlich in den Mund gesteckt wird. Ein Araber ißt immer mit der rechten Hand und vermeidet es, wenn irgend möglich, Speisen mit der Linken zu berühren, der unreinen Hand, mit der er sich säubert, nachdem er seine Bedürfnisse verrichtet hat. Es gilt sogar als unmanierlich, mit dieser Hand etwas einem anderen zu geben oder anzunehmen.

Nach dem Essen saßen wir beisammen und gaben uns dem Gespräch, der Lieblingsbeschäftigung der Bedu, hin. Sie sind unermüdliche Redner. Ein Bedu kann ein und dieselbe Geschichte denselben Leuten in kurzen Abständen immer wieder erzählen, und man wird jedesmal mit Interesse lauschen. Einmal den Mund zu halten, kommt sie unendlich hart an. Doch als einer ein Gedicht zu rezitieren begann, breitete sich eine Stille über das Lager, in der man nur das Zerstampfen der Zwergpalmblätter hörte, deren Fasern zu Seilen verflochten werden. Einer nach dem andern kam herbei, und schweigend standen sie da, wenn sie nicht die Endzeile eines jeden Verses wiederholten.

Die Araber sprechen leicht in Versen, wenn etwas sie bewegt. Ich habe einen jungen Burschen spontan das Weideland, das er gerade entdeckt hatte, in Versen beschreiben hören: so gab er seinen Gefühlen auf natürliche Weise Ausdruck. Aber so sehr sich die Araber der Schönheit ihrer Sprache bewußt sind, so seltsam blind sind sie für die Schönheiten der Natur. Die Farbe des Sandes, ein Sonnenuntergang, der Mond, der sich im Meer spiegelt, all diese Dinge lassen sie kühl, ja sie bemerken sie nicht einmal. Als wir im Vorjahr aus Maghshin zurückgekehrt und nach der öden Wüste von den Gipfeln des Qara-Gebirges aus wieder grüne Bäume und Gras und die Schönheit der Berge vor uns hatten, meinte ich zu einem meiner Begleiter: »Ist das nicht schön?« Er starrte angestrengt in die Runde und sagte dann verständnislos: »Nein – das sind lausig schlechte Weideplätze!« Und dennoch haben ihre Stammesbrüder in Hadramaut eine Architektur entwickelt, die schlicht, harmonisch und schön ist. Aber auch diese Architektur ist dem Untergang geweiht, denn der Geschmack der Araber ist leicht zu verderben. In jenen alten Städten entstehen bereits neue abscheuliche Gebäude von geschmacklosem Stilgemisch, die moderne arabische Architekten entworfen haben und deren Anblick meine Gefährten tief beeindruckte. Sie sahen mich an und sagten: »Bei Gott, es sind wunderbare Gebäude.« Es war sinnlos, darauf etwas zu erwidern.

Wir reisten langsam nordwärts durch das Wadi Ghadun, eines der fünf trockenen Flußbetten, die vom Küstengebirge kommen und schließlich in das große Wadi Umm al-Hait einmünden. Das Wadi Ghadun beginnt unvermittelt als tiefer senkrechter Einschnitt in die wüstenhafte Kalksteintafel des Plateaus. Allmählich verbreitert es sich, bis es hundertzwanzig Meter tief und mehrere hundert Meter breit ist. Riesige, von beiden Seiten herabgestürzte Felsblöcke zwangen uns im Oberlauf, im Bachbett zu wandern, wo aufeinandergepackte glatte Rollsteine den Kamelen den Weg erschwerten. Zwischen dem Geröll am Fuß der Felswände wuchs eine spärliche Vegetation – Kapernsträucher, Akazien, verschiedene Leguminosen und Dickichte von *saf*, von Zwergpalmen. Bisweilen kletterte ich mit Musallim auf die das Tal begleitenden Felswände, um nach Steinböcken Ausschau zu halten. Meilenweit ging der Blick dort oben über eine Tafelfläche, die sich allmählich zur Großen Sandwüste im Norden neigt.

Wir begegneten zwei oder drei Familien der Bait Kathir, die keine Zelte hatten, sondern unter Bäumen oder im Schatten der Felsen lagerten. Nur die Bedu, die in der Wüste leben, benutzen Zelte. Wir verbrachten die Nacht mit Mabkhauts Familie auf einer Talterrasse unter zwei Bäumen und lernten seine Frau und seine beiden Söhne kennen, langhaarige Kinder mit funkelnden Augen, das ältere etwa zwölf Jahre alt. Sie hatten einen jungen Vetter Mabkhauts bei sich, der vor zwei Monaten von einer Schlange gebissen worden war. Das Bein war stark geschwollen, zwischen den Zehen quoll Eiter hervor. Ich säuberte die Wunde und gab ihm einige Arzneimittel. Mabkhaut schlachtete eine Ziege, die seine Frau für uns bereitete. Sie war nicht mehr jung, sehr mager und wurde ständig von Husten geschüttelt. Sie trug die üblichen dunkelblauen Gewänder und war unverschleiert. Mabkhaut besaß fünf Kamele und etwa dreißig Ziegen. Diese Bedu halten keine anderen Tiere, nicht einmal Hunde oder Hühner. Die Qara, die Rinder besitzen, leben nicht in der Wüste. Schafe habe ich bei den Manahil, jedoch weder bei den Raschid noch bei den Bait Kathir gesehen.

Um mich her im Sand lag der ganze Besitz der Familie: ein paar Töpfe, eine Trinkschale, ein paar Wasserschläuche, eine weitere Ziegenhaut, die zur Hälfte mit Mehl gefüllt war, ein Haufen Sardinen auf einem zerrissenen Hemd, ein alter Teppich und ein paar Lumpen, mit denen sie sich nachts zudeckten, sowie zwei Kamelsättel, ein Ledereimer zum Wasserschöpfen und ein aufgerolltes Seil. Der Vetter trug einen Dolch und hielt ein altes Gewehr zwischen den Knien. In seinem Gürtel hatte er zwölf Patronentaschen. Das Gewehr gehörte Mabkhaut, der im Augenblick einen der zwölf Karabiner trug, die ich mitgebracht hatte.

Am nächsten Tag, zwei Tage nach unserer Abreise von al-Aiyun, erreichten wir den Brunnen Ma Shadid. Das Wasser befand sich fünfzehn Meter tief am Grund eines natürlichen Loches im Kalksteinfelsen. Mit Hilfe von Seilen, und indem sie über sieben Felsvorsprünge hinunterkletterten, drangen die Araber in die dunkle Tiefe. Das Wasser stand kniehoch. Angeblich kam es von al-Aiyun; man hatte hier einmal einen hölzernen Kamm wiedergefunden, den eine Frau dort verloren hatte.

Wasser ist in der südlichen Felswüste zwischen Oman und Hadramaut äußerst selten. In Gebieten von der Größe einer englischen Grafschaft gibt es oft nur ein paar Brunnen, und manche davon reichen gerade für ein paar Kamelherden. Dennoch müssen Mensch und Tier mit diesem Wasser auskommen, und das nicht nur im kühlen Winter, sondern auch im Sommer, wenn die Temperatur bis auf 48° C im Schatten steigt. Aber Schatten gibt es hier fast nicht. Trotzdem ist das Land nicht leer. Ich wollte, es wäre leer gewesen. Jeden Abend erschienen ungebetene Gäste – manchmal ein Dutzend, manchmal noch mehr – um unseren Mehlvorrat weiter zu dezimieren.

Wir ritten durch ein düsteres Land. Der Fels des Tafellandes unter unsern Füßen und das verstreute Geröll hatten eine dunkel-sepiabraune Rinde, als sei das Gestein seit jenem Augenblick, da es zum erstenmal aus dem Meer aufgetaucht war, von der Sonne versengt und vom Wind poliert worden. Man konnte sich schwer vorstellen, daß diese verdorrten Landstriche jemals anders ausgesehen, daß hier einmal Blumen und Korn geblüht hatten. Jetzt war es tot, das nackte Gerippe der Erde lag, vom Sand gescheuert, unter einem sengenden Himmel vor unsern Blicken.

Die Araber sprachen vom Tod. Sie nannten die Namen von Männern, die bei den letzten Raubüberfällen umgekommen waren, und sie deuteten auf die niedere Hügelkette, wo sie gekämpft hatten. Ich dachte an das Blut, das den Boden bespritzt und eine Zeitlang die Patina des Gesteins noch dunkler gefärbt hatte. Ringsum lagen Gräber von alters her – Hügelgräber, die in Gruppen auf Erhöhungen standen, uralt, mit dem Wüstenboden eins geworden. Nur ihre Formen zeigten noch an, daß Menschenhand sie einst geschaffen hatte. Auf einigen von ihnen standen aufrechte Felstafeln, wie ich sie auf ähnlichen Grabhügeln im Danakil-Land gesehen hatte. Sie sollten die Hyänen am Ausgraben der Leichen hindern.

Aber auch eine andere Art von Denkmälern erinnert da und dort an den Wegen und seichten Talungen an längst Verstorbene. Als ich mir einige von diesen betrachten wollte, die ein paar Steinwürfe ab seits von unserem Weg waren, meinte Sultan: »Das ist nicht der Mühe wert. Hinter dem nächsten Hügelkamm gibt es viele andere. Ich zeige sie dir.«

Mit seinem Stock klopfte er sein Kamel seitlich auf den Hals. Wir trennten uns von den anderen, und bald sahen wir vor uns eine Talfläche, die von bröckligen grauen, nur wenige Meter hohen Felsbändern umkränzt war und in ein Seitental des Haupttales zu unsrer Rechten mündete. Einige *harmal*, deren glänzende Blätter an Lorbeer erinnern, die aber nur einen halben Meter hoch sind, wuchsen im steinigen Trockenbett. Sonst wuchs hier nichts. Die Denkmäler standen parallel zum Wadibett und sahen aus wie steinerne Blumenbeete auf einem Rasen aus Kies. Es waren Trilithen in Gruppen von drei bis fünfzehn Stück. Jedes Denkmal bestand aus drei aufrechten, etwa sechzig Zentimeter hohen Steinplatten, die so aneinandergelehnt waren, daß sie an der Basis ein Dreieck bildeten. Einige davon waren oben mit einem vierten, meist runden Stein gekrönt. Die Trilithen haben einen Abstand von einem Meter voneinander und bilden eine Reihe, in welcher nach je einer Gruppe ein größerer Abstand eingeschaltet ist. Jede Gruppe umgibt ein ovales Beet aus kleinen Steinen. Auf der einen Seite jeder Gruppe befinden sich, parallel zu dieser Reihe und etwa drei Meter von ihr entfernt, eine Reihe von Feuerstellen aus kleinen Steinhaufen. Ich hatte Bedu auf ähnlichen Steinhaufen, die sie durch Feuer erhitzten, Fleisch braten gesehen. Außerdem gibt es hier einige Felsblöcke, die in einer Reihe aufgestellt sind und wahrscheinlich als Bänke dienen. Unweit der Trilithen befinden sich Gräber sowie kreisrunde Kiesaufschüttungen von etwa vier Meter Durchmesser, die von großen Steinen eingesäumt sind.

An den Nordhängen des Dhofar-Gebirges waren viele Trilithen zu finden, aber weiter östlich und westlich kannte man derlei nicht. Im Westen habe ich sie, allerdings sehr vereinzelt, noch im Gebiet der Sai'ar gesehen, einige auch in der Nähe von Ghail bin Yamin im Gebiet der Humum. Einen sah ich auch am Ursprung des Wadi Andam in Oman. Die Zahl der Trilithen in jeder Gruppe war unterschiedlich, meist waren es fünf, doch gab es Gruppen von drei, sieben, neun, zwölf, fünfzehn und einmal sogar fünfundzwanzig Trilithen. Stets standen sie parallel zu ei em Wadibett oder einem Weg, schienen aber sonst keine weitere Orientierung zu haben. Wenige Tafeln trugen Inschriften in der sogenannten tamudischen Schrift, die in Nord- und Zentralarabien zu finden ist und aus vorislamischer Zeit datiert.

Bertram Thomas hielt diese Trilithen für Grabdenkmäler. Doch da ich sie häufig auf festem Fels angetroffen habe, neige ich zu der Ansicht, daß es Gedenkstätten sind, wie ich sie in Äthiopien bei den Danakil gesehen habe. Ich halte es für wahrscheinlich, daß die Menschen, die sie errichteten, ihre Toten in den Hügelgräbern bestattet haben, die über die nahen Tafelberge verstreut sind. Noch heute graben die Bait Kathir auf der Hochebene selten ein Grab, sondern mauern den Leichnam in eine Felsspalte oder an einen Felsen. Was immer diese Anordnungen unbehauener Steine bedeuten mögen, sie gehören zu den wenigen sichtbaren Denkmälern, welche die Araber einer versunkenen Zeit zurückgelassen haben. Sie scheinen mir ein angemessenes Denkmal für die Vorfahren eines Volkes zu sein, das in seiner Blütezeit viel für religiöse, wenig für materielle Dinge übrig hatte.

Ich sah mich gründlich um, fotografierte und suchte nach Inschriften, während Sultan in der Nähe der beiden ruhenden Kamele auf einem Felsen hockte. Schließlich rief er: »Komm jetzt, Umbarak!« Das war der Name, den sie mir jetzt gegeben hatten. »Besteig dein Kamel, wir müssen die Gefährten einholen. Dies ist keine Stätte zum Verweilen. Shisur ist nicht weit, und vielleicht treiben sich Räuber hier herum. Komm – das Zeug hat keinen Wert. Lauter Felsbrocken, die die Vorfahren aufgestellt haben. Komm, sitz auf und laß uns gehen.«

Ich saß auf, und wir ritten den andern nach. Sie waren ein paar Meilen vor uns, ein Häuflein winziger Punkte, das sich, kaum wahrnehmbar, durch Arabien bewegte. Ich dachte: Sie könnten weiter und weiter reiten, bis sie schließlich nach Syrien oder Transjordanien kommen, und würden auf ihrem Weg nicht auf ein einziges Dorf, ja nicht einmal auf eine Palme treffen. Und dabei ist es von hier bis Damaskus so weit wie von der Südspitze Indiens bis zum Himalaya. Ich stellte müßige Überlegungen an, wie viele Araber es wohl in Arabien gebe. Im allgemeinen schätzt man sie wohl auf sieben bis neun Millionen, doch nur ein Viertel davon sind Bedu. Und nur die Bedu können in den Wüsten leben, die etwa neun Zehntel Arabiens bedecken. Die übrigen Araber haben sich an den wenigen Stellen niedergelassen, die ihnen erlauben, vom Ertrag des Bodens zu leben. Bis auf einige Leibeigene und den Abschaum der größeren Städte sind sie alle in Stämmen zusammengeschlossen. Die meisten von ihnen leben im Yemen, dem fruchtbaren Teil Arabiens, den die Römer »Arabia Felix« nannten. Vielleicht ist dort der Ursprung der semitischen Rasse zu suchen. Die Araber selbst unterteilen sich in die Arab al-Araba, die reinen Araber, die angeblich von Qahtan oder Yoqtan abstammen und im Yemen beheimatet sind, und in die Arab al-Mustaraba, die von Adnan, dem Nachkommen Ismaels, abstammen und deren Heimat im Norden liegt. Europäische Forscher haben das Vorhandensein zweier Rassengruppen in Arabien bestätigt – der rundköpfigen Südaraber und der langschädeligen Nordaraber. Aber beide Rassen sind seit Urzeiten in Arabien ansässig. Durch die Wüste und das Meer von der Außenwelt abgeschnitten, haben die Einwohner Arabiens ihre Rasse rein erhalten. Durch die Nachbarländer Ägypten, Syrien und den Irak zogen immer wieder kriegerische Heere und Völkerwanderungen, aber man weiß von keiner Einwanderung in die arabische Halbinsel. Äthiopier, Perser, Ägypter und Türken haben in Abständen dem Yemen, Oman, dem Hedjaz, ja sogar dem Nedjd ihre Herrschaft aufgezwungen. Sie bemächtigten sich der größeren Städte und kämpften meist erfolglos gegen die Stämme. Ihre Söldner hinterließen ihre Bastarde in den Garnisonstädten, vermischten sich aber niemals mit Angehörigen der Stämme. Kein Volk der Welt mißt seiner Abstammung so große Bedeutung bei wie die Araber. Natürlich gibt es Mischlinge in den Städten, vor allem in den Hafenstädten, aber sie sind nur der schmutzige Schaum am Rand des Sandmeeres.

Während ich so dahinritt, machte ich mir klar, daß nirgendwo in der Welt eine größere Kontinuität zu finden ist als in der arabischen Wüste. Hier mußten semitische Nomaden, die meinen Gefährten ähnlich gesehen hatten, ihre Schaf- und Ziegenherden getrieben haben, noch ehe die Pyramiden erbaut waren oder die große Sintflut jede menschliche Spur im Tal des Euphrat auslöschte. Viele Zivilisationen erblühten und versanken am Rand der Wüste: Da gab es die Sabäer, die Minäer und die Himjaren in Südarabien, da gab es das Ägypten der Pharaonen, da gab es das Reich der Sumerer und Babylon und Assyrien, die Hebräer und die Phönizier, da gab es die Griechen und die Römer, die Perser, das mohammedanische Reich der Araber und schließlich die Türken. Sie alle währten wenige hundert oder eintausend Jahre, und dann versanken sie, neue Völker kamen und verschwanden wieder, Religionen entstanden und vergingen, die Menschen änderten sich und paßten sich einer veränderten Welt an, aber in der Wüste lebten die Nomadenstämme weiter, und in dieser riesigen Zeitspanne hatte der Rhythmus ihres Lebens sich kaum gewandelt.

Dann aber, innerhalb von vierzig Jahren, in weniger als einem Lebensalter, wandelte sich alles, und der Zerfall setzte ein. Früher hatten die großen Bedu-Stämme des Nedjd und der Syrischen Wüste Zentralarabien und Nordarabien beherrscht. Der gesamte Verkehr zwischen den Oasen, Dörfern und Städten, die Pilgerkarawanen, kurz, alles, was sich durch Arabien bewegte, mußte durch die Wüste, und der Bedu war Herr der Wüste. Er forderte den Reisenden Zoll ab oder plünderte sie nach Belieben aus, er erpreßte Dörfler, Ackerbauern und die schwächeren Wüstenstämme. Die Bedu-Räuber, die so wenig zu fassen waren wie jene Banden von Nordmännern, die einst Europas Küsten verheerten, brauchten sich nur wieder in die Wüste zurückzuziehen, und schon hatten sie ihre Verfolger abgeschüttelt, waren diese nun römische Legionäre oder türkische Söldner.

Die Überlegenheit des Bedu hatte jedoch nicht nur materielle, sondern auch moralische Gründe. Der Bedu, dem die Freiheit weit über jede Bequemlichkeit ging, der gleichgültig war gegen Entbehrungen, ja der geradezu stolz war auf die Härte seines Lebens, zwang den Dörflern und Städtern, die ihn haßten und angeblich verachteten, eine widerwillige Hochachtung ab. Im Hedjaz habe ich Männer, die mit vollem Bauch um die Kaffeetische in geräumigen Häusern saßen, den Bedu als einen ungeschlachten und gesetzlosen Wilden verspotten und als einen Ungläubigen, der weder bete noch faste, verfluchen hören. Sie sprachen mit Verachtung von seiner Armut und fanden es erstaunlich, daß ein menschliches Wesen das Wüstenleben überhaupt ertragen könne. Dann aber kam die Sprache unvermeidlich auf den Mut des Bedu und auf seine unglaubliche Großzügigkeit, und man packte Geschichten aus, die oft phantastisch und unglaubhaft klangen, deren Wahrheit aber nachdrücklich beschworen wurde. Schließlich rezitierte man lange Versstellen über die Beni Hilal. Und ich merkte, daß die hungrigen, zerlumpten Männer, die man eben noch geschmäht hatte, unversehens zu den legendären Helden der Vergangenheit geworden waren.

Die Bedu selbst zweifeln keinen Augenblick an ihrer Überlegenheit. Selbst heute noch sähen es Stämme wie die Mutair und die Adjman es nicht als eine Ehre an, ein Mädchen aus ihren Zelten dem König von Arabien zur Frau zu geben. Ich fragte einmal einige Raschid, die in al-Riyadh gewesen waren, wie sie ihren König angeredet hätten, und einer antwortete mir erstaunt: »Wir nannten ihn Abd al-Aziz. Wie anders als mit seinem Namen hätten wir ihn auch anreden sollen?« Und als ich sagte: »Ich dachte, ihr würdet ihn vielleicht Euer Majestät nennen«, erwiderten sie: »Wir sind Bedu, wir kennen keinen König außer Gott.«

Nach dem ersten Weltkrieg jedoch ermöglichten es Automobile, Flugzeuge und Funkanlagen der Regierung zum erstenmal in der Geschichte, beweglicher zu sein als der Bedu. Die Wüste war nicht länger mehr der Zufluchtsort für Räuber, sondern eine weite Ebene, auf der man sich nicht verbergen konnte. Es ist ein seltsames Zusammentreffen, daß im selben Augenblick, da der Bedu der Syrischen Wüste mit Hilfe von modernen Waffen unterjocht wurde, in Zentralarabien der größte König der arabischen Geschichte regierte. Abd al-Aziz ibn Sa'ud hatte die mächtigsten Stämme der Halbinsel bereits unterworfen und sich gefügig gemacht, ehe sich auch nur ein einziges Automobil oder Flugzeug in seinem Königreich befand. Der Friede, den er seinem Land aufzwang, hätte normalerweise mit seinem Tod ein Ende gefunden, und die Wüste wäre wieder der Anarchie anheimgefallen, die für die Bedu lebensnotwendig ist. Aber Ibn Sa'ud wußte, daß die technischen Neuerungen, die er in seinem Land eingeführt hatte, es seinem Nachfolger ermöglichen würden, die von ihm errichtete Herrschaft aufrechtzuerhalten. Die Wüste war befriedet worden, und vom Jordantal bis zum Nordrand des Leeren Viertels hatte man Überfälle und Stammeskriege nachdrücklich zu verhindern gewußt. Nur hier, im Süden, auf der anderen Seite der großen Sandbarriere, konnten die alten Lebensformen sich noch halten, noch war man von den Umwälzungen im Norden kaum berührt.

Der Bedu lebt in der Stammesgesellschaft. Alle gehören einem Stamm an, und alle Angehörigen eines Stammes sind dahingehend versippt, daß sie von einem gemeinsamen Ahnen abstammen. Je näher die Verwandtschaft, desto stärker die Loyalität eines Mannes gegenüber seinem

Stammesbruder. Abgesehen von ganz extremen Fällen überwiegt diese Loyalität jedes persönliche Gefühl. Gerät der einzelne in Not, hilft ihm sein Stammesbruder, wie er ihm helfen würde. Es gibt in der Wüste für den einzelnen keine Sicherheit außerhalb des Stammesgefüges. Daher gilt bei dem am meisten individualistischen Volk der Welt das auf gegenseitigem Einverständnis beruhende Stammesgesetz. Wer einer Entscheidung des Stammes seine Zustimmung verweigert, kann im äußersten Fall ausgestoßen werden. So ergibt sich die seltsame Tatsache, daß das Stammesgesetz einzig und allein unter anarchischen Bedingungen funktionieren kann und sofort seine Kraft verliert, wenn die Wüste zwangsläufig befriedet wird. Denn unter friedlichen Bedingungen kann jemand, der ein Urteil nicht annimmt, seinen Stamm verlassen und für sich leben. Der Stamm besitzt dann nicht mehr die Gewalt, die das Urteil vollstrecken kann.

In Nord- und Zentralarabien brach auch das wirtschaftliche Leben der Bedu zusammen, als die Struktur des Stammeslebens infolge eines den Stämmen von außen auferzwungenen Friedens und der administrativen Einmischung einstürzte. Die Stämme, ihrer Unnahbarkeit verlustig, konnten die Regierung nicht länger mehr erpressen, ihnen für gutes Benehmen großzügige Subsidien zu bezahlen. Sie konnten den Reisenden keine Zölle mehr abfordern und von den Dörflern und Ackerbauern keine Tribute mehr erzwingen. Ein Mann, dessen Tiere verendet waren, konnte nun nicht mehr ein Kamel ausleihen und mit einer Räuberbande davonreiten, um sich neue Tiere zu beschaffen. Die katastrophalste Umwälzung aber brachte die Einführung technischer Transportmittel, waren damit doch die Städter und Dörfler nicht mehr auf die Kamele, die die Bedu züchteten, angewiesen. Früher hatten die Bedu stets begierige Käufer für ihre Kamele gefunden, zumal für die Vollblüter, die arabische Herrscher und reiche Kaufleute gern teuer bezahlten. Einige Stämme hatten Geld verdient, indem sie Waren durch die Wüste schafften, und selbst dort, wo der Warentransport in den Händen professioneller Träger lag, hatten die Bedu Kamele verkauft und Zölle erhoben.

Das Geld, das der einzelne Bedu verdiente, wurde sofort unter die Familie und den Stamm verteilt. Das Geld, das ich meinen Begleitern auszahlte, wurde von ihnen mit anderen geteilt, die an dem Unternehmen beteiligt waren, obgleich sie uns nicht begleiteten. Meine Begleiter baten mich auch häufig um Vorschüsse mit der Begründung, sie seien um ein Darlehen gebeten worden und könnten, da ihnen ja Geld winke, die Bitte schicklicherweise nicht abschlagen.

Die Entdeckung von Ölvorkommen am Persischen Golf hatte Arabien ungeheuerlichen Reichtum gebracht. In den Städten stiegen die Preise ins Unermeßliche, was sowohl auf das Öl wie auf den Krieg zurückzuführen war. In der Wüste braucht der Bedu nur sehr wenig zum Leben. Seine Herden versorgen ihn mit Essen und Trinken, dennoch kann er gewisse Bedürfnisse nicht selbst befriedigen. Er braucht Tuch und Kochtöpfe, Messer und Munition, bisweilen einen Ballen Datteln oder Korn und kleine Annehmlichkeiten, wie eine Handvoll Kaffee oder ein wenig Tabak. Um sich diese Dinge zu beschaffen, besucht er die Märkte in den Dörfern oder Städten und verkauft ein Kamel oder eine Ziege, ein wenig Butter, Ziegenschläuche, Teppiche oder Satteltaschen. Das Leben in der Wüste war nicht mehr möglich, wenn die wenigen, aber lebensnotwendigen Dinge, die der Bedu bislang im Austausch gegen die Produkte der Wüste hatte kaufen können, für ihn zu kostspielig wurden oder wenn die Dinge, die er produzierte, keinen Absatz mehr fanden.

Der Bedu liebt das Geld, schon die Berührung der Münzen entzückt ihn. Er spricht unentwegt vom Geld. Tagelang wird der Preis eines Kopftuches oder eines Patronengürtels diskutiert. Um sich die Zeit auf dem Markt zu vertreiben, bietet ein Mann sein Kamel feil, und die andern, die genau wissen, daß er nicht die geringste Absicht hat, es zu verkaufen, spielen sofort mit und feilschen stundenlang mit großem Stimmaufwand. – Alle sind sie von der Vorstellung vergrabener Schätze besessen. Während unseres Rittes versicherten mir meine Begleiter an allen möglichen Stellen immer wieder, man könne hier *dhahab* (Gold) finden, mal unter gewaltigen Sanddünen, mal unter riesigen Felsen oder auch mitten im Treibsand. Im Wadi Difin bei Habarut zeigten sie mir einen Tunnel, der sechs Meter in eine Kalksteinwand hineinführte und nur von oben mittels eines Seils erreicht werden konnte. Dieser Tunnel, vielleicht eine ehemalige Karsthöhle, der einen etwa einen halben Meter breiten und anderthalb Meter hohen Eingang besitzt, war mit Lehm verschlossen. Vor kurzem hatten die Araber den

Lehm zu entfernen versucht, da man von alters her glaubte, daß dort Schätze verborgen seien. Sie behaupteten, etwa sechs Meter tief in den gewundenen Tunnel eingedrungen zu sein, hätten jedoch das Graben aufgegeben, noch ehe sie den Lehmverschluß ganz durchbohrt hatten. Am Fuße des Kalksteinfelsens lag ein beachtlicher Haufen ausgeschaufelter Erde. Ging mir ihr dauerndes Gerede über Geld auf die Nerven, und spottete ich über ihre Habgier, dann meinten sie, ich könne leicht reden, da ich genug Geld hätte, für sie aber bedeuteten ein paar *Riyal* mehr oder weniger oft Tod oder Leben.

Auf den Ölfeldern konnten die Bedu das Geld finden, von dem sie träumten. Sie konnten große Summen verdienen, indem sie im Schatten hockten und ein Depot bewachten oder eine Arbeit verrichteten, die gewiß leichter war als das Tränken durstiger Kamele an einem beinahe versiegten Brunnen mitten im Sommer. Es gab reichlich gutes Essen, süßes Wasser die Hülle und Fülle, und viele Stunden des Schlafes. Sie führten also ein Leben, das ihnen so gut wie unbekannt war und wurden obendrein noch dafür bezahlt. Die Freiheit und die Unruhe in ihrem Blut zog die meisten jedoch wieder in die Wüste zurück, aber dort wurde das Leben mit jedem Tag schwieriger. Bald würde es vielleicht ganz unmöglich werden.

Hier im Süden war der Bedu noch immer unberührt von den wirtschaftlichen Veränderungen des Nordens, aber mir war klar, daß er den Folgen nicht mehr lange entgehen konnte. Es war tragisch, daß diese Menschen durch äußere Umstände zu schmarotzenden Proletariern werden und im fliegenverseuchten Elend von Barackenstädten im Umkreis der Ölfelder dahinvegetieren sollten. Seine besten Tugenden verdankt der Araber der Wüste: die tiefe Religiosität, die ihren Ausdruck im Islam gefunden hat; das Zusammengehörigkeitsgefühl, das ihn mit seinem Glaubensbruder verbindet; den Rassestolz, die Großzügigkeit und die Gastlichkeit, die Würde und die Achtung, die er der Würde seiner Mitmenschen entgegenbringt; den Humor, den Mut und die Geduld, die Sprache, die er spricht, und seine leidenschaftliche Liebe zur Poesie. Aber die Tugenden der Araber entfalten sich nur unter härtesten Lebensbedingungen, und sobald diese leichter werden, entarten sie ins Gegenteil. Lawrence nennt das Nomadenleben »die Zirkulation, die den semitischen Körper kraftvoll erhält«, und er schreibt: »Es gibt wenige, ja wohl gar keine nördlichen Semiten, deren Vorfahren nicht in grauer Vorzeit durch die Wüste gezogen sind. Sie alle trugen mehr oder weniger sichtbar das Merkmal des Nomadentums, der unerbittlichsten und strengsten Gesellschaftsform.«

Während ich so dahinritt, ohne auf Sultans wiederholte Ermahnungen zur Eile zu hören, mit denen er ja doch nur eine mir im Augenblick unerwünschte Unterhaltung beginnen wollte, dachte ich über den Einfluß Arabiens auf die Weltgeschichte nach. Es schien mir bedeutsam, daß es die Wüstenaraber waren, die dem arabischen Menschen seine charakteristischen Merkmale verliehen hatten, nicht die weit zahlreichere Bevölkerung des Yemen mit ihrer uralten Kultur. Es waren die Sitten und Maßstäbe der Wüste, die die Städter und Dörfler übernommen hatten und die von den arabischen Eroberern in Nordafrika und im Mittleren Osten verbreitet und vom Islam in einen großen Teil der Welt getragen worden waren. Die Eigenkultur des Yemen war durch Mohammeds Auftreten im Staub versunken, und die Dialekte des Südens waren damals von der nordarabischen Sprache des Islams verdrängt worden. Als die neue Religion des Islams sich durchgesetzt hatte, hatte der Süden seine Sonderbedeutung verloren, und das Machtzentrum hatte sich nordwärts nach Mekka verschoben. Der Araber nördlich der Rub al-Khali hatte weder eine Überlieferung noch eine Kultur hinter sich. Die einzige Architektur, die die Bedu dieser Räume kannten, bestand darin, drei Steine so um eine Feuerstelle zu legen, daß man einen Topf darauf stellen konnte. Sie lebten in schwarzen Zelten in der Wüste. In den Dörfern und Städten der Oasen lebte man zumeist in völlig nackten Räumen. Man hatte keinen Sinn für Verfeinerung. Die meisten verlangten lediglich das Lebensnotwendige, genug zum Essen und Trinken, um am Leben zu bleiben, Kleider, um die Blöße zu bedecken, einen Unterschlupf, der vor Sonne und Wind schützt, Waffen, ein paar Kochtöpfe, Teppiche, Ziegenschläuche und Sättel. Diesem Leben entsprang viel Noblesse, aber keinerlei Schönheit.

Diese Wüstenaraber waren habgierig und raubgierig, geborene Freibeuter, die jeden Andersdenkenden verachteten und sich nichts aufzwingen ließen. Als sie im 7. Jahrhundert n. Chr. zum erstenmal in ihrer Geschichte geeint waren, brachen sie unter dem Banner des Islams aus Arabien hervor und trieben alles vor sich her. Sie überrannten die reichsten Provinzen des Römischen Reiches und das gesamte persische Kaiserreich. Etwa ein Jahrhundert nach der Schlacht am Yarmuk (636 n. Chr.), in der das Schicksal Syriens entschieden wurde, reichte ihre Herrschaft von den Pyrenäen und den Küsten des Atlantischen Ozeans bis zum Indus und an die damaligen Grenzen Chinas. Sie hatten ein Reich geschaffen, das größer war als das Reich der Römer. Raublüstern und in einem neuen Glauben geeint, waren sie aus der Wüste aufgetaucht. Es wäre nicht verwunderlich, wenn sie – eine Geißel wie die Horden Attilas und Dschingiskhans –, auf ihrem Weg nichts als Verwüstung zurückgelassen hätten. Doch es ist eines der Wunder der Geschichte, daß sie eine neue Kultur schufen und die in jahrhundertelangem Kampf stehenden Kulturen des Mittelmeerbeckens und Persiens zu einem Kulturkreis zusammenschlossen. Die arabische Sprache, ursprünglich der Dialekt der Nomadenstämme in den Wüsten Arabiens, wurde nun von Persien bis zu den Pyrenäen gesprochen und entwickelte sich zu einer der großen Kultursprachen der Welt, die in diesen Räumen über das Griechische und das Lateinische triumphierte. Mit der Ausbreitung des mohammedanischen Glaubens und der arabischen Sprache verwischte sich im ganzen Reich der Unterschied zwischen dem arabischen Eroberer und seinen Untertanen. Sieger und Besiegte wurden mehr und mehr zu mohammedanischen Brüdern, die *einer* Gemeinde angehörten. Wie die Kultur des Islams zutiefst von griechischem Denken beeinflußt war, so übersetzten die Araber nun jedes ihnen zugängliche griechische Werk in ihre Sprache. Diese Kultur assimilierte zwar alles, dessen sie habhaft wurde, war aber nicht epigonenhaft, sondern leistete ihren eigenen weltgeschichtlichen Beitrag zu Architektur, Literatur, Philosophie, Geschichte, Mathematik, Astronomie, Physik, Chemie und Medizin. Die Mehrzahl der Geistesgrößen jenes Zeitalters waren keine Araber, und einige von ihnen waren nicht einmal Mohammedaner, sondern Juden und Christen. Aber die Herrscher der Staaten, in denen sie wirkten, waren Araber, und Araber waren es, die jene Kultur begründet und inspiriert hatten. Ohne sie wären weder die Alhambra noch das Tadj Mahal jemals erbaut worden.

Heute ist Arabisch die Muttersprache von sechzig Millionen Menschen, die sich fast alle Araber nennen, wenngleich nur ein geringer Teil davon arabischer Abstammung ist. Ein Siebentel der Erdbevölkerung gehört der Religion an, die Mohammed im 7. Jahrhundert n. Chr. in Arabien gestiftet hat. Diese Religion erhebt nicht nur Anspruch darauf, die Glaubenssätze des Mohammedaners zu bestimmen und den Ritus seiner religiösen Verrichtungen festzulegen, sondern auch die gesellschaftliche Struktur, jeden Teil des täglichen Lebens, ja sogar die Waschungen nach dem Geschlechtsverkehr. Die Sitten und Bräuche, die der Islam seinen Anhängern vorschreibt, waren die Sitten und Bräuche Arabiens. Ich wußte, daß mir vieles vertraut sein würde, solange ich mich nur unter Mohammedanern aufhielt, sei es nun in Nigerien oder in China. Es schien mir nun kein vollkommen abwegiger Gedanke, daß in etwa 2000 Jahren, wenn unsere heutige Zivilisation so völlig verschwunden sein wird wie die Babylons und Assyriens, die Geschichtsbücher in den Schulen den Arabern ein paar Seiten widmen, die Vereinigten Staaten von Amerika aber kaum erwähnen werden.

Unsere Begleiter luden gerade ihre Kamele auf einem Streifen harten Sandes ab, als wir sie einholten. Schon von weitem hatten sie die grauen Grasbüschel erkannt, die diese Mulde von anderen Mulden unterschied, an denen sie auf ihrem Weg über die mit Feuerstein besäte Ebene vorübergekommen waren. Und deshalb hatten sie hier haltgemacht. Glücklicherweise hatten Jahre zuvor an dieser Stelle Kamele geweidet, deren gebleichter Kot nun als Brennmaterial diente. Aber es war nicht genug, um eine ordentliche Mahlzeit zu bereiten.

In dieser Nacht lag ich warm in meinem Schlafsack, während die andern im kalten Nordwind froren. Es waren Bedu, und die leeren Weiten, in denen es weder Schatten noch Schutz gab, waren ihre Heimat. Jeder von ihnen hätte in den Gärten um Salala arbeiten können, aber jeder von ihnen verabscheute das leichtere Leben geringerer Männer. Nur die an Leib und Seele gebrochenen Bedu stranden in den Anbaugebieten am Rand der Wüste.

Der Anmarsch zum Leeren Viertel

In Shisur, wo sich die Ruinen einer primitiven Steinfestung auf einem Felshügel erheben, faßten wir Wasser an der einzigen ständigen Wasserquelle der Steppen des Binnenlandes. Auch die Räuber sind auf diesen Brunnen angewiesen, was ihn zum Schauplatz vieler erbitterter Kämpfe gemacht hat. Am Grund einer großen Höhle, die unter den Hügel hinabführt, sickert Wasser aus einer tiefen Felsspalte. Nur unter großen Schwierigkeiten ist es durch einen schmalen Gang zwischen der Wand der Höhle und einer zehn Meter hohen Sandbank, welche die Hälfte der Höhle ausfüllt, zu erreichen. Das Wasser war unter Flugsand begraben, und wir mußten es erst freischaufeln. Ich bot meine Hilfe an, doch die anderen meinten, ich sei für diese Arbeit nicht schlank und nicht klein genug. Nach zwei Stunden waren sie fertig und kletterten einer nach dem andern aus den dunklen Tiefen der Höhle den Hang hinauf, die schweren Wasserschläuche über den Schultern. Das Wasser troff an ihren Körpern herab, die Lendentücher klebten an ihren schlanken Hüften, über die erschöpften Gesichter fiel das vom Sand verschmutzte Haar. Sie ließen die Ziegenschläuche zu Boden fallen und entleerten sie in Ledereimer, die sie den drängelnden Kamelen reichten. Dazu sangen sie uralte Tränklieder. Kameldung und kleine von Urin getränkte Sandlawinen rollten über den Hang ins Wasser und machten es noch bitterer als es ohnehin war. Die Kamele lagerten sich, sobald sie getränkt waren, in der Nähe des Brunnens. Hin und wieder stand eines der Tiere taumelnd auf und wollte sich davonmachen. Dann eilte sein Besitzer durch das kiesige Flußbett des Wadis hinter ihm her, laut den Namen des Tieres rufend: Farha (Freude), Matara (Regen), Ghazala (Gazelle), Safra (Gelbe), oder irgendeinen anderen Namen, der im Kampf als Kriegsruf verwendet wird.

Plötzlich ließ der Wachtposten auf dem Hang einen Warnruf ertönen. Wir ergriffen unsere Gewehre, die wir stets zur Hand hatten, und gingen um den Brunnen in Stellung. Die Kamele wurden rasch hinter dem Felsrücken versammelt. In der Ferne konnten wir Reiter näherkommen sehen. Jeder Fremde gilt hier als Feind, solange er nicht seine friedlichen Absichten zu erkennen gibt. Wir feuerten zwei Schüsse in die Luft. Die Reiter kamen unbeirrt näher, schwenkten ihre Kopftücher, und einer von ihnen sprang von seinem Kamel und warf eine Handvoll Sand in die Luft. Wir ließen die Gewehre sinken, und einer sagte: »Es sind Raschid – ich kann Bin Shuwas' Kamel erkennen.« Die Bedu erkennen Kamele, noch ehe sie einen Menschen erkennen können. Begegnen sie einem Fremden, dann merken sie an vielen einzelnen Anzeichen, die ihre scharfen Augen sofort erfassen, welchem Stamm er angehört: am Sitz des Patronengurts oder des Kopftuches, an der Machart des Hemdes, an dem Faltenwurf seines Lendentuches, an der Lederhülle seines Gewehrs, am Muster auf seinen Satteltaschen, an der Art, wie er seinen Teppich darüber gefaltet hat, ja sogar an der Gangart des Kamels. Vor allem aber erkennen sie an der Sprache eines Mannes, welchem Stamm er angehört.

Die Reiter waren nun ganz nahe gekommen. Die Bait Kathir konnten die einzelnen beim Namen nennen. »Das ist Bin Shuwas.« »Das ist Mahsin.« »Das ist al-Auf.« »Das sind Bin Kabina und Amair und Sa'ud und Bin Mautlauq.« Es waren sieben Raschid. Wir stellten uns in einer Reihe auf, um sie zu empfangen. Dreißig Meter vor uns brachten sie ihre Kamele zum Stehen, ließen sie durch einen Schlag auf den Hals in die Knie gehen, saßen ab und kamen auf uns zu. Bin Shuwas und Bin Mautlauq trugen nur Lendentücher, die anderen hatten noch Kopftücher und rostfarbene Hemden. Mir fiel sofort Bin Kabinas zerfetztes Hemd auf. Es war dasselbe, das ich ihm beim Abschied im Hadramaut geschenkt hatte. Als einziger war er unbewaffnet, er hatte weder Gewehr noch Dolch. Die anderen trugen ihre Gewehre über der Schulter. Bin Shuwas und al-Auf hatten ihre Gewehre in quastenverzierten

Hüllen aus ungegerbtem Leder. Nun rief Mahsin, den ich an seinem Hinkebein erkannte: »Salam Alaikum.« Und wir antworteten im Chor: »Alaikum al-Salam.« Dann kamen sie im Gänsemarsch an uns vorüber und begrüßten jeden mit dem dreifachen Nasenkuß, wobei die Nase die des anderen rechts, links und noch einmal rechts berührt, und stellten sich uns gegenüber auf. Tamtaim sagte zu mir: »Frage sie nach Neuigkeiten.« Ich aber antwortete: »Nein, tu du das. Du bist der Älteste.« Tamtaim rief: »Was habt ihr Neues zu berichten?« Mahsin antwortete: »Nur Gutes.« Wieder fragte Tamtaim: »Ist einer gestorben? Ist einer fortgegangen?« Sofort kam die Antwort: »Nein! Sag so etwas nicht!« Frage und Antwort waren so unveränderlich wie die des Wechselgesangs einer Litanei. Ganz gleich, was sich tatsächlich ereignet hatte, sie änderten sich nie. Die Ankömmlinge hätten mit Räubern gekämpft, die Hälfte ihrer Leute verloren und noch immer unbestattet haben können, ihre Kamele hätten geraubt sein, jederlei Unglück, Hunger, Durst oder Krankheit hätte sie getroffen haben können, und doch hätten sie bei dieser ersten offiziellen Begrüßung niemals etwas anderes gesagt als: »Nur Gutes.« Nun kehrten sie zu ihren Kamelen zurück, nahmen die Sättel ab, banden die Vorderbeine zusammen und ließen die Tiere laufen. Inzwischen hatten wir Teppiche für sie ausgebreitet, und Tamtaim rief Bin Anauf zu, er möge Kaffee bereiten. Als dies geschehen war, stellte Musallim vor jeden der Männer eine Schale mit Datteln, schenkte stehend den Kaffee aus und reichte Mahsin und den anderen in der Reihenfolge ihres Ansehens den Kaffee. Sie tranken, aßen Datteln und bekamen neuen Kaffee. Nun endlich sollten wir ihre Neuigkeiten erfahren.

Es waren kleine Männer, keiner von ihnen größer als 1,65 Meter, und alle sehr mager. Das Wüstenleben hatte ihnen so zugesetzt, daß sie nur noch Haut und Knochen waren. Sie bewegten sich äußerst zurückhaltend, sprachen ruhig und leise und bemühten sich, vor den Fremden ihre Würde zu wahren. Nur ihre dunklen wachsamen Augen gingen unruhig hin und her und sahen alles. Mahsin hatte sein verkrüppeltes Bein steif vor sich hingestreckt. Er war ein kräftiger Mann mittleren Alters mit einem eckigen Gesicht. Sein schmaler Mund war verkniffen, von den Nasenflügeln bis zu den Mundwinkeln zogen sich tiefe Falten. Ich wußte, daß er ein berühmter Räuber gewesen war und viele Menschen getötet hatte, ehe er vor zwei Jahren verwundet wurde. Er besaß angeblich viele Kamele. Doch noch mehr interessierte mich Muhammad al-Auf, von dem ich im Jahr zuvor bei den Raschid soviel gehört hatte. Es hieß, er habe sein Lächeln verloren, als die Sai'ar seinen Bruder töteten, und sei seither nicht mehr der alte. Sein Gesicht war schön. Haut und Fleisch waren fein über die kräftigen Knochen modelliert, seine weit auseinanderstehenden Augen waren groß und seltsam goldgesprenkelt, seine Nase war gerade und kurz, der Mund voll und geschwungen. Er trug einen kleinen Schnurrbart, auf seinem leicht gespaltenen Kinn sproßten einige Haare. Sein langes welliges Haupthaar fiel bis auf die Schultern. Ich schätzte ihn auf etwa fünfunddreißig Jahre. Man sah sofort die verhaltene Kraft, das Selbstvertrauen und die Intelligenz. Bin Kabina rief mir zu: »Wie geht's dir, Umbarak? Wo warst du, seit du uns verlassen hast?« Ich fand, daß er hager aussah. Er war gewachsen, seit ich mich in Tarim von ihm getrennt hatte. Ich freute mich, ihn wiederzusehen, hatte ich ihn doch während unseres Zusammenseins ins Herz geschlossen. Wir lauschten den Neuigkeiten. Die Dahm hatten die Manahil überfallen, und die Manahil hatten den Yam unter der Führung von Duailan, der den Spitznamen »die Katze« trug, viele Kamele geraubt. Die Sai'ar hatten die Dawasir überfallen. Man erzählte uns, wer getötet und wer verwundet worden war. Vor zwei Monaten hatte es in den Kies- und Felswüsten ausreichend geregnet, aber die Dürre, die seit sieben Jahren al-Djiza plagte, hielt noch immer an. Ich fragte nach Bin al-Kamam und erfuhr, daß er in den Yemen gereist war, um Waffenstillstand mit den Dahm zu schließen. Die beiden anderen Raschid, die zu holen ich Amair gebeten hatte, waren weit fort in der Wüste, und ich mußte erzählen, wo ich gewesen und wie es meinem Stamm während meiner Abwesenheit ergangen war. Wir unterhielten uns eine Weile und gingen dann auseinander. Bin Kabina und ich stiegen zu der verfallenen Burg über dem Brunnen hinauf und beobachteten den Horizont hinter der leeren, flirrenden Landschaft, während die anderen die Kamele weitertränkten und die Wasserschläuche füllten. Bin Kabina fragte mich nach meinem Reiseziel, und ich sagte ihm, daß ich die Wüste durchqueren wolle; doch das solle er bei sich behalten, da ich noch nicht mit den anderen darüber gesprochen hatte. Er sagte: »Die Bait Kathir taugen nichts in der

Wüste und werden auch nicht dorthin gehen. Aber die Raschid werden uns begleiten. Du hast Glück, daß Muhammad al-Auf dabei ist, denn er ist der beste Führer des Stammes und kennt diese Wüste.« Ich fragte ihn, weshalb Muhammad den Spitznamen »al-Auf« trage, was doch »der Schlechte« heißt, und er antwortete: »Weil er das Gegenteil davon ist.« Ich sagte: »Du siehst mager und müde aus. Warst du krank?« Und er antwortete: »Ich wäre beinahe gestorben. Vor drei Monaten wurde ich beschnitten, und man konnte die Blutung nicht stillen. Als sie endlich aufhörte, hielt man mich daher für tot. Wir waren acht, die von einem Scheich der Bait Khawar im Wadi Kidyut beschnitten wurden. Der eine war ein Manahil, ein erwachsener Mann mit einem Bart, die anderen waren Bait Khawar. Sie waren alle älter als ich. Vor der Beschneidung rieben unsere Familienangehörigen unsere Körper mit Butter und Safran ein, bis sie glänzten. Wir wurden einer nach dem anderen beschnitten und mußten dabei auf einem Felsen hocken. Eine große Menschenmenge war herbeigekommen, um zuzusehen.«

Ich fragte ihn, ob er Angst gehabt habe, und er sagte: »Natürlich. Jeder hat Angst, wenn er weiß, daß ihm weh getan wird, aber niemand gibt es zu. Am meisten Angst hatte ich davor, daß ich vielleicht zucken würde. Da ich der Jüngste war, kam ich zuerst dran. Der alte Mann band meine Vorhaut mit einem Stück Schnur ganz fest ab und ließ sie absterben. Mein Gott, das tat weh! Es war beinahe eine Erlösung, als er sie abschnitt. Dabei war sein Messer stumpf, und er hackte so lange darauf herum, daß ich glaubte, es dauerte Stunden. Einer der anderen wurde ohnmächtig.«

Ich fragte ihn, ob man die Wunde irgendwie behandelt hatte. »Ja«, sagte er. »Man tut eine Mischung aus Salz, Asche und zerstampftem Kameldung darauf – es brennt wie Feuer.« Er fuhr fort: »Wir wurden am Abend beschnitten. In der Nacht begann ich zu bluten. Ich hatte geschlafen und erwachte von der warmen Nässe, die über meine Schenkel rann. Das Schaffell, auf dem ich lag, war blutgetränkt. Es war stockfinster, und wir konnten nichts sehen, bis meine Mutter Feuer machte. Als man die Haut abschnitt, hatte ich kaum geblutet.« Stolz fügte er hinzu: »Die Zuschauer sagten, ich hätte während der Beschneidung kein Zeichen von Schmerz gezeigt.« Er erzählte, seine Wunde sei nach drei Wochen verheilt gewesen, aber zwei der anderen, einer davon der Manahil mit dem Bart, hätten, als er sich zwei Monate später von ihnen trennte, noch immer offene Wunden gehabt. Ich fragte, weshalb diese Männer mit der Beschneidung so lange gewartet hätten. Er erklärte mir, das sei bei ihnen so Sitte und fügte grinsend hinzu, daß einige der Mahra sogar bis zu ihrem Hochzeitsabend warteten. Ich überlegte mir, was für eine Wirkung es wohl auf einen Knaben haben müsse, im Bewußtsein dieser bevorstehenden Qual aufzuwachsen. Wahrscheinlich fand man sich damit ab, da ja doch keine andere Wahl blieb. Während der Beschneidung gab einem wohl die Angst, sich für immer lächerlich zu machen, wenn man zurückzuckte, den Mut, durchzuhalten. Und der Stolz ließ einen vermutlich die Prüfung mit Ungeduld erwarten. Im Süd-Irak habe ich vierzehn- und fünfzehnjährige Knaben gesehen, die sich geradezu zur Beschneidung drängten. Sie waren so ungeduldig wie englische Schuljungen, die sich beim Einkauf von Süßigkeiten an der Ladentheke drängeln. Und im Sudan habe ich Araberknaben getroffen, die sich selbst beschnitten hatten, weil ihre Väter sie noch nicht zur Beschneidung schicken wollten. Den Arabern jedoch bringt die Beschneidung nicht den Genuß besonderer Privilegien, und sie ist auch nicht, wie bei vielen primitiven Stämmen, etwa den Masai, das Symbol für das Eintreten in das Mannesalter.

Bin Kabina hatte sich der normalen Beschneidung unterzogen, die für jeden Mohammedaner Pflicht ist und gewöhnlich mit sieben Jahren vorgenommen wird. Als ich mich so mit ihm darüber unterhielt, fiel mir wieder eine Zeremonie ein, der ich fünf Monate zuvor in der Tihama beigewohnt hatte. Die jungen Männer, die beschnitten werden sollten, hatten vierzehn Tage lang jeden Abend bis tief in die Nacht hinein getanzt und darauf gewartet, daß die alten Männer die Konstellation der Gestirne für günstig erklärten. Die Anwärter auf die Beschneidung trugen kurze rote Jacken mit langen Ärmeln und weite, am Knöchel eingefaßte weiße Hosen. Es war das einzige Mal in ihrem Leben, daß sie Hosen, also Frauenkleider, trugen. Am festgesetzten Tag führte man sie auf Kamelen, hinter einer Musikkapelle, durch die benachbarten Dörfer und brachte sie, kurz vor Sonnenuntergang, in ihr Heimatdorf zurück. Eine große Menschenmenge begleitete sie. Ihre Freunde halfen ihnen beim Ablegen der Hosen, und dann traten die jungen Männer, die mit ihren wallenden Haaren und zarten Zügen wie Mädchen aussahen, einer nach dem andern vor ihren Stamm. Jeder von ihnen stand mit gespreizten Beinen, die Hände in das lange Haar verkrallt, regungslos da und starrte, ohne mit der Wimper zu zucken, auf einen Dolch, der vor ihm im Boden stak, während ein Sklave den Penis zur Erektion brachte und dann die Haut vom Glied schälte. Sobald der Sklave nach vollbrachtem Werk beiseite trat, sprang der Jüngling vor und begann zum berauschenden Rhythmus der Trommel vor der begierigen, die Hälse verrenkenden Menge einen wilden Tanz, bei dem ihm das Blut über die Beine rann.

Dies ist die modifizierte Form eines Ritus, der weit älter ist als der Islam. Im Gebirge von Assir üben einige Stämme noch immer die Schälbeschneidung, die häufig hinausgeschoben wird, bis ein Mann verheiratet ist und Kinder hat. Bei dieser Art der Beschneidung wird die Haut vom Nabel abwärts bis in die Innenfläche der Beine entfernt. Ibn Sa'ud untersagte selbst die modifizierte Form dieser Beschneidung, die er für einen heidnischen Brauch erklärte, aber die jungen Männer nahmen lieber schwerste Strafen auf sich, als daß sie des Ruhms verlustig gingen, sich diesem Ritus unterzogen zu haben. Ein solcher junger Mann war bereits als Kind beschnitten worden, bestand aber darauf, sich auch der zweiten Operation zu unterziehen. Aber auch nach dieser war des Leidens noch kein Ende. Jeden Morgen hielt man die Jünglinge über ein kleines Erdloch, in dem ein Feuer brannte, in das man die verstümmelten Genitalien hängen ließ, damit sie in der Hitze und dem Qualm geräuchert wurden. Jünglinge, die während der Beschneidung nicht mit der Wimper gezuckt hatten, schrien bei dieser barbarischen Behandlung vor Qual laut auf. Ich schilderte Bin Kabina, was ich gesehen hatte, und er meinte: »Das ist keine Beschneidung mehr, das ist eine Schlächterei.«

Am Abend gab ich Bin Kabina die Kleider, die ich ihm mitgebracht hatte, und den Dolch aus meiner Satteltasche. Er nahm ihn stolz an sich, bekundete jedoch, wie das unter Arabern üblich ist, weiter keinen Dank. Er hatte mein Geschenk angenommen, es bedurfte keiner weiteren Worte. Seine Dankbarkeit würde er mir auf andere Weise erzeigen.

Im Morgengrauen des 9. November verließen wir Shisur. Die Sonne stand als kalter roter Ball am Horizont. Bin Shuwas erzählte, wie Räuber Mahsin, der sein Onkel war, drei Tage lang, verwundet und auf ein Kamel gebunden, mit sich geführt hatten, während sie die Verfolger, die sich an ihre Fersen geheftet hatten, abzuschütteln versuchten. Der Knochen von Mahsins zerfetztem Schenkel war in der Wunde zu sehen gewesen. Dann erzählte Bin Mautlauq von dem Überfall, bei dem der junge Sahail getötet worden war. Er und vierzehn seiner Gefährten waren auf eine kleine Herde Sai'ar-Kamele gestoßen. Ehe der Hirte auf dem schnellsten seiner Kamele floh, hatte er zwei Schüsse abgefeuert, und einer davon hatte Sahail in die Brust getroffen. Bakhit hielt den sterbenden Sohn im Arm, als sie mit sieben Beutekamelen wieder über die Ebene zurückritten. Sahail war am späten Nachmittag verwundet worden, und er lebte noch bis beinahe zum Sonnenuntergang. Er bat um Wasser, das sie nicht hatten. Sie ritten die ganze Nacht hindurch, um den Verfolgern zu entfliehen. Bei Sonnenaufgang kamen sie in ein flaches Tal, in dem ein paar Angehörige der Sai'ar unter einem Baum lagerten. Eine Frau stampfte Butter in einer Tierhaut, ein Knabe und ein Mädchen molken die Ziegen. Unter dem Baum saßen ein paar kleine Kinder. Der Knabe sah die Reiter als erster und versuchte zu entfliehen, doch sie holten ihn auf einem niederen Felshang ein. Er war etwa vierzehn Jahre alt, ein wenig jünger als Sahail und unbewaffnet. Als sie ihn umzingelten, steckte er zum Zeichen der Kapitulation seine Daumen in den Mund und bat um Gnade. Keiner antwortete. Bakhit stieg aus dem Sattel, zog seinen Dolch und jagte ihn dem Knaben in die Rippen. Der Knabe brach zu seinen Füßen zusammen und stöhnte: »O mein Vater! O mein Vater!« Bakhit blieb vor ihm stehen, bis er gestorben war, und stieg wieder in den Sattel. Sein Kummer war durch den Mord, den er gerade begangen hatte, ein wenig gelindert worden. Während Bin Mautlauq erzählte und mit glühenden, geröteten Augen über die Ebene starrte, sah ich die Szene in grauenhafter Deutlichkeit vor mir: Die kleine langhaarige Gestalt im weißen Lendentuch zusammengekrümmt auf dem Boden, die immer größer werdende Blutlache, die begierigen Fliegen, das verzweifelte Klagen der dunkelgekleideten Frauen, die verschreckten Kinder, das schrille, unaufhörliche Geschrei eines Säuglings.

Auf dem ganzen Ritt verfolgte mich der Gedanke an das ermordete

Kind, während die Araber um mich her sich zu schwätzenden Gruppen zusammenschlossen und wieder auflösten und dabei aufmerksam in die Runde spähten. Wenn die Sai'ar uns überfielen, hatte jeder einzelne meiner Begleiter sein Leben verwirkt. So gnadenlos das uralte Gesetz des Auge-um-Auge und Zahn-um-Zahn auch sein mochte, ich war mir doch klar, daß es bei einem Volk, das keiner höheren Autorität unterstand und ein Menschenleben gering achtete, das einzige Mittel war, um schrankenloses Blutvergießen zu verhindern. Denn niemand wird seine ganze Familie oder seinen Stamm leichtfertig einer Blutfehde aussetzen.

Glubb Pascha hat 1935 über die Bedu des Nordens geschrieben und dabei gesagt: »Es ist ein seltsamer Gedanke, daß selbst in den anarchischen Zeiten der chaotischen Zustände unter den Stämmen im unverwalteten Arabien, also noch vor der Errichtung des jetzigen Rechts und der jetzigen Ordnung, in Arabien vermutlich weniger Furcht und Schrecken herrschten als heute im friedlichen England.« Man konnte sich leicht über die Mißachtung des Bedu vor dem Menschenleben entsetzen. Schließlich glauben heute viele Menschen, es sei moralisch nicht zu verantworten, einen Menschen zu hängen, selbst wenn er ein Kind vergewaltigt und getötet hat. Aber ich konnte nicht vergessen, wie leicht wir selbst uns während des Krieges ans Töten gewöhnt hatten. Einige zivilisierte Menschen meiner Bekanntschaft haben sich dabei am meisten hervorgetan.

Das Land wurde immer dürrer, wir sahen nur noch abgestorbene Pflanzen und Büsche. Das große Wadi Umm al-Hait, »die Mutter des Lebens«, das nach Maghshin hinunterführt, war markiert von Baumskeletten, von dürren, fast schon zu Staub zerfallenen und vom Flugsand halb begrabenen Ästen, von den nun zu Pulver getrockneten Schlammablagerungen weit zurückliegender Überschwemmungen. Nichts regte sich, nicht einmal Eidechsen gab es hier, herrschte doch schon seit fünfundzwanzig Jahren die Dürre.

Am zweiten Tag erblickten wir bei Sonnenuntergang vor uns den Rand der Großen Sande, eine schimmernde, rosenfarbene Wand, unwirklich wie eine Fata Morgana. Die Araber erwachten aus der schaukelnden Monotonie des stundenlangen Rittes und deuteten mit ihren Stöcken, riefen und schwätzten aufgeregt durcheinander. Ich aber wollte mich wortlos in dieses langersehnte Bild versenken, ich war erregt wie ein Bergsteiger, der über dem indischen Vorgebirge mit einemmal die ferne Unnahbarkeit des Himalaja erblickt.

Wir ritten tagelang am Rand der Großen Sande entlang, da unsere Kamele auf dem harten Kiesboden der Ebene leichter vorankamen als in den weichen steilen Dünen. Am Spätnachmittag bogen wir meist in die Sandwüste ab, um dort unser Lager aufzuschlagen. Große mimosenähnliche Bäume, die die Araber *ghaf* nannten, wuchsen hier. Ihre Wurzeln hatten in großer Tiefe Wasser gefunden, ihre Zweige bogen sich unter der Last der Blüten, hingen wie schleppende Schleier auf dem reinen Sand und bildeten Lauben, in denen wir lagerten.

Eines Nachts, wir nächtigten in der Nähe von Maghshin auf der freien Ebene, erwachte ich durch ein langgezogenes Heulen. Immer wieder zitterte der unheimliche Laut über das Lager und jagte mir Schauer über den Rücken. Er kam von einer Gruppe her, die nicht weit von uns im Kreis hockte. Ich rief, was denn los sei, und Bin Kabina antwortete: »Sa'id ist von einem *zar* besessen.« Ich stand auf und trat zu den Männern. Im Licht des untergehenden Mondes sah ich den Knaben, einen der Bait Kathir, sich über ein kleines Feuer beugen. Gesicht und Haupt waren mit einem Tuch verhüllt, und während er seine Klagelaute ausstieß, wiegte er sich sanft hin und her. Die anderen saßen, schweigend und aufs äußerste gespannt, ganz nahe um ihn herum. Plötzlich stimmten sie einen zweistimmigen Gesang an, und Sa'id warf sich heftig von einer Seite auf die andere. Immer wilder warf er sich nach links und rechts, und einmal löste sich ein Zipfel des Tuchs, mit dem er sein Gesicht bedeckt hatte, und fiel in die Glut. Einer beugte sich vor und erstickte den Brand. Der Gesang schwoll an und ebbte ab, und sein stetiger Rhythmus beruhigte allmählich den Knaben. Einer der Männer entzündete etwas Weihrauch in einer Schale und hielt ihm diese unter dem Tuch vor die Nase. Plötzlich fing der Knabe mit seltsam hoher angestrengter Stimme zu singen an. Die anderen antworteten ihm. Er hörte zu singen auf, wurde abermals von dem Schütteln befallen und beruhigte sich wieder. Einer der Männer beugte sich vor und stellte ihm eine Frage, er antwortete wie einer, der im Schlaf spricht. Ich konnte die Worte nicht verstehen, denn sie sprachen Mahra. Man gab ihm noch mehr Weihrauch, und der böse

Geist verließ ihn. Etwas später legte der Knabe sich zum Schlafen nieder, doch abermals peinigte ihn der Dämon. Diesmal schluchzte er bitterlich und stöhnte, als habe er heftige Schmerzen. Wieder versammelten die anderen sich um ihn und sangen, bis er sich beruhigt hatte. Dann schlief er ein. Am nächsten Morgen war er ganz in Ordnung.

Der Glaube, daß man von einem *zar* oder bösen Geist besessen werden kann, soll nach allgemeiner Ansicht in Äthiopien oder Zentralafrika seinen Ursprung haben. Ich halte es nicht für ausgeschlossen, daß er aus Südarabien stammt. Meine Gefährten erzählten mir, daß sie bei der Austreibung eines *zar* stets die Sprache der Mahra benutzten.

Acht Tage nach unserer Abreise von Shisur trafen wir in Maghshin ein. Als wir uns dem Brunnen näherten und Mahsin gerade, das steife Bein ausgestreckt, von dem Kampf erzählte, in dem er verwundet worden war, ergriff eine Panik, plötzlich und ohne jeden ersichtlichen Grund, unsere Kamele, und sie galoppierten in großen Sätzen davon. Ich sah einen Mann vor mir vom Kamel stürzen, während ich mich selbst im Sattel zu halten versuchte. Als ich mein Kamel wieder in der Gewalt hatte, wandte ich mich um. Mahsin lag, regungslos zusammengekrümmt, auf dem Boden. Wir liefen zu ihm. Sein verletztes Bein war verrenkt, er stöhnte leise. Er hatte sein Kopftuch verloren. Als ich mich über ihn beugte, sah ich das kurzgeschnittene graue Haar. Er war offenbar älter, als ich angenommen hatte. Nun schrie er vor Schmerzen. Ich holte Morphium aus meiner Satteltasche, gab ihm eine Spritze und trug ihn mit den anderen auf einer Decke zu den nächsten Bäumen. Glücklicherweise war es zum Brunnen nicht sehr weit. Vielleicht hatten unsere durstigen Kamele das Wasser gerochen und waren deshalb ausgebrochen. Wir fertigten aus Zweigen eine primitive Schiene an und renkten das Bein ein, dessen Knochen stark gesplittert schienen. Bin Shuwas hockte sich neben Mahsin und scheuchte ihm die Fliegen vom Gesicht, während die anderen die Frage erörterten, ob er am Leben bleiben oder sterben müsse. Hin und wieder schüttelte einer den Kopf und sagte traurig: »Das hat Mahsin nicht verdient.« Dann erhoben sie sich und machten sich an ihre Arbeit, tränkten die Kamele und bereiteten das Essen.

Am Abend beratschlagten wir, was zu tun sei. Die Männer meinten,

Mahsin dürfe nicht von der Stelle bewegt werden. Er müsse bleiben, wo er liege, bis er sich erholt habe oder gestorben sei, und die Raschid müßten bei ihm bleiben. Er habe viele Menschen getötet, insbesondere viele Sai'ar, und wenn seine Feinde erführen, daß er hilflos hier liege, würden sie von weither kommen, um ihm den Garaus zu machen. Während der letzten Tage hatte ich durchsickern lassen, daß ich das Leere Viertel durchqueren wollte. Ich wußte von Bin Kabina, daß ich auf die Raschid zählen konnte. Sultan und Musallim hatten versprochen, mich zu begleiten, und bestanden darauf, daß ich einige Bait Kathir mitnehme, die auf die Raschid eifersüchtig waren. Nun hatte sich alles geändert. Die Entscheidung lag wieder ganz bei den Arabern, und ich wußte nicht, ob sie jetzt noch immer gewillt seien, diese Reise mit mir zu machen. Sultan schlug auch schon bald vor, wir sollten ostwärts durch die Wüste Sahma reisen, wo ich im Vorjahr gewesen war und vielleicht zum Treibsand von Umm al-Samim vordringen, das ich, wie er wußte, sehr gern aufgesucht hätte. Betrübt legte ich mich schlafen, in dem Bewußtsein, daß meine Pläne gescheitert waren.

Am nächsten Morgen sagte mir Bin Kabina, die Raschid hätten sich einverstanden erklärt, daß er und al-Auf mich begleiten sollten, bäten aber, daß ich den Zurückbleibenden zwei meiner Karabiner und eine größere Menge Munition überlasse. Ich erklärte mich gern einverstanden. Mahsin schien es besser zu gehen, er nahm ein wenig Milch zu sich. Ich versprach ihm, bei ihm zu bleiben, bis er sich einigermaßen erholt hatte, und gab ihm wieder eine Morphiumspritze, da er heftige Schmerzen hatte. Dann sprach ich mit Sultan und ließ durchblicken, daß ich Bin Kabina auf die Suche nach weiteren Raschid ausschicken wolle, da die Bait Kathir mich doch nicht durch die Wüste begleiten würden. Er protestierte. »Weshalb sprichst du so, Umbarak? Hör mir zu! Habe ich dir nicht versprochen, dich durch die Wüste zu führen? Ich, Sultan? Wozu brauchst du überhaupt Leute von den Raschid? Du kennst doch die Bait Kathir, deine alten Freunde, deine Gefährten im vergangenen Jahr. Haben wir dich damals im Stich gelassen? Bei Gott, Umbarak, wie kannst du an uns zweifeln?«

Ich blieb neun Tage lang in Maghshin. Diese ausgedehnte flache Senke, in der das Umm al-Hait in der Wüste endet, war mit *ghaf* und Tamarisken bewachsen, auf den umliegenden Ebenen gab es genug *arad*-Salzbüsche, die ein gutes Kamelfutter sind, solange Wasser in der Nähe ist. Nahe beim Brunnen stand ein dichter Hain wilder Palmen, deren Datteln die Al Kathir Stämme im September sammelten. Zwischen den Palmen war ein dreihundert Meter langer, salzverkrusteter Graben mit Brackwasser, in dessen Mitte eine kleine Quelle frischeres Wasser spendete, das man zur Not trinken konnte.

Im allgemeinen stutzen die Bedu hohe Bäume, um auf diese Weise ihren Kamelen Nahrung zu beschaffen. Die *ghaf*-Bäume hier waren jedoch nicht verstümmelt, denn Maghshin ist eine *hauta,* in der kein Baum beschnitten werden darf. Auf meinem Weg nach Hadramaut war ich an einigen *hauta*-Orten vorbeigekommen. Wahrscheinlich sind sie früher einmal heilige Haine irgendeines vergessenen Kults gewesen. Wir ritten damals durch ein Wadi und lagerten unter Bäumen, die sich in keiner Weise von den anderen Bäumen unterschieden, an denen wir vorübergekommen waren, aber man sagte mir, ich dürfe diese Bäume nicht beschädigen, da wir uns in einer *hauta* befänden. Der Bedu glaubt, daß eine Mißachtung dieses Verbots Unglück, ja vielleicht sogar den Tod nach sich zieht. Maghshin unterschied sich von anderen *hauta* dadurch, daß man keine Hasen töten durfte. Selbst in der Wüste Ghanim, wo es keine *hauta* gab, aßen die Bedu keine Hasen, obgleich sie sie anderswo mit Genuß verspeisten. Das Verbot erstreckte sich nicht auf Gazellen. Ich entsinne mich, daß man mir im Hedjaz sagte, daß auf dem geheiligten Grund um Mekka das Jagen und das Holzfällen verboten seien.

Am Abend, nach dem Essen, hörten wir zornige Stimmen aus der Richtung, wo die Raschid um Mahsin versammelt saßen. Bin Kabina und ich gingen hinüber, und bald hatten sich alle anderen eingefunden. Amair schrie Mautlauq an, riß ihm das Kopftuch herunter und warf es vor seine Füße. Alle sprachen aufgeregt durcheinander. Ich konnte nicht feststellen, um was es ging. Jeder Bedu darf, wie jung er auch ist, seine Meinung äußern, und er wird es auch dann tun, wenn ihn der ganze Streit überhaupt nichts angeht. Kein Bedu würde jemals zum anderen sagen, er möge sich gefälligst um seine eigenen Angelegenheiten kümmern, da alles, was den einzelnen angeht, auch die ganze übrige Gemeinde angehen muß. Schließlich bekam ich heraus, daß Amair vor einigen Wochen ein Kamel verloren und daß sich Bin

Mautlauq angeboten hatte, es gegen einen Finderlohn von fünf Talern zu suchen. Nun behauptete Amair, Bin Mautlauq habe die ganze Zeit über gewußt, wo das Kamel war, und verweigerte ihm den Finderlohn. Schließlich trug man die ganze Angelegenheit Tamtaim vor, der seines Alters und seiner Klugheit wegen höchstes Ansehen bei den Raschid genoß. Er entschied, daß Amair das Geld auszahlen solle, vorausgesetzt, daß Bin Mautlauq beim Grabe des al-Djauhari, das sich mehrere Tagereisen westlich Salala an der Küste befand, schwor, er habe nicht gewußt, wo das Kamel war, als er sich zur Suche anbot. Beide nahmen dieses Urteil an, und kurz darauf sah ich sie einträchtig einen Sattel ausbessern. Diese Bedu legen Meinungsverschiedenheiten meist so bei, daß die eine Partei die Wahrheit ihrer Behauptung beim Grabe irgendeines Heiligen beschwört; und dem Schiedsrichter obliegt die Entscheidung, welche Partei den Eid zu schwören hat. Nur wenige Bedu werden bei diesen Gräbern, von denen es an der Küste und in Hadramaut mehrere gibt, Meineide schwören.

Während der Tage, die ich in Maghshin verbrachte, baten meine Begleiter häufig um Arzneimittel. Die Bedu leiden oft an Kopfschmerz oder Magenverstimmung. Manchmal half mein Aspirin, wirkte es jedoch nicht, dann ließ der geplagte Bedu sich den Schmerz von einem anderen »ausbrennen«, gewöhnlich an der Ferse, um kurz darauf zu erklären, sein Kopfweh sei nun verschwunden, und die alten Bedu-Mittel seien doch viel besser als die Pillen der Christen. Die Bedu heilen beinahe jede Krankheit, die sie oder ihre Kamele befällt, durch Ausbrennen. Ihre Bäuche, Oberkörper und Rücken sind oft kreuz und quer von Brandnarben übersät. Ich hatte gehört, daß vor vielen Jahren die Überlebenden eines britischen Frachtdampfers, der vor der Südküste Arabiens Schiffbruch erlitten hatte, von einigen Djanaba, die zweifellos auf Belohnung hofften, aufgelesen worden waren. Die Engländer hatten von der Kamelmilch und den Datteln schwere Diarrhöe bekommen und wurden trotz ihrer Proteste von den Bedu gebrannt. Schließlich kamen sie, geschwächt von der Dysenterie und den primitiven Heilmethoden, mehr tot als lebendig in Maskat an.

Einer der Bait Kathir hatte einen Backenzahn, dessen Nerv bloßlag, und bat mich, ihn zu entfernen. Ich hasse es, Zähne zu reißen, und insbesondere hohle schwarze Stummel. Dieser Zahn war jedoch ziemlich gesund, und ich konnte ihn ohne Schwierigkeit reißen, wobei der Patient am Boden lag, den Kopf fest zwischen den Knien eines Kameraden. Musallim litt an hartnäckiger Verstopfung und ich gab ihm eine starke Dosis Abführmittel. Als sie nicht sofort wirkte, griff er wieder auf die Bedumethode des *hamrar* zurück und lag nun auf dem Boden, während ein Dutzend seiner Freunde im Kreis um ihn herumkniete und sang. Der alte Tamtaim führte den Gesang an, der immer schneller und heftiger wurde. Einer der Sänger nahm von Zeit zu Zeit soviel wie möglich von Musallims Bauch in den Mund, wobei er seltsam blubbernde Geräusche von sich gab. Schon sehr bald konnte Musallim seinen Darm entleeren. Ich schrieb diese Tatsache dem Abführmittel zu, die Bedu aber ihrem *hamrar*.

Gazellen gab es in Maghshin im Überfluß. Musallim und Bin Shuwas brachten jeden Tag Fleisch für uns nach Hause, so daß wir sehr gut zu essen hatten. Tatsächlich aßen wir nur allzugut. Ich machte mir Sorgen um unsere Vorräte, zumal ich jetzt noch Nahrungsmittel für Mahsin und die Raschid zurücklassen mußte. Alle Bedu sind verschwenderisch, und meine Gefährten kochten von unseren rasch dahinschwindenden Vorräten üppige Mahlzeiten. Ich bestärkte sie in ihrer Vorliebe für Reis, der auf der wasserlosen Reise, die vor mir lag, von wenig Nutzen sein würde. Die Bedu sind nicht an abwechslungsreichen Mahlzeiten interessiert und essen ohne weiteres zweimal täglich monatelang die gleiche Speise. Es kommt ihnen nicht auf Qualität, sondern nur auf Quantität an. Ich versuchte es einmal, etwas Abwechslung in unser eintöniges Essen zu bringen: Musallim hatte eine Gazelle geschossen, und ich bereitete ein ziemlich raffiniertes und, wie ich fand, vorzügliches Mahl. Unseligerweise hatte Bin Turkia sich gerade um diese Zeit auf die Suche nach einem Kamel gemacht und kam erst nach Einbruch der Dunkelheit zurück. Und da war das gebratene Fleisch nur noch eine erstarrte, unappetitliche und von Sand verklebte Masse. Die anderen aßen es, erklärten aber einstimmig, das gekochte Fleisch und die Suppe, die Musallim bereitete, seien ihnen lieber.

Nach endlosen Diskussionen kamen wir überein, daß Bin Kabina, al-Auf, Sultan, Musallim, Mabkhaut, Bin Turkia, der Knabe Sa'id, den der böse Geist gequält hatte, und fünf weitere Bait Kathir mich begleiten sollten. Ich wollte unbedingt eine kleinere Reisegesellschaft mit ausgewählten Kamelen haben, aber Sultan erklärte, wir könnten die schlechten Kamele bei den Bait Musan, auf deren Herden wir wenige Tagereisen weiter in der Wüste stoßen würden, gegen bessere eintauschen. Er hielt mir vor, es sei gefährlich, mit nur wenigen Leuten in die Großen Sande zu gehen, wo die Al bu Falah von Abu Dhabi und die Bin Maktum von Dubai sich gerade bekriegten. Auch für den eventuellen Rückweg durch das Duru-Land in Oman sollten wir stärker sein. Er erzählte mir, die Duru hätten auf die Nachricht von meinem Besuch in Maghshin im Vorjahr hin geschworen, sie würden keinen Ungläubigen durch ihr Land ziehen lassen. Wir verabredeten also, uns mit dem Gros in zwei Monaten wieder in Bai nahe der Küste östlich von Dhofar zu treffen.

Am vierundzwanzigsten November verbrachten wir einen anstrengenden Tag damit, unsere Rationen aufzuteilen, die Wasserschläuche zu überprüfen und die Kamele zu tränken. Ich hatte Bin Shuwas' Kamel als Reittier für Bin Kabina gekauft. Ich bezahlte es weit über seinen Wert mit fünfundzwanzig Pfund, aber es war ein schönes, sehr gut gehaltenes Tier und gab überdies Milch. Für mich hatte ich ein kräftiges dunkles Kamel aus Dhofar ausgesucht, das Musallim gehörte und eines unserer Reservetiere war. Diese Kamelstute war nicht leicht zu reiten, aber al-Auf meinte, sie werde sich, sobald sie sich einmal an den Sand gewöhnt habe, in der Wüste sehr nützlich erweisen. Er selbst ritt ein prachtvolles, aber kaum zu bändigendes Tier, das er mittels einer dünnen Kette und eines Nasenringes zügelte.

Ich untersuchte Mahsin noch ein letztes Mal und stellte fest, daß es ihm viel besser ging. Mehrere Tage lang hatte er jede Nahrung verweigert, nun aß er wieder. Bin Shuwas konnte ihn mit Fleisch versorgen, eines der Kamele gab Milch. Dann beluden wir unsere Tiere, feierten Abschied und brachen zu unserer Wüstenreise auf. Als ich mein Kamel am Halfter nehmen wollte, schlug es aus und schürfte mir die Haut ab. Hätte der Schlag gesessen, wäre mein Bein zerschmettert gewesen.

Wir kampierten schon nach einigen Meilen weiter entfernt. Endlich war ich auf der Reise durch das Leere Viertel.

Am Rand des Leeren Viertels

Nach dem Abendessen hatte ich eine lange Unterhaltung mit Muhammad al-Auf. Er war der einzige von uns, der die Wüste schon einmal durchquert hatte und die Verhältnisse auf der anderen Seite kannte. Seine Ruhe und seine Zurückhaltung flößten mir Vertrauen ein. Die Bait Kathir waren eifersüchtig auf ihn, und er hielt sich im Hintergrund, solange wir uns in dem Gebiet befanden, das die Bait Kathir kannten. Der junge Sa'id, der Sohn des Scheichs der Bait Musan, konnte uns bis Ramlat al-Ghafa führen. Er kannte diesen Teil der Sande, die anderen Bait Kathir waren bis zu deren Saum gekommen, als sie im Vorjahr mit mir reisten.

Ich wußte, daß Sultan und die anderen mir nicht von der Seite weichen würden, sobald ich mit al-Auf ein Gespräch anfinge und sagte daher den andern, wir würden die weidenden Kamele zusammentreiben. Wir nahmen unsere Gewehre, gingen in die Wüste und suchten die Kamele. Dann setzten wir uns nieder. Ich fragte al-Auf, wann er die östlichen Sande durchquert habe. Er sagte: »Vor zwei Jahren. Ich kenne sie.« Als ich nähere Einzelheiten von ihm wissen wollte, lächelte er und wiederholte: »Ich kenne sie.« Und ich war überzeugt, daß es stimmte. Hinter den gewaltigen Uruq al-Shaiba, die nach seiner Schilderung eine Anhäufung von Sandbergen waren, liege Dhafara, wo es in den Palmenhainen von Liwa Brunnen und Dörfer gebe. Ich hatte von Dhafara schon gehört. Für die Bedu des Südens war es das *Ultima Thule*. Dhafara war in ihren Augen die Grenze der erforschten Welt. Al-Auf erzählte mir von Liwa, als wir so in der Dunkelheit beisammensaßen. Seine Schilderung klang sehr verlockend: Eine Oase mit Palmhainen und Dörfern, die sich über zwei Kameltagereisen erstreckte. Ich wußte, daß noch kein Europäer dort gewesen war, und es mußte größer als Djabrin sein, das Cheesemann 1924 entdeckt hatte. Al-Auf schätzte, daß wir etwa einen Monat bis dorthin brauchten, und äußerte seine Bedenken wegen der Kamele der Bait Kathir, die in keiner guten Verfassung waren und seiner Meinung nach die Uruq al-Shaiba nicht durchqueren konnten. Ich fragte ihn, ob man diese Sandberge nicht umgehen könne, und er antwortete: »Nein, nur wenn wir sehr weit westlich über Dakaka reisen, wo Thomas die Sande durchquert hat. Dort ist es leichter.« Er erzählte mir, daß man weiter östlich von den Uruq al-Shaiba in den gefährlichen Treibsand des Umm al-Samim (die Mutter des Gifts) komme. Bertram Thomas hatte vom Umm al-Samim gehört und die Ansicht vertreten, daß die sagenhaften Sanddünen von Bahr al-Safi, die der bayrische Reisende von Wrede (1843) im Norden von Hadramaut entdeckt haben wollte, vielleicht damit identisch seien. Die Wüste vor uns stellte uns faszinierende Aufgaben. Konnten wir aber dorthin gelangen? Ich schätzte, daß wir bis Liwa sechshundert Kilometer Wüste vor uns hatten. Wieder sprachen wir von Kamelen, Entfernungen, Nahrung und dem Wasser. Unsere Vorräte waren sehr knapp. Wir waren mit 200 Pfund Mehl, mit Reis für zwei Mahlzeiten, von denen die eine bereits gegessen war, einigen Handvoll Mais, ein wenig Butter, Kaffee, Zucker und Tee in Maghshin aufgebrochen, das mußte für zwölf Menschen mindestens einen Monat lang reichen, und das heißt: ein halbes Pfund Mehl pro Tag und sonst nichts. Verbittert dachte ich an die Lebensmittel, welche die Leute auf der Reise nach Maghshin verpraßt hatten. Wir würden hungern müssen. Wir konnten wahrscheinlich genug Wasser für zwanzig Tage mitführen, wenn wir uns pro Tag und pro Person auf einen Viertel-Liter beschränkten. Zwanzig Tage ohne Wasser war das äußerste, was die Kamele aushalten konnten, wenn sie lange Stunden durch tiefen Sand gehen mußten, und das nur, wenn sie Weideplätze fanden. Aber würden wir Weideplätze finden? Das ist die ewige Frage für den Bedu. Fanden wir sie nicht, würden die Kamele zusammenbrechen, und das war das Ende. Der Bedu fürchtet weder den Hunger noch den Durst und kann angeblich bei Kälte sieben Tage lang ohne Essen und ohne

Wasser reiten. Sein Schreckgespenst ist das Versagen der Kamele. Brechen sie zusammen, ist ihm der Tod gewiß. Ich erkundigte mich bei al-Auf, ob wir wohl Weideplätze finden würden. »Gott allein weiß es«, antwortete er. »Bis nach Ramlat al-Ghafa gibt es Weideplätze, denn es hat vor zwei Jahren geregnet. Aber wer weiß, was dahinter kommt?« Er lächelte und fügte hinzu: »Wir werden schon etwas finden.« Wir erhoben uns und gingen wieder zum Lager zurück. In dieser Nacht fand ich nur wenig Schlaf. Die Reise, die vor uns lag, schien mir ungeheuerlich, und mein Vertrauen auf die Bait Kathir war gering.

Am nächsten Morgen ließen wir unsere Kamele eine Weile an den *ghaf*-Bäumen um unseren Lagerplatz knabbern. Dann ritten wir nordwärts nach Ghanim. Die Gegend war mir vom Vorjahr her vertraut. Weit verstreute Dünen von sechzig bis neunzig Meter Höhe erhoben sich wie zufällig aus der brettebenen Kieswüste. Diese gewaltigen Sandhaufen, die ihre Entstehung den Launen des Windes verdanken, zeigen nicht die uns sonst bekannten Formen der Dünenbildung. Der Bedu nennt sie *qaid*. Ich habe sie nur in den südöstlichen Sanden und um Liwa herum gesehen. Der Bedu kennt jede einzelne dieser *qaid*, da jede Düne eine eigene Form hat, die sich im Lauf der Jahre kaum merklich verändert. Aber alle haben gewisse Eigenarten gemeinsam.

In dieser Gegend lag die Steilseite nach Norden gewandt. Auf dem Steilhang sah man unentwegt kleine Sandlawinen absacken, die vorübergehend eine hellere Spur hinterließen. Die Sandoberfläche war von winzigen Rippelmarken gestreift. Die Rippelrücken waren aus dunkleren, schwereren Körnern aufgebaut als die Rippeltälchen. Der Wind hielt den Sand unablässig in Bewegung, trennte die schwereren Körner von den leichteren, die immer eine andere Farbe aufwiesen. Nur ein einziges Mal sah ich Sand, dessen große Körner blasser waren als die kleinen. Obgleich es weniger große Körner gibt, bestimmen diese die Farbe der Landschaft. Dicht unter der Oberfläche des Sands liegt helleres Material. Die Mischung von zwei Farben verleiht den Großen Sanden den Reichtum an Farben: Gold mit Silber, Orange mit Creme, Ziegelrot mit Weiß, Siena mit Rosa, Gelb mit Grau – die Vielfalt der Schattierungen und Farben ist unendlich.

Wir erreichten den Brunnen Khaur bin Atarit, den ein längst vergessener Bedu dieses Namens entdeckt hat, am Abend des 27. November, vier Tage nach unserem Abmarsch von Maghshin. Der seichte Brunnen liegt in hartem weißem Gipsboden unter dem Sand am Nordhang einer hohen Düne. Er war verweht, aber mit Hilfe unserer Hände, einiger Töpfe und Schüsseln konnten wir ihn noch vor Einbruch der Nacht freilegen. Das Wasser schmeckte, wie erwartet, abgestanden. Es würde in den Ziegenschläuchen immer übler werden. Überraschenderweise hatte das Wasser nur eine leicht abführende Wirkung, obgleich es Magnesiumsulfat, Kalzium und Kochsalz enthielt. Am nächsten Tag machten Sa'id und zwei weitere Männer sich auf die Suche nach den Bait Musan am Bir Halu, dem »süßen Brunnen«. Ich wußte vom Vorjahr her, daß dieser Name eine irreführende Bezeichnung war, schmeckte das Wasser von Bir Halu doch genauso schlecht wie das von Khaur bin Atarit.

Ich erklomm den Gipfel der Düne und legte mich, einhundertzwanzig Meter über dem Brunnen, friedlich in die Sonne. Das Bedürfnis, allein zu sein, wird der Bedu niemals verstehen und immer mit Mißtrauen vermerken. Engländer haben mich häufig gefragt, ob ich mich denn in der Wüste niemals einsam gefühlt habe. In all den Jahren, die ich dort verbracht habe, bin ich wohl immer nur sehr kurze Zeit allein gewesen. Die schlimmste Form der Einsamkeit ist die Verlorenheit inmitten einer Menschenmenge. Ich habe mich in der Schule einsam gefühlt und in europäischen Städten, wo ich niemanden kannte. Aber unter den Arabern war ich niemals einsam. In Städten, wo mich niemand kannte, ging ich einfach in den Bazar und begann ein Gespräch mit einem Händler. Er lud mich ein, in seiner Bude Platz zu nehmen und ließ Tee kommen. Andere Leute gesellten sich zu uns. Man fragte mich, wer ich sei, woher ich komme und stellte unzählige andere Fragen, die wir einem Fremden niemals stellen würden. Und dann sagte einer: »Komm, iß mit mir zu Mittag.« Beim Essen traf ich dann weitere Araber, und einer von ihnen lud mich zum Abendessen ein. Ich habe mich oft traurig gefragt, was sich wohl ein Araber denkt, der England bereist. Ich hoffe, er hat begriffen, daß wir untereinander ebenso unfreundlich sind, wie wir ihm gegenüber unfreundlich erscheinen müssen.

Ich sah Bin Kabina den Sandrücken zu meinem Ruheplatz heraufkommen. Er trug das Gewehr, das ich ihm für die Reise geliehen hatte, setzte sich neben mich und schwatzte, während er das Gewehr zerlegte. Die Bedu lieben es, Gewehre auseinanderzunehmen. Er erzählte, er wolle sich von dem Geld, das ich ihm geben würde, ein Gewehr kaufen, und ich neckte ihn, ob er vielleicht ein Auge auf das Gewehr geworfen habe, als er mich nach Hadramaut begleitete. Dann fragte er mich, ob ich Thomas kenne, den einzigen anderen Engländer, der mit seinem Stamm gereist war. Ich bejahte. Als Thomas diese Wüste durchquerte, war sie das letzte und höchste Ziel der Arabienforscher gewesen. Doughty und andere berühmte Arabienreisende hatten davon geträumt, aber Thomas und Philby war es vorbehalten, diesen Traum zu verwirklichen. Ihre Namen sind für immer mit dem Leeren Viertel verbunden, wie die Namen von Amundsen und Scott auf immer mit dem Südpol verbunden bleiben. Bertram Thomas erbrachte den Beweis, daß diese Wüste nicht, wie man angenommen hatte, unbezwingbar war. Sein Ziel war die Durchquerung des Leeren Viertels gewesen. Natürlich hatte er den leichtesten Weg genommen, jene Route, wo die Dünen klein waren und es verhältnismäßig viele Brunnen gab, die seine Raschidführer kannten. Jetzt hatte diese Route wohl ihre Gefahr verloren, da man alle Schwierigkeiten kannte. Aber es wäre ungerecht, an Thomas' Leistung herumzumäkeln, weil seine Route sich als leicht herausgestellt hatte. Auch eine Erstbesteigung wird nicht geringer, nur weil man den Berg von der leichtesten Seite her bezwingt. Philbys Route war offenkundig die weit schwierigere, und die Überwindung der sechshundert Kilometer zwischen den einzelnen Brunnen gegen Ende seiner Reise im Westen der Großen Sande wird immer zu den Großtaten der Wüstenreisen zählen. Ehe er von al-Riyadh aufbrach, erfuhr er, daß Thomas bereits die Reise von Dhofar nach Qatar gemacht hatte. Obgleich bitter enttäuscht, ließ er sich von seinen Plänen nicht abbringen und unternahm eine Reise, der man die größere Bedeutung wird zusprechen müssen. Aber Philby besaß Thomas gegenüber gewisse Vorteile. Vor allem hatte er Ibn Sa'uds Erlaubnis zu dieser Reise – nur des Königs Hinauszögern der Bewilligung ließ ihn das Rennen verlieren – und somit die weitreichende Autorität des Königs hinter sich. Als Mohammedaner, dem die Unterstützung des weit und breit gefürchteten Ibn Djalawi, des Gouverneurs von Hasa, gewiß war, konnte er sicher durch das Gebiet des mächtigen Stammes der Murra reisen, die für Thomas wegen ihres extremen Fanatismus besonders gefährlich waren. Thomas mußte alle Vorbereitungen allein treffen. Der Sultan von Maskat und sein Wali in Salala waren zwar freundlich gesinnt, aber ihr Schutz reichte nicht einmal bis zum Qara-Gebirge. Er mußte erst feststellen, welche Stämme ihm behilflich waren, aber als Christ begegnete er Mißtrauen und Abneigung. Seine Leistung besteht auch darin, daß er sich das Vertrauen dieser Stämme erwarb und einzig und allein durch seine Geduld und seine anständige Haltung die Araber dazu bewegen konnte, ihn durch die Wüste zu begleiten.

Die Sonne sank. Bin Kabina war eingeschlafen. Ich rüttelte ihn sanft, und im Nu stand er mit gezogenem Dolch vor mir. Ich hatte vergessen, daß ein schlafender Bedu fast nur in Augenblicken der Gefahr wachgerüttelt wird. Wir eilten den Dünenhang hinab und schlitterten mit den Sandlawinen. Die anderen hatten am Brunnen bereits die Wasserschläuche gefüllt. Wir besaßen vierzehn Schläuche, aber einige davon waren recht klein. Sa'id und die anderen Männer waren zurückgekehrt. Sie hatten in Bir Halu niemanden angetroffen und berichteten, daß die Bait Musan und eine Familie von Bait Imani vor fünf Tagen dort gewesen und nordostwärts nach Ramlat al-Ghafa weitergereist seien. Auf Grund der Spuren am Brunnen konnten sie die Namen der einzelnen Araber angeben. Sa'id sah schlecht aus und gestand mir, daß er heftiges Bauchweh habe. Ich bot ihm einige meiner Tabletten an, die er jedoch verächtlich zurückwies; später sah ich ihn Kamelurin trinken, den ihm Sultan empfohlen hatte.

Musallim kochte zum Abendessen Hafergrütze, die einzige Mahlzeit an diesem Tag. Von nun an sollten wir sandige Brocken ungesäuerten Brots essen, das mit ein wenig Butter beschmiert war. Wir versammelten uns zum Essen, Bin Kabina goß Wasser über unsere ausgestreckten Hände. Es war unsere letzte Waschung bis zu den Brunnen in Dhafara. Mabkhaut zog einen Teppich heran, damit wir uns darauf setzen konnten. Einer der großen blaßgrünen Skorpione kam darunter zum Vorschein, deren es in den Großen Sanden viele gibt, sobald auch nur eine Spur von Vegetation vorhanden ist. Ich hatte immer Angst, ich könne eines Tages mit meinen nackten Füßen auf ein solches Tier treten. In Äthiopien hatte ich einmal ein Paar Hosen angezogen, in denen ein Skorpion war, und seither wußte ich, wie schmerzhaft ein solcher Stich sein kann. Beim abendlichen Zusammentreiben der Kamele hatte ich Angst, ich könne bei Dunkelheit auf eine Schlange treten. Es gab hier Schlangen die Hülle und Fülle, vor allem Hornvipern, aber auch eine kleine Sandschlange, eine winzige Boa, die ganz harmlos ist. Im Jahr zuvor hatte sich eine dieser Schlangen direkt unter einem der Raschid, der mit uns am Feuer saß, aus dem Sand hervorgearbeitet. Er hieß von da an »Vater der Schlange« und wurde stets an seinen Schreck erinnert. Mein ganzer Abscheu galt jedoch den Spinnen, die man überall, außer in völlig kahlen Gegenden, finden konnte. Sie waren bis zu acht Zentimeter groß und behaart und huschten mit rötlichen Beinen und pendelnden Körpern im Feuerschein über den Sand. Eine solche Spinne sah ich jetzt und wollte sie töten, verfehlte sie jedoch. Kurz darauf kitzelte Bin Kabina mich im Nacken. In der Annahme, es sei eine Spinne, sprang ich entsetzt auf und verschüttete meinen Tee. Die andern lachten und versicherten mir, diese Spinnen seien völlig harmlos. Das wußte ich bereits, aber mein Ekel vor ihnen wurde dadurch nicht geringer.

Ein kalter, böiger Wind fegte durch die Wüste und führte einen feinen Sandregen mit sich. Die Sterne waren sehr hell. Wir warfen noch mehr Holz aufs Feuer – lange schlangenartige Wurzeln von Tribulus und Heliotrop, die wir aus dem Sand gezerrt hatten. Ich war immer noch hungrig. Wochen, ja vielleicht Monate lang würde ich nun hungrig sein, aber heute nacht hatten wir noch Wasser im Überfluß, und daher bestellte ich bei Bin Kabina noch mehr Kaffee und Tee. Die anderen arbeiteten beim Schein des Feuers. Der eine nähte die Schließe eines Patronengürtels an, der andere flickte einen Riß in seinem Hemd, dieser untersuchte einen Sattel, jener reinigte eine Flinte, ein dritter flocht ein Seil. Sultan bohrte mit der Spitze seines Dolches in der hornigen Fußsohle nach einem Dorn, al-Auf schnitzte mir einen neuen Kamelstecken. Diese Stöcke sind sehr spröde, und der meine war am Tag zuvor zerbrochen. Während er die *abal*-Wurzel, die er gewählt hatte, im Feuer erhitzte, um das Ende zu biegen, erzählte er von den Kämpfen an der Piratenküste. Ich entnahm dem Gespräch, daß die Al bu Falah in Zeiten der Not auf die Hilfe der Stämme zählen konnten. Al-Auf erklärte: »Die Bin Maktum von Dubai müssen uns für unsere Dienste bezahlen, wir sind ihnen keine Hilfe schuldig. Aber bei den Al bu Falah ist das anders: wenn einer von ihnen, und sei es auch nur ein Kind, etwas von mir will, kann ich schlecht ablehnen.« Grinsend fügte er hinzu: »Als ein Bedu sollte ich es wahrscheinlich tun, wenn mir der Auftrag nicht gerade gelegen kommt.« Daraus schloß ich, daß die Al bu Falah vor kurzem mehrere erfolgreiche Überfälle durchgeführt hatten. Es war erstaunlich, wie rasch sich Neuigkeiten in der Wüste verbreiten. Al-Auf hatte die Nachricht kürzlich von zwei seiner Angehörigen erfahren, die mit einem Gewehr und drei Kamelen, die sie erbeutet hatten, in die südliche Wüstensteppe zurückgekehrt waren. Die Männer waren gerade elfhundert Kilometer durch die Sande gereist, ohne einem Menschen zu begegnen. Inzwischen hatte al-Auf die sechshundert Kilometer bis Maghshin zurückgelegt, und nun würden die Bait Kathir die Nachricht weitere zweihundert Meilen bis nach Bai an der Südküste bringen, von wo andere sie nach Oman brächten. Meine Begleiter sprachen von Kamelen und Weideplätzen, vom Heilen der Räude, vom Mehlpreis in Salala, von den Dauen, die die Datteln dorthin brachten, und von einem alten Mann, der vor kurzem in Ghaidhat an der Mahra-Küste gestorben war. Sie waren alle der Meinung, daß er mit seinen Zauberkünsten große Heilerfolge erzielt hatte, und führten verschiedene Fälle dafür an. Musallim erzählte von einer festlichen Sklavenhochzeit in Salala, und Bin Turkia schilderte das Gelage und die Tänze bei einer Beschneidungszeremonie bei den Mahra. Sa'id sagte: »Bei Gott, Alis Sohn hat sich schrecklich angestellt, als sie ihn beschnitten. Er schrie wie ein Weib.« Die anderen lachten, und einer rief: »Möge Gott sein Gesicht schwärzen.« Das Versagen dieses unglücklichen Knaben würde schon bald allen Bedu bekannt sein. Musallim erzählte die lange Geschichte einer Antilopenjagd, die ich mindestens schon dreimal gehört hatte. Sie sprachen von den Überfällen der Dahm und von Bin al-Kamams Waffenstillstandsmission. Dann schilderte Bin Kabina die Mahlzeiten, die er gegessen hatte, als er mit mir in Hadramaut gereist war. Vermutlich hatte er sich damals das erstemal in seinem Leben sattessen können. Wir sollten in den kommenden Monaten noch viel vom Essen sprechen, von Mahlzeiten, die wir gegessen hatten oder noch essen wollten. In Maghshin hatten meine Gefährten sich über Frauen unterhalten; denn damals waren sie satt gewesen und hatten Fleisch gegessen. Die Bedu sind ein kraftvolles, leidenschaftliches Volk, und ihre Gespräche über geschlechtliche Dinge sind farbig und offen, aber niemals obszön. Auch ihre Flüche sind direkt und bestimmt: »Gottes Fluch über euch. Möge Gott euer Haus zerstören. Möge eurer Eltern Fluch über euch kommen. Mögen euch die Räuber holen.« Nichts von den sinnlosen Obszönitäten, mit denen die Gossenaraber der Städte fluchen. Aber wir sprachen nur selten über sexuelle Dinge. Hungrige Männer träumen vom Essen und nicht von Frauen, und meist waren wir viel zu erschöpft, um noch geschlechtliche Begierde verspüren zu können.

Die Homosexualität ist bei den Arabern und zumal in den Städten weit verbreitet. Unter den Bedu aber ist sie selten, obwohl gerade sie die beste Entschuldigung dafür hätten, leben sie doch lange Monate von ihren Frauen getrennt. Lawrence schreibt in »Die Sieben Säulen der Weisheit«, daß seine Begleiter ihre geschlechtlichen Nöte aneinander stillten. Aber diese Männer stammten aus Oasendörfern und waren keine Bedu. Glubb Pascha, der die Bedu besser kennt als jeder andere Europäer, erzählte mir einmal, daß Homosexualität bei den Bedu nahezu unbekannt sei. Ich selbst hätte bei dem jahrelangen engen Zusammenleben mit Bedu derartige Vorkommnisse bemerken müssen. Aber in der ganzen Zeit stellte ich keinerlei Anzeichen von Homosexualität fest. Gelegentlich machten sie Witze über Ziegen, niemals jedoch über Knaben. Nur zweimal in fünf Jahren wurde dieses Thema überhaupt erwähnt. In einer Stadt an der Piratenküste zeigte Bin Kabina mir zwei Jünglinge, von denen einer ein Sklave war, und sagte, sie seien die Lustknaben der Diener des Scheichs. Offenkundig fand er das ebenso lächerlich wie obszön. Das andere Mal schilderte mir Bin al-Kamam eine Hinrichtung, der er in al Riyadh beigewohnt hatte. Der Mann, den man hinrichtete, ein Habab aus dem Hedjaz, war zum Tode verurteilt worden, weil er einen Knaben vergewaltigt hatte. Nicht einer meiner Gefährten bekundete auch nur die leiseste Sympathie für den Hingerichteten, nur leise Flüche wurden laut. »Ein gerechtes Urteil. Möge Gott sein Gesicht schwärzen. Er verdiente den Tod.«

Bin al-Kamam erzählte: »Wir waren aus dem Wadi Dawasir nach al-Riyadh gekommen. Sa'id und Muhammad bin Bakhit begleiteten mich.« Als ich ihn fragend ansah, meinte er: »Nein, Muhammad kennst du nicht. Er lebt in der Dakaka-Wüste.« Dann fuhr er fort: »Es war Freitag. Wir waren in die Stadt gegangen, um Vorräte einzukaufen. Am nächsten Tag wollten wir nach Hasa reiten. Es war kurz vor der Mittagsandacht, und der Marktplatz war voller Menschen. Man führte den Mann aus dem Gefängnis durch die Menge, und er sang unentwegt: ›Es gibt nur einen Gott, und Mohammed ist sein Prophet.‹ Er zeigte keine Furcht. Er war ein junger, sehr schöner Mann, und trug frische weiße Gewänder. Er hatte seine Augenlider mit *kohl* geschminkt und die Innenflächen seiner Hand mit Henna gefärbt, wie wir es bei einer Hochzeit tun. In der Mitte des Platzes hieß man ihn niederknien, und der Henker, ein riesiger, sehr schwarzer Sklave, in einem Gewand, das, bei Gott, so kostbar war wie ein Kamel, zog sein Schwert und rollte seinen langen weißen Ärmel auf, damit sein rechter Arm frei sei. Dann stieß sein Gehilfe den Verurteilten in die Seite, und als er zusammenfuhr, hieb ihm der Scharfrichter mit einem Schlag den Kopf ab. Der Kopf rollte in die Menge, das Blut schoß armlang in die Luft, als der Körper zu Boden fiel. Man ließ ihn bis zum Sonnenuntergang liegen, damit die Menge ihn betrachten konnte.«

Ich fragte Bin al-Kamam nach seinen Gefühlen bei diesem Schauspiel, und er sagte: »Es wurde mir übel.«

Am nächsten Morgen tränkten wir die Kamele noch einmal. Einige von ihnen verweigerten das bittere Wasser, denn sie waren an den reinen Geschmack des Wassers von Dhofar gewöhnt. Wir hielten ihnen die Nüstern zu, aber sie weigerten sich noch immer zu trinken, und schließlich mußten wir ihnen das Wasser gewaltsam in die Kehle gießen. Es war das letzte Wasser, das wir bis zu unserer Ankunft in Dhafara finden sollten. Einige Schläuche waren ein wenig leck. Wir füllten sie nach und verstopften die winzigen Löcher. Dann verrichteten die Araber ihre Mittagsandacht, wir beluden die Kamele und führten sie in die goldfarbenen Dünen. Wir gingen zu Fuß, weil die vollen Schläuche für die Kamele ohnehin schwer genug waren. Es war der 29. November. Wir zogen nordostwärts in Richtung auf Ramlat al-Ghafa, wo wir die Bait Musan vorzufinden hofften und unsere schwächsten Kamele austauschen wollten. Es war ein leichtes Reisen über die Kiesebenen, die von weißen Gipsflächen gescheckt waren, mit

Säumen hellgrüner Salzbüsche. Wir lagerten bei Sonnenuntergang, aber für unsere Kamele gab es nichts zu fressen. Eines von ihnen warf ein neun Monate altes Kalb; Kamele sind im allgemeinen ein Jahr lang trächtig. Ich sah Salim bin Turkia Wasser für die rituellen Waschungen vor dem Gebet holen und bedeutete ihm, er solle Sand nehmen, wie es bei Wasserknappheit üblich ist. Wir würden nicht genug Trinkwasser haben, wenn wir uns mit Wasser wüschen. Er meinte, es sei besser zu beten als zu trinken, worauf ich erwiderte, daß er in einer Woche keines von beiden mehr tun könne, wenn er das Wasser vergeude. Der Zwischenfall beunruhigte mich, da er bewies, daß einige der Bait Kathir sich noch immer nicht der großen Gefahr dieser Reise bewußt waren. Am Abend schärfte ich meinen Begleitern ein, daß Dhafara von Khaur bin Atarit doppelt soweit entfernt sei wie Salala. Sultan bemerkte finster: »Dann werden weder wir noch unsere Kamele es jemals erblicken.«

Am nächsten Nachmittag entdeckten wir auf der Flanke einer hohen Düne ein wenig verdorrtes Kraut. Wir ließen unsere Kamele zwei Stunden lang grasen und zogen dann bis Einbruch der Dunkelheit weiter. Den ganzen Tag über hatten meine Begleiter jede Pflanze im näheren Umkreis gepflückt und ihren Kamelen zum Fressen gegeben. Keine Düne war ihnen zu hoch, unverdrossen kletterten sie hinauf und holten die Pflanzen. Wir lagerten zwischen hohen, Walfischrücken gleichenden Dünen, die sich aus der weißen pudrigen Gipsebene erhoben. Der öde Schauplatz machte einen frösteln. Kahl und trostlos wie er war, wirkte er seltsam arktisch. Im Verlauf der Nacht erwachte ich zweimal, und jedesmal sah ich Sultan grübelnd am Feuer hocken. Wir legten eine weitere lange Tagesreise zurück, zehn Stunden ohne Pause. Aber die leblosen Dünen verlockten auch nicht zu Aufenthalten. Wir folgten nun der Spur der Bait Musan. Am Abend stießen wir auf spärliche Vegetation.

Kurz nach Sonnenaufgang brachen wir wieder auf. Da Sultan umwölkt war und sich jedem Gespräch abgeneigt zeigte, ritt ich neben al-Auf. Mit spielerischer Leichtigkeit meisterte er sein unruhiges, halbwildes Kamel, dessen bockige Sprünge er jeweils vorausahnte. Mit seiner zuversichtlichen, herrscherlichen Erscheinung war er der Prototyp eines Volks, das sich von keiner Schwierigkeit beirren läßt.

Ich fragte ihn, ob im Sommer oder im Winter mehr Regen falle, und er antwortete: »Seit meiner Knabenzeit scheint es sich geändert zu haben. Damals hatten wir im Sommer mehr Regen, heute erwarten wir den Regen im Winter. Aber, wie du siehst, es regnet zu jeder Jahreszeit sehr wenig. Das Schlimme daran ist, daß der Regen nur an wenigen Orten fällt, und daher ist es sehr schwierig, Weideplätze zu finden.«

Ich fragte ihn, welche Regenmenge nötig sei, damit Futterpflanzen wachsen können. Er antwortete: »Wenn der Regen nicht so tief in den Sand eindringt, hat er keine Wirkung«, und wies dabei auf seinen Unterarm bis zum Ellenbogen.

»Und wie lange muß es dazu regnen?«

»Ein heftiger Schauer genügt. Er bringt jedenfalls so viel Wachstum, daß die Tiere nicht verhungern müssen. Aber wenn es nicht bald darauf wieder regnet, stirbt diese Vegetation innerhalb eines Jahres ab. Wenn wir wirklich guten Regen bekommen, wenn es also einen ganzen Tag und eine ganze Nacht lang regnet, dann bleiben die Weideflächen drei und manchmal sogar vier Jahre lang grün.«

»Willst du damit sagen, daß sie ohne jeden weiteren Regen grün bleiben?«

»Ja, ohne einen Tropfen. Natürlich hängt das auch von der Beschaffenheit des Sandes ab. Es gibt guten und schlechten Sand. Wir unterscheiden den ›roten‹ und den ›weißen‹ Sand. Diesen Sand hier könnte man ›weiß‹ nennen. Der ›rote‹ Sand hat die besten Weideplätze. Am allerbesten sind die ›roten‹ Sandebenen von Dakaka. Die solltest du einmal sehen, Umbarak, das ist herrlicher Sand.«

Nach einer Pause fuhr er fort: »Der Winterregen ist uns am liebsten, er hält meist länger an. Die Sommergewitter sind zwar meist heftiger, aber wenn der Regen nicht sehr ausgiebig war, tötet die große Hitze die Samen. Doch Regen ist Regen, wann immer er, dank Gottes großer Güte, fällt.« Er deutete auf einige abgestorbene Tribulus-Bäume: »Siehst du diese *zahra*? Sie sehen doch aus, als seien sie abgestorben. Aber es braucht nur zu regnen, und sie sind einen Monat später wieder grün und tragen Blüten. Diese Pflanzen verdorren erst nach jahrelanger Dürre, ihre Wurzeln sind unglaublich lang. Wo die Pflanzen wirklich einmal abgestorben sind, wie in Umm al-Hait, wo wir neulich waren, entsteht die Vegetation wieder aus Samen, wenn es endlich einmal zum Regnen kommt. Wie lange die Samen im Sand liegen, spielt keine Rolle.«

Ich fragte: »Wie lange können zum Beispiel die Bait Musan, denen wir jetzt folgen, hier ohne Wasser bleiben?«

Al-Auf erwiderte: »Das hängt vor allem von den Weideplätzen ab. Bei guten Weiden können sie hier vom späten Herbst bis zum Frühjahr leben. Wenn es heiß wird, müssen sie natürlich wieder in die Nähe der Brunnen zurückkehren.«

»Sie können also sechs oder sieben Monate ohne jedes Wasser hier leben? Womit ernähren sie sich denn?«

»Die Kamelmilch ersetzt ihnen Essen und Trinken. Solange ein Bedu genügend Milch hat, braucht er nichts anderes.«

»Werden denn die Kamele niemals durstig?«

Er antwortete: »Ein Kamel, das am Verdursten ist und auf frisches grünes Weideland geführt wird, erholt sich nicht nur sehr rasch, sondern ist innerhalb von zwei Monaten fett. Manchmal wird ein Kamel so fett, daß sein Höcker birst, und dann verendet es.«

»Und wie findest du einen Weideplatz?«

»Wenn die Araber im Herbst noch an den Brunnen sind, schicken sie Kundschafter aus, die Weideplätze suchen müssen. Kundschafter müssen tüchtige Männer sein, die große Entbehrungen ertragen können, und können nur sehr gute Kamele gebrauchen. Im Sommer haben wir vielleicht Wolken oder Wetterleuchten in der Ferne gesehen oder in der Wüste Spuren von Oryx-Antilopen oder *rim* gefunden, die alle in eine Richtung weisen. Und ihnen folgen wir dann. Manchmal gehen wir auch zu den Weidegründen vom Vorjahr zurück oder zu Weidegründen, die wir während des Winters entdeckt haben. Solange es in der Wüste überhaupt Weideplätze gibt, finden wir sie. Wir sind Bedu, wir kennen die Wüste.«

»Und wo weidet ihr im Sommer?«

»Ja, das ist schwierig. Manchmal gibt es an den Brunnen nichts zu fressen, und wir müssen die Kamele weite Strecken treiben, um sie zu tränken.«

»Wie lange kann ein Kamel im Sommer ohne Wasser leben?«

»Auch das hängt von den Weideplätzen ab. In den Wadis, wo die

Bäume Schatten geben, halten die Kamele länger aus. Dort können sie eine Woche lang ohne einen Tropfen Wasser auskommen. In der Wüste tränken wir sie möglichst jeden zweiten oder dritten Tag. Im Sommer ist das Leben für den Bedu hart, Umbarak. Manchmal ist das Wasser der Brunnen so bitter, daß wir es nur trinken können, wenn wir es mit Milch mischen. Dann tränken wir die Kamele und können selbst nicht trinken. Wir bespritzen uns mit dem Wasser, um uns bei der Arbeit abzukühlen, und bekommen Ausschlag. Das Tränken der Kamele ist eine schwere Arbeit. Sie sind durstig und trinken viel, und die Sonne brennt heiß. Noch schlimmer ist es, wenn der Wind bläst. Dann kommt man sich vor wie in einem Backofen. Und wenn wir haltmachen, um zu rasten, finden wir an diesen Brunnen kein bißchen Schatten, nur glühenden Sand. Nur ein Bedu kann dieses Leben aushalten.«

Vier Stunden später kamen wir zu breiten roten, dicht nebeneinander stehenden Dünen, wo grüne Pflanzen wuchsen. Bald darauf erblickten wir die Kamele der Bait Musan und ließen die Kamele zwischen den saftigen Sträuchern weiden. Vor zwei Jahren hatte es hier heftig geregnet.

Um unseren Lagerplatz tirilierten Lerchen. Schmetterlinge gaukelten von Busch zu Busch, Eidechsen huschten umher, und kleine schwarze Käfer arbeiteten sich mühsam durch den Sand. Am Vormittag hatten wir einen Hasen und Gazellenspuren gesehen. Im Sand war noch immer zu erkennen, wo während der Nacht Wüstenspringmäuse und andere kleine Nagetiere ihren Weg genommen hatten. Ich fragte mich, wie diese Tiere hierher gekommen sein mochten und wie sie wohl die kleine grüne Insel inmitten der ungeheuren Leere entdeckt hatten.

Musallim, Sultan und ein paar andere waren mit dem Hirtenjungen zum Lager der Bait Musan gegangen. Al-Auf hütete die Kamele. Mehrere Männer schliefen, die Gesichter mit den Turbanen bedeckt. Ich kletterte einen Hang hinter unserem Lager hinauf, und Bin Kabina gesellte sich zu mir. Ich war hungrig, da ich nur die Hälfte meines mit Asche verklebten Brots vom letzten Abendessen verzehrt hatte. Das brackige Wasser, das ich bei Sonnenuntergang getrunken hatte, konnte den quälenden Durst nicht stillen. Aber der Himmel erschien mir blauer als seit Tagen. Die Wüste war ein blühender Teppich, der sich vor meinen Füßen ausbreitete. Ein Rabe krächzte kreisend über unseren Köpfen, und Bin Kabina rief: »Rabe, suche deinen Bruder.« Da kam ein zweiter Rabe über den Kamm einer nahen Düne geflogen, und Bin Kabina lachte. Er erklärte mir, ein einzelner Rabe bringe Unglück. Wir saßen vergnügt nebeneinander, und er nannte mir die Namen der Pflanzen, die in den Sanden wuchsen. Der gelb blühende Tribulus hieß *zahra* (die Blume), der Heliotrop auf dem harten Sand der Mulden *rimram*, das fransige Riedgras *qassis*. Der dürftige Akazienbusch, unter dem wir saßen und dessen zarte Zweige mit flaumigen leuchtendgelben Bällchen bedeckt waren, hieß *abal* und ist hervorragendes Futter für Kamele. *Harm* heißt der leuchtend-grüne Salzbusch, andere Pflanzen heißen *birkan, ailqi, sadan*. Bin Kabina kannte sie alle. Die Fachleute, die später im Londoner Naturhistorischen Museum meine Pflanzensammlung auswerteten, verdächtigten Bin Kabina manchmal, er habe mir verschiedene Namen für ein und dieselbe Pflanze angegeben. Aber sorgfältige Untersuchungen ergaben fast immer, daß er recht gehabt hatte.

Bin Kabina erzählte mir von seiner Mutter, von seinem jüngeren Bruder Sa'id, den ich noch nicht kannte, und von seiner Kusine, die er gern heiraten wollte. In der Ferne liefen die Kamele in ihrer Gier von Busch zu Busch. Dann sahen wir Sultan und die anderen zurückkehren, und Bin Kabina meinte: »Sultan wird Unruhe stiften. Er hat Angst und will nicht weitergehen.« Ich wußte, daß Bin Kabina recht hatte. Die Männer brachten einen Schlauch voll Sauermilch an. Wir machten uns gierig über das wohlschmeckende Getränk. Dann rief Sultan die anderen zusammen, und sie ließen sich außerhalb meiner Hörweite in einem Kreis nieder. Ich sagte Bin Kabina, er solle al-Auf suchen. Nach einiger Zeit bat mich Sultan zu kommen. Er sagte, sie hätten die Lage besprochen, und sie seien alle der Ansicht, daß die Kamele der Bait Musan sich in keiner guten Verfassung befänden. Weder ihre noch unsere Kamele könnten Dhafara erreichen, und wir müßten deshalb zu den anderen an die Südküste zurückkehren, wo wir im Djiddat al-Harasis, wenn ich das wolle, Oryx-Antilopen jagen könnten. Überdies würden unsere Nahrungsmittel nicht ausreichen, wir hätten nicht genügend Wasser und könnten also, auch wenn die Kamele in besserer Verfassung wären, nicht weiterreisen. Ich schlug daraufhin vor, daß sechs von uns mit den besten Kamelen weiterreisen und die übrigen sechs umkehren sollten. Aber Sultan entgegnete, sechs seien zu wenig, da es auf der anderen Seite der Großen Sande wegen der Kämpfe zwischen den Herrschern von Abu Dhabi und Dubai viele Räuber gebe. Um mir endgültig den Mut zu nehmen, berief er sich darauf, daß den Erzählungen der Bait Musan zufolge ein Trupp Araber mit schnellen Kamelen und viel Wasser vor zwei Jahren nach Dhafara aufgebrochen und in der Wüste umgekommen sei, obgleich die Weideplätze damals sehr gut waren. Er bestand darauf, daß alle umkehren oder weiterreisen müßten. Wir diskutierten lange, aber ich wußte, daß es keinen Zweck hatte. Sein Mut hatte ihn verlassen. Er war stets der unbestrittene Führer gewesen und galt selbst bei den Bedu als ungewöhnlich wagemutig. Aber er hatte sein ganzes Leben im Gebirge und in den Halbwüsten verbracht. In den Sanden verließ ihn seine Sicherheit. Nun war er verwirrt und hatte sein Selbstvertrauen verloren. Er machte den Eindruck eines alten gebrochenen Mannes, und er tat mir leid. Er hatte mir so oft geholfen, ich hatte ihn gern. Ich fragte al-Auf, ob er mich weiterbegleiten wolle, und er sagte: »Ich dachte, daß wir hierher gekommen sind, um nach Dhafara zu gehen. Wenn du weitergehen willst, werde ich dich führen.« Ich fragte Bin Kabina und erhielt zur Antwort, er werde mir folgen, wo immer ich hingehe. Ich überlegte, ob Musallim mich wohl begleiten werde. Das Kamel, das er ritt, war sein Eigentum, und ich wußte nicht, wie ich ohne dieses Kamel weiterreisen sollte. Musallim war auf Sultan eifersüchtig. Auf meine Frage antwortete er: »Ich komme mit.« Die andern schwiegen.

Wiederum teilten wir die Vorräte auf. Uns verblieben 50 Pfund Mehl, etwas Butter und Kaffee, der Rest des Tees und des Zuckers und ein paar getrocknete Zwiebeln. Außerdem nahmen wir die vier besten Wasserschläuche mit, die nicht leckten. Musallim schlug vor, den Bait Musan einen Kamelbullen abzukaufen, der in sehr guter Verfassung sei, und diesen als Reservetier mitzunehmen. Überdies werde sein Freund Mabkhaut bin Arbain uns begleiten, wenn er ihn darum bitte. Ich wandte ein, daß Mabkhauts Kamel sehr mager aussehe, aber al-Auf meinte, sie verstünden etwas von Kamelen, und dieses sei sehr zäh. Ihm lag daran, daß Mabkhaut uns begleitete. Es sei besser, noch einen Mann mehr dabei zu haben, und Mabkhaut sei von allen am zuverlässigsten. Musallim erhob sich, um die Angelegenheit zu regeln. Und bald darauf kam Mabkhaut mit seinem Sattelzeug zu uns herüber. Am Abend fragte Bin Turkia, ob auch er uns begleiten dürfe. Er war ein Verwandter von Mabkhaut und wollte die Gefahren, die uns bevorstanden, mit ihm teilen. Da sein Kamel leider eines der schlechtesten war, mußten wir seine Bitte abschlagen. Ich versprach ihm jedoch, ihn und seinen kleinen Sohn Bin Anauf auf der Rückreise von Salala mit nach Makalla zu nehmen. Nach langem Feilschen erwarben wir den Bullen, ein großes, ungemein kräftiges schwarzes Tier für den phantastischen Preis von fünfzig Pfund. Ich fühlte mich so zuversichtlich wie seit Tagen nicht mehr. Ich hatte ausgesuchte Begleiter mit guten Kamelen und ein Reservekamel, das an die Wüste gewöhnt war. Wenn uns die Vorräte ausgingen, konnten wir ein Kamel schlachten. Das Wasser war knapp, wir mußten vorsichtig damit umgehen und die Rationen auf einen halben Liter pro Tag beschränken. Bin Kabina, Musallim und Mabkhaut hatten je einen meiner Karabiner. Al-Auf besaß eine .303 Martini mit langem Lauf, eine bei den Bedu sehr beliebte Waffe. Ich selbst hatte ein .303 Sportgewehr. Wir teilten die Munition unter uns auf, jeder verfügte nun über mehr als hundert Schuß. Als wir am nächsten Tag die anderen hinter uns gelassen hatten, erklärte ich meinen Begleitern, sie sollten diese Waffen als Geschenk behalten, und versprach al-Auf, er dürfe sich nach unserer Rückkehr in Salala eines meiner restlichen Gewehre aussuchen. Eine größere Freude hätte ich ihnen nicht machen können. Gut erhaltene Militärgewehre gab es bei diesen Stämmen nicht, und auch Munition war rar. Jeder Bedu wünscht, auch in friedlicher Umgebung, einen Dolch oder ein Gewehr mit sich zu führen. Sie sind für ihn das Zeichen seiner Männlichkeit und Unabhängigkeit. In Südarabien aber kann der Besitz eines Gewehrs jeden Augenblick für die Sicherheit der Herden, ja für das Leben der Menschen von entscheidender Bedeutung sein. Bin Kabina hatte mir ja bereits gestanden, daß er mit seinem Lohn ein Gewehr zu erwerben hoffte. Zweifellos hatte er sich schon als stolzen Besitzer einer ähnlich vorsintflutlichen Waffe gesehen, wie er sie sich für unsere Reise nach Hadramaut geliehen hatte. Endlich würde er ein Krieger sein, von seinem kleinen Bruder beneidet. Nun besaß er das schönste Gewehr seines Stammes. Sein zunächst ungläubiges Staunen verklärte sich zu einem glückseligen, strahlenden Lächeln.

Die Bait Musan kamen in der Dämmerung zu uns und brachten uns Schalen voll Kamelmilch. Die Milch war mild und kühl nach dem bitteren Wasser, das unsere Kehlen verbrannte. Ich saß mit den Bait Kathir in der Runde, aber es herrschte eine gespannte Atmosphäre. Schließlich gesellte ich mich zu al-Auf und Bin Kabina, die einen Sattel flickten. Wären sie nicht nach Shisur gekommen, hätte ich jetzt umkehren müssen, wie Thomas einst im Maghshin umgekehrt war.

Die erste Durchquerung des Leeren Viertels

Die Bait Kathir halfen uns beim Beladen der Kamele. Wir nahmen Abschied voneinander, schulterten unsere Gewehre und machten uns auf den Weg, an den Büschen vorüber, wo Bin Kabina und ich tags zuvor gesessen waren. Die Pflanzen, die er gesammelt hatte, um sie mir zu zeigen, lagen noch immer verwelkt am Boden herum. Seit wir sie in der Hand gehalten hatten, schien eine lange Zeit verstrichen zu sein.

Die Raschid übernahmen die Führung. In ihren verblichenen rostfarbenen Gewändern harmonierten sie prächtig mit dem Sand: al-Aufs schlanke, hochaufgerichtete, elegante Gestalt, der ein wenig lässigere Bin Kabina an seiner Seite. Dahinter folgten die beiden Bait Kathir mit dem Ersatzkamel, das an Musallims Sattel festgebunden war. Ihre Kleidung, die einmal weiß gewesen, hatte nun vom langen Tragen eine neutrale Farbe angenommen. Mabkhaut glich im Wuchs al-Auf, dem er auch sonst sehr ähnlich war, wenngleich er nicht seine Fähigkeiten besaß. Von ferne konnte ich ihn nur an der Farbe seines Hemdes von diesem unterscheiden. Musallim, gedrungen, ein wenig o-beinig und ungemein zäh, war von gröberer Art. Von all meinen Begleitern mochte ich ihn am wenigsten. Seine häufigen Aufenthalte in Salala waren ihm nicht gut bekommen, und er hatte etwas Liebedienerisches.

Nach einer kurzen Wegstrecke schlug al-Auf vor, wir sollten bei den Bait Imani haltmachen, die sich hier in der Nähe aufhielten, und unsern Kamelen noch einen Weidetag gönnen, da man nicht wisse, was uns weiter nördlich erwartete. Die Araber würden uns Milch geben, so daß wir unsre Wasser- und Essensvorräte nicht angreifen müßten.

Ich erwiderte, daß er nun unser Führer sei und fortan alle Entscheidungen zu treffen habe.

Zwei Stunden später erblickten wir einen kleinen Knaben mit völlig ausgefranstem Lendentuch und ungewöhnlich langem Haar, der Kamele hütete. Er führte uns in das Lager der Bait Imani, wo drei Männer um ein erloschenes Feuer hockten. Sie erhoben sich, als wir näher kamen. Nach der üblichen Begrüßung und dem Austausch von Neuigkeiten reichten sie uns eine Schale Milch. Diese Bait Imani stammten aus drei verschiedenen Familien vom selben Zweig der Raschid wie al-Auf und Bin Kabina. Sie trugen keine Kopfbedeckungen; nur einer von ihnen, ein ergrauter Mann namens Khuatim, trug ein Hemd über seinem Lendentuch. Sie hatten kein Zelt; ihr ganzes Hab und Gut waren Sättel, Seile, Schalen, leere Ziegenschläuche und ihre Gewehre und Dolche. Auch heute, da sie sich vom Glück begünstigt fühlten, würden diese Männer des Nachts nackt auf dem eiskalten Sand schlafen, nur mit ihren fadenscheinigen Lendentüchern bedeckt. Ich dachte an die Backofenhitze des Sommers, in der an bitteren Brunnen Stunde um Stunde die durstigen, drängenden Kamele getränkt wurden, bis schließlich die Brunnen versiegten und die Kamele brüllend nach Wasser verlangten, das es nicht mehr gab. Ich dachte an das entsetzlich harte Leben der Bedu in diesem trostlosen Land und an ihren kühnen und unverzagten Unternehmungsgeist. Als ich so ihren Gesprächen lauschte und ihre angeborene Höflichkeit bewunderte, wurde mir klar, wie armselig und selbstsüchtig ich im Vergleich zu ihnen erscheinen mußte.

Die Bait Imani sprachen von Mahsin und seinem Unfall und stellten endlose Fragen. Dann ließ Khuatim den kleinen Hirtenjungen, der sein Sohn war, die vierjährige und die alte graue Kamelstute, die noch Milch gab, heranbringen. Die Tiere mußten niederknien, und Khuatim selbst löste den Strick, mit dem die Vorderbeine unsres Bullen zusammengebunden waren. Der Bulle war bereits in wilder Erregung und schlug heftig mit dem Schwanz, bleckte die Zähne, blähte die Backen und zog sie mit einem sabbernden Geräusch wieder ein. Ungeschickt besprang er, ein groteskes Bild ohnmächtiger Begierde, die gelbe Stute, während Khuatim neben ihm kniete und zu helfen versuchte. Bin Kabina erklärte mir: »Kamele können sich nicht ohne menschliche Hilfe begatten. Sie sind nicht imstande, die richtige Stelle zu finden.«

Ich war dankbar, daß nur zwei Stuten zu decken waren. Es hätte auch ein Dutzend sein können, die unserem Bullen die Kraft raubten.

Bei Sonnenuntergang brachte der Knabe den Rest der Herde, fünfunddreißig Tiere, heran. Khuatim wusch seine Hände im Urinstrahl eines Kamels und reinigte die Milchschalen mit Sand. Die Bedu glauben, daß ein Kamel keine Milch mehr gibt, wenn man es mit schmutzigen Händen melkt oder die Milch in einer Schüssel mit Essensresten, insbesondere von Fleisch und Butter, auffängt. Sanft strich Khuatim über das Kameleuter und sprach dem Tier begütigend zu, damit es Milch gebe. Dann stemmte er den rechten Fuß auf sein linkes Knie und melkte in eine Schale, die er auf dem rechten Schenkel balancierte. Die Stute gab etwa zweieinhalb Liter Milch, einige andere gaben jedoch kaum einen Liter. Insgesamt hatten sie neun Milchstuten. Al-Auf melkte Qamaiqam, Bin Kabinas Kamel. Es hatte uns in Maghshin zweimal täglich einen Liter Milch gegeben, nun aber gab es infolge der Anstrengung und des schlechten Futters nur noch etwa einen halben Liter.

Nach dem Melken lagerten die Bait Imani ihre Kamele für die Nacht und banden ihnen die Knie zusammen, damit sie nicht weglaufen konnten. Al-Auf meinte, wir sollten unsere Tiere weiden lassen, sie aber im Auge behalten. Unsere Gastgeber brachten uns Milch. Wir bliesen den Schaum beiseite und tranken gierig. Sie nötigten uns noch mehr zu trinken: »In der Wüste, die vor euch liegt, werdet ihr keine Milch mehr bekommen. Trinkt, trinkt, trinkt. Ihr seid unsre Gäste. Gott hat euch hierher geschickt – trinkt!« Ich trank abermals, obgleich ich wußte, daß sie an diesem Abend hungrig und durstig einschlafen würden, da sie keine andere Nahrung und auch kein Wasser hatten. Als wir dann um das Feuer hockten, bereitete Bin Kabina Kaffee. Der kalte Wind flüsterte in den verschatteten Dünen, zupfte an unseren Kleidern und drang durch die Decken, in die wir uns gehüllt hatten. Der Mond war längst untergegangen, als sie noch immer von Kamelen und Weideplätzen sprachen, von Reisen durch die Wüste, von Überfällen und Blutfehden, von den seltsamen Orten und Menschen, die sie in Hadramaut und in Oman gesehen hatten.

Am nächsten Morgen suchte Bin Kabina mit einem der Bait Imani unsere Kamele. Als er zurückkam, sah ich, daß er unter seinem Hemd kein Lendentuch mehr trug. Auf meine Frage danach sagte er, er habe es verschenkt. Ich protestierte, er könne durch das bewohnte Land jenseits der Wüste und in Oman nicht ohne Lendentuch reisen, und ich hätte kein zweites, das ich ihm geben könne. Er müsse es zurückerbitten. Ich gab ihm Geld für den Mann, dem er es geschenkt hatte. »Was soll er in der Wüste mit dem Geld machen?« meinte er. »Er will ein Lendentuch.« Aber schließlich tat er, wie ich ihn geheißen hatte.

Inzwischen hatte der andere Bait Imani uns Schalen mit Milch gebracht, die al-Auf in einen kleinen Ziegenschlauch goß. Wir könnten jeden Tag ein wenig von dieser Milch unter unser Trinkwasser mischen, um dessen Geschmack zu verbessern, meinte er. Die Mischung aus saurer Milch und Wasser, die auch ungenießbares Brunnenwasser trinkbar machte, nennen die Araber *shanin.* Als wir eine Woche später die Milch verbraucht hatten, entdeckten wir am Grund des Schlauches einen Klumpen Butter von der Größe einer Walnuß und der Farbe von Schmalz. Angeblich kann man Schläuche, die ein wenig lecken, durch etwas Milch wasserdicht machen.

Wir befahlen unsere Gastgeber dem Schutze Gottes an und zogen weiter durch die Sande. Al-Auf ging mit ausgestreckten Händen, die Handflächen nach oben gedreht, und rezitierte Verse aus dem Koran. Der Sand unter unsern Füßen war noch immer sehr kalt. Im Winter und im Sommer tragen die Araber in der Wüste meist gestrickte Socken aus dickem schwarzem Haar. Keiner von uns hatte solche Socken, und unsre Fersen sprangen in der Kälte allmählich auf. Die Risse wurden nach und nach tiefer und schmerzten ziemlich stark. Nachdem wir ein paar Stunden zu Fuß gegangen waren, ritten wir bis zum Sonnenuntergang. Die Kamele stürzten sich mit gierig hängender und bebender Unterlippe auf jede Pflanze, und wir ließen sie knabbern.

Zunächst waren die Dünen ziegelrot. Vereinzelt erhoben sie sich aus fahlweißen Gipsebenen, die von leuchtend grünen Salzbüschen gesäumt waren. Am Nachmittag kamen wir zu noch höheren Dünen. Sie waren etwa 150–200 Meter hoch und honigfarben. Hier gab es nur wenig Vegetation.

Musallim ritt auf dem schwarzen Bullen und führte sein eigenes Kamel, das die beiden größten Wasserschläuche trug, am Halfter. Beim Abstieg über einen steilen Sandhang blieb es plötzlich stehen. Das

Kopfhalfter, das hinten an Musallims Sattel befestigt war, straffte sich und riß die Stute seitlich zu Boden. Ich kam hinterher, sah alles mit an, konnte jedoch das Unglück nicht mehr verhüten. Verzweifelt rief ich Musallim zu, er solle anhalten. Aber er konnte sein Tier auf dem Steilhang nicht zum Stehen bringen. Ich schickte ein Stoßgebet zum Himmel. Wenn nur das Seil risse! Als ich das Kamel auf die Wasserschläuche fallen sah, hielt ich schon unser ganzes Vorhaben für gescheitert. Al-Auf war bereits abgesprungen und hackte mit seinem Dolch auf das gestraffte Seil ein. Während ich selbst aus dem Sattel sprang, überlegte ich, ob wir wohl noch genug Wasser hätten, um nach Ghanim zurückzukommen. Das gestürzte Kamel schlug aus, das Seil zerriß, das Tier stemmte sich auf die Knie. Die Wasserschläuche, die ihm vom Rücken gerutscht waren, waren anscheinend unversehrt. Als ich mich über sie beugte, sagte al-Auf: »Gott sei Lob und Dank. Sie sind noch heil.« Und die anderen fielen ein: »Gott sei gelobt, Gott sei gepriesen.« Nun luden wir dem Bullen, der in der Wüste groß geworden und an die schlüpfrigen Steilhänge gewöhnt war, die Wasserschläuche auf.

Wir kamen zu Weideplätzen und machten halt für die Nacht. In einer windgeschützten Mulde luden wir die Tiere ab, banden ihnen die Vorderbeine zusammen, lockerten die Sattelgurte und ließen sie weiden.

Bei Sonnenuntergang gab al-Auf den halben Liter Wasser aus, den er für die anderen mit Milch vermischte. Es war unser erster Trunk an diesem Tag. Wie stets hatte ich angesichts der sinkenden Sonne diesen Augenblick herbeigesehnt, krampfhaft bemüht, etwas Speichel in der Mundhöhle zu sammeln, die sich wie Leder anfühlte. Ich nahm meinen Anteil Wasser, jedoch ohne Milch, in Empfang und bereitete mir Tee, dem ich gemahlenen Zimt, Ingwer, Nelken und Cardamon beifügte, um den Geschmack zu verbessern.

Brennholz konnten wir in der Wüste überall finden. Es gab keine Stelle in den Großen Sanden, wo es nicht irgendwann einmal geregnet hatte, und mag dies zwanzig oder dreißig Jahre zurückliegen. Immer konnten wir die langen Wurzeln irgendeines toten Gesträuchs ausgraben. Die Bedu verbrennen kein Tribulusholz, wenn sie anderes Brennmaterial zur Verfügung haben; denn *zahra,* »die Blume«, wird als hervorragendes Kamelfutter geschätzt, und es ist beinahe so heilig wie die Dattelpalme. Als ich einmal einen Dattelkern ins Feuer warf, bückte der alte Tamtaim sich danach und holte ihn heraus.

Bin Kabina braute Kaffee. Er hatte Hemd und Kopftuch abgelegt, und ich neckte ihn: »Wenn ich dein Lendentuch nicht für dich gerettet hätte, könntest du jetzt dein Hemd nicht ausziehen.« Grinsend gab er zurück: »Was sollte ich tun? Er bat darum.« Dann holte er bei Musallim Mehl aus einem Ziegenschlauch, vier gestrichene Becher voll. Diese Menge, etwa drei Pfund, war unsere Tagesration. Mir schien unsere Diät kalorien- und vitaminarm zu sein. Dennoch habe ich in all den Jahren nicht eine eitrige oder septische Wunde gesehen. Auch das Wasser, das wir fanden, trank ich allenthalben im Orient ohne Zusätze oder andere Vorsichtsmaßnahmen aus Brunnen, Gräben und Rinnsalen ohne jeden Schaden. Der menschliche Körper – zumindest der meine – scheint seine eigenen Abwehrstoffe zu erzeugen, wenn man ihm dazu die Möglichkeit läßt.

Als Musallims Brot fertig war, rief er al-Auf und Mabkhaut, die die Kamele hüteten, herbei. Es dunkelte. Obgleich im Westen noch ein letzter Abglanz des vergangenen Tages schimmerte, standen die Sterne hell am Himmel, und der Mond warf seine Schatten auf den farblosen Sand. Wir hockten im Kreis um eine kleine Schüssel, murmelten »Im Namen Gottes« und tunkten einer nach dem andern unsere Brotbrocken in die geschmolzene Butter. Nach der Mahlzeit nahm Bin Kabina den kleinen messingnen Kaffeetopf vom Feuer und schenkte jedem von uns einige Tropfen Kaffee ein. Dann begann die Unterhaltung.

Ich war glücklich in der Gesellschaft dieser Menschen, die sich dafür entschieden hatten, mich zu begleiten. Ich war ihnen zugetan, und ihre Lebensweise gefiel mir. Doch bei aller Genugtuung über unsere Kameradschaft gab ich mich niemals der Illusion hin, wirklich zu ihnen zu gehören. Sie waren Bedu, und ich war es nicht, sie waren Mohammedaner, und ich war Christ. Dennoch war ich für sie ihr Gefährte, unlösbar mit ihnen verbunden durch ein Band, so heilig wie das zwischen Gastgeber und Gast und stärker als alle Stammes- und Familienbande. Als ihren Weggefährten würden sie mich sogar gegen ihre eigenen Brüder mit der Waffe verteidigen, und das gleiche erwarteten sie auch von mir.

Aber ich wußte, daß meine schwerste Probe die sein würde, harmonisch mit ihnen zusammenzuleben, Herr meiner Ungeduld zu werden, mich nicht in mich zurückzuziehen, Maßstäbe und Lebensgewohnheiten, die sich von den meinen unterschieden, nicht zu kritisieren. Ich wußte aus Erfahrung, daß die Bedingungen, unter denen wir lebten, mich im Lauf der Zeit körperlich, wenn nicht seelisch, zermürben und daß meine Begleiter mich oft reizen und aus der Fassung bringen würden. Und ebenso genau wußte ich, daß es mein Fehler und nicht der ihre wäre, wenn dies geschähe.

Während der Nacht hörten wir auf den Hängen über uns einen Fuchs bellen. Im Morgengrauen löste al-Auf die Fesseln der Kamele, die wir für die Nacht in unser Lager gebracht hatten, und ließ die Tiere frei weiden. Bis zum Sonnenuntergang würde es nichts mehr zu essen geben. Bin Kabina wärmte nur den Kaffeesatz noch einmal auf. Nach einer Stunde Wegs kamen wir zu einem grünen Weideplatz, hier hatte es vor kurzem geregnet. Al-Auf, vor die Wahl gestellt, weiterzuziehen oder die Tiere weiden zu lassen, entschied sich dafür, haltzumachen. Wir luden die Tiere ab und sammelten Büschel von Tribulus für die Weiterreise. Al-Auf grub ein Loch in den Sand und stellte fest, daß der Regen etwa einen Meter tief eingedrungen war. Er untersuchte auf diese Weise den Boden überall, wo es geregnet hatte. Waren noch keine Pflanzen gewachsen, zogen wir weiter, und er blieb zurück und untersuchte sorgfältig den Boden. Es war nicht ersichtlich, welchen praktischen Wert diese Informationen über künftige Weideplätze im Herzen des Leeren Viertels haben konnten, und dennoch war mir klar, daß gerade dieses Wissen und diese Umsicht ihn zu einem ungewöhnlich guten Führer machten. Ich legte mich in den Sand und beobachtete einen Adler, der über uns kreiste. Es war heiß. Die Temperatur in meinem Körperschatten betrug 29° C. Man konnte kaum glauben, daß wir am frühen Morgen nur 6° gemessen hatten. Der Sand war von der Sonne bereits soweit erhitzt, daß er die weiche Haut oberhalb meiner Fußsohlen verbrannte.

Um die Mittagsstunde zogen wir weiter, an hohen, blaßfarbenen oder golden leuchtenden Dünen vorüber. Am Abend vertaten wir eine ganze Stunde damit, einen gewaltigen roten Sandberg von etwa zweihundert Meter Höhe zu umgehen. Dann durchquerten wir eine Salzebene, die wie ein Korridor durch die Sande ging. Die riesige rote

Düne hinter uns und ihre Nachbarin wirkten jetzt wie ein Tor, das sich langsam und leise hinter uns schloß. Ich blickte mich immer wieder nach dem schmaler werdenden Spalt zwischen den beiden Dünen um. Mir war, als könnten wir nie wieder zurück, wenn dieses Tor einmal geschlossen war. Der Spalt verschwand, jetzt konnte ich nur noch eine Sandwand sehen. Ich wandte mich wieder den anderen zu. Sie unterhielten sich über den Preis eines farbigen Lendentuchs, das Mabkhaut vor unserer Abreise in Salala erstanden hatte. Plötzlich deutete al-Auf auf eine Kamelspur und sagte: »Diese Spur hat mein Kamel hinterlassen, als ich auf dem Weg nach Ghanim hier vorbeikam.«

Später stritten Musallim und al-Auf, wie weit es von Maghshin bis Bai sei, wo Tamtaim und die anderen auf uns warten sollten. Ich fragte al-Auf, ob er jemals vom Wadi al-Amairi nach Bai geritten sei. Er antwortete: »Ja, vor sechs Jahren.«

»Und wie viele Tage hast du gebraucht?«

»Das will ich dir erzählen. Wir holten Wasser in al-Ghaba im Wadi al-Amairi. Wir waren zu viert, ich, Salim, Djanazil von den Awamir und Alaiwi von den Afrar. Es war mitten im Sommer. Wir waren in Ibri gewesen, um einen Streit zwischen den Raschid und den Mahamid beizulegen, der ausgebrochen war, als man Fahads Sohn tötete.«

Musallim unterbrach ihn: »Das muß noch vor der Zeit gewesen sein, als der Riqaishi Gouverneur von Ibri war. Ich selbst bin im Jahr zuvor dort gewesen. Sahail begleitete mich, und wir zogen von dort aus ...«

Aber al-Auf fuhr unbeirrt fort: »Ich ritt auf der dreijährigen Stute, die ich Bin Duailan abgekauft hatte.«

»War das die, die die Manahil den Yam abgejagt hatten?« fragte Bin Kabina.

»Ja. Ein Jahr später tauschte ich sie gegen die gelbe Sechsjährige aus, die ich von Bin Ham bekommen habe. Djanazil ritt ein Batina-Kamel. Erinnert ihr euch noch? Sie war eine Tochter der berühmten Grauen, die dem Harahaish von den Wahiba gehörte.«

Mabkhaut sagte: »Ja, die habe ich gesehen, als ich letztes Jahr in Salala war. Ein großes Tier. Sie war schon alt, als ich sie sah, und hatte ihre beste Zeit hinter sich. Aber immer noch eine wirkliche Schönheit.«

Al-Auf fuhr fort: »Wir verbrachten die Nacht mit Rai von den Afar.«

Bin Kabina stimmte ein: »Den habe ich vergangenes Jahr getroffen, als ich nach Habarut kam. Er trug ein Gewehr, einen ›Vater von zehn Schüssen‹, das er dem Mahra, den er im Ghadun tötete, abgenommen hatte. Bin Mautlauq bot ihm die graue Einjährige, die Tochter von Farha, und fünfzig *riyal* für das Gewehr, aber er gab es nicht her.«

Al-Auf fuhr fort: »Rai schlachtete eine Ziege für unser Abendessen und erzählte uns . . .« Und da unterbrach ich ihn: »Schon gut, aber wieviel Tage hast du gebraucht, um nach Bai zu kommen?« Er sah mich erstaunt an und sagte: »Erzähle ich es dir nicht gerade?«

Bei Sonnenuntergang machten wir halt, um zu Abend zu essen und unsere Kamele mit dem Tribulus zu füttern, den wir mitgenommen hatten. Alle Schläuche schwitzten, und wir machten uns Sorgen wegen unserer Wasservorräte. Den ganzen Tag über hatten sie regelmäßig bedrohlich getropft. Alle paar Meter war ein Tropfen in den Sand gefallen – wie Blut aus einer Wunde, die man nicht stillen kann. Uns blieb nichts anderes übrig, als so rasch wie möglich weiterzureisen und die Kamele dabei nicht zu überanstrengen. Sie zeigten bereits Anzeichen von Durst. Al-Auf wollte nach dem Essen weiterziehen. Während Musallim und Bin Kabina Brot buken, fragte ich ihn nach seinen früheren Reisen durch diese Wüste aus. »Ich habe sie zweimal durchquert«, sagte er. »Das letzte Mal kam ich vor zwei Jahren hier vorbei. Ich kam von Abu Dhabi.« Ich fragte: »Wer hat dich begleitet?« Und er antwortete: »Ich war allein.« Ich glaubte, mich verhört zu haben und wiederholte: »Wer waren deine Begleiter?« – »Gott war mein Begleiter.« Diese grauenhafte Öde allein zu durchqueren, ist eine ungeheuerliche Leistung. Auch wir durchzogen sie jetzt, aber wir führten unsre eigene Welt mit uns, eine kleine Welt von fünf Menschen, die jedem von uns Kameradschaft, Gespräch, Gelächter und das Bewußtsein schenkte, daß andere die Gefahren und Entbehrungen mit uns teilten. Ich wußte, daß diese ungeheuerliche Einsamkeit mich überwältigt hätte, wäre ich hier allein gewesen.

Ich wußte auch, daß al-Auf es wörtlich meinte, wenn er sagte, Gott sei sein Begleiter gewesen. Für diese Bedu ist Gott eine Realität, und der Glaube an seine Gegenwart gibt ihnen den Mut zum Durchhalten. An seinem Vorhandensein zu zweifeln, wäre für den Bedu ebenso undenkbar wie blasphemische Redensarten. Die meisten von ihnen beten regelmäßig, und viele halten die Fasten des Ramadan ein, die einen ganzen Monat lang währen. In dieser Zeit dürfen sie von Sonnenaufgang bis Sonnenuntergang weder essen noch trinken. Fällt diese Fastenzeit in den Sommer – und da die arabischen Monate nach dem Mond zählen, kommt der Sommer jedes Jahr elf Tage früher – machen sie von der Erleichterung Gebrauch, die dem Reisenden gestattet, erst dann zu fasten, wenn er seine Reise beendet hat, und verlegen den Fastenmonat in den Winter. Einige der Araber, die wir in Maghshin zurückgelassen hatten, fasteten jetzt, weil sie es nicht früher im Jahr hatten tun können. Ich habe in Hadramaut und im Hedjaz Städter und Dorfbewohner dem Bedu nachsagen hören, er sei ohne Religion. Als ich Einspruch erhob, antwortete man mir: »Selbst wenn die Bedu beten, kann Gott ihre Gebete nicht erhören; denn sie verrichten vor dem Gebet nicht die vorgeschriebenen Waschungen.«

Diese Bedu sind keine Fanatiker. Einmal reiste ich mit einer größeren Gruppe von Raschid, und einer fragte mich: »Weshalb wirst du kein Mohammedaner und gehörst dann wirklich zu uns?« Ich antwortete: »Gott schütze mich vor dem Teufel!« Sie lachten. Diese Redensart wird von den Arabern benutzt, wenn sie etwas Schädliches oder Unschickliches von sich weisen. Anderen Arabern gegenüber hätte ich eine solche Antwort niemals gewagt, aber jener Fragesteller hätte sie ganz gewiß gegeben, wenn ich ihm vorgeschlagen hätte, er solle Christ werden.

Nach dem Essen ritten wir zwei Stunden lang über eine Salzfläche. Die Dünen zu beiden Seiten schimmerten bleich im Mondlicht. Sie wirkten höher als am Tag. Die beleuchteten Abhänge schienen sehr glatt, und die Schatten in ihren Falten waren tintenschwarz. Schon bald schüttelte mich die Kälte. Meine Begleiter schmetterten ihre Lieder in die Stille hinaus, in der sonst nur das Salz unter den Hufen der Kamele knirschte. Die Worte ihrer Lieder waren die Worte des Südens, aber Rhythmus und Melodie stimmten mit den Liedern überein, die ich die Bedu der Syrischen Wüste hatte singen hören. Auf den ersten Blick schien sich der Bedu Südarabiens von dem des Nordens deutlich zu unterscheiden, nun aber merkte ich mehr und mehr, daß dieser Unterschied recht oberflächlich war und sich vor allem in der Kleidung ausdrückte. Meine Begleiter hätten sich in einem Rualla-Lager durchaus heimisch gefühlt, während ein Städter aus Aden oder Maskat in Damaskus auffallen würde.

Endlich machten wir halt, und ich stieg, starr vor Kälte, aus dem Sattel. Ich hätte viel für einen heißen Trunk gegeben, aber ich wußte, daß ich noch achtzehn Stunden darauf warten mußte; wir entzündeten ein kleines Feuer und wärmten uns vor dem Schlafengehen. Obwohl ich sehr müde war, schlief ich kaum. Tagelang war ich Stunde um Stunde auf einem schaukelnden Kamel geritten, mein Körper war wie gerädert. Wahrscheinlich war ich schwach vor Hunger. Unsere Nahrung war selbst für Bedu-Begriffe nur eine Hungerration. Am meisten aber quälte mich der Durst. Er war nicht so schlimm, daß er mir zu schaffen machte, aber ich wurde das ständige Durstgefühl nicht los. Ich träumte sogar von schäumenden Bächen eiskalten Wassers. Aber es war schwer, Schlaf zu finden. Nun lag ich wach und versuchte, die Strecke, die wir zurückgelegt hatten, und die Strecke, die wir noch zurücklegen mußten, zu schätzen. Auf meine Frage, wie weit es bis zum Brunnen sei, hatte al-Auf geantwortet: »Nicht die Entfernung, sondern die großen Dünen der Uruq al-Shaiba können uns gefährlich werden.« Das Wasser, das ich in den Sand hatte tropfen sehen, und der Zustand unserer Kamele beunruhigten mich. Die Kamele lagen ganz dicht neben mir in der Dunkelheit. Ich richtete mich auf und starrte zu ihnen hinüber. Mabkhaut erwachte und rief: »Was ist, Umbarak?« Ich murmelte eine Antwort und legte mich wieder nieder. Hatten wir auch den Wasserschlauch richtig abgebunden, als wir das letzte Mal Wasser holten? Was würde wohl geschehen, wenn einer von uns erkrankte oder verunglückte? Bei Tage ließen sich solche Gedanken leicht verscheuchen. In der Einsamkeit und im Dunkel der Nacht war das schwieriger. Schließlich sagte ich mir, daß al-Auf allein hier gereist war, und ich schämte mich.

Die andern wurden mit dem ersten Morgengrauen wach und wollten aufbrechen, solange es noch kalt war. Die Kamele beschnupperten den verdorrten Tribulus, waren aber zu durstig, um ihn zu fressen. In wenigen Minuten standen wir bereit. Schweigend stapften wir dahin. Meine Augen tränten vor Kälte, die scharfen Salzkrusten schnitten in meine brennenden Füße. Die Welt war grau und öde. Dann zeichneten sich allmählich die Dünenberge vor uns am erbleichenden Himmel ab. Kaum merklich begannen sie zu glühen, und die aufgehende Sonne, die nun ihre Gipfel traf, verlieh ihnen Farbe.

Vor uns lag eine hohe Dünenkette ohne jedes Quertal. Sie war von unterschiedlicher Höhe, wie ein Gebirgszug, dessen Gipfel durch Pässe verbunden sind. An den höchsten Stellen mußte sie sich wohl über 200 Meter aus der Salzebene erheben. Der Südhang vor uns war sehr steil, er war also die dem Wind abgekehrte Seite. Ich wünschte, wir hätten die Düne aus entgegengesetzter Richtung besteigen können. Denn es ist leicht, ein Kamel diese Steilhänge aus Sand hinunterzuführen, aber immer schwierig, eine Aufstiegsmöglichkeit zu entdecken.

Al-Auf hieß uns warten, bis er den Weg erkundet hatte. Ich sah ihm zu, wie er über die schimmernde Salzfläche ging, das Gewehr geschultert, den Kopf in den Nacken geworfen, die Augen auf die Steilhänge gerichtet. Er wirkte sehr zuversichtlich. Aber angesichts dieser Sandhänge schien es mir, daß wir die Kamele niemals zum Aufstieg bewegen könnten. Mabkhaut war offenkundig der gleichen Meinung, denn er sagte zu Musallim: »Wir müssen einen Umgehungsweg finden. Kein Kamel steigt da hinauf.« Musallim antwortete: »Das verdanken wir al-Auf. Der hat uns hierher gebracht. Wir hätten uns viel weiter westlich halten sollen, näher an Dakaka.« Er hatte sich einen Schnupfen geholt, zog fortwährend die Nase hoch, und seine ziemlich hohe Stimme klang heiser und kummervoll. Ich wußte, daß er auf al-Auf eifersüchtig war und ihm bei jeder Gelegenheit eins auswischte. Nicht gerade sehr klug spottete ich: »Wenn du unser Führer wärst, dann wäre die Reise lang geworden.« Er fuhr herum und gab zornig zurück: »Du magst die Bait Kathir nicht. Ich weiß schon, daß du nur die Raschid magst. Gegen den Willen meines Stammes habe ich dich hierher gebracht, und nie erkennst du an, was ich für dich getan habe.«

Während der letzten Tage hatte er keine Gelegenheit versäumt, mich daran zu erinnern, daß ich ohne ihn niemals von Ramlat al-Ghafa aus hätte weiterreisen können. Er buhlte um meine Gunst und wollte seine Belohnung höhertreiben, aber das alles reizte mich nur. Ich war nun versucht, meinem Groll in zornigen Worten Luft zu machen und es zu einer törichten Auseinandersetzung kommen zu lassen. Aber ich bezwang mich und ging mit der Ausrede, ich wolle fotografieren, davon. Ich wußte, wie leicht man unter solchen Umständen eine heftige Abneigung gegen einen der Gefährten fassen und ihn zum Sündenbock für alles mögliche machen kann. Ich dachte: »Ich darf es nicht so weit kommen lassen, daß ich ihn verabscheue. Schließlich verdanke ich ihm sehr viel. Aber, bei Gott, ich wollte, er würde mich nicht dauernd daran erinnern.«

Ich setzte mich auf eine Sandbank und wartete auf al-Aufs Rückkehr. Der Boden war noch immer kalt, obgleich die Sonne jetzt ziemlich hoch am Himmel stand und ein hartes, klares Licht auf den Sandwall vor uns warf. Der Gedanke, daß der gewaltige Sandwall vor uns, der einzig und allein dem Wind seine Entstehung verdankte, von hier aus die Hälfte des Himmels verdeckte, war phantastisch. Ich konnte al-Auf jetzt, etwa eine halbe Meile entfernt, am Fuß der Düne erkennen. Er stieg einen Hang hinauf und wirkte wie ein Bergsteiger, der sich durch weichen Schnee zu einem hohen Gebirgspaß vorarbeitet. Ich konnte sogar die Spuren sehen, die er hinterließ. Außer ihm bewegte sich nichts in der schweigenden Leere.

Was würden wir tun, wenn wir die Kamele nicht über die Düne brächten? Ich wußte, daß wir nicht weiter nach Osten gehen konnten, denn dort war der Treibsand von Umm al-Samim. Die leichtere und bequemere Strecke über Dakaka, die Thomas genommen hatte, verlief mehr als dreihundert Kilometer weiter westlich. Wir konnten es uns nicht leisten, unsere Reise durch einen Umweg zu verlängern. Unser Wasservorrat war bereits gefährlich knapp, und unsere Kamele würden zusammenbrechen, wenn wir sie nicht bald tränkten. Wir *mußten* sie über diese ungeheuerliche Düne bekommen, und wenn wir sie abluden und selbst die Lasten hinaufschleppten. Aber wie sah es auf der anderen Seite aus? Wie viele weitere Dünen warteten dort auf uns? Wenn wir jetzt umkehrten, konnten wir vielleicht Maghshin erreichen. Aber wenn wir erst einmal diese Düne hier bewältigt hatten, würden die Kamele, das wußte ich, zu hungrig und zu durstig sein, um auch nur nach Ghanim zurückzukommen. Dann dachte ich an Sultan und die andern, die uns im Stich gelassen hatten, und an den Triumph dieser Männer, wenn wir aufgaben und geschlagen zurückkehrten. Ich blickte wieder zur Düne hinüber und sah al-Auf zurückkommen. Ein Schatten fiel auf den Sand neben mir. Ich blickte auf, es war Bin Kabina. Er lächelte, sagte »Salam Alaikum« und setzte sich. Eindringlich fragte ich ihn: »Werden wir die Kamele da hinüberbekommen?« Er schob sich das Haar aus der Stirn, betrachtete die Hänge mit nachdenklich gerunzelter Stirn und antwortete: »Sie ist sehr steil, aber al-Auf wird schon eine Möglichkeit finden. Er ist ein Raschid, nicht einer von diesen Bait Kathir.« Dann zerlegte er unbekümmert sein Gewehr, machte sich daran, es mit dem Saum seines Hemdes zu säubern, und wollte wissen, ob alle Engländer dasselbe Fabrikat benutzten.

Als al-Auf zurück war, gingen wir zu den andern hinüber. Mabkhauts Kamel hatte sich niedergelegt. Die anderen standen, wo wir sie gelassen hatten – ein schlechtes Zeichen. Gewöhnlich liefen sie sofort davon, um Nahrung zu suchen. Al-Auf lächelte und schwieg, keiner stellte eine Frage. Er bemerkte, daß die Lasten auf meinem Kamel aus dem Gleichgewicht geraten waren, und rückte die Satteltasche auf der einen Seite zurecht. Dann hob er den Kamelstecken, den er in den Sand hatte fallen lassen, mit den Zehen auf, nahm sein Kamel am Halfter, sagte »Los!« und führte uns auf die Düne zu.

Jetzt konnte er zeigen, daß er seinen Ruf zu Recht verdiente. Unbeirrt ging er voraus und suchte den für die Kamele geeignetsten Weg. Hier, im Windschatten des Höhenzuges, fiel der glatte Sand vom Gipfel bis zum Fuß der Düne steil und unberührt ab. Die Sandflächen waren unbezwingbar, da der Sand sofort nachgab und abrutschte. Aber an ihren Rändern war der Sand fester und auch nicht so abschüssig. Man konnte sich diese Hänge hinaufarbeiten. Doch auch sie waren nicht alle für Kamele begehbar, und von unten war kaum abzuschätzen, wie steil sie wirklich waren. Ganz langsam lockten wir die unwilligen Tiere Schritt für Schritt hinauf. Wenn wir stehenblieben, blickte ich besorgt zu den Gipfeln, über die der zunehmende Wind Sandfahnen in den Abgrund wehte. Mir schien, als würden wir niemals hinaufgelangen. Aber plötzlich waren wir oben. Ehe ich mich in den Sand fallen ließ, sah ich ängstlich in die Runde. Ich wollte wissen, was uns bevorstand. Erleichtert stellte ich fest, daß wir uns am Rand einer gewellten Hochebene mit flachen Tälern und niedrigen runden Hügeln befanden, durch die wir ohne große Mühe weiterziehen konnten. »Wir haben es geschafft. Wir sind auf dem Gipfel der Uruq al-Shaiba«, dachte ich triumphierend. Die Angst vor diesem gewaltigen

Hindernis hatte seit jener Nacht in der Wüste von Ghanim auf mir gelastet, als al-Auf mich zum erstenmal davor gewarnt hatte. Nun war diese Angst geschwunden, ich sah vertrauensvoll in die Zukunft.

Wir ruhten eine Weile schweigend im Sand aus, bis al-Auf uns weitergehen hieß. Einige kleine Dünen, die von Querwinden zusammengefegt worden waren, verliefen in Kurven parallel zu dem großen Absturz über das Hochplateau. Ihre Steilhänge fielen nach Norden ab und die Kamele konnten ohne Schwierigkeiten hinunterrutschen. Diese gewellten Hochflächen waren ziegelrot und hie und da von dunkleren Farbtönen durchsetzt. Der tiefere Sand zeigte, wo unsere Tritte ihn freilegten, eine hellere Tönung. Aber das seltsamste in dieser Landschaft waren eine Anzahl tiefer kraterähnlicher Trichter, die wie riesenhafte Hufabdrücke aussahen. Sie unterschieden sich von den normalen Sicheldünen dadurch, daß sie nicht über ihre Umgebung hinausragten, sondern Hohlformen in dem festen, gewellten Sandboden bildeten. Die Salzebenen an ihrem Grund sahen sehr weiß aus.

Wir bestiegen die Kamele. Meine Gefährten hatten die Gesichter mit den Kopftüchern verhüllt und schwankten im Rhythmus der Kamele. Die Schatten auf dem leuchtenden Sand waren blau wie der Himmel. Zwei Raben, die nordwärts flogen, strichen krächzend über unsre Köpfe hinweg. Ich kämpfte gegen den Schlaf an. Der einzige Laut, das Mahlen der Kamelhufe im Sand, klang, als leckten kleine Wellen über einen Strand.

Am späten Nachmittag machten wir mit Rücksicht auf die Kamele einen vierstündigen Halt auf einem langen sanften Hang, der zu einer großen Salzebene abfiel. Hier gab es keinerlei Vegetation, nicht einmal Salzbüsche säumten die Ebenen zu unsern Füßen. Al-Auf erklärte, daß wir bei Sonnenuntergang wieder aufbrechen würden. Während des Essens sagte ich gutgelaunt zu ihm: »Das Schlimmste dürften wir überstanden haben. Die Uruq al-Shaiba haben wir ja nun hinter uns.« Er sah mich einen Augenblick an und antwortete: »Wenn wir heute Nacht gut vorankommen, können wir es morgen erreichen?« Ich fragte: »Was erreichen?« Und er antwortete: »Die Uruq al-Shaiba. Hast du etwa das, was wir heute überquert haben, für die Uruq al-Shaiba gehalten? Das war doch nur eine Düne. Morgen wirst du es zu sehen bekommen.« Einen Augenblick lang glaubte ich, er scherze, doch dann begriff ich, daß er im Ernst sprach und daß der schlimmste Teil der ganzen Reise, den ich hinter mir zu haben glaubte, noch vor uns lag.

Es war Mitternacht, als al-Auf endlich sagte: »Hier wollen wir haltmachen. Wir wollen ein wenig schlafen und die Kamele rasten lassen. Die Uruq al-Shaiba sind jetzt nicht mehr weit.« In meinen Träumen dieser Nacht waren sie gewaltiger als der Himalaya.

Al-Auf weckte uns, als es noch immer finster war. Wie gewöhnlich bereitete Bin Kabina den Kaffee. Die bitteren Tropfen, die er uns ausschenkte, regten an, aber wärmten nicht. Der Morgenstern war über den Dünen aufgestiegen. Im ersten bleichen Licht des Morgengrauens nahmen die formlosen Dinge allmählich wieder Gestalt an. Die knurrenden Kamele stemmten sich auf die Füße. Wir verweilten noch einen Augenblick neben dem Feuer, dann setzten wir uns auf al-Aufs Kommando in Bewegung. Der knirschende Sand unter meinen Füßen war eisig wie verharschter Schnee.

Vor uns lag ein Höhenzug aus Sand, der so hoch, ja vielleicht noch höher als der Höhenzug war, den wir tags zuvor bewältigt hatten. Aber hier waren die Gipfel steiler und eigenartiger, und manche türmten sich zu gewaltigen Hörnern empor, von denen die geschwungenen Kämme wie Draperien herabwallten. Der Sand dieser Dünen war blasser als der, den wir hinter uns hatten, und sehr weich. Beim Aufstieg stäubte er in Wolken um unsere Füße. Eingedenk der Tatsache, daß vor zwölf Jahren im Danakil-Land meine Kamele fast ohne jedes vorherige Anzeichen zusammengebrochen und verendet waren, fragte ich mich, wie viele unserer Kamele wohl noch aushalten würden. Sie zitterten bereits heftig, sobald sie stehenblieben. Wollte eines der Tiere nicht mehr weitergehen, zerrten wir am Halfter, schoben von hinten nach und hoben die Lasten zu beiden Seiten hoch, während wir das brüllende Tier den Hang hinauftrieben. Manchmal legte sich ein Kamel nieder und weigerte sich, wieder aufzustehen. Dann mußten wir es abladen und die Wasserschläuche und Satteltaschen selbst tragen. Nicht, daß sie etwa sehr schwer gewesen wären, besaßen wir doch nur wenige Gallonen Wasser und ein paar Handvoll Mehl.

Wir führten die zitternden, scheuenden Tiere hinauf über große gekurvte Sandkämme, deren messerscharfe Grate unter unsern Tritten abrutschten. Trotz der mörderischen Anstrengung verloren meine Gefährten niemals die Geduld. Die Sonne brannte unbarmherzig vom Himmel, ich fühlte mich ausgepumpt, elend und schwindlig. Als ich mich so den Hang hinaufquälte, knietief im rutschenden Sand, klopfte mein Herz zum Zerspringen. Und mein Durst wurde mit jeder Minute unerträglicher, ich konnte kaum mehr schlucken, sogar meine Ohren schienen zugefallen. Doch es würde noch viele endlose Stunden dauern, ehe ich etwas trinken durfte. Ich blieb stehen, um auszurasten, ließ mich in den sengenden Sand fallen und hörte die anderen rufen: »Umbarak, Umbarak!« Ihre Stimmen klangen erschöpft und heiser.

Es dauerte drei Stunden, bis wir diesen Höhenzug überquert hatten.

Auf dem Gipfel angelangt, sahen wir diesmal keine sanft gewellten Hänge vor uns wie am Tage zuvor. Drei kleinere Dünenketten ritten auf dem Gipfelrücken, und hinter diesen fiel der Sand steil zu einer weiten Salzebene zwischen den Sandbergen ab. Der Höhenzug auf der andern Seite kam mir noch höher vor als der, auf dem wir standen. Hinter ihm erstreckten sich weitere Sandberge. Ich suchte den Horizont nach einem Ausweg ab. Irgendwo, scheinbar am Rand der Welt, ging der Sand in den Himmel über. Aber in dieser Unendlichkeit war nichts Lebendiges zu sehen, nicht eine einzige verdorrte Pflanze, die mich hätte Hoffnung schöpfen lassen. »Hier gibt es keinen Weg mehr«, dachte ich. »Wir können nicht zurück, und unsre Kamele werden nicht eine einzige dieser furchtbaren Dünen mehr bewältigen. Das ist das Ende.« Die Stille hüllte mich völlig ein. Kaum vernahm ich noch die Stimmen meiner Gefährten und das unruhige Scharren der Kamele.

Wir stiegen hinab, und irgendwie – nie werde ich begreifen, wie die Kamele es schafften – bewältigten wir auch den nächsten Hang. Dort oben brachen wir völlig erschöpft zusammen. Al-Auf gab jedem von uns ein wenig Wasser, gerade genug, um die Mundhöhle anzufeuchten. »Wir brauchen das, wenn wir weiterkommen wollen«, sagte er. Die mittägliche Sonne hatte jede Farbe aus dem Sand gesogen. Verstreute Kumuluswolkenbänke warfen ihre Schatten über die Dünen und Salzebenen und verstärkten den Eindruck, wir befänden uns im Hochgebirge und tief unter uns im Tal lägen gefrorene Seen von blauer und grüner Farbe. Schläfrig wälzte ich mich auf die Seite. Aber der Sand brannte durch mein Hemd und riß mich aus meinen Träumen.

Zwei Stunden später weckte uns al Auf. Als er mir half, mein

Kamel zu beladen, sagte er: »Kopf hoch, Umbarak. Diesmal haben wir wirklich die Uruq al-Shaiba bezwungen.« Und als ich auf die Dünenkette vor uns deutete, meinte er: »Dort kann ich einen Durchlaß finden, die brauchen wir nicht zu überqueren.« Wir zogen bis Sonnenuntergang weiter, nunmehr den Tälern zwischen den Dünen folgend. Wir wären auch nicht mehr fähig gewesen, nur eine einzige Düne zu ersteigen. Auf dem Hang, an dem wir haltmachten, wuchs ein klein wenig frische *qassis*. Ich hoffte schon, dieser Glücksfall könne uns veranlassen, die Nacht hier zu verbringen, aber kaum hatten wir gegessen, holte al-Auf die Kamele und sagte: »Wir müssen weiter, solange es kühl ist, wenn wir Dhafara jemals erreichen wollen.«

Lange nach Mitternacht machten wir Rast, um schon im Morgengrauen aufzubrechen, noch immer erschöpft von der Anstrengung des Vortags. Aber al-Auf machte uns Mut. Wir hätten das Schlimmste nun überstanden. Die Dünen jedenfalls waren niedriger als bisher, gleichmäßig hoch, runder und mit weniger Gipfeln. Vier Stunden nachdem wir aufgebrochen waren, erreichten wir eine sanfte Hochfläche aus gold- und silberfarbenem Sand. Aber noch immer gab es nichts für unsere Kamele zu fressen.

Plötzlich sprang ein Hase aus einem Gesträuch, und schon hatte al-Auf ihn mit dem Stecken erschlagen. Die andern riefen: »Gott hat uns Fleisch geschickt.« Tagelang hatten wir vom Essen gesprochen, jede Unterhaltung lief nur noch darauf hinaus. Seit wir Ghanim verlassen hatten, nagte dumpfer Hunger in meinen Eingeweiden und jeden Abend war meine Kehle wie ausgedörrt. Selbst wenn ich einen Schluck getrunken hatte, konnte ich das trockene Brot, das Musallim austeilte, kaum hinunterwürgen. Den ganzen Tag über kreisten unsere Gedanken und Gespräche um den Hasen. Um drei Uhr nachmittags konnten wir der Verlockung, anzuhalten und ihn zuzubereiten, nicht mehr widerstehen. Mabkhaut schlug vor: »Wir wollen ihn im Fell in der Glut braten. Das spart uns Wasser – wir haben ohnehin nicht mehr viel.« Bin Kabina machte sich zum Sprecher der anderen: »Nein, bei Gott! So etwas darfst du nicht einmal vorschlagen!« Und zu mir gewandt, sagte er: »Mabhkauts verkohltes Hasenfleisch wollen wir nicht haben. Suppe! Wir wollen Suppe und eine Sonderration Brot. Heute wollen wir uns sattessen, und wenn wir später Hunger und Durst ertragen müssen. Bei Gott, ich habe tollen Hunger!« Wir einigten uns auf die Suppe. Wir hatten die Uruq al-Shaiba bewältigt und wollten diese Großtat mit der Gottesgabe feiern. Wenn unsre Kamele uns nicht noch im Stich ließen, befanden wir uns jetzt in Sicherheit. Selbst wenn unser Wasservorrat ausginge, konnten wir noch lebend einen Brunnen erreichen.

Musallim buk fast die doppelte Portion unsrer täglichen Brotmenge, während Bin Kabina den Hasen kochte. Er sah mich an und sagte: »Der Geruch dieses Fleisches raubt mir fast das Bewußtsein.« Als das Fleisch gar war, teilte er es in fünf Portionen auf. Sie waren sehr klein, denn ein arabischer Hase ist nicht größer als ein englisches Kaninchen, und dieser war nicht einmal ausgewachsen. Al-Auf verloste die Portionen. Jeder von uns nahm sich das kleine Häufchen Fleisch, das ihm zugefallen war. Dann sagte Bin Kabina: »Mein Gott, ich vergaß, die Leber zu teilen.« Die andern sagten: »Gib sie Umbarak.« Ich protestierte und sagte, sie sollten sie teilen. Aber sie schworen bei Gott, sie würden sie nicht essen und ich solle sie haben. Schließlich aß ich sie, wohl wissend, daß ich es nicht hätte tun dürfen. Aber die Gier nach diesem Extrahappen Fleisch war zu groß gewesen.

Unser Wasservorrat war nahezu aufgebraucht, und wir hatten nur noch Mehl für etwa eine Woche. Die verhungerten Kamele waren so durstig, daß sie verdorrte Kräuter, die wir auf unserem Weg fanden, verweigerten. In spätestens zwei Tagen mußten wir sie tränken, sonst würden sie zusammenbrechen. Al-Auf sagte, bis zum Brunnen Khaba in Dhafara seien es noch drei Tage, aber nicht weit von hier sei ein Brunnen mit sehr abgestandenem Wasser. Er meinte, die Kamele würden das Wasser vielleicht trinken.

Als wir in dieser Nacht etwas über eine Stunde geritten waren, wurde es plötzlich finster. Ich glaubte, eine Wolke habe sich vor den Vollmond geschoben und wandte mich um. Da sah ich, daß es eine Mondfinsternis war und daß die Hälfte des Mondes bereits verdeckt war. Im selben Augenblick bemerkte auch Bin Kabina die Mondfinsternis und stimmte sofort ein Lied an, in das die andern einfielen:

Gott ist ewig,
Das Leben des Menschen ist kurz.
Über uns steht das Siebengestirn,
Der Mond wandelt unter den Sternen.

Das war die ganze Aufmerksamkeit, die sie der Mondfinsternis – übrigens einer totalen – zollten. Sie schienen sich nur für den nächsten Lagerplatz zu interessieren.

Am nächsten Morgen brachen wir sehr zeitig auf und ritten ohne Pause sieben Stunden lang durch die sanft gewellten Hügel. Der Sand hier hatte leuchtende Farben, die in überraschender Folge wechselten. Manchmal sah er aus wie gemahlener Kaffee, dann wieder war er ziegelrot, purpurn oder von seltsamem Goldgrün. Hin und wieder kamen wir an kleinen weißen Gipsebenen vorüber, die in Mulden eingebettet lagen und von graugrünen Salzbüschen gesäumt waren. Zwei Stunden lang rasteten wir auf einem Sandfleck, der die Farbe getrockneten Blutes hatte. Dann zogen wir, unsere Kamele am Halfter, wieder weiter.

Plötzlich wurden wir angerufen. Auf einem Dünenrücken lauerte hinter einem Busch ein Araber. Unsre Gewehre hingen an den Sätteln, denn wir hatten nicht erwartet, hier jemandem zu begegnen. Musallim war durch mein Kamel verdeckt. Ich sah ihn das Gewehr ergreifen und schußbereit machen. »Das ist die Stimme eines Raschid«, sagte al-Auf und trat vor. Er rief dem unsichtbaren Araber etwas zu, dieser erhob sich und kam herunter zu uns. Die beiden umarmten einander. Auch wir begrüßten den Mann, den uns al-Auf als Hamad bin Hanna, einen Scheich der Raschid, vorstellte. Er war untersetzt, hatte einen Bart, eng zusammenstehende Augen und eine lange, abgeplattete Nase. Während wir unsre Kamele abluden, holte er das seine hinter der Düne hervor.

Wir bereiteten ihm Kaffee und lauschten seinen Neuigkeiten. Er erzählte uns, er habe nach einem entlaufenen Kamel gesucht, dabei unsre Spuren entdeckt und uns zunächst für eine Räuberbande aus dem Süden gehalten. Ibn Sa'uds Steuereinzieher hielten sich in Dhafara und in Rabadh auf, um bei den Stämmen die Steuern einzutreiben. Im Norden hätten wir mit Raschid, Awamir, Murra und einigen Manahil zu rechnen.

Wir mußten jeden Kontakt mit andern Arabern als den Raschid vermeiden, möglichst jedoch auch mit diesen selbst, damit die Kunde von meiner Anwesenheit nicht unter den Stämmen die Runde machte. Ich wollte unter keinen Umständen Ibn Sa'uds Steuereinziehern in die

Hände fallen und vielleicht Ibn Djalawi, dem gefürchteten Gouverneur des Hasa, vorgeführt werden, um mich wegen meiner Anwesenheit in dieser Gegend zu verantworten. Karab aus West-Hadramaut hatten im Jahr zuvor hier Überfälle verübt, und wir liefen Risiko, mit Räubern verwechselt zu werden, da unsre Spuren vom südlichen Wüstenrand kamen. Dieses Risiko würde nur noch größer werden, wenn wir anderen Arabern auszuweichen hätten. Denn ehrliche Reisende gehen an keinem Lager vorüber, ohne um Essen zu bitten und Neuigkeiten zu erfragen. Es würde schwierig sein, ungesehen weiterzukommen. Zunächst mußten wir unsre Kamele tränken und unsre Wasservorräte erneuern. Dann mußten wir möglichst nahe an Liwa herankommen, und einige meiner Gefährten mußten in den Dörfern Nahrungsmittel für wenigstens einen Monat einkaufen. Hamad erzählte mir, Liwa gehöre zum Gebiet der Al bu Falah von Abu Dhabi, die noch immer gegen Sa'id bin Maktum von Dubai kämpften, weshalb man allerorten vor Überfällen auf der Hut sei.

Am Spätnachmittag brachen wir wieder auf und ritten in Hamads Begleitung bis Sonnenuntergang. Hamad wollte bei uns bleiben, bis wir in Liwa Nahrungsmittel bekommen hätten. Da er die einzelnen Lagerplätze in dieser Gegend kannte, kam er uns wie gerufen. Am nächsten Tag erreichten wir nach einem Siebenstundenritt Khaur Sabakha am Rande der Wüste Dhafara. Wir legten den Brunnen frei und stießen in zweieinhalb Meter Tiefe auf Brackwasser, das so bitter war, daß sogar die Kamele nur wenig davon tranken und es dann verweigerten. Durstig schnupperten sie an dem Wasser, das al-Auf ihnen unter begütigendem Zureden in einem Ledereimer vorhielt, tauchten aber nur ihre Lippen hinein. Wir drückten ihnen die Nasen ins Wasser, aber sie tranken noch immer nicht. Dennoch behauptete al-Auf, daß die Araber selbst dieses Wasser mit Milch vermischt trinken würden. Als ich das bezweifeln wollte, erklärte er, daß ein Araber, der wirklich durstig sei, sogar ein Kamel töte, die Magenflüssigkeit trinke oder dem Tier einen Stecken in die Kehle stoße und das Erbrochene zu sich nehme. Wir ritten bis zum Sonnenuntergang weiter.

Als wir am Nachmittag des darauffolgenden Tages haltmachten, sagte al-Auf, wir hätten Dhafara erreicht, und der Brunnen Khaba sei ganz nah. Er wolle am nächsten Vormittag dort Wasser holen. Wir tranken den spärlichen Rest, der noch in einem unserer Schläuche war. Am nächsten Tag blieben wir, wo wir waren. Hamad wollte weitere Erkundigungen einziehen und am folgenden Tag wieder zu uns stoßen. Al-Auf, der mit ihm aufbrach, kehrte am Nachmittag mit zwei gefüllten Wasserschläuchen zurück. Das Wasser war zwar ein wenig abgestanden, schmeckte aber nach den schmutzigen übelriechenden Resten, die wir am Abend zuvor getrunken hatten, geradezu köstlich.

Es war der 12. Dezember. Vierzehn Tage waren vergangen, seit wir Khaur bin Atarit in Ghanim verlassen hatten.

Nun, da wir nicht mehr jede einzelne Tasse Wasser genau ausmessen mußten, bereitete Bin Kabina am Abend einen Extrakaffee, und Musallim erhöhte unsre Mehlration um einen ganzen Becher. Das war die pure Verschwendung, aber wir fanden, wir hätten Grund zum Feiern. Doch selbst jetzt konnten die Brotlaibe, die Musallim austeilte, unsern Hunger keineswegs stillen, der um so größer war, als wir keinen Durst mehr hatten.

Als ich mich zum Schlafen niederlegte, stand der Mond hoch über uns. Die andern schwatzten noch beim Feuer. Ich hörte nicht auf den Inhalt ihres Gesprächs, sondern lauschte nur den murmelnden Stimmen und betrachtete ihre dunklen Silhouetten, die sich gegen den Nachthimmel abzeichneten. Das Bewußtsein ihrer und der hinter ihnen lagernden Kamele Gegenwart, denen wir unser Leben verdankten, machte mich glücklich.

Jahrelang war mir die Durchquerung des Leeren Viertels als die größte Aufgabe erschienen, die mir die Wüste zu stellen hatte. Plötzlich war sie in meine Reichweite gerückt worden. Nie werde ich die Aufregung vergessen, als Lean mir so zufällig die Chance bot, dorthin zu reisen, nie meinen sofortigen Entschluß zur Durchquerung, nie meine Zweifel und Ängste, die Schwierigkeiten und die Augenblicke der Verzweiflung. Nun hatte ich das Leere Viertel durchquert. Für andere war meine Reise ohne besonderen Wert. Ihr einziges Resultat wäre wohl eine ziemlich ungenaue Karte, die kaum jemals ein anderer benützen würde. Es war ein ganz persönliches Erlebnis, und der Lohn war ein Schluck reinen, beinahe geschmacklosen Wassers gewesen. Mir genügte das.

Rückblickend wurde mir klar, daß diese Reise keine Höhepunkte gehabt hatte, wie sie der Bergsteiger empfinden muß, wenn er endlich auf dem Gipfel steht. Während der vergangenen Tage war eine Anstrengung und Aufregung der anderen gefolgt, und schon standen neue Sorgen bevor. Denn schließlich war diese Durchquerung des Leeren Viertels nur ein Abschnitt einer langen Reise, und meine Gedanken beschäftigten sich bereits mit den neuen Problemen, die unsre Rückreise aufwarf.

Rückreise nach Dhofar

Wir hatten das Leere Viertel durchquert, aber nun mußten wir noch nach Salala zurückkehren. Denselben Weg konnten wir nicht nehmen. Die einzig mögliche Route verlief durch Oman.

Ich versuchte unseren Standort auf einer Karte zu bestimmen, die außer Maghshin und Abu Dhabi nur sehr vage Andeutungen enthielt. Ohne andere sichere Unterlagen als meine eigenen Aufzeichnungen war es schwierig, eine Route auszuarbeiten. Bin Kabina hielt die Karte, während die andern interessiert um uns herumsaßen und mich mit ihren Fragen störten. Kartenlesen konnten sie nicht, es sei denn, man trug die Richtungen mit Pfeilen ein. Hingegen erkannten sie eine Fotografie seltsamerweise auch dann, wenn sie verkehrt herum lag. Ich schätzte, daß wir bis zu dem mit Tamtaim und den Bait Kathir vereinbarten Treffpunkt mehr als 800 Kilometer zurücklegen mußten. Von da waren es noch weitere 300 Kilometer bis Salala. Al-Auf versicherte mir, daß wir an vielen Brunnen vorbeikommen würden. Nur mit den Nahrungsmitteln würde es hapern. Im Augenblick hatten wir noch etwa neun Becher Mehl, und das entsprach ungefähr sieben Pfund.

Als wir gerade den Mehlvorrat abmaßen, kam Hamad in Begleitung eines weiteren Raschid namens Djadid zurück. »Noch ein Fresser mehr«, ging es mir sofort durch den Kopf. Bin Kabina bereitete Kaffee für die beiden, dann besprachen wir unsre Pläne. Hamad versicherte uns, daß wir in Liwa genug Nahrungsmittel kaufen könnten und verbreitete sich darüber, was es dort alles gebe – Mehl, Reis, Datteln, Kaffee, Zucker usw. Aber bis dorthin würden wir drei, ja vielleicht vier Tage brauchen. Ich sagte bitter: »Wir werden so hungrig sein wie die Kamele«, und al-Auf brummte: »Aber die Söhne Adams sind nicht so widerstandsfähig wie die Kamele.« Auf Mabkhauts und Musallims Fragen erklärte Hamad, wir könnten das Kampfgebiet an der Küste vermeiden, wenn wir uns immer südlich von Liwa hielten. Alle Stämme im Süden, ob Awamir, Manasir oder Bani Yas stünden mit den Raschid auf gutem Fuß. »Wenn ihr nach Oman kommt«, sagte er, »wird alles schwieriger. Dort sind die Duru, unsere Feinde, sie sind durch und durch schlecht. In ihrem Gebiet müßt ihr sehr vorsichtig sein, sie sind hinterhältige Burschen.«

Al-Auf lachte und zitierte ein bekanntes Sprichwort für die Hinterlist der Duru: »Er starb am Schlangenbiß«. Mit seinem Kamelstecken zeichnete er Muster in den Sand, die er wieder verwischte, um aufs neue zu beginnen. Schließlich blickte er auf und sagte nachdenklich: »Unsere Schwierigkeit ist die Anwesenheit von Umbarak. Niemand darf erfahren, daß er hier ist. Wenn die Araber hören, daß ein Christ sich in der Wüste aufhält, sprechen sie von nichts anderem mehr, und die Nachricht wird bald überall bekannt sein. Dann erfahren es auch Ibn Sa'uds Steuereinnehmer, und die werden uns alle verhaften und zu Ibn Djalawi nach Hasa bringen. Gott bewahre uns davor. Ich kenne Ibn Djalawi. Er ist ein Tyrann und kennt kein Erbarmen. Die Nachricht von Umbaraks Anwesenheit darf unter keinen Umständen die Duru vor uns erreichen. Sonst kommen wir nie durch ihr Gebiet. Wenn wir Arabern begegnen, sollten wir uns lieber als Raschid aus Hadramaut ausgeben, die nach Abu Dhabi reisen, um für die Al bu Falah zu kämpfen. Umbarak kann ein Araber aus Aden sein.«

Er wandte sich an mich und sagte: »Wenn uns jemand begegnet, verhalte dich ganz ruhig und erwidere nur die Begrüßung. Außerdem darfst du von jetzt an nur noch reiten. Jeder Araber, der deine riesigen Fußabdrücke sieht, wird herausbekommen wollen, wer in aller Welt du bist. Und jetzt sollten wir gehen.« Er erhob sich, holte die Kamele, und wir brachen auf.

Wir zogen zum Brunnen Khaba, der fünf Kilometer weiter in einer kahlen Mulde zwischen kleinen weißen Sicheldünen lag. Das Wasser war etwa dreieinhalb Meter unter der Erdoberfläche, und wir brauchten sehr lange, bis wir die Kamele getränkt hatten, da wir nur einen kleinen Ledereimer dabei hatten und jedes Kamel etwa vierzig Liter trank. Bin Kabina stand neben Qamaiqam, kraulte sie, wenn sie zu trinken aufhörte, zwischen den Hinterbeinen und sprach schmeichelnd auf sie ein, damit sie weitertrank. Endlich hatten alle Tiere ihren Durst gestillt und waren prall von dem Wasser, das sie in tiefen, langsamen Zügen zu sich genommen hatten. Al-Auf goß ihnen ein paar Eimer Wasser an die Brust und machte sich dann an das Füllen der Schläuche. Die Sonne brannte sehr heiß. Schließlich saßen wir auf. Meine Gefährten hatten sich in ihre Mäntel gehüllt und ihre Gesichter mit den Kopftüchern so umwickelt, daß nur noch die Augen hervorsahen. Ich entsann mich eines Bedu, den ich einmal um die Mittagsstunde eines glühenden Hochsommertages in Syrien gesehen hatte. Er stapfte durch die Wüste und schien aus dem Nichts ins Nichts zu ziehen, bis zu den Füßen in einen schweren Lammfellmantel gehüllt. Die Araber meinen mit jedem zusätzlichen Kleidungsstück die Hitze besser abhalten zu können. Tatsächlich bewirken sie damit, daß der Schweiß nicht verdunstet und dadurch eine kühle Lufthülle um die Haut entsteht. Diese unangenehme Feuchtigkeit war mir unerträglich. Ich verlor lieber Flüssigkeit, indem ich die heiße Luft meine Haut trocknen ließ. Im Sommer jedoch hätte ich mir damit einen tödlichen Hitzschlag geholt.

Am nächsten Tag konnten wir uns nur mit Mühe mehrerer neugieriger Awamir erwehren, die uns zunächst für Räuber hielten und Alarm gaben. Hamad kam mit ihnen ins Gespräch und gab uns als eine Gruppe Raschid aus, die nach Abu Dhabi reisen wollten. Daraufhin luden uns die Awamir in ihr Lager ein und wollten sogar ein Kamel für uns schlachten. Hamad lehnte die Einladung unter vielerlei Entschuldigungen ab, was ihren Verdacht aufs neue erregte. Als wir haltmachten, begaben Hamad, al-Auf und Mabkhaut sich in das Lager der Awamir zurück, wo sie über Nacht blieben. Damit war das Mißtrauen endgültig zerstreut. Am Morgen kehrten sie mit einem Ziegenschlauch voll Milch zurück. Drei Tage, nachdem wir Khaba verlassen hatten, erreichten wir Batin und lagerten in den Dünen um den Brunnen Balagh. Am nächsten Morgen begaben Hamad, Djadid und Bin Kabina sich nach Liwa, um Essensvorräte einzukaufen. Ich trug Bin Kabina auf, er solle Mehl, Zucker, Tee, Kaffee, Butter, Datteln und, wenn möglich, auch Reis kaufen. Vor allem aber solle er eine Ziege mitbringen. Unser Mehlvorrat war zu Ende, doch Musallim zauberte an diesem Abend einige Hände voll Mais aus seinen Satteltaschen, den wir in geröstetem Zustand aßen. Es war unsere letzte Mahlzeit bis zur Rückkehr der andern aus Liwa. Drei endlose Nächte und Tage ohne Essen lagen vor uns.

Ich hatte mir schon beinahe eingeredet, daß ich des Hungergefühls Herr werden könne. Schließlich hatte ich wochenlang gehungert, und solange wir Mehl gehabt hatten, war mein Appetit auf die verkohlten oder klitschigen Fladen, die Musallim bereitet hatte, sehr gering gewesen. Diese Fladen zu essen, bereitete mir beinahe noch weniger Befriedigung als ihr endgültiges Ausscheiden. Gewiß, meine Gedanken und Gespräche kreisten unentwegt ums Essen, aber ich dachte und sprach davon wie ein Gefangener über die Freiheit. Ich wußte, daß die Bratenstücke, die Reisberge und die Schalen voll dampfenden Bratensafts, die so verlockend vor meinen Augen tanzten, nur in meiner Vorstellung existierten. Nie hätte ich gedacht, daß ich von den Brotkanten träumen würde, die ich früher einmal zurückgewiesen hatte.

Am ersten Tag war mein Hunger nichts weiter als das verstärkte Gefühl des nun schon gewohnten leeren Magens, das ich, wie etwa Zahnweh, durch Willensanstrengung teilweise überwinden konnte. Ich erwachte im Morgengrauen vor nagendem Hunger, den ich aber weitgehend bezwingen konnte, indem ich mich auf den Bauch drehte und mich fest an den Boden preßte. Wenigstens fror ich nicht. Als die Sonne höher stieg, trieb mich die Hitze aus meinem Schlafsack. Ich warf meinen Mantel über einen Busch, legte mich in den Schatten und versuchte wieder einzuschlafen. Während ich so döste, träumte ich vom Essen. Schließlich trank ich ziemlich viel Wasser, aber das bittere Wasser bereitete mir Übelkeit. Endlich wurde es Abend, wir setzten uns um das Feuer und trösteten uns damit, daß wir uns versicherten, die anderen würden am nächsten Tag zurückkommen. Wir schwelgten in Gedanken an die Nahrungsmittel, die Ziege, die wir essen würden. Aber der nächste Tag schleppte sich bis zum Sonnenuntergang dahin, und sie kamen immer noch nicht.

Eine zweite Nacht stand mir bevor, und diese Nächte waren schlimmer als die Tage. Nun fror ich und konnte nur noch hin und wieder ein wenig Schlaf finden. Ich blickte zu den Sternen empor. Einige

– den Orion, die Plejaden und den Bären – kannte ich bei Namen. Entsetzlich langsam zogen sie ihre Bahn und versanken schließlich im Westen, während der kalte Wind unerbittlich über die Dünen wehte. Ich erinnerte mich an eine Nacht im ersten Internatsjahr, in der ich hungrig aufwachte und unter Tränen an einen Schokoladenkuchen dachte, den ich einige Tage zuvor auf einem Ausflug mit meiner Mutter nicht mehr hatte bewältigen können. Jetzt gedachte ich mit verzweifelter Gier der Brotrinden, die ich in den Uruq al-Shaiba verschenkt hatte. Ich Narr! Ich sah die Farbe, die Beschaffenheit, ja die Form dieser Brotstückchen, die ich verschmäht hatte, deutlich vor mir.

Am Morgen führte Mabkhaut die Kamele zum Weiden. Als sie so träge dahinschaukelten, für kurze Zeit der Mühe ledig, die wir ihnen abverlangten, merkte ich, daß ich auch sie nur noch als etwas Eßbares betrachten konnte. Ich war froh, als sie meinen Blicken entschwunden waren. Al-Auf kam zu mir, legte sich neben mich und deckte sich mit seinem Mantel zu. Wir sprachen wohl kein Wort. Ich lag mit geschlossenen Augen da und sagte mir immer wieder vor, daß ich, wäre ich jetzt in London, alles darum gäbe, hier sein zu können. Dann dachte ich an die Jeeps und Lastwagen, mit denen die Heuschreckenkommission in Nedjd ausgestattet war. Meine Vorstellungskraft war so stark, daß ich die Motoren hörte und den Gestank der Auspuffgase roch. Nein, lieber starb ich hier den Hungertod, als daß ich, vollgefressen und das Geplärr eines Radios im Ohr, mich in einem Ledersitz räkelte und mir Arabien von einem Automobil aus betrachtete. Verzweifelt versuchte ich, diese Anschauung aufrechtzuerhalten. Das schien mir von ungeheurer Wichtigkeit zu sein. Schon der leiseste Zweifel, der leiseste Wunsch, es anders zu haben, wäre das Eingeständnis meiner Niederlage, wäre Verrat an allem, was mir heilig war.

Während ich so döste, hörte ich plötzlich ein Kamel brüllen. Mit einem Ruck fuhr ich hoch. »Endlich sind sie gekommen«, schoß es mir durch den Kopf. Aber es war nur Mabkhaut, der unsre Kamele an eine andere Stelle trieb. Die Schatten zwischen den Sandhügeln wurden länger. Als die drei dann endlich nach Sonnenuntergang kamen, hatten wir bereits die Hoffnung aufgegeben. Ich sah sofort, daß sie keine Ziege dabei hatten. Mein Traum von einer großen dampfenden Ragoutschüssel zerstob. Wir tauschten die üblichen Begrüßungsworte und stellten die üblichen Fragen nach Neuigkeiten. Dann halfen wir, das einzige bepackte Kamel abzuladen. Bin Kabina sagte müde: »Wir haben nichts bekommen. Es gibt nichts in Liwa. Wir haben zwei Pakete schlechter Datteln und ein wenig Weizen. Unsre *riyal* wollten sie nicht nehmen, sie verlangten Rupien. Endlich nahmen sie sie zum gleichen Wert wie Rupien. Gottes Fluch über sie!« Er hatte sich einen langen Palmspreißel in den Fuß getreten und hinkte. Ich versuchte, den Spreißel zu entfernen, aber es war schon zu dunkel, um etwas zu sehen.

Wir öffneten ein Paket Datteln und aßen. Die Datteln waren von minderer Qualität und mit Sand verklebt, aber es waren viele. Dann bereiteten wir einen Brei aus dem Weizen und zerquetschten einige Datteln darin, um ihm etwas Geschmack zu geben. Als wir gegessen hatten, sagte al-Auf: »Wenn das alles ist, was wir zu essen bekommen, dann werden wir bald nicht mehr auf unsere Kamele kommen.« An diesem Abend waren wir reichlich niedergeschlagen und schlecht gelaunt.

Die letzten drei Tage waren eine schwere Prüfung gewesen, für die andern noch schwerer als für mich. Denn meine Anwesenheit hinderte sie daran, zu den nächsten Zelten zu reiten und dort gut zu essen. Aber die gräßliche Qual, nicht aus noch ein zu wissen, hatten wir nicht gelitten. Wir hatten geglaubt, die andern würden zurückkommen und Essen mitbringen. Wir hatten an dieses Essen gedacht, über dieses Essen geredet, von diesem Essen geträumt – von einem Festmahl aus fettem, würzigem Fleisch, dem Lohn für unsere Ausdauer. Und nun war dies alles: ein paar sandverklebte, verschrumpelte Datteln und ein pappiger Brei aus gekochtem Weizen. Und es war nicht einmal genug. Wir mußten zurück, quer durch Arabien, mußten möglichst unauffällig reisen und hatten, wenn wir sparsam damit umgingen, gerade genug Nahrung für zehn Tage. Ich hatte heute abend gegessen, aber der Hunger peinigte mich. Ich wußte nicht, wie lange ich diese Ernährung noch aushalten würde. Wir mußten um jeden Preis Essen herbeischaffen. Al-Auf sagte: »Wir müssen uns ein Kamel besorgen und es schlachten.« Und ich stellte mir vor, wie wir einen Monat lang ausschließlich von sonnengedörrtem Kamelfleisch leben sollten. Hamad schlug vor, wir sollten in der Nähe von Ibri im Wadi al-Ain ein Lager aufschlagen, und ein paar von uns sollten in Ibri Nahrungsmittel kaufen. Er sagte: »Ibri ist eine der größten Städte in Oman. Dort bekommt man alles, was man haben will.« Ich nahm das mit Vorbehalt auf, hatte er dasselbe doch auch von Liwa behauptet.

Musallim entgegnete ihm, wir könnten nicht durch das Gebiet der Duru ziehen. Sie wüßten von meinem Besuch in Maghshin im vergangenen Jahr und hätten die Bait Kathir wissen lassen, sie sollten sich hüten, einen Christen in ihr Gebiet zu bringen. Al-Auf erkundigte sich gereizt nach seinen Gegenvorschlägen. Es entspann sich ein Streit. Ich mischte mich ein und erinnerte Musallim daran, daß wir immer vorgehabt hätten, durch das Gebiet der Duru zurückzureisen. Erregt wandte er sich mir zu und schlug mit dem Kamelstecken auf den Boden, um seinen Worten Nachdruck zu verleihen: »Durchreisen, ja. Rasch und heimlich, wenn es sein muß, durch das unbevölkerte Gebiet am Rand der Wüste. Wir haben niemals vorgehabt, uns bei den Duru länger aufzuhalten oder gar in die Nähe von Ibri zu gehen. Bei Gott, das ist Wahnsinn! Weißt du denn nicht, daß dort einer der Statthalter des Imams sitzt – dieser gefürchtete Riqaishi. Hast du nie etwas von Riqaishi gehört? Was, glaubst du, wird er tun, wenn er hört, daß ein Christ sich in seinem Land aufhält? Er haßt alle Ungläubigen. Ich war dort. Umbarak, hör auf mich, ich kenne ihn. Gott helfe dir, Umbarak, wenn er dich erwischt. Glaube nur nicht, daß Oman wie diese Wüste hier ist. Es ist ein besiedeltes Land mit Dörfern und Städten, und der Imam herrscht über alle durch seine Statthalter. Und der schlimmste von allen ist Riqaishi. Die Duru sind Bedu wie wir, sie sind zwar unsre Feinde, aber vielleicht können wir dich durch ihr Land schmuggeln. Aber wir können uns nie und nimmer dort aufhalten. In die Nähe von Ibri zu gehen, wäre Wahnsinn. Hörst du, was ich sage? Der erste Mensch, der dich sieht, Umbarak, geht sofort zu Riqaishi und erstattet Meldung.«

Al-Auf fragte ihn ruhig: »Was willst du denn tun?« Und Musallim brauste auf: »Bei Gott, ich weiß es nicht. Ich weiß nur, daß ich nicht in die Nähe von Ibri gehe.« Ich fragte ihn, ob er auf dem Weg, den wir gekommen waren, wieder nach Salala zurückkehren wolle, und gab zu bedenken, daß das mit den erschöpften Kamelen und ohne Nahrungsmittel doch recht aussichtslos wäre. Er schrie, es sei keineswegs schlimmer, als nach Ibri zu gehen. Al-Auf wandte sich kopfschüttelnd ab, er murmelte: »Es gibt nur einen Gott.« Musallim und ich stritten weiter, bis Mabkhaut und Hamad sich einmischten und uns beschwichtigten.

Schließlich einigten wir uns dahin, daß wir Nahrungsmittel aus Ibri beschaffen und vorher von den Raschid in Rabadh ein Kamel kaufen mußten, das wir im Notfall schlachten konnten. Hamad sagte: »Ihr müßt verheimlichen, daß Umbarak ein Christ ist.« Mabkhaut schlug vor, ich solle mich für einen *Saiyid* aus Hadramaut ausgeben, da mich doch niemand für einen Bedu halten würde. Ich protestierte: »Als *Saiyid* würde man mich in religiöse Unterhaltungen verwickeln, auf jeden Fall erwartet man von mir, daß ich bete, und ich weiß nicht, wie ich dann beten muß. Vermutlich wird man sogar erwarten, daß ich die Gebete vorspreche. Das würde ein reizendes Schlamassel werden.« Die anderen lachten und gaben zu, daß dieser Vorschlag nichts tauge. Ich sagte: »Solange wir hier in den Sanden sind, gebe ich mich am besten für einen Araber aus Aden aus, der bei den Stämmen gelebt hat und jetzt auf der Reise nach Abu Dhabi ist. In Oman kann ich als Syrer auftreten, der al-Riyadh besucht hat und sich jetzt auf dem Weg nach Salala befindet.« Bin Kabina fragte: »Was ist ein Syrer?« Ich sagte: »Wenn du nicht weißt, was ein Syrer ist, dann wissen es die Duru vermutlich auch nicht. Auf jeden Fall haben sie wohl noch keinen gesehen.«

Dann fragte ich Bin Kabina nach Liwa aus. Er sagte: »Dort gibt es Palmen, gute Palmen, und eine ziemliche Menge davon auf den Dünen oberhalb der Salzebenen. Die Häuser bestehen aus Matten und Palmblättern. Ich sah kein einziges Lehmhaus. Die Dorfbewohner sind Manasir oder Bani Yas, recht unfreundliche Leute. Ein Sklave bemerkte sofort, daß die Sattelpolster unter meinem Kamelsattel aus Kokosfasern und nicht aus Palmfasern sind. Er rief: ›Der Junge ist aus dem Süden. Er gehört nicht zu den beiden anderen. Wahrscheinlich gehört er zu einer Bande, die sich irgendwo versteckt hält, und will Nahrungsmittel für sie holen. Wären es ehrliche Leute, dann wären sie alle gekommen.‹ Ich behauptete, ich würde mit zwei andern Raschid reisen, die nach dem Norden gekommen sind, um für die Al bu Falah zu kämpfen. Einer dieser Raschid sei an Fieber erkrankt, und der andere sei bei ihm geblieben, um ihn zu versorgen.«

Mabkhaut rief aus: »Diese Sklaven sind Teufel, sie merken alles.«

Bin Kabina fuhr fort: »Bei Gott, ich hätte ihnen gern ein paar Kamele gestohlen, wenn es sich auch nicht gelohnt hätte. Diese Dorfbewohner sind ein armseliger Haufe, in Salala sind die Leute anders. Ihre Weiber haben sich sogar geweigert, unser Korn zu mahlen. Fluch über sie! Ich mußte einen Mahlstein ausborgen und nach Einbruch der Dunkelheit die Arbeit selber verrichten.«

Das Kornmahlen ist Frauenarbeit, und Bin Kabina hätte es als Schande empfunden, wenn man ihn dabei gesehen hätte. Ich fragte ihn, was man ihm zu essen gegeben habe. Er lachte und sagte: »Brot, Datteln und ein Ragout aus Eidechsen.« Auf Eidechsenfleisch wurde ihm immer schlecht. Nun entspann sich ein Gespräch über erlaubte und verbotene Speisen. Die Araber unterscheiden nicht zwischen eßbaren und uneßbaren Dingen, sondern nur zwischen erlaubter und verbotener Nahrung. Kein Mohammedaner darf Schweinefleisch, Blut oder das Fleisch eines Tieres essen, dem nicht bei lebendigem Leib der Hals durchschnitten wurde. Die meisten essen nur Fleisch, das ein Mohammedaner geschlachtet hat, und viele nur, wenn dieser die Beschneidung bereits hinter sich hat. Die Mohammedaner in Syrien allerdings essen Fleisch, das ein Christ oder ein Druse geschlachtet hat oder von der Jagd mitbringt. Es gibt endlose Bräuche und Regeln für erlaubte oder verbotene Speisen. Sie sind überall anders und meist nicht mit Vernunftgründen zu erklären. Auf meine Frage, ob man einen Fuchs essen darf, erklärte Hamad, man dürfe Wüstenfüchse, nicht aber Gebirgsfüchse essen. Sie waren sich darüber einig, daß man zwar Adler, aber nicht Raben essen dürfe, es sei denn als Medizin gegen Bauchweh. Musallim berichtete, die Duru äßen die wilden Affen, die in ihrem Gebiet lebten, was die andern ekelhaft fanden und nicht glauben wollten. Ich sagte, ich würde Eselfleisch dem Wildkatzenfleisch, das al-Auf als erlaubt bezeichnete, vorziehen. Die Meinungsverschiedenheiten, die wir noch vor kurzem gehabt hatten, waren jetzt ganz vergessen.

Die Bedu streiten häufig recht leidenschaftlich, beruhigen sich aber meist ebenso rasch, wie sie sich erregen. Männer, die einander anschreien und kurz vor einer Prügelei zu sein scheinen, sitzen kurze Zeit darauf friedlich bei einer Tasse Kaffee zusammen. Für gewöhnlich sind die Bedu nicht nachtragend. Fühlen sie sich jedoch in ihrer persönlichen Ehre angegriffen, dann werden sie sofort rachsüchtig. Wer einen Bedu schlägt, wird über kurz oder lang umgebracht. Ein Fremder kann sie leicht unwissentlich beleidigen. Ich legte einmal meine Hand auf Bin Kabinas Nacken, und sofort fuhr er mich an, ob ich ihn für einen Sklaven halte. Ich hatte keine Ahnung, daß ich etwas Unrechtes getan hatte.

Am nächsten Morgen war unser Lager in dichten Nebel gehüllt. Man konnte kaum zwanzig Meter weit sehen. Um uns war nichts als wogendes Weiß, feucht wie der Nebel am Meer. Plötzlich brüllte irgendwo ein Kamel, ein sicheres Zeichen dafür, daß ein menschliches Wesen sich näherte. Ich griff nach meiner Büchse und blickte mich um, ob einer von uns fehle: Bin Kabina versuchte einen schwelenden Holzstoß anzufachen, Musallim häufte Datteln auf ein Tablett, Hamad und Djadid beteten. Also mußten Mabkhaut und al-Auf bei den Kamelen sein. Ich erhob mich. Der Mantel, den ich über meinen Schlafsack gelegt hatte, war triefend naß. Eine Woche lang hatten wir nun schweren Tau gehabt, eine Folge der Feuchtigkeit, die der Nordwind vom Persischen Golf ins Innere brachte. In der südlichen Wüste waren Tau und Morgennebel immer mit dem Südwind gekommen, der vom Arabischen Meer her wehte. Ich glaube nicht, daß im Leeren Viertel selbst viel Tau fällt, aber in der Nähe der Küste muß der Tau sich auf die Vegetation günstig auswirken. Ich verstand nie so recht, daß al-Auf behauptete, der Tau verbrenne sie.

Hamad bot sich an, uns bis Ibri zu begleiten, was wir gern annahmen, da er die Wüste und die derzeitigen Lagerplätze der Stämme weit besser kannte als wir. Er meinte, wir sollten uns am Südrand von Liwa halten, weil dort das Land im Augenblick leer sei. Normalerweise gab es in den Salzebenen südlich von Liwa viele Kamelherden, die den Manasir gehörten. Aber vor kurzem hatten sich dort Räuberbanden aus Dubai herumgetrieben und schweren Schaden angerichtet, und die meisten Manasir waren weiter nach Westen gezogen. Hamad erklärte mir, daß die Manasir ihre Kamele von den Salzbüschen fressen lassen, was die Tiere so durstig mache, daß man sie dreimal, ja sogar viermal täglich tränken müsse. Infolgedessen können die Manasir sich nur in der Nähe von Brunnen aufhalten. Die Salzbüsche leiden kaum unter der Dürre und geben somit das ganze Jahr über ausreichendes Kamelfutter auf den Ebenen um Liwa ab. Unsere Kamele weigerten sich, diese Büsche zu fressen, und Bin Kabina wollte wissen, ob es auf der vorgeschlagenen Route etwas anderes für sie gäbe. Er sagte: »Die unglücklichen Tiere dürfen nicht noch mehr Hunger leiden, sie haben ganz schrecklich gelitten.« Hamad versicherte ihm, wir würden im Verlauf der nächsten Tage genug Fressen für sie finden, und wenn wir erst einmal Rabadh erreicht hätten, gäbe es mehr als genug. Wir erklärten uns daher mit seinem Vorschlag einverstanden.

Wir aßen ein paar Datteln, nahmen Abschied von Djadid und brachen nach Osten auf. Der Nebel war noch immer sehr dicht. Ich hoffte, daß wir nicht versehentlich in ein Araberlager geraten würden. Erst nach weiteren zwei Stunden hob sich der Nebel.

Die Dünen verlaufen von Westen nach Osten, so daß wir, den Tälern folgend, mühelos vorwärts kamen. Es waren große Massive, ähnlich den *qaid*, die ich in Ghanim gesehen hatte, aber miteinander zu parallel laufenden Dünenketten von etwa hundert Meter Höhe verbunden. Die breiten Täler bedeckten leuchtend grüne Salzbüsche. Wir kamen an mehreren Palmenhainen und kleinen Niederlassungen vorüber, die aus armseligen Palmblatt- und Mattenhütten bestanden, wie Bin Kabina sie geschildert hatte. Alle waren verlassen.

Um die Mittagsstunde tauchten auf einer fernen Düne zwei Araber in Begleitung eines Saluki auf. Sie blieben stehen und sahen zu uns herüber, und al-Auf erhob sich und ging ihnen entgegen. Sie riefen ihm zu, er solle stehenbleiben. Und als er zurückrief, er wolle Neuigkeiten erfahren, antworteten sie, sie hätten keine und wollten keine von ihm erfahren. Wenn er näher käme, würden sie schießen. Sie beobachteten uns noch eine Weile und verschwanden dann.

Wir reisten langsam, um unsere Kamele nicht anzustrengen, und benötigten fünf Tage vom Brunnen Balagh bis zur Wüste Rabadh. Manchmal sahen wir Kamele. Auch aus der größten Entfernung schienen meine Gefährten immer zu erkennen, ob sie Milch gaben. In der Wüste darf der Reisende jedes Kamel melken, dem er begegnet. Diese Kamele nährten sich von Salzbüschen. Über ihre Sprunggelenke lief ständig flüssiges grünes Exkrement. Al-Auf sagte mir, daß Kamele, die sich von Salzbüschen ernähren, immer solche Entleerungen haben, was jedoch nicht nachteilig sei, wenn sie genügend Wasser bekämen. Die meisten dieser Kamele waren jedenfalls in vorzüglicher Verfassung.

Einmal trafen wir auf ein Dutzend Kamele, die eine Frau mit zwei kleinen Knaben hütete. Al-Auf meinte, wir sollten etwas trinken, und wir ritten hinüber. Er sprang aus dem Sattel, begrüßte die Frau, eine verschrumpelte, alte Person, deren schwarzes abgetragenes Gewand schon fast grünlich schillerte, nahm die Schale, die sie ihm reichte, und ging zu den Kamelen. Die Frau schrie ihre Söhne an: »Sputet euch! Sputet euch! Holt die Rote, holt die Zweijährige. Los, los, holt die Graue und die Sechsjährige! Willkommen! Willkommen! Ein Willkommen den Gästen!« Al-Auf reichte uns die Schale, jeder von uns hockte sich zum Trinken nieder, denn kein Araber trinkt im Stehen. Und die alte Frau erkundigte sich, wohin die Reise gehe. Wir antworteten, wir wollten für die Al bu Falah kämpfen, und sie rief: »Gott schenke euch den Sieg!«

Ein andermal stießen wir auf ein kleines Lager der Manasir. Hamad bestand darauf, sie zu begrüßen, da wir sonst ihr Mißtrauen erregen würden. Diesmal waren wir zu Fuß, und ich schlug vor, die Kamele weiden zu lassen. Ich würde sie bis zur Rückkehr der anderen hüten. Nach kurzer Beratung erklärten sie sich damit einverstanden. Ich wußte, daß sie Milch wollten, und auch ich hätte gern Milch getrunken, aber es schien mir töricht, die Gefahr einer Entdeckung zu riskieren. Als sie zurückkehrten, grinste Bin Kabina mich so seltsam an, daß ich fragte, was es denn zu lachen gebe. Er sagte: »Die Manasir gaben uns Milch und bestanden darauf, daß wir dich holen, damit du auch trinken könntest. Al-Auf erklärte ihnen, du seist unser Sklave, aber sie wollten dich trotzdem holen!« Ein Sklave hat bei den Bedu das Recht auf dieselbe Behandlung wie die übrige Reisegesellschaft. Bin Kabina fuhr fort: »Schließlich sagte al-Auf, du seist nicht richtig im Kopf, und sie sollten dich lassen, wo du bist. Damit gaben sie sich dann zufrieden.« Mabkhaut sagte: »Ja, sie haben nichts mehr gesagt. Aber sie haben uns ein wenig seltsam angesehen.«

Am nächsten Vormittag, wir führten gerade unsere Kamele einen steilen Dünenhang hinunter, hörte ich plötzlich ein dumpfes vibrierendes Summen, das immer stärker wurde. Ich dachte schon, es sei ein Flugzeug. Die erschreckten Kamele scheuten, zerrten an ihren Halftern und hoben die Köpfe. Als wir am Fuß der Düne angekommen waren, hörte das Geräusch auf. Es war »das Singen der Sande«. Die Araber vergleichen es recht anschaulich mit einem Donnergrollen. Während der fünf Jahre in diesen Wüsten hörte ich es nur ein halb dutzendmal. Meiner Meinung nach wird es dadurch erzeugt, daß Sandschichten übereinander wegrutschen. Als ich einmal, von einer harten Sandschicht kommend, den Fuß auf einen Steilhang setzte, begann es seltsam zu dröhnen. Ich merkte, daß ich das Geräusch einzig und allein durch das Betreten des rutschenden Abhangs hervorgerufen hatte.

Kurz vor Rabadh sprang Musallim plötzlich von seinem Kamel, fuhr mit dem Arm in ein flaches Erdloch und zog einen Hasen heraus. Auf meine Frage, wieso er gewußt habe, daß dort ein Hase sei, wies er auf eine Spur, die in dem Loch verschwand. Der Nachmittag schleppte sich dahin. Schließlich erreichten wir die vielen kleinen Dünenzüge, die dieser Wüste den Namen Rabadh gaben. Es gab genug Weidegrund, und wir machten am Rand der Wüste halt. Wir beschlossen, den Rest unseres Mehls zu opfern, und Musallim zauberte drei Zwiebeln und einige Gewürze aus seiner Satteltasche. Hungrig hockten wir im Kreis um das Feuer und sahen Bin Kabina bei der Zubereitung des Hasen zu und gaben ihm nützliche Ratschläge. Unsere Vorfreude wurde immer größer, hatten wir doch, abgesehen von dem Hasen, den al-Auf in der Nähe der Uruq al-Shaiba getötet hatte, seit mehr als einem Monat kein Fleisch gegessen. Wir kosteten die Suppe und beschlossen, sie noch ein wenig ziehen zu lassen. Da blickte Bin Kabina auf, und kläglich kam es über seine Lippen: »Lieber Gott! Gäste!«

Drei Araber strebten durch die Wüste auf uns zu. Hamad sagte: »Das sind Bakhit und Umbarak und Salim, die Kinder von Mia.« Und zu mir gewandt: »Es sind Raschid.« Wir begrüßten sie, erkundigten uns, was es Neues gebe, und bereiteten Kaffee. Dann trugen Musallim und Bin Kabina den Hasen und das Brot auf, stellten die Teller vor die Fremden und hießen sie als unsere Gäste willkommen. Gott habe sie uns geschickt, gesegnet sei der heutige Tag und ähnliche Redensarten nahmen schier kein Ende. Sie forderten uns auf, mitzuhalten, wir aber lehnten ab und wiederholten immer wieder, sie seien ja die Gäste. Ich hoffte, daß mein Gesichtsausdruck die Mordgelüste, die ich empfand, nicht verriet, während ich einträchtig mit den anderen versicherte, Gott habe sie uns zu dieser Stunde gesandt. Als sie mit dem Essen fertig waren, stellte Bin Kabina einen klebrigen Haufen Datteln vor uns und hieß uns essen.

Höchst mißgelaunt legte ich mich zum Schlafen nieder, aber ich fand keine Ruhe. Die anderen schwätzten ohne Unterlaß, durch die Begegnung mit ihren Stammesbrüdern erregt, wenige Meter von mir entfernt. Wütend grübelte ich wieder einmal darüber nach, weshalb die Bedu so laut schreien müssen. Nur sehr allmählich gewann ich meinen Gleichmut zurück, indem ich zu dem bewährten Mittel griff, mir die Frage vorzulegen, ob ich in diesem Augenblick wirklich lieber anderswo sein möchte. Ich verneinte aus voller Überzeugung und fühlte mich nun wieder wohler. Dann dachte ich lange über die Gastlichkeit in der Wüste nach und verglich sie mit der unseren. Ich entsann mich anderer Lager, in denen ich zu Gast gewesen war, kleiner Zelte in der Syrischen Wüste, in denen ich die Nacht verbracht hatte. Ich entsann mich hagerer zerlumpter Männer und ausgezehrter Kinder, die mich begrüßt und mich mit dem feierlichen Zeremoniell der Wüste willkommen geheißen hatten. Sie hatten einen großen Teller mit Reis, Schaffleisch und flüssiger, goldgelber Butter vor mich gestellt, einen Teller, so üppig gehäuft, daß ein Teil des Essens in den Sand rollte. Und als ich einwandte, das sei zuviel, hatten sie geantwortet, ich sei ihnen hundertfach willkommen. Diese großzügige Gastlichkeit war mir immer peinlich gewesen, weil ich wußte, daß meine Gastgeber nun tagelang hungern mußten. Und dennoch war ich beim Abschied überzeugt, daß ich ihnen durch mein Bleiben etwas Gutes erwiesen hatte.

Die immer lauter werdenden Stimmen meiner Begleiter rissen mich aus meinen Gedanken. Bin Kabina hatte sich in Hitze geredet. Ich konnte ihn gestikulierend vor dem Nachthimmel stehen sehen. Ich lauschte, wovon die Rede war, und war keineswegs überrascht, sie über Geld, Recht und Unrecht in irgendeinem uralten Streit um ein paar Schillinge sprechen zu hören, der keinen von ihnen etwas anging. Ich fragte mich, ob es noch irgendein Volk auf dieser Erde gab, das so habgierig sei und so auf Geld versessen wie die Araber. Aber wer andererseits außer einem Bedu könnte sein einziges Lendentuch verschenken wollen, wie es Bin Kabina in Ramlat al-Ghafa getan hatte? Es ist bezeichnend für den Bedu, daß er in all seinen Äußerungen nur das Extrem kennt, daß er entweder von unbeschreiblicher Großzügigkeit oder von unglaublicher Schäbigkeit ist. Er ist geduldig wie ein Lamm oder fast hysterisch erregbar, unwahrscheinlich tapfer oder unbegreiflich verzagt. Von Natur asketisch, zieht er gerade aus der Kargheit seines Daseins tiefe Befriedigung und verachtet die Annehmlichkeiten, die anderen lebensnotwendig erscheinen. Obgleich die Bedu bei den seltenen Gelegenheiten, die sich ihnen dazu bieten, unmäßig essen, habe ich niemals einen verfressenen Bedu getroffen. Sie, die monatelang enthaltsam leben müssen, würden geschlechtliche Enthaltsamkeit niemals als eine Tugend betrachten. Sie wünschen sich Söhne und sind der Ansicht, daß Gott die Frau zum Vergnügen des Mannes erschaffen hat. Sich der Frauen absichtlich zu enthalten, erschiene ihnen nicht nur unnatürlich, sondern einfach lächerlich, und der Bedu wird sich stets ängstlich davor hüten, lächerlich zu erscheinen. Dennoch benutzt der Araber den Namen seiner Schwester als Kriegsruf. Glubb Pascha ist der Ansicht, daß der mittelalterliche Begriff der europäischen Ritterlichkeit zur Zeit der Kreuzzüge von den Arabern übernommen wurde. Der Bedu legt großen Wert auf menschliche Würde, und die meisten von ihnen sehen einen Mann lieber sterben als gedemütigt werden. In Gegenwart von Fremden stets zurückhaltend und daran gewohnt, bei feierlichen Gelegenheiten stundenlang regungslos und schweigend dazusitzen, sind sie dennoch streitsüchtig, geschwätzig und ausgelassen. Geraten sie unter den Einfluß religiöser Fanatiker, können sie sich zu kompromißlosem Puritanismus versteigen und sind dann jeder Belustigung abhold und betrachten Gesang und Musik als Sünde und Lachen als unschicklich. Wahrscheinlich vereinigt kein anderes Volk, die Gesamtheit wie der einzelne, in sich so viele Eigenschaften in so extremem Ausmaß.

Bis fast zum Morgengrauen hörte ich im Halbschlaf ihre Stimmen.

Am Morgen forderte Bakhit uns auf, mit ihm in sein Zelt zu kommen: »Ich werde euch Fett und Fleisch geben.« Mit diesen Worten kündigt man an, daß man ein Kamel für den anderen schlachten will. Wir waren sehr versucht, dieser Einladung zu folgen, denn wir waren sehr hungrig. Aber Hamad hielt es für klüger, sie abzulehnen, da es in der Gegend, in der Bakhit lagere, von Arabern wimmele. Wir erklärten also Bakhit, daß wir ein Kamel kaufen wollten, und er versprach, eines zu holen und uns am nächsten Tag an einem versiegten Brunnen weiter östlich zu treffen. Dort kam er dann auch kurz vor Sonnenuntergang an. Er hatte ein altes Kamel dabei, eine *hazmia* mit schwarzem Fell, in guter Verfassung, die in der Wüste aufgewachsen war. Von den Sohlen ihrer Füße hingen lange Hautfetzen. Al-Auf sagte, diese Stute sei außerstande, durch die weiten Kiesebenen des Duru-Landes zu ziehen, aber Mabkhaut wandte ein, wir könnten sie ja mitnehmen, bis die Füße durchgelaufen seien, und dann schlachten. Nach einigem Feilschen erstanden wir das Tier.

Am nächsten Morgen sahen wir einige Zelte, die Hamad unbekannt vorkamen, weswegen wir in weitem Bogen ausweichen wollten. Aber schon kam ein Mann zwischen den Zelten hervor, lief durch den Sand auf uns zu und schrie: »Halt! Halt!« Als er näherkam, sagte Hamad: »Es ist in Ordnung, der Sohn des alten Muhammad.« Wir begrüßten ihn, und er fragte: »Weshalb geht ihr an meinem Zelt vorüber? Kommt, ich werde euch Fett und Fleisch geben.« Ich lehnte unwillkürlich ab, er aber brachte mich zum Schweigen, indem er sagte: »Wenn ihr nicht in mein Zelt kommt, werde ich mich von meiner Frau trennen.« Dies war der Scheidungsschwur, und er war gezwungen, ihn einzuhalten, wenn wir ablehnten. Er nahm mein Kamel am Zügel und führte das Tier zu den Zelten. Ein alter Mann trat auf uns zu und begrüßte uns. Er hatte einen langen weißen Bart, freundliche Augen, eine sanfte Stimme und hielt sich, wie alle Bedu, sehr gerade. Hamad sagte: »Das ist der alte Muhammad.« Die beiden Zelte waren sehr klein, kaum zwei Meter lang und keine anderthalb Meter hoch und zur Hälfte mit Säcken und anderen Ausrüstungsgegenständen gefüllt. Eine alte Frau und eine sehr hübsche jüngere Frau, die dunkelblaue Gewänder trugen und unverschleiert waren, sowie drei Kinder, von denen das kleinste nackt, mit laufender Nase und dem Daumen im Mund, herumstand, beobachteten uns beim Abladen der Kamele. Salim verschwand mit al-Auf zwischen den Dünen. Nach einiger Zeit kamen sie mit einem jungen Kamel zurück, das sie hinter den Zelten schlachteten.

Inzwischen hatte der alte Muhammad Kaffee bereitet und uns Datteln vorgesetzt. Hamad deutete auf mich und sagte: »Er ist der Christ.« Der alte Mann fragte: »Ist er der Christ, der im vergangenen Jahr mit Bin al-Kamam und den Raschid nach Hadramaut ging?« Und nachdem Hamad dies bestätigt hatte, wandte er sich zu mir und sagte: »Ein tausendfaches Willkommen.« Die Nachricht hatte sich rasch verbreitet, befanden wir uns doch hier in der Nähe des Persischen Golfs, viele hundert Meilen von Hadramaut entfernt. Aber das überraschte mich nicht. Ich wußte, wie sehr die Bedu auf jede Neuigkeit aus sind und wieviel ihnen daran gelegen ist, die neuesten Nachrichten von ihrer Sippe, von Überfällen, von Weidebedingungen und den Bewegungen der Stämme zu erfahren. Ich wußte, wie qualvoll es für meine Gefährten während der letzten Tage gewesen sein mußte, Zelte zu umgehen und damit auch auf die Möglichkeiten zu verzichten, Neuigkeiten zu hören. Das Verlangen nach Nachrichten war so groß wie ihr Verlangen nach Milch. Es war ihnen verhaßt, durch unbewohntes Gebiet zu reisen, ohne genau zu wissen, was um sie herum vorging.

»Was gibt es Neues?« ist, auch zwischen Fremden, die erste Frage bei jeder Begegnung in der Wüste. Wann immer der Bedu die Möglichkeit dazu hat, schwätzt er stundenlang, und jedes Gesprächsthema ist ihm willkommen. In der Wüste gibt es keine Diskretion. Tut ein Mann sich hervor, dann kann er gewiß sein, daß sein Ruhm weit verbreitet wird. Benimmt er sich unrühmlich, kann er gewiß sein, daß von seiner Schande in jedem Lager zu hören sein wird. Die Furcht vor der öffentlichen Meinung ist ausschlaggebend für die starren Konventionen der Wüste. Das Bewußtsein, daß stets aller Augen auf einen gerichtet sind, verleiht vielen Handlungen der Bedu einen theatralischen Anstrich. Glubb Pascha erzählte mir einmal von einem Bedu-Scheich, den man »den Gastgeber der Wölfe« nannte, weil er jedesmal, wenn er einen Wolf im Umkreis seines Zeltes heulen hörte, seinem Sohn befahl, eine Ziege in die Wüste zu führen, was er damit begründete, daß niemand ihn vergeblich um eine Mahlzeit bitten solle.

Es war später Nachmittag, als Salim einen Teppich vor uns ausbreitete und eine große Schüssel voll Reis darauf stellte. Er holte die Fleischstücke aus dem Kessel, legte sie auf den Reis, gab Brühe darüber und schließlich noch eine Schale geschmolzener Butter. Dann goß er Wasser über unsere ausgestreckten Hände. Der alte Muhammad lud uns zum Essen, lehnte jedoch unsere Einladung, mit uns zu essen, ab. Er stand neben uns, sah uns zu und sagte: »Eßt! Eßt! Ihr seid hungrig. Ihr seid müde. Ihr seid von weit her gekommen. Eßt!« Er bestellte bei

Salim trotz unseres Einspruchs weitere Butter, nahm ihm die Schale aus der Hand und goß die Butter selbst über den Reis. Als wir schließlich keinen Bissen mehr hinunterbrachten, leckten wir unsere Finger ab, erhoben uns und murmelten: »Möge Gott es euch lohnen.« Wir wuschen uns mit Wasser. Wir brauchten hier unsere Finger nicht mit Sand zu reinigen, denn der Brunnen war ganz in der Nähe. Salim reichte uns nun den Kaffee. Das bittere Getränk schmeckte nach dem fettigen Reis und den kalten Fettbrocken köstlich und rein. Er und sein Vater drängten uns, doch wenigstens noch einen weiteren Tag bei ihnen zu rasten und auch unseren Kamelen die Ruhe zu gönnen, und wir sagten bereitwillig zu. Bei Sonnenuntergang brachten sie uns Milch. Wir tranken, bis wir nicht mehr konnten. Jedesmal, wenn einer von uns die leere Schale zurückgab, sagte er: »Gott segne sie.« Damit war das Kamel gemeint, das uns die Milch geschenkt hatte. Bakhit und Umbarak erschienen am nächsten Morgen und sagten, sie hätten erwartet, uns hier zu treffen. Bakhit wollte uns gern nach Ibri begleiten, um dort für das Geld, das ich ihm für das Kamel gegeben hatte, Reis und Kaffee zu kaufen. Wegen der Feindschaft zwischen den Raschid und den Duru hatte er Angst, allein zu reisen.

Jeder Stamm zwischen Hadramaut und Oman gehört einer der beiden feindlichen Parteien an, die heute unter dem Namen Ghafari und Hanawi bekannt sind. Die Namen selbst kamen erst im omanischen Bürgerkrieg zu Beginn des achtzehnten Jahrhunderts auf, aber die Spaltung zwischen den Stämmen, die sich in diesen Namen ausdrückt, ist sehr alt und geht vermutlich auf die Zwistigkeiten zwischen den Stämmen Adnan und Qahtan zurück. Die Duru waren Ghafari, die Raschid hingegen, die von den Qahtan abstammten, waren Hanawi. Um unbehelligt durch das Duru-Land zu reisen, brauchten wir einen *rabia* oder Begleiter, der uns freies Geleit gewährleistete. Ein solcher *rabia* konnte entweder von den Duru oder einem anderen Stamm durch Stammesbrauch ermächtigt sein, seinen Reisegefährten Schutz im Duru-Land zu gewährleisten. Der *rabia*-Eid lautete: »Ihr seid meine Gefährten, und eure Sicherheit, euer Blut wie euer Gut, sind in meinem Gesicht.« Die Mitglieder einer Reisegesellschaft hafteten gegenseitig für ihre Sicherheit, und man erwartete von ihnen, daß sie, wenn notwendig, einander mit der Waffe verteidigten. Wurde ein Mitglied der Reisegesellschaft getötet, waren alle anderen in die daraus entstehende Blutfehde verwickelt. Kein Stamm würde eine Reisegesellschaft angreifen, die der Angehörige eines mächtigen verbündeten Stammes begleitete. Ein *rabia* konnte jedoch auch einem kleinen unbedeutenden Stamm angehören und dennoch Schutz gewähren. Die Frage, wie und wo jeder Stamm Schutz gewähren konnte, war sehr verwickelt. Meine Begleiter vertrieben sich auf ihren Ritten oft die Zeit, indem sie Hypothesen über diesen Schutz aufstellten, mitunter wurden sie so spitzfindig, daß ich an streitende Anwälte denken mußte. Unsere gegenwärtige Schwierigkeit bestand darin, daß wir ohne einen *rabia* in das Gebiet der Duru einreisen und hoffen mußten, dort einen *rabia* aufzutreiben. Die Raschid und die Duru standen zur Zeit nicht miteinander im Krieg, aber sie hegten auch keine Sympathien füreinander.

Drei Tage später lagerten wir am Ostrand der Großen Sandwüste zwischen verstreuten Dornbüschen. Am nächsten Tag ritten wir sieben Stunden lang über eine flache Kiesebene, die mit Kalksteinbrocken besät war. Über uns hing ein gelber Dunst wie ein schmutziger Vorhang bis zum Horizont. Am Abend lagerten wir in einem sandigen Wasserlauf zwischen einigen *ghaf*-Bäumen. In der Gabelung eines der Bäume lag ein großes Paket Datteln, das der Eigentümer, im Vertrauen darauf, niemand käme hier vorbei, dort deponiert hatte. Bei Sonnenuntergang sahen wir in der Ferne einige Ziegen, aber niemand kam in unsere Nähe. Während der Nacht strich ein Wolf heulend um unser Lager. Es war einer der gespenstischsten Laute, die ich je vernommen habe.

Im Morgengrauen sah ich im Osten einen großen Berg. Hamad sagte mir, dies sei der Djebel Kaur bei Ibri. Später verdichtete der Dunst sich wieder und verbarg den Berg vor unseren Blicken. Als wir das Wadi al-Ain erreichten, schlug Hamad vor, er wolle mit al-Auf zum nächsten Brunnen vorausreiten, und, wenn dort Leute seien, unsere Ankunft melden, da sonst mit großer Wahrscheinlichkeit auf uns geschossen würde. Sie trabten auf den Baumgürtel zu, der sich vor uns erstreckte. Als wir bald darauf zum Brunnen kamen, sahen wir Hamad in lebhaftem Gespräch mit einer Gruppe von Arabern. Al-Auf kam zu uns zurück und hieß uns anhalten. Es sei dicke Luft. Hastig erklärte er uns, sie hätten bei ihrer Ankunft am Brunnen mit zwei

Kaiser Haile Selassie und der Autor bei Beginn des Feldzuges von Gojam

Am Rande von Shibam im Wadi Hadramaut

*Rückreise nach
Buraimi durch die
Berge von Oman*

Schlimme Tage
im Wadi Djaub,
auf der Reise
von Sulaiyil
nach Abu Dhabi

Sai'ar-Mädchen in Manwakh

Einer von Zayids
Falknern in Buraimi

Freilegung eines
Brunnens in den Sanden

Bin Kabina

Das Wadi Djiza im Lande der Mahra (Südarabien)

*In den Sanden
des Leeren Viertels*

Der Grat einer großen Sanddüne

Harasis-Frau mit einer schwarzen Gesichtsmaske, die den Schleier ersetzt

Eine Sai'ar-Familie im Aufbruch

Bin Kabina (rechts) und Bin Ghabaisha (links)

Sai'ar-Lager

Amair, einer der Raschid-Begleiter des Autors

Duru gesprochen, die dort ihre Kamele tränkten. Die Männer seien freundlich gewesen, aber andere Duru, die Kamele mit Datteln aus Ibri bei sich hatten, seien kurz danach angekommen und hätten erklärt, kein Raschid dürfe ihren Brunnen benutzen. Al-Auf gesellte sich wieder zu Hamad, während wir besorgt darauf warteten, was nun geschehen würde. Eine halbe Stunde später kamen al-Auf und Hamad mit einem jungen Mann zu uns, der uns begrüßte und uns aufforderte, unsere Kamele abzuladen und es uns bequem zu machen. Er wolle uns zu seinem Lager bringen, sobald er seine Kamele getränkt habe. Die Karawane aus Ibri tränkte ihre Tiere. Einer von ihnen beschenkte Hamad zu dessen Überraschung mit einem kleinen Paket Datteln. Sie waren groß und sehr süß, aber ich konnte schon fast keine Datteln mehr sehen. Dann entfernten die anderen sich das Wadi entlang, und wir begaben uns zum Brunnen, der in einer Tiefe von etwa sechs Metern reines Wasser führte.

Am Nachmittag brachte uns der junge Hirte, der Ali hieß, zu seinem Lager, das zwei Meilen weiter mitten im Wadi lag. Hier bestand das Wadi al-Ain, das größte der drei großen Flußtäler, die vom Omangebirge in die westliche Wüste verlaufen, nicht nur aus einem einzigen trockenen Flußbett, sondern aus mehreren trockenen Wasserläufen, die durch Kiesbänke und Schwemmsand voneinander getrennt waren. Die Bäume und Sträucher waren verdorrt, boten jedoch nach der kahlen Kiesebene, die wir gerade durchquert hatten, auch so eine willkommene Abwechslung.

In Alis Lager gab es weder Zelt noch Hütte. Er und seine Familie lebten unter zwei großen Akazienbäumen, an denen sie ihre Haushaltsutensilien aufgehängt hatten. Augenscheinlich waren sie schon lange hier; in den beiden Reisigpferchen, wo sie ihre Ziegen untergebracht hatten, lag der Dung ziemlich hoch. Die Familie bestand aus zwei verschleierten Frauen, einem halbblöden vierzehnjährigen Knaben und drei kleinen Kindern. Wir sattelten in unmittelbarer Nähe des Lagers ab, in einem Hain aus *ghaf*-Bäumen, die offenbar das Futter für die Ziegen und Kamele liefern mußten und übel zugerichtet waren. Ali schlachtete eine Ziege für uns und brachte uns am Abend ein gutes Essen aus Fleisch, Brot und Datteln herüber. Ein Sklave, der die Nacht hier verbrachte, begleitete ihn. Ali erklärte sich einverstanden, einige Mitglieder unserer Reisegesellschaft nach Ibri zu bringen, obwohl der Sklave wissen wollte, daß es dort vor wenigen Tagen zu Unruhen zwischen Einwohnern und einer Gruppe von Raschid gekommen war. Ali fragte mich, ob ich nach Ibri gehe, aber ich sagte, ich hätte unter Fieber gelitten und wolle hierbleiben, um mich zu erholen. Al-Auf hatte ihm bereits erzählt, ich käme aus Syrien, wäre vor kurzem in al-Riyadh gewesen und befände mich nun auf dem Weg nach Salala. Wir kamen überein, daß Bin Kabina und Musallim bei mir bleiben sollten, während die anderen nach Ibri gingen. Ali versprach, er werde nach seiner Rückkehr aus Ibri mit uns in das Wadi al-Amairi ziehen, wo er uns einen anderen *rabia* beschaffen könne, der uns weiter durch das Duru-Land führen werde.

Die anderen brachen am nächsten Morgen nach Ibri auf. Ali meinte, in fünf Tagen seien sie wieder zurück. Am Nachmittag traf sein Vetter Staiyun mit einem Neffen namens Muhammad ein. Staiyun war ein freundlicher, schlichter alter Mann mit zerknittertem Gesicht und lustigen Augen. Er sah nicht danach aus, als ob er beunruhigende Fragen stellen würde, aber bei Muhammad war ich mir nicht so sicher. Er war sehr gut angezogen, trug ein rein weißes Hemd, ein teures wollenes Kopftuch und einen Dolch mit silbernem Griff, war vor kurzem in Maskat gewesen und kannte sich offenbar in der Welt viel besser aus als sein Onkel. Immerhin machte er einen freundlichen Eindruck. Staiyun sagte, es sei besser, wenn Muhammad und nicht Ali uns in das Wadi al-Amairi begleiten würde. Ich hätte lieber den vertrauenerweckenden Ali dabeigehabt. Mit Muhammad mehrere Tage lang so nahe zusammenzuleben und meine Rolle überzeugend zu spielen, würde nicht leicht sein. Er würde bald merken, daß ich nicht betete. Zu meiner Erleichterung erklärte er, er kehre wieder in sein eigenes Lager zurück, wolle jedoch wiederkommen, wenn Staiyun nach ihm schicke. Staiyun bestätigte, daß einige Raschid in Ibri Unannehmlichkeiten gehabt hätten. Nachdem sie Entschädigungen gezahlt hätten, sei alles wieder beigelegt.

Ich genoß die schönen geruhsamen Tage. Staiyun gab uns Brot, Datteln und Milch und leistete uns die meiste Zeit über Gesellschaft. Je häufiger ich den alten Mann sah, desto besser gefiel er mir. Ich fragte ihn nach der Umm al-Samim, und er erzählte mir, daß die drei

Wadis, al-Ain, al-Aswad und al-Amairi in jenen Treibsanden endeten. Soweit ich feststellen konnte, mußte sie sich etwa 80 Kilometer westlich von uns befinden. Er bestätigte mir, daß Räuberbanden dort im Sand verschwunden seien. Er selbst hatte eine Ziegenherde verschwinden gesehen, unter der sich der Boden plötzlich öffnete. Die Tiere hätten eine Weile verzweifelt gekämpft und wären dann in der Erde versunken. Ich war fest entschlossen, auf einer späteren Reise die Umm al-Samim zu besuchen und womöglich in das Gebirge vorzudringen, in dem der Imam herrschte. Die Erzählungen des alten Staiyun enthielten alle Aufschlüsse, die für diese Reise nötig waren: über die Stämme und ihre Bündnisse, über die einzelnen Scheichs und deren Rivalitäten, über die Regierung des Imams und wie und wo sie arbeitete, über Brunnen und die Entfernungen zwischen diesen. Im Augenblick wollte ich mich damit zufrieden geben, ohne Zwischenfälle und Verzögerungen nach Bai zu kommen. Ich machte mir bereits Sorgen; denn es waren sechs Tage verstrichen, und noch immer hatte ich keine Nachricht von meinen Begleitern.

Staiyun machte sich wegen der jüngsten Unruhen in Ibri Sorgen und drang in mich, selbst dorthin zu gehen. Er meinte, ich solle, wenn meine Begleiter in Bedrängnis seien, bei Muhammad al-Riqaishi, dem Statthalter vorstellig werden, ja, bis zum Imam in Nizwa gehen. Am siebenten Tag war ich fest entschlossen, mit Staiyun nach Ibri zu reisen. Ich würde mich als Christ, der durch dieses Land reiste, zu erkennen geben müssen, und nach allem, was ich von Riqaishi und dem Imam gehört hatte, würde das keine angenehmen Folgen haben. Meine Bemühungen für meine Gefährten würden kaum viel helfen, aber ich mußte den Versuch wagen. Zu meiner größten Erleichterung trafen die anderen bei Sonnenuntergang ein. Es war alles in Ordnung. Sie behaupteten, der Weg sei weiter, als sie angenommen hätten. Ich merkte ihnen jedoch an, daß sie sich in Ibri amüsiert hatten, und nahm ihnen das nicht übel.

Am nächsten Tag kehrten Hamad und Bakhit nach Hause zurück, und als Staiyun Muhammad geholt hatte, kampierten wir auf der gegenüberliegenden Seite des Wadi. Wir brauchten acht Stunden bis zum Wadi al-Aswad und zwei weitere lange Reisetage bis zum Wadi al-Amairi. Es war schwierig, die nötigen Feststellungen für meine kartographischen Arbeiten zu machen, und solange Muhammad bei uns war, konnte ich auch nicht fotografieren. Er erkundigte sich bei den anderen, weshalb ich nicht bete, und sie meinten, die Syrer schienen recht laxe religiöse Auffassungen zu haben.

Das Wadi al-Amairi erwies sich ebenfalls als ein großes Wadi mit vielen Bäumen. Muhammad brachte uns in das Lager eines Mannes, der Rai hieß und zu dem kleinen Stamm der Afar gehörte. Rai sollte uns ins Wahiba-Land bringen. Die Wahiba sind Hanawi und Feinde der Duru, weshalb uns kein Duru in dieses Land führen konnte. Aber die Afar werden von den Duru wie von den Wahiba als *rabia* anerkannt. Muhammad kehrte am nächsten Tag nach Hause zurück, wir aber blieben noch weitere vier Tage, weil wir noch einen weiten Weg vor uns hatten. Rai erklärte uns überdies, es gäbe, wenn wir erst einmal das Wadi al-Amairi verlassen hätten, nur noch wenig Weidemöglichkeiten für unsere Kamele. Hier hatte es vor kurzem geregnet, die Bäume trugen dichtes Laub. Im Wadi gab es viele Duru mit Kamelherden, mit Schafen, Ziegen und unzähligen Eseln. In jener Nacht offenbarte ich Rai, wer ich sei, da Musallim mir gesagt hatte, man brauche ihm nichts zu verheimlichen. Er sah mich lange an und sagte: »Du wärst nicht bis hierher gekommen, wenn die Duru gewußt hätten, wer du bist.« Er empfahl mir dringend, niemandem etwas davon zu sagen. Von unserem Lager aus sah ich die lange Kette des Djebel al-Akhdhar, der Grünen Berge, die im Hinterland von Maskat liegen. Sie erheben sich über 3000 Meter hoch aus der Ebene und sind bis heute nicht erforscht. Ich sah noch weitere, nähergelegene Gebirge, von denen kein einziges auf irgendeiner Karte verzeichnet war. Alle Eintragungen waren lediglich nach dem Hörensagen gemacht worden. Das Wadi al-Ain zum Beispiel sollte bei Abu Dhabi münden. Ich war jetzt noch fester als zuvor entschlossen, wieder hierher zurückzukommen und dieses Land gründlich zu erforschen.

Ich schlug vor, die *hazmia* zu schlachten, da ihre Sohlen durchgelaufen waren und sie zu lahmen begann. Aber die anderen entgegneten, hier seien zu viele Menschen, und wir würden dann das ganze Fleisch verschenken müssen.

Wieder einmal brachen wir auf. Endlose öde Tage lagen vor uns. Wir zogen vom Morgengrauen bis zum Sonnenuntergang dahin. Die andern aßen zum Frühstück Datteln, aber ich konnte das klebrige süße Zeug nicht mehr hinunterwürgen und fastete bis zum Abendessen. Stunde um Stunde stapfte mein Kamel dahin, mir war, als stapfe es über eine endlose schwache Steigung zu einem unabsehbaren Horizont hinauf. Nirgendwo in all der blendenden Leere der Kiesebene und des farblosen Himmels gab es einen Punkt, auf den ich meinen Blick hätte richten können. Manchmal glaubte ich in weiter Ferne Kamele zu sehen, aber schon nach wenigen Schritten merkte ich, daß es nur Steine waren, die in unmittelbarer Nähe lagen. Ich wußte, daß Kamele niemals geradeaus gehen, und auch mein Tier brach fortwährend nach rechts aus, in Richtung auf seine Heimat; mit einigen leichten Stockschlägen auf den Rücken ließ es sich wieder auf den richtigen Weg bringen. Rai und die andern unterhielten sich pausenlos und schienen nicht auf den Weg zu achten. Wenn ich dann aber während der Rastpausen meinen Kompaß befragte, wich er niemals mehr als wenige Striche von unsrer Richtung ab. Wir erreichten den Brunnen Haushi, nahe der Südküste, am sechsten Tag. Während der beiden letzten Tage konnte ich die Qualen der hinkenden *hazmia* kaum mehr mit ansehen. Hier gab es für die Kamele nichts anderes zu fressen als die Schößlinge blattloser Dornbüsche, die in den einzelnen Bachbetten wuchsen. Die *hazmia* konnte nicht einmal mehr fressen. Sie war an die Weiden der Wüste gewöhnt, ihre zarten Kiefer waren außerstande, das holzige Zeug zu kauen. Sie magerte ab. Al-Auf meinte: »Es wird sich kaum lohnen, sie zu essen.« Wir erschlugen sie an dem Abend, als wir Haushi erreichten, schnitten das Fleisch in Streifen, hängten diese an Büschen zum Trocknen auf und verstauten die Markknochen im Magensack, den wir mit einem Hautstreifen zubanden und im Sand vergruben. Darüber entzündeten wir ein Feuer. Am nächsten Tag scharrten wir den Sand weg. Zwischen den leeren Knochen schwamm eine unappetitliche blutige Masse, die Mabkhaut in einen leeren Ziegenschlauch goß. Die Bedu gieren nach Fett, ich aber träumte von Früchten, von Trauben und hellen Herzkirschen. Wir hatten uns zwischen Sanddünen verborgen, doch zwei Wahiba stöberten uns auf. Es waren zwei ungewöhnlich reizende alte Männer, höflich und liebenswürdig, die nicht des Fleisches, sondern der Nachrichten und der Unterhaltung wegen kamen. Sie holten uns Milch und verbrachten die Nacht mit uns. Wir tafelten bei Sonnenuntergang und aßen, bis wir nicht mehr konnten. Das Fleisch roch verdorben und war sehr zäh, die Suppe war fettig und hatte einen seltsamen Beigeschmack. Aber nach all den mageren Wochen war es ein köstliches Mahl. Als ich endlich satt war, streckte ich mich in den Sand, während die alten Männer, mit zahnlosen Kiefern murmelnd, ihren Erinnerungen nachgingen und die Kamele in unserer Nähe rülpsten und wiederkäuten.

Wir verbrachten den nächsten Tag hier, um das Fleisch zu dörren, brachen dann aber in westlicher Richtung nach Bai auf.

Wieder einmal ritten wir durch leeres Land, aber diesmal war es nicht nur leer, es war tot. Leichte Senken im Kalksteinboden waren mit zähem schwarzem Schlamm gefüllt, der von Salz und Sand wie mit schorfigen Wunden verkrustet in der Sonne faulte. Wir ritten sieben und acht, ja neun Stunden täglich ohne Pause. Von Stunde zu Stunde wurde die Unterhaltung lahmer, die Langeweile überkam mich wie ein dumpfer Schmerz. Wir verhüllten unsere Gesichter gegen den glühenden Wind und kniffen die Augen zusammen vor dem Sonnenglast, der sich mit Messerschärfe in unsere Köpfe bohrte. Die Fliegen, die wir seit unserer Schlächterei in Haushi mit uns führten, hockten in dicken Trauben auf unseren Rücken und Köpfen. Bei jeder raschen Bewegung schwärmten sie, laut summend, wie eine Wolke um mein Gesicht. Ich ritt und ritt, mein Körper schwankte vorwärts und rückwärts, rückwärts und vorwärts, im Rhythmus des Kamels, aber mein Rücken war die Anstrengung nun gewöhnt. Ich verfolgte den langsamen Lauf der Sonne und sehnte den Abend herbei. Sobald die Sonne im Dunst versank, wurde sie zu einer orangefarbenen Scheibe und verlor jeden Glanz. Ich betrachtete sie durch meinen Feldstecher und sah die Sonnenflecken wie schwarze Löcher in der Oberfläche. Sie verschwand, während sie noch immer eine Handbreit über dem Horizont hing, in einem gelben, wolkenlosen Himmel.

Fünf Tage nach unserem Aufbruch in Haushi kamen wir nach Bai. Mabkhaut erblickte als erster in der Ferne Kamele und sagte: »Da ist Bin Turkias Kamel. Und da ist Bin Anaufs Kamel.« Wir erreichten einen Höhenzug, und plötzlich sahen wir über uns eine kleine Gestalt. Es war Bin Anauf. »Sie kommen! Sie kommen!« schrie er und raste den Hang hinunter. Der alte Tamtaim erschien und humpelte uns entgegen. Ich ließ mich steif aus dem Sattel gleiten und begrüßte die beiden. Der alte Mann umarmte mich, die Tränen rannen ihm über das Gesicht. Er war zu bewegt, um zu sprechen. Er hatte bitterlich gezürnt, weil die Bait Kathir in Ramlat al-Ghafa umgekehrt waren. Sie hätten Schande über den Stamm gebracht, weil sie mich im Stich gelassen hatten. Wir führten unsere Kamele zum Lagerplatz, tauschten die offiziellen Begrüßungen und die »Nachrichten« aus.

Es war der 31. Januar. Am 24. November hatte ich mich in Magshin von ihnen verabschiedet. Mir war, als lägen zwei Jahre dazwischen.

Nur der alte Tamtaim, Bin Turkia und dessen Sohn waren hier. Die anderen hielten sich in der Nähe der Küste auf, wo die Weidegründe besser waren. Bin Turkia sagte, er wolle sie am nächsten Tag von unserem Eintreffen verständigen. Wir schliefen in dieser Nacht kaum, sondern schwätzten und schwätzten, brauten Kaffee und immer mehr Kaffee und berichteten von unseren Erlebnissen. Sie waren Bedu, und keiner von ihnen gab sich mit Andeutungen zufrieden. Wir mußten haargenau berichten, was wir gesehen und getan und wen wir getroffen hatten. Wir mußten wiederholen, was dieser und jener zu uns gesagt und was wir erwidert hatten, mußten erzählen, was und wo und wann wir gegessen hatten. Meine Begleiter schienen nichts vergessen zu haben, mochte es auch noch so unbedeutend sein. Lange nach Mitternacht legte ich mich zum Schlafen nieder, die anderen sprachen noch immer. Am nächsten Tag erschienen die übrigen und mit ihnen viele Harasis, die den Christen sehen wollten. Auch einige Frauen waren dabei. Sie trugen durchwegs Masken aus steifem schwarzem Tuch, die nur die Augen freiließen. Eine der Frauen war in Weiß gekleidet, was sehr ungewöhnlich war. Es gab ein großes Kommen und Gehen und viel Geschwätz. Nur Sultan saß grübelnd abseits. Nun hatte ich keine Sorgen und Schwierigkeiten mehr zu fürchten, aber bis Salala war es immer noch weit.

Wir ritten über die weiten Flächen des Djiddat al-Harasis in langsamen Tagesmärschen von acht und zehn Stunden. Wir waren ein kleines Heer, denn viele Harasis und Mahra reisten mit uns nach Salala, um den Sultan von Maskat zu begrüßen, der kürzlich dort eingetroffen war. Ich war jetzt ebenso froh, wieder unter diesen freundlichen Leuten zu sein, wie ich froh gewesen war, als ich sie in Maghshin hatte verlassen können. Die wogende Masse der Kamele, das Geschrei, die Lieder, die das Blut der Männer und der Tiere in Wallung brachten und sie rasch ausschreiten ließen, entzückten mich. Und hier war überall Leben. Zwischen den breit ausladenden, schirmförmigen Akazienbüschen mit ihren abgeplatteten Kugeln weideten Gazellen, und einmal sahen wir in der Ferne eine Herde Oryx-Antilopen, die sehr weiß vor dem dunklen Kies der Ebene leuchteten. Hier huschten Eidechsen von etwa fünfundzwanzig Zentimeter Länge über den Boden. Sie haben scheibenförmige Schwänze und werden von den Arabern daher »Vater des Talers« genannt. Ich erkundigte mich, ob sie die Tiere auch essen, doch sie erklärten, das sei nicht erlaubt. Andere Eidechsen, die diesen bis auf den Schwanz ähnelten, aßen sie. Aber jetzt hatten wir es nicht nötig, Eidechsenfleisch zu essen. Jeden Tag gab es Gazellenfleisch, und Musallim erlegte zwei Oryx-Antilopen.

In Khaur tränkten wir die Kamele und faßten Wasser, wie es kaum fauler schmecken und zugleich noch als Trinkwasser gelten kann. Sechs Tage später tranken wir in Yisbub frisches Wasser; auf dem feuchten Felsen über dem Teich wuchs Frauenhaar.

Wir zogen weiter nach Andhur, wo ich im vergangenen Jahr gewesen war, und lagerten dort in der Nähe eines Palmenhains. Dann erstiegen wir die Qara-Berge und blickten aufs Meer hinaus. Vor neunzehn Tagen hatten wir Bai verlassen. Am Nachmittag stiegen wir ab und lagerten unter großen Feigenbäumen neben den Teichen von Darbat, wo es Wildenten, Spitzenten, Pfeifenten und Wasserhühner gab. Musallim schoß in derselben Nacht eine gestreifte Hyäne. Es war eine von dreien, die im Mondlicht heulend um unser Lager strichen.

Wir hatten unser Kommen nach Salala gemeldet, und am nächsten Morgen kam uns der Wali entgegengeritten, begleitet von vielen Städtern und Bedu, unter denen sich eine große Anzahl Raschid befanden. Einige von ihnen waren alte Freunde von mir, andere hatte ich noch nicht kennengelernt. Zu ihnen gehörte auch Bin Kalut, der Bertram Thomas begleitet hatte. Er war bei den Raschid gewesen, die wir in Maghshin zurückgelassen hatten, und berichtete uns, daß Mahsin wieder genesen und in Salala sei.

Der Wali bewirtete uns in einem Zelt am Meer, und am Nachmittag begaben wir uns in das Royal Air Force-Lager. Meine Gefährten bestanden auf einem triumphalen Einzug, und so ritten wir unter Gewehrsalven ins Lager, während einige Bait Kathir tanzend, singend und ihre Dolche schwenkend, uns voranliefen.

Von Salala nach Makalla

Ich blieb eine Woche in Salala und hatte vollauf zu tun, meine Notizen nachzutragen, meine Sammlungen zu ordnen und die nächste Reise mit den Raschid nach Makalla vorzubereiten.

Ich war mit dem festen Entschluß nach Dhofar gekommen, das Leere Viertel zu durchqueren. Es war mir gelungen, und für mich bedurfte dieses Unternehmen keiner weiteren Rechtfertigung. Aber ich war mir darüber klar, daß vom Standpunkt des Anti Locust Research Centre meiner Rückreise durch Oman wesentlich größere Bedeutung zukam als meiner Durchquerung der Wüste. Dieser Organisation gegenüber würde meine Wüstendurchquerung allein durch die Tatsache gerechtfertigt, daß sie mir die Einreise nach Oman ermöglicht hatte. Hätte ich versucht, vom Süden aus dorthin zu gehen, dann hätten mich die Duru gewiß als den Christen, der im Vorjahr mit den Bait Kathir gereist war, erkannt und aufgehalten. Da ich vom Norden kam, hatte ich unerkannt bleiben können, weil auf dieser Route niemand einen Europäer vermutete.

Meine Beobachtungen und die Untersuchungen, die ich während der Durchquerung des Leeren Viertels angestellt hatte, hatten mich überzeugt, daß es in den meisten Jahren nirgendwo in diesem Gebiet regnete. Der Niederschlag ist meist gering und tritt nur in vereinzelten Schauern auf. Aber es bedarf nur geringer Regenmengen, damit es in der Wüste grünt, und wo es regnet, können sich auch Heuschrecken vermehren. Ich hatte auf meiner Reise einige Heuschrecken gesehen, darunter auch manche von gelber Farbe, was ein Zeichen dafür ist, daß sie brutbereit sind. Ich machte Notizen über Farbe, Zahl und Flugrichtung, und Bin Kabina und die andern fingen mit ihren Kopftüchern Sammlungsexemplare. Ich hatte auch verschiedene Pflanzen, die in der Wüste wuchsen, mitgebracht und mir Unterlagen über deren Verbreitung und über die letzten Regenfälle verschafft. All dies war nützlich und bestätigte die Ansicht, die ich auf meiner ersten Reise nach Maghshin gewonnen hatte. Trotzdem schien mir das Ergebnis die Kosten meiner zweiten Expedition noch nicht zu rechtfertigen. Aus Oman hatte ich allerdings die Information mitgebracht, die das Anti Locust Research Centre haben wollte. Dr. Uvarov hatte angenommen, daß die Flußbetten auf den Westhängen des mehr als 3000 Meter hohen Djebel al-Akhdhar genug Wasser für eine anhaltende Vegetation in die Wüste leiteten, und es für möglich gehalten, daß die Mündungen der großen Wadis Brut- und Sammelplätze der Wüstenheuschrecken seien. Ich hatte feststellen können, daß es in den Niederungen der Wadis nur selten zu Überschwemmungen kam und daß dieses Wasser sich dann in den unfruchtbaren Salzebenen der Umm al-Samim verlief, wo es keinerlei Vegetation gibt.

Ich genoß die Tage in Salala. Es war angenehm, wieder einmal Englisch zu sprechen und sich nicht unentwegt mit Arabisch abmühen zu müssen. Es war angenehm, ein heißes Bad zu nehmen und gut zu essen. Ja, es war schon eine Wohltat, bequem in einem Stuhl zu sitzen und die Beine von sich zu strecken, statt mit untergeschlagenen Beinen auf dem Erdboden zu hocken. Wer nicht, wie die Araber, von Kindheit an daran gewöhnt ist, unbegrenzt lange in dieser Stellung zu verharren, bekommt leicht einen Krampf in den Beinen. Aber die Freude an all diesen Dingen war doppelt groß, weil ich schon bald wieder in die Wüste aufbrechen wollte. Mein Aufenthalt in Salala war nur ein Zwischenspiel und nicht das Ende meiner Reise.

Der Sultan von Oman Saiyid Sa'id bin Timur, dem ich zum erstenmal begegnete, war sehr freundlich, gewährte mir jede Unterstützung und half mir bei den Vorbereitungen für die nächste Reiseetappe. Ich brauchte mich nicht an die Beschränkungen zu halten, die für die Royal Air Force galten, und durfte mich in Salala frei bewegen und mit jedermann sprechen. Das erleichterte mir meine Vorbereitungen ungemein.

Ich wollte diesmal nach Makalla im östlichen Aden-Protektorat reisen und die Wasserscheide zwischen den Wadis, die nordwärts in die Wüste verliefen, und jenen, die südwärts ins Meer mündeten, kartographisch aufnehmen. Eine Karte dieses Gebietes würde zusammen mit der Karte, die ich im Vorjahr auf meiner Reise nach Hadramaut angefertigt hatte, einen zuverlässigen Überblick über das unbekannte Hinterland westlich von Dhofar geben.

Mit Bin Kalut vereinbarte ich, daß er mich auf der Reise mit einer Gruppe von Raschid begleiten solle. Ich würde für fünfzehn Mann bezahlen, und die Raschid sollten untereinander aushandeln, wie viele Männer dann tatsächlich mitkamen. Sie wollten zumindest dreißig Mann stark reisen, da sie in Hadramaut Zusammenstöße mit größeren Räuberbanden der Dahm befürchteten. Zweihundert Dahm hatten vor zwei Monaten die Raschid und Manahil überfallen und viele Kamele geraubt. Bin Kalut wollte bei den Stämmen, durch deren Gebiete wir kämen, die notwendigen *rabia* ausfindig machen. Inzwischen entlohnte ich alle Bait Kathir außer Mabkhaut, Bin Turkia und dessen Sohn Bin Anauf. Musallim konnte uns nicht begleiten, weil wir durch das Gebiet der Mahra mußten und er mit diesem Stamm in Blutfehde lebte, da einer der Seinen von ihnen getötet worden war. Al-Auf, Bin Kabina und drei weitere Bait Kathir sollten mich außer der von Bin Kalut geworbenen Gruppe begleiten.

Am 3. März erschien Bin Kalut mit etwa sechzig Raschid im Royal Air Force-Lager. Die Flieger fotografierten eifrig und sahen dem Beladen der Kamele zu. Diese Flieger waren meine Landsleute, und ich war stolz darauf, daß ich zu ihnen gehörte. Ich wußte, wie grundanständig sie waren, wie humorvoll, wie ausdauernd und genügsam. Wenn nötig, fanden sie sich überall zurecht, in der Wüste wie im Dschungel, im Gebirge wie auf See. In mancher Hinsicht kam ihnen kein Volk der Erde gleich. Aber was sie interessierte, langweilte mich. Sie waren Kinder des technischen Zeitalters, fasziniert von Autos und Flugzeugen, und suchten ihre Entspannung im Kino und am Radio. Ich wußte, daß ich ein Einzelgänger war und mich niemals unter ihnen zufrieden fühlen könnte wie unter den Bedu, zu denen ich aber nie gehören würde.

In dieser Nacht kampierten eine große Anzahl Bait Kathir und Angehörige anderer Stämme mit uns in al-Ain, darunter auch Musallim, der gekommen war, um Abschied zu nehmen. Ich fragte Bin Kalut etwas ängstlich, wie viele dieser Menschen uns denn nach Makalla begleiten würden. Er versicherte mir, es wären nur dreißig Raschid, meine eigene Reisegesellschaft und *rabia* von den Bait Khawar, Mahra und Manahil. Wir verteilten das Mehl, den Reis, den Zucker, den Tee und den Kaffee, die ich eingekauft hatte, und die drei Kamelladungen Omani-Datteln, ein Geschenk des Sultans. Das sollte für zwei Monate reichen, aber so lange würden wir gewiß nicht brauchen. Ich wollte nicht mehr hungern.

Bin Kalut war eine auffallende Erscheinung; klein, stämmig, sehr dick und vom Alter schon gezeichnet, konnte er sich nur mühsam bewegen. Aufstehen konnte er nur mit größter Anstrengung und unter heftigen Anrufungen des Allmächtigen. Seine Redeweise, seine Bewegungen und seine Gesten waren äußerst gesetzt. Er hatte ein breites, verwittertes Gesicht, eine vorspringende Nase, einen eindringlichen Blick, einen breiten Mund und einen buschigen grauen Bart, aber sonst war er völlig kahl. Er sprach nur selten, aber wenn er sprach, gab es keine Einwände. Sein Sohn Muhammad, der durch seine Mutter ein Halbbruder von Salim bin Kabina war, begleitete ihn. Er war ein junger Mann, schwerfällig wie sein Vater, liebenswürdig, aber nicht sehr tüchtig. Unter den Raschid waren hier viele anwesend, die mich im Vorjahr begleitet hatten, wie Musallim bin al-Kamam, ein magerer Mann mittleren Alters von rascher Auffassungsgabe und ruhelosem Wesen. Von allen Raschid war er der intelligenteste und am meisten herumgekommen. Ich hatte seine Begleitung sehr geschätzt, er war ein unterhaltsamer Gefährte gewesen, der alles zu wissen schien, was mich interessierte. Seine Selbstbeherrschung war ungewöhnlich, nie hatte ich ihn laut werden hören. Leider konnte er mich diesmal nicht begleiten. Im vergangenen Jahr hatte er mit den Dahm einen Waffenstillstand geschlossen, der durch den jüngsten Raubüberfall verletzt worden war. Jetzt reiste er ab, um die Rückgabe der den Raschid geraubten Kamele zu erreichen.

Bis vor kurzem waren die Sai'ar, die im Norden von Hadramaut auf auf einer Hochebene leben, die schlimmsten Feinde der Raschid, der Bait Kathir und der Manahil gewesen, aber in den letzten Jahren waren die Dahm und die Abida aus dem Yemen zu den gefürchtetsten Räubern in der südlichen Wüste geworden. Diese beiden Stämme waren keine

Bedu, sondern Dorfbewohner, die im Vorgebirge des Yemen lebten. Die Rollen waren also vertauscht worden, denn in der Regel überfielen die Bedu die seßhaften Stämme. Bin al-Kamam und andere Raschid versicherten mir, daß die yemenitischen Behörden im Wadi Djauf die Räuber mit den Waffen und der Munition versorgten, die sie den Wüstenstämmen überlegen machten. Es stand außer Frage, daß die Regierung des Yemen diese Überfälle unterstützte, weil sie der Regierung in Aden durch das Schüren der chaotischen Zustände in der Wüste nördlich von Hadramaut Schwierigkeiten bereiten wollte.

Im Jahre 1945 war eine große Bande von Manahil unter Führung von Bin Duailan, der den Spitznamen »die Katze« trug, zu einem Überfall auf die Dahm ausgezogen. Unseligerweise hatte diese Bande nicht die Dörfer der Dahm erreicht, sondern statt dessen ein Lager der Yam überfallen, mehrere Angehörige dieses Stammes getötet und eine große Anzahl Kamele geraubt. Die Yam waren Bedu, die Ibn Sa'ud den Treueid geleistet hatten, und in der Gegend von Nadjran beheimatet. Als sie überfallen wurden, weideten sie gerade ihre Herden in der Wüste an der yemenitischen Grenze. Es war nicht das erstemal, daß die Yam unter Überfällen aus dem östlichen Aden-Protektorat zu leiden hatten. Die Banden, die eigentlich gegen die Dahm vorgehen wollten, hatten sich durch die Aussicht auf leichtere Beute, die sozusagen am Wegrand lag, von ihrem Vorhaben abbringen lassen. Bei meinem Aufenthalt in Djidda im Sommer 1945 hatte mich der britische Gesandte in dieser Angelegenheit befragt und mir erzählt, Ibn Sa'ud habe gedroht, er würde seine Stämme auf Hadramaut loslassen, wenn die Überfälle künftig nicht unterblieben.

Bin al-Kamams Vorschlag, ihn zu den Dahm zu schicken und die Rückgabe der Kamele der Raschid zu fordern, stieß auf den Widerstand vieler Stammesangehöriger, die gern Krieg gehabt hätten. Nach dem Abendessen entspann sich hierüber eine Diskussion zwischen den Arabern, die mit mir bei der Mahlzeit saßen. Wie die meisten Diskussionen der Bedu artete sie nach und nach aus, und das Geschrei lockte weitere Araber an. Mehr als hundert Angehörige der Raschid, Bait Kathir, Mahra und Manahil lagerten in unserer nächsten Nähe, und schon sehr bald hockten sie um unser Feuer. Ihre Stämme hatten alle unter den Überfällen der Dahm zu leiden gehabt. Der Mond war beinahe voll.

Ich konnte sie alle deutlich sehen, eng aneinander gedrängt, die Gewehre in den Händen, hinter ihnen schimmerten die Felsen weiß im Mondlicht, über uns dunkelten die bewaldeten Hänge des Qara-Gebirges. Um uns her lagerten die Kamele an den vielen verlöschenden Feuern. Bin Kabina und Bin Anauf gingen von Mann zu Mann und schenkten Kaffee aus. Ich spürte die gespannte Erregung, die sich allen mitteilt, wenn die Bedu einen Überfall planen, und wußte, daß viele von ihnen bereits die geraubten Kamele und den Reichtum, den sie bedeuteten, vor sich sahen.

Bin al-Kamam meinte, die Dahm lebten doch nach dem Gesetz der Stämme und würden daher Kamele, die sie während eines Waffenstillstands geraubt hatten, gewiß wieder zurückgeben. Er sprach langsam und stocherte dabei mit seinem Kamelstecken im Boden. Man hörte es allenthalben »Ja, bei Gott!« und »Wahr, wahr!« murmeln. Irgendeiner wandte ein, die Dahm seien wortbrüchig und sogar noch schlimmer als die Sai'ar. Dann sprach ein anderer, der durch großen Stimmaufwand versuchte, die Aufmerksamkeit auf sich zu lenken. Aber seine Worte gingen im zunehmenden Lärm unter. Plötzlich sprang ein erregter Raschid auf, schleuderte sein Kopftuch zu Boden und rief: »Ba Rashud, wenn zwanzig Mann mitkommen, werde ich die beiden Kamele zurückholen, die sie mir gestohlen haben. Und was mehr ist, ich werde, bei Gott, noch hundert Dahm-Kamele mitbringen.« Zu Bin al-Kamam gewandt, schrie er wütend: »Was nutzen deine Verhandlungen? Du hast einen Waffenstillstand für die Raschid geschlossen, und sofort haben ihn die Dahm gebrochen. Die einzige Folge ist, daß wir unvorbereitet überrannt wurden. Wie viele Kamele haben die Raschid verloren? Den Dahm ist nicht zu trauen. Gottes Fluch über sie! Unsre Gewehre sollen die Antwort auf diesen Überfall geben. Laßt die Gewehre sprechen! Hört mir zu, Leute! Schließt euch zusammen und überfallt sie. Bei Gott, dem Allmächtigen, sollen wir es zulassen, daß die Raschid-Frauen weiter von den Dahm belästigt werden? Jetzt zu verhandeln, wäre eine Schande.«

Nun schrie alles durcheinander, ich konnte kaum ein Wort verstehen. Der alte einäugige Abdullah stritt wütend mit einer Gruppe Mahra und schlug dabei mit dem Stock auf den Boden. Bin Mautlauq forderte Krieg und wurde von einem hübschen Knaben in blauem

Lendentuch unterstützt. Bin Kabina hatte aufgehört, Kaffee auszuschenken, und gestikulierte heftig mit dem Kaffeetopf. Hin und wieder konnte einer der Männer die allgemeine Aufmerksamkeit auf sich lenken. Dann war in der angespannten Stille nur eine beschwörende Stimme zu hören. Doch bald fiel unvermeidlich eine zweite ein, die beiden Stimmen wurden lauter, einer überschrie den anderen, bis schließlich beide Stimmen im anschwellenden Getöse untergingen. Ich bemerkte einen kleinen Mann mir gegenüber, der beharrlich die Vereinigung der Stämme forderte, damit man den Dahm eine vernichtende Niederlage bereiten könne. Seine Kleider waren fleckig und zerrissen, aber er trug einen großen Dolch mit Silbergriff mit eingesetzten Karneolen, sein Gürtel war mit Patronen gefüllt, und zwischen den Knien hielt er eine messingbeschlagene Martini-Büchse. Seine Augen glänzten, seine Bewegungen waren fahrig. Er wirkte wie ein selbstbewußter Sperling, aber die Umsitzenden schienen jedem seiner Worte aufmerksam zu lauschen. Ich fragte Bin Kabina, wer er sei, und erhielt zur Antwort: »Kennst du ihn denn nicht? Das ist Bin Duailan, die Katze.« Ich beobachtete den Kleinen mit großem Interesse, galt er doch als der berühmteste Räuber Südarabiens. Acht Monate später sollte er an der yemenitischen Grenze sterben, inmitten der Männer, die er bei seinem letzten und verzweifeltsten Kampf, der einen Wüstenkrieg auslöste, getötet hatte. Bin al-Kamam machte einen Witz, den ich nicht verstand, und alles lachte. Dann sagte Bin Kalut, der schweigend und ungerührt zugehört hatte, mit seiner tiefen Stimme: »Laßt Bin al-Kamam zu den Dahm gehen und die Rückgabe der Raschid-Kamele fordern. Geben sie die Kamele zurück, dann werden die Raschid den Waffenstillstand einhalten. Weigern sie sich aber, dann werden wir eine Heerschar aufstellen und sie überfallen, sobald wir Umbarak nach Makalla gebracht haben.« Für die Raschid schien die Entscheidung gefallen zu sein.

Am nächsten Tag überquerten wir den Kismin-Paß und lagerten wieder einmal am Teich von al-Aiyun. In Bin Kabinas Nähe hielt sich jetzt ständig der Knabe auf, der mir in der vergangenen Nacht aufgefallen war. Die beiden waren etwa gleichaltrig. Der Fremde war nur in ein Stück blauen Tuchs gekleidet, das er um die Hüfte geschlungen trug, das eine Ende über die rechte Schulter geworfen. Sein dunkles Haar wallte wie eine Mähne um seine Schultern. Sein Gesicht war von klassischer Schönheit. In der Ruhe wirkte es nachdenklich und eher traurig, aber sobald er lächelte, erhellte es sich wie ein Teich im Schein der Sonne. So muß Antinous ausgesehen haben, als Hadrian ihn zum erstenmal in den phrygischen Wäldern erblickte. Der Knabe bewegte sich mit spielerischer Anmut, er ging wie jene Frauen, die von Kindheit an Gefäße auf dem Kopf balancierten. Ein Fremder hätte denken können, daß dieser glatte, geschmeidige Körper den Härten des Wüstenlebens nicht gewachsen sei. Doch ich wußte, wie sehr man sich in diesen Bedu-Knaben, die so mädchenhaft wirken, täuschen kann. Er erzählte mir, er heiße Salim bin Ghabaisha, und fragte, ob er mich nicht begleiten dürfe. Bin Kabina beschwor mich, ich solle mein Einverständnis geben. Bin Ghabaisha sei der beste Schütze des Stammes und ein ebenso guter Jäger wie Musallim. Wenn er mit uns gehe, würden wir jeden Tag Fleisch haben, denn in dem Gebiet, das vor uns liege, gebe es viele Steinböcke und Gazellen. Er fügte hinzu: »Er ist mein Freund. Nimm ihn um meinetwillen mit. Wir beide werden dich überallhin begleiten, wo immer du auch hingehst. Wir werden immer deine Gefolgsleute sein.« Ich sagte Bin Ghabaisha, er könne mitkommen. Als wir dann lagerten, gab ich ihm für die weitere Reise eines meiner Reservegewehre. Am nächsten Morgen zog er bei Tagesanbruch auf die Steinbockjagd aus, und am Abend kehrte er mit einem großen Widder über den Schultern zurück. Ich habe unter den Bedu nur wenige gute Jäger getroffen – kaum einer von ihnen besitzt die notwendige Jagdleidenschaft –, aber Bin Ghabaisha und Musallim bin Tafl gehörten zu diesen Ausnahmen.

Nach dem Abendessen erhob sich Bin Kabina von meiner Seite, um sein Kamel zu holen. Plötzlich rief jemand: »Bin Kabina ist gestürzt.« Ich blickte mich um und sah ihn im Sand liegen. Als ich zu ihm kam, war er bewußtlos. Sein Puls war sehr schwach, der Körper kalt, er rang nach Luft. Ich trug ihn ans Feuer und häufte Decken über ihn, um ihn zu wärmen. Dann versuchte ich ihm etwas Branntwein einzuflößen, aber er konnte nicht schlucken. Allmählich wurde sein Atem ruhiger und sein Körper ein wenig wärmer, aber er erwachte nicht aus seiner Ohnmacht. Stunde um Stunde saß ich neben ihm und fragte mich verzweifelt, ob er wohl sterben müsse. Ich dachte daran, wie ich ihm zum erstenmal im Wadi Mitan begegnet und wie er zu mir nach Shisur gekommen war, wie er, ohne zu zögern, in Ramlat al-Ghafa zu mir gestanden hatte, als die anderen Bait Kathir mich im Stich ließen. Ich erinnerte mich seines Glücks, als ich ihm das Gewehr schenkte, und ich wußte, daß er auf immer mit den Ereignissen der vergangenen Monate verbunden blieb, denn er hatte alles mit mir geteilt, sogar meine Zweifel und meine Sorgen. Ich dachte betrübt daran, daß ich manchmal meine schlechte Laune an ihm ausgelassen hatte und wie gutgelaunt und geduldig er immer gewesen war. Die andern drängten sich um mich und diskutierten darüber, ob er wohl mit dem Leben davonkomme, bis ich ihr Geschwätz kaum mehr ertragen konnte. Schließlich fragte mich einer, wohin wir morgen reisen würden, und ich sagte, es gäbe kein morgen, wenn Bin Kabina stürbe. Stunden später spürte ich, neben ihm liegend, wie sein Körper sich entspannte. Ich wußte, daß er nun schlief und nicht mehr bewußtlos war. Im Morgengrauen erwachte er und konnte zunächst nur hören, aber noch nicht sprechen. Am Abend war er wieder gesund. Die Raschid nahmen ihn in ihre Mitte, sangen laut und schossen in die Luft. Dann streuten sie Mehl, Kaffee und Zucker ins Flußbett, um die Geister, die sie ausgetrieben hatten, freundlich zu stimmen. Schließlich schlachteten sie eine Ziege, bespritzten Bin Kabina mit deren Blut und erklärten ihn für geheilt. Ich habe mir oft überlegt, was ihm wohl gefehlt haben mag, und kann mir nur denken, daß er irgendeinen Anfall hatte.

Am nächsten Tag reisten wir langsam nach Mudhail, wo ein schwaches Rinnsal unter einer niedrigen Felswand hervorsickerte. Aber die Stämme von fünfzig abgestorbenen Palmen ließen erkennen, daß das Wasser hier früher stärker geflossen war. Wir lagerten unter einem niederen Überhang, der uns ein wenig Schatten spendete. Dort fand ich eine kleine, säuberlich gefertigte neolithische Beilklinge ähnlich der, die ein Kathir angeblich auf der Ebene von Djarbid gefunden und mir geschenkt hatte. Beide Beile sind aus Jade, der in Arabien nicht vorkommt. In diesem Tal gab es zwei mohammedanische Kuppelgräber, die viereinhalb Meter im Geviert maßen und mehr als zwei Meter hoch waren. Die Kuppeln waren weiß gegipst. Meine Begleiter konnten mir lediglich sagen, daß ein Scheich namens Sa'ad dort begraben liegt, was eine kunstvoll ausgeführte arabische Inschrift auf der Stele eines der drei Gräber in den Mausoleen bestätigt. Leider ist der Vatersname unleserlich geworden. Ein Zweig der Bait al-Shaikh, eines sehr gottesfürchtigen Stammes, heißt Bait Shaikh Sa'ad. In der Nähe der Mausoleen befand sich ein kleiner Friedhof, der nicht mehr benutzt wird, weil die Bedu glauben, daß die Toten der grauen Vergangenheit keine Störung dulden würden. Im Tal fanden wir viele Trilithen und auf den nahegelegenen Bergen Hügelgräber.

Meine Begleiter hatten mir bereits von Gebäuden und von »Schriften« in Mudhail berichtet. Ich hatte gehofft, hier Ruinen aus dem Altertum zu entdecken. Die alten Kulturstätten Südarabiens sind weiter westlich gelegen, aber anderthalb Jahrtausende lang gründete ihr Wohlstand auf dem Weihrauch, der in den Bergen von Dhofar gesammelt wurde. Ich wußte, daß heute der beste Weihrauch an der Nordseite dieses Gebirges gesammelt wird und daß das Harz auf der Südseite des Gebirges von minderer Güte ist. In der Nähe von al-Ayun hatte ich eine Gruppe dürrer Bäumchen mit kleinen verschrumpelten Blättern gesehen, aus denen man, wie man mir sagte, Weihrauch gewann. Ich habe nur diese Weihrauchbäumchen gesehen. Bedenkt man, wie lange Dhofar für die Kulturstaaten Südarabiens von größter Bedeutung war, dann nimmt es Wunder, daß auf der Nordseite des Gebirges so wenige Ruinen stehen. Ich hatte erwartet, die Ruinen von Befestigungen zu finden, die man zur Verteidigung der kostbaren Pflanzungen gegen Angriffe aus der Wüste errichtet hätte. Aber außer primitiven Wachtürmen unbestimmbaren Alters über vielen der Brunnen habe ich nur weiter im Osten, in Andhur, die Ruinen eines aus wohl behauenen und mit Mörtel zusammengefügten Quadern errichteten Gebäudes gefunden, das halb in Schutt begraben lag. Sie standen auf einer Anhöhe über dem Palmenhain und schienen eher die Reste eines Lagerhauses als einer Festung zu sein. Diese Bauweise gab es in Hadramaut und Dhofar nur im Altertum. Auf der Brüstung der niederen Außenmauer fand ich einige Steintröge, wohl einstige Zisternen, von etwa anderthalb Meter Länge und einem halben Meter Durchmesser, die mit Mörtel verputzt waren und an ähnliche Tröge in den Ruinen bei Salala erinnerten. Ich hatte schon früher von den Bauten in Mudhail und den Ruinen in Andhur gehört. Ich hörte aber nie von irgendwelchen anderen Ruinen in diesem Gebiet.

Auf dem Rückweg von den Gräbern sah ich einen jungen Mann in der Nähe unseres Lagerplatzes unter der Felswand sitzen. Ich bemerkte, daß seine Handgelenke mit einer kurzen schweren Kette gefesselt waren. Ich begrüßte ihn, aber er antwortete nicht, obgleich er mir sein Gesicht zuwandte und mich ansah. Es war ein auffallendes Gesicht, aber die Augen blickten ausdruckslos. Sein Haar war lang und verfilzt, und der Tuchfetzen, den er trug, bedeckte ihn nicht. Er erhob sich, reckte die Arme über den Kopf, gähnte und ging dann murmelnd davon. Ich fragte Bin Kabina, wer er sei, und erfuhr, daß er der Bruder von Salim bin Ghabaisha war, der vor drei Jahren den Verstand verloren hatte und bis dahin einer der freundlichsten Knaben des Stammes gewesen war. Er sei gefesselt, weil er vor zwei Jahren seinem besten Freund, während dieser schlief, den Schädel mit einem Felsblock zertrümmert habe. Die Familie des Toten habe Blutgeld angenommen.

Als Bin Ghabaisha bald darauf mit einer erlegten Antilope zurückkam, erzählte ihm Bin Kabina, daß sein Bruder gekommen sei. Wortlos begab sich Bin Ghabaisha mit einem Teller voll Datteln auf die Suche. Nach einiger Zeit kam er deprimiert und unglücklich wieder, nahm mich beiseite und fragte: »Hast du keine Medizin, die meinen Bruder heilen kann, Umbarak? Ich beschwöre dich, gib sie mir, wenn du sie hast. Ich habe meinen Bruder geliebt. Wir waren unzertrennlich. Wir taten alles gemeinsam, ich war sein Schatten. Nun kennt er mich kaum mehr und streunt wie ein Tier herum. Gib mir eine Medizin, die ihn heilt, Umbarak, und ich schenke dir alles, was ich habe.« Ich antwortete: »Ich habe keine Medizin, die deinem Bruder helfen kann. Es hat keinen Sinn, dich anzulügen. Ihn kann nur Gott heilen.« Er sagte resigniert: »Ehre sei Gott.«

Wir reisten langsam, denn wir hatten es nicht eilig. Nach der Mühsal der letzten Monate war es ein reines Vergnügen, zu trödeln und schon nach einer kurzen Strecke wieder Rast zu machen. Wir lagerten große Teile des Tages an kühlen, schattigen Stellen unter Felswänden oder unter Bäumen, deren Gezweig die Sonne ein wenig abhielt, und zogen nach Belieben gegen Abend weiter oder blieben auch, wo wir waren. Wir hatten genug Nahrung und Wasser und fanden immer wieder Akazien, an denen unsere Kamele knabbern konnten. Fast täglich erlegte Bin Ghabaisha einen Steinbock oder eine Gazelle, die Bin Kabina zubereitete. Wir führten das Leben, von dem er und ich geträumt hatten, als wir in der Wüste Hunger und Durst litten.

In diesen übervölkerten Lagern konnte man sich nicht so nahekommen wie auf dem Ritt durch das Leere Viertel. Ich bedauerte es sehr, daß ich Bin Duailan, die berühmte »Katze«, nicht näher kennenlernte, da er seine Mahlzeiten mit einer andern Gruppe einnahm. Bisweilen gesellte er sich mit einem verbeulten messingnen Kaffeetopf zu uns, wickelte aus einem schmutzigen Fetzen vorsichtig eine kleine angeschlagene Tasse mit dunklen Flecken, bot uns Kaffee an und meinte augenzwinkernd, er sei hier der einzige, der etwas von Kaffeekochen verstehe. Über kurz oder lang brachte er die Rede auf Gewehre und gab zu verstehen, daß er eines meiner .303-Gewehre haben wolle. Auf seine wiederholte Frage, wie in aller Welt ein Mann einen zünftigen Überfall durchführen könne mit einer alten, einschüssigen Martini, entgegnete ich stets, *ihm* schiene es ja bisher äußerst erfolgreich gelungen zu sein.

Wir blieben drei Tage in Habarut, wo Mahra-Familien ihre Kamele an dem seichten Brunnen neben dem zerzausten Palmenhain tränkten. Im Morgengrauen des ersten Tages hörte ich einen Raschid während der Waschungen vor dem Gebet einen anderen fragen: »Ist er schon tot?« Und der andere antwortete: »Noch nicht, aber es wird nicht mehr lange dauern.« Erschrocken fuhr ich hoch und fragte, wer im Sterben liege, und erhielt zur Antwort: »Der alte Afari, der mit uns reist. Er fiel um, als er zum Gebet aufstand. Dort drüben liegt er.« Ich kannte den Mann, er kam aus dem Osten, aus der Gegend des Wadi al-Amairi und hatte sich uns vor zwei Tagen angeschlossen, weil es ihm um das Essen und den Schutz einer größeren Reisegesellschaft zu tun war. Am Abend zuvor hatte Bin Kabina mir berichtet, er sei krank, und mich zu dem Felsen geführt, hinter den er sich verkrochen hatte, ein ausgemergeltes Häuflein Haut und Knochen, das unter dem Ziegenfell, das er sich um Kopf und Schultern geschlungen hatte, fröstelte. Ich hatte ihm einige Tabletten gegeben, er hatte meine Hand ergriffen und einen Segen gemurmelt, dankbar für das bißchen Aufmerksamkeit in einer ansonsten gleichgültigen Welt. Nun lag er, wo er umgesunken war, keiner kümmerte sich um ihn. Der Puls war nicht mehr zu fühlen. Ich rief Bin Kabina, wir hoben ihn auf einen Teppich und hüllten ihn in Decken. Die andern beachteten ihn nicht, teils waren sie ins Gebet vertieft, teils war er ihnen auch völlig gleichgültig. Dann entzündeten wir neben ihm ein Feuer und flößten ihm etwas Branntwein ein. Er verschluckte sich und kam wieder zu Bewußtsein. Ich gab ihm noch mehr Branntwein, der verbotene Alkohol benebelte ihn. Drei Tage später verließ er uns in recht guter Verfassung.

Dieser Vorfall zeigte mir einmal wieder deutlich, wie wenig der Bedu auf ein Menschenleben gibt. Der Mann war krank, und wenn Gott es befahl, mußte er eben sterben. Er war ein Fremdling und gehörte einem Stamm an, mit dem sie nichts zu tun hatten. Keinen von ihnen bekümmerte es, daß er ein Mensch war wie sie auch. Sein Tod hätte sie nicht weiter berührt. Dennoch gebot ihnen ihr Ehrenkodex, daß sie ihn, würde er in ihrer Gesellschaft angegriffen, mit der Waffe verteidigten. Ob er unerwünscht war, spielte dabei keine Rolle.

In Habarut wurde unser Lager unentwegt von Neugierigen heimgesucht. Unter ihnen erkannte ich eine Frau namens Nura wieder, der ich im Jahr zuvor begegnet war. Sie hatte ihre drei kleinen Kinder bei sich, von denen nur das älteste von etwa neun Jahren bekleidet war. Sie erzählte mir, sie lebe etwa sechs Kilometer entfernt in einem Lager, und die Kinder hätten darauf bestanden, mich wiederzusehen. Während ich mich mit Nura unterhielt, gab ich den Kindern Datteln und Zucker. Nura war nicht verschleiert und trug, wie die meisten Frauen in diesem Teil Arabiens, dunkelblaue Gewänder. Sie hatte ein kraftvolles, eckiges, verwittertes Gesicht, durch den rechten Nasenflügel war ein Silberring gezogen. Für eine Mutter von drei kleinen Kindern schien sie mir sehr alt zu sein. Mit ihrer ziemlich rauhen Stimme erzählte sie, sie sei auf dem Weg nach Ghaidat al-Mahra an der Küste, um dort eine Ladung Sardinen zu holen. Da Bin Ghabaisha einen Steinbock erlegt hatte, konnten wir zum Mittagessen Fleisch und Suppe auftischen. Die Kinder aßen mit uns, Nura aber aß abseits. Die Araber essen nicht gemeinsam mit einer Frau. Später kam sie näher, hielt sich jedoch in gebührender Entfernung und trank mit uns Kaffee und Tee.

Die in England allgemein verbreitete Ansicht, daß arabische Frauen hinter Schloß und Riegel gehalten werden, trifft für viele Frauen in den Städten zu, nicht aber für die der Stämme. Abgesehen davon, daß der Bedu seine Frau unter einem Baum oder in einem Zelt, das stets auf einer Seite offen ist, gar nicht einsperren könnte, ist sie ihm als Arbeitskraft unentbehrlich. Sie muß Wasser und Brennholz holen und die Ziegen hüten. Fühlt eine Frau sich von ihrem Mann vernachlässigt oder mißhandelt, kann sie ohne weiteres zu ihrem Vater oder Bruder zurückkehren. Dann muß ihr Mann ihr folgen und sie zur Rückkehr zu bewegen versuchen. Ihre Familie wird sich in jedem Fall einmischen und behaupten, die Frau sei in ungeheuerlichem Ausmaß vernachlässigt worden. Schließlich wird der Mann ihr dann ein Geschenk geben, und sie wird in die Rückkehr einwilligen. Frauen können sich nicht von ihren Männern scheiden lassen, aber der Mann kann, wenn die Frau sich weigert, mit ihm zu leben, und er den Brautpreis von zwei oder drei Kamelen zurückerhält, in die Scheidung einwilligen. Wünscht jedoch er die Scheidung, bekommt er die Kamele nicht wieder.

Am Abend erwähnte irgend jemand Nura. Ich fragte, ob ihr Mann tot sei, worauf al-Auf antwortete: »Sie hat keinen Mann. Die Kinder sind Bastarde.« Als ich mein Erstaunen darüber ausdrückte, sagte er, daß auch Bin Alia, der mit uns reiste, »ein Sohn der Gesetzlosigkeit« sei. Ich fragte, ob dem Bastardtum kein Makel anhafte, und Bin Kabina antwortete: »Nein. Es ist ja nicht der Fehler des Kindes.« Und scherzend fügte er hinzu: »Wenn du ein Mädchen siehst, das dir gefällt, Umbarak, dann setze dich in der Dunkelheit neben sie und schiebe deinen Kamelstecken durch den Sand unter sie. Dann drehe ihn so, daß sie das gebogene Ende zu spüren bekommt. Steht sie dann auf und geht empört davon, dann weißt du, daß du deine Zeit verschwendest. Bleibt sie aber sitzen, dann kannst du dich am nächsten Tag, wenn sie die Ziegen hütet, mit ihr treffen.« Ich sagte: »Wenn das so einfach ist, muß es ja eine große Menge Bastarde geben.« Einer der Männer erwiderte: »Nicht bei den Raschid. Aber die Humum in der Nähe von Makalla haben einen ganzen Zweig, der nur aus Bastarden besteht.«

Ich wußte, daß sonst in der arabischen Welt ein unmoralisches Mädchen und an vielen Orten sogar ein nur der Unmoral verdächtiges Mädchen von ihren Verwandten getötet wird, damit die Ehre der Familie gewahrt bleibe. Ein Engländer erzählte mir von einem tragischen Fall am unteren Euphrat, wo er nach dem ersten Weltkrieg als Political Officer tätig war. Zwei Waisenkinder, ein Araberknabe und seine Schwester, lebten in einem Zelt vor seinem Haus und waren eng mit ihm befreundet. Eines Tages kam einer seiner Diener ins Zimmer gestürzt und berichtete, der Knabe habe seine Schwester erstochen, und diese verlange nach dem Engländer. Er eilte sofort in das Zelt, wo das Mädchen tödlich verwundet lag. Sie sagte: »Ich sterbe und habe noch eine letzte Bitte an dich.« Er fragte sie, was für eine Bitte es sei, und sie sagte: »Gewähre sie mir, ehe ich dich frage.« Der Engländer zögerte, aber das Mädchen beschwor ihn so inständig, daß er versprach, ihre Bitte zu erfüllen. Sie sagte: »Sage meinem Bruder, daß ich unschuldig war und niemals etwas getan habe, was ihm Schande machen könne. Das schwöre ich in meiner Todesstunde. Und du versprichst mir, daß du ihn nicht strafen wirst. Denn ich weiß, daß man über mich geredet hat, und nach unserm Brauch tat er recht, als er mich erstach.« Der Engländer berichtete den Stammesscheichs von dem Vorfall, und sie bestätigten, daß der Junge recht getan hatte. Ein Mädchen, über das gemunkelt wird, bringe Schande über seine Familie. Ich erzählte diese Geschichte meinen Gefährten. Sie schüttelten die Köpfe, und der alte Bin Kalut meinte, es sei barbarisch, ein Mädchen zu töten, selbst wenn es unmoralisch gehandelt habe. Bei ihnen sei so etwas unmöglich.

Von Habarut aus stiegen wir zur Hochebene Daru auf, einer farblosen Kiesebene, deren Wasser dem Meer zufließen. Wir kamen an einigen primitiven Unterkünften vorüber, deren Wände aus Steinen und deren Dächer aus Zweigen bestanden, welche mit Lehm bedeckt waren und die von Säulen aus aufeinandergestellten Steinen getragen wurden. Sie waren verlassen, da sieben regenlose Jahre die Bait Khawar in das Wadi Kidyut hinuntergetrieben hatten, das hier als eine tiefe enge Schlucht seinen Anfang nimmt. Ich stieg mit einigen meiner Begleiter in die Schlucht, während die andern die Kamele über einen weniger gefährlichen Weg führten. Zwischen den Kalksteinplatten, die von den Hängen herabgestürzt waren, sickerte eine kleine Quelle hervor, an der einige Mahra ihre Kamele tränkten und die Ziegenschläuche füllten. Eine ihrer Frauen hatte das Gesicht grün geschminkt, eine andere hatte Nase und Kinn mit blauen und grünen Längsstreifen, die Wangen mit Querstreifen bemalt. Die Wirkung war nicht nur unheimlich, sondern auch abstoßend. Ich wollte gerade zu Bin Kabina sagen, daß die beiden verschleiert viel reizvoller wirken würden, als ein kleiner, etwa zehnjähriger Knabe auf uns zugelaufen kam. Es war Sai'id, Bin Kabinas Bruder. Er hatte große funkelnde Augen und sehr weiße Zähne, sein Gesicht war von der Anmut einer halberblühten Blume. Er versuchte krampfhaft, sich würdevoll zu geben, konnte aber seine Aufregung nicht verhehlen. Mir versicherte er sofort, daß er mich begleiten wolle, und deutete dabei auf das Kamel, das ich Bin Kabina im Vorjahr geschenkt hatte: »Das ist mein Reittier.« Ich fragte ihn, wo er denn sein Gewehr habe, und er schwenkte seinen Stecken und meinte, der müsse zum Ersatz dienen, falls ich ihm keines schenke. Plötzlich erscholl auf der Höhe über uns großes Geschrei. Eine Gruppe Bait Khawar verweigerte unsern Kamelen den Durchzug, da »der Christ« nicht durch ihr Tal reisen dürfe. Eine Rauferei war ausgebrochen, eine Weile sah es recht bedrohlich aus. Schließlich konnte der *rabia* seine Stammesangehörigen beschwichtigen, und die Kamele rutschten den Steilpfad zum Talboden hinunter, wo wir uns befanden. Sa'id machte einige verächtliche Bemerkungen über die Bait Khawar und erzählte mir nun, daß er gehört hatte, wir würden hier vorbeikommen, und zwei Tage lang geritten sei, um uns zu treffen. Ich erkundigte mich, wer denn für seine Mutter und Schwester sorge, wenn er mit nach Makalla komme. Auf die Versicherung hin, daß sein Onkel sich um sie kümmere, erlaubte ich ihm, sich uns anzuschließen. Glücklich trollte er sich, um Bin Kabina davon in Kenntnis zu setzen.

Eine große Menge lärmender, aber schlecht bewaffneter Bait Khawar hatte sich versammelt, um uns den Durchzug durch das Tal zu verwehren, wenn ich nicht Lösegeld zahle. Ich weigerte mich mit dem Hinweis auf unseren *rabia*. Aber mit viel Geschrei bestanden sie auf dem Lösegeld. Ich wußte, was für Schwierigkeiten es zur Folge hätte, wenn ich einmal damit anfinge, Erpressungsgelder zu zahlen. Ich hatte das nie getan und wollte es auch diesmal nicht tun. Im westlichen Aden-Protektorat werden europäische Reisende immer wieder angehalten, da die Stämme darauf gekommen waren, daß man Geld von ihnen erpressen konnte. Unser *rabia*, ein alter Mann mit müden, vom Alter farblosen Augen und einem strähnigen Bart, sagte wütend, er werde mich, wenn ich das wünsche, auch gegen den Willen seines ganzen Stammes durch das Tal führen. Schließlich verliefen sich die Bait

Khawar, ohne daß man zu einer Einigung gelangt war. Viele, die noch vor kurzem eine so drohende Haltung eingenommen hatten, gesellten sich nun zu uns, um zu schwatzen und Neuigkeiten auszutauschen.

Am Abend beratschlagten wir, was wir tun sollten. Die allgemeine Ansicht war die, daß die Bait Khawar nur blufften. Ihr Verhalten verstoße gegen die Stammessitten und sei nur mit ihrer Habgier zu erklären. Bin Kalut, al-Auf, Bin Duailan und andere wollten jedoch wissen, ob ich nicht ebensogut den Weg über das Plateau nehmen könnte. Diese Route hatten wir ursprünglich einschlagen wollen, aber die Raschid hatten angenommen, daß das Tal bessere Weidemöglichkeiten für ihre Kamele biete. Bin Kalut wies darauf hin, daß es zu einem Krieg zwischen Stämmen führen könne, die von alters her verbündet waren, wenn irgendein Narr auf uns schießen und einen von uns treffen würde. Ich erklärte mich sofort bereit, den Höhenweg zu nehmen, der mir ohnehin der bessere zu sein schien, da ich von ihm aus das Tal und die Landschaft zu beiden Seiten überblicken und kartographisch aufnehmen konnte. Überdies wollte ich unter keinen Umständen Unruhe zwischen den Stämmen stiften. Ich wußte, daß meine Bewegungsfreiheit in der Wüste allein auf meinem Ruf gründete, niemandem etwas zuleide zu tun.

Wo das Tal sich mit dem Wadi Mahrat zum Wadi Djiza vereinigt, stiegen wir wieder von der Höhe hinab. Hier gab es Palmenhaine und kleine Niederlassungen mit ein wenig bebautem Land. Wadi Djiza macht einen großen Bogen und wässert den größten Teil des Mahra-Landes, ehe es bei Ghaidat, dem größten der Mahra-Dörfer, ins Meer mündet. Dieses ganze Land, das noch nie kartographisch erfaßt worden war, konnte ich wenigstens in Umrissen aufnehmen. Meine Begleiter wollten westwärts zum Wadi Masila, dem Unterlauf des Wadi Hadramaut, ziehen, aber die Gumsait-Mahra verwehrten uns den Durchzug. Sie erschienen am Abend in unserm Lager und erklärten sich bereit, mich durch ihr Land zu führen, falls ich ihre Kamele mieten und die Raschid nach Hause schicken würde. Die Mahra sind Ghafari und befinden sich im allgemeinen mit den Raschid und den Bait Kathir im Zustand der bewaffneten Neutralität. Da wir keinen *rabia* ihres Stammes hatten, erschien mir ihre Haltung berechtigt, aber ich wollte mich nicht von den Raschid trennen. Sulaim, unser Mahra-*rabia,* der zu den

Amardjid gehörte, erbot sich, uns freies Geleit durch das Gebiet der Mahra-Stämme das Wadi Mahrat hinauf bis zu der Wasserscheide, wo das Gebiet der Manahil beginnt, zu verschaffen. Diese Route paßte gut in meinen Plan, da sie mir erlaubte, die Wasserscheide bis zum Wadi Masila kartographisch festzulegen.

Im Wadi Mahrat wurden wir wieder aufgehalten, diesmal von den Amardjid, die wohl davon gehört hatten, daß die Gumsait uns zur Umkehr gezwungen hatten. Auch sie boten mir ihr Geleit an, falls ich die Raschid nach Hause schickte. Nach einigem Hin und Her erklärte ich mich einverstanden, fünf von ihnen für zwei Tage als Begleiter in Sold zu nehmen; da sich jedoch herausstellte, daß sie keine Tiere bei sich hatten, die sie uns als Festmahl auftischen konnten, verzichteten sie auf die Bezahlung. Ich machte ihnen eine entsprechende Geldsumme zum Geschenk, und nun war allen Genüge getan.

Fünfzehn Jahre zuvor hatte es mich bei der Krönung Haile Selassies zum König der Könige von Äthiopien tief beeindruckt, daß man sich, wenn auch nur lose, bei diesen Feierlichkeiten auf Salomon und die Königin von Saba bezog. Als ich nun im Wadi Djiza die halbnackten, mit Indigo beschmierten Gestalten unter sterbenden Palmen in der Sprache der längst versunkenen Minäer, Sabäer und Himyaren über unsere weitere Reise verhandeln sah, überwältigte mich die Vorstellung, daß hier eine noch viel ältere und ungebrochenere Überlieferung bestand.

Drei Tage später überquerten wir die Wasserscheide zwischen den Wadis, die nach Norden und nach Süden gehen, eine flache felsige einen halben Kilometer breite Ebene. Im Süden war die Tafel von vielen tiefen Schluchten zerschnitten, im Norden begannen breite Täler mit Kies- und Lößsandböden unvermittelt am Fuß einer Schichtstufe. Ich sah einen Adler eine Gazelle jagen, ein wenig später erblickte ich zwei Steinböcke, die hier und im Randgebirge oberhalb des Wadi Mahrat sehr häufig sind.

Wiederum drei Tage später erreichten wir den Brunnen Dahal. Das Wasser, das nach Schwefel stank, war nur durch einen Tunnel im Kalksteinfelsen zu erreichen. Während wir die Kamele tränkten, erzählte uns Bin Duailan, daß hier vor wenigen Monaten ein Wolf zwei kleine Knaben getötet hatte. Der Vater hatte sie mit einer Ladung Sardinen am Brunnen gelassen und wollte sie am nächsten Tag abholen. Während der Nacht hatte der Wolf die Kinder vertrieben und von den Sardinen gefressen. Am nächsten Morgen berichteten die Kinder einigen Manahil von dem Vorfall, aber diese waren auf dem Weg zur Küste und ließen die Kinder, die ihren Vater stündlich erwarteten, wieder allein. Der Vater kam einen Tag später und fand nur noch die angefressenen Leichen seiner beiden Söhne vor.

Am Nachmittag erschien eine kleine Gruppe Manahil mit einigen Ziegen. Sie waren auf der Flucht zu den Mahra, weil zweihundertfünfzig Dahm das Gebiet, durch das wir reisen wollten, unsicher machten und bereits sieben Manahil und acht Awamir getötet hatten. Hinter Dahal lag das Land verlassen, die Bewohner hatten sich über die Wasserscheide oder ins Wadi Masila in Sicherheit gebracht. Drei Tage später erreichten wir dieses Wadi, den Unterlauf des Wadi Hadramaut. In diesen drei Tagen ritten wir durch gebirgiges Land. Unsere Kamele konnten sich hier nur auf der Sohle tiefer Schluchten zwischen hohen Kalksteinfelsen fortbewegen. Aus Sicherheitsgründen schickten wir eine Vorhut voraus und stellten Posten um die Lagerplätze auf, wußten wir doch nur zu gut, was uns erwartete, wenn die Dahm uns in einer dieser tiefen Schluchten den Weg verlegten.

Wir erreichten das Wadi Masila am Grabheiligtum des Nabi Hud. Dort trafen wir viele Manahil, die sich mit ihren Kamelen, Schafen und Ziegen versammelt hatten. Sie erzählten uns, daß eine etwa siebzig Mann starke Räuberbande das Lager von sechs Manahil im nah gelegenen Wadi Khune überfallen hatte. Einer der Manahil war entkommen, über das Schicksal der anderen war nichts bekannt. Eine zweite, viel größere Räuberbande sollte ihr Unwesen in der nördlichen Halbwüste treiben. Achtzig Manahil hatten sich zur Verfolgung in das Wadi Khune aufgemacht.

Wir beschlossen, das Wadi Masila bis zum Dorf Fughma hinaufzuziehen, wo angeblich Bin Tanas, der Scheich der Manahil, seine Krieger versammelte. Bin Duailan ritt voraus, um ihm unsere Ankunft zu melden und mitzuteilen, daß wir an einem Angriff auf die Dahm teilnehmen würden, wenn man wisse, wo sie anzutreffen seien. Obwohl die Raschid sich offiziell noch mit den Dahm in Frieden befanden, hatten sie sich sofort zur Waffenhilfe für die Manahil bereit erklärt;

sie betrachteten sich in diesem Falle als *askar* oder Soldaten, die, da sie ja unter meinem Befehl stünden, durch keinerlei Stammesverpflichtungen gebunden seien.

In Fughma trafen wir nur Frauen und Kinder und einen einzigen Mann, der uns berichtete, daß Bin Tanas sich weiter talaufwärts befinde und daß Bin Duailan dorthin weitergezogen sei. Wir lagerten in der Nähe des Dorfes zwischen Tamarisken-Sträuchern neben einem mehrere Meter breiten Fluß. Kurz nach Sonnenuntergang erschien ein Mann mit der Nachricht, die Räuber seien oberhalb des Grabes von Nabi Hud in das Wadi Masila eingedrungen. Wenige Minuten später, wir hatten unsere Kamele bereits beladen und Posten aufgestellt, hörten wir talabwärts kurz hintereinander drei Schüsse. Nun befahl Bin Kalut den Raschid, die Feuer auszulöschen. Im Dunkel saßen wir neben unsern Kamelen, Bin Kabina, sein Bruder Sa'id und Bin Ghabaisha dicht neben mir. Bin Ghabaisha füllte seinen Patronengürtel mit Reservemunition aus meiner Satteltasche. Ich flüsterte ihnen zu, sie sollten sich im Falle eines Angriffs nicht von mir trennen. Es war sehr dunkel und sehr still. Ich konnte das Rülpsen der wiederkäuenden Kamele und das Malmen ihrer Zähne hören. Ein großer Vogel, wahrscheinlich eine Eule, flog über unseren Köpfen herum. Al-Auf, der mit fünf weiteren Raschid im Tal auf Patrouille gegangen war, kam ohne Ergebnisse zurück. Er war überzeugt davon, daß die Dahm in der Dunkelheit nicht durch unbekanntes Gebiet ziehen würden. Wir ließen die Kamele gesattelt und stellten weitere Posten auf. Vor dem Morgengrauen war kaum etwas zu befürchten. Ich kroch in meinen Schlafsack, und Bin Kabina sagte: »Gott steh dir bei, wenn sie dich da drin erwischen. Du bist erstochen, noch ehe du herauskommst.« Ich aber wettete mit ihm, daß ich aus dem Schlafsack sei, noch ehe er seinen Dolch aus der Scheide habe.

Ein kalter trüber Morgen dämmerte. Ich ließ Bin Kabina und Bin Anauf Kaffee und Tee machen, da wir in der Nacht nichts gegessen hatten. Al-Auf war wieder talabwärts gegangen, ehe es noch hell war, und kam wieder ohne jede Nachricht von den Räubern zurück. Kurz darauf trafen Bin Tanas und Bin Duailan mit etwa dreißig Manahil ein. Die Dahm hatten sich offenkundig nach Norden abgesetzt. Später traf auch der Verfolgungstrupp ein und bestätigte diese Vermutung.

Er war umgekehrt, da er zahlenmäßig zu schwach war, um die mehr als 200 Mann starken Dahm anzugreifen. Bin Duailan drängte uns, gemeinsam mit den Manahil die Verfolgung aufzunehmen, auch wenn sie uns in den Yemen führen würde. Aber die Raschid weigerten sich. Sie sagten, ihre Kamele seien müde. Ich war über diese Weigerung froh, da ich anderenfalls nur sehr schwer hätte ablehnen können. Ich konnte mir die Proteste vorstellen, die in Aden von der Regierung des Yemen erhoben würden, wenn ich mit kämpfenden Stammeskriegern in ihr Land einfiele.

Wir blieben noch einen Tag an Ort und Stelle, um weitere Nachrichten über die Räuber abzuwarten. Am 14. April brachen wir in Richtung Makalla auf, dem Ziel der Reise, nach dem ich mich durchaus nicht sehnte. Wir vertrödelten die Zeit. In engen gewundenen Schluchten zogen wir gemächlich zwischen herabgestürzten Felsblöcken zu dem großen Dorf Ghail ba Yamin mit seinen Palmenhainen hinauf. Wir durchquerten dann das steinige schwarze Tafelland, das die Araber al-Djaul nennen, stiegen zur Küste bei al-Shihr hinab und trafen am 1. Mai in Makalla ein.

Sheppard, der Resident in Makalla, veranlaßte die Unterbringung der mich begleitenden Araber im Lager der Beduinenlegion am Stadtrand. Ich begab mich ins Haus des Residenten, nahm ein Bad und schlüpfte in die Kleider, die aus Salala eingetroffen waren. Frisch gewaschen, rasiert und in europäischen Kleidern ging ich in das Lager zurück. Meine Gruppe war in einem großen Gebäude untergebracht. Als ich näherkam, rief Bin Anauf: »Da kommt ein Christ!« Er hatte mich nicht erkannt, und ich blieb unsicher an der Tür stehen. Bin Turkia sprach mich an, ich antwortete ihm auf Englisch. Einer sagte, man solle den Besucher doch hereinbitten, ein anderer rief nach Kaffee, und ein dritter fragte: »Trinken die Christen Kaffee?« Sie breiteten einen Teppich für mich aus und bedeuteten mir, Platz darauf zu nehmen. Bin Kabina, Bin Ghabaisha, al-Auf, Mabkhaut und der alte Bin Kalut standen um mich herum, bis Bin Kabina plötzlich rief: »Bei Gott, das ist ja Umbarak!« Und lachend schüttelte er mich an den Schultern. Ich war mir nicht darüber klar gewesen, wie anders ich jetzt aussah. Auf meine Frage, ob sie mich in diesem Aufzug begleiten würden, meinten sie: »Keiner würde es tun, du siehst ja wie ein Christ aus.«

Die folgenden vier Tage machten mir den Abschied wohl etwas leichter. Bis zu ihrer Abreise blieben einige der Raschid fast ständig in meiner Nähe. Sie gingen im Haus des Residenten aus und ein, sie schliefen oder schwatzten den ganzen Tag in meinem Zimmer, sie begleiteten mich auf Schritt und Tritt, denn keiner von ihnen war je zuvor in Makalla gewesen. Für die meisten von ihnen war es die größte Stadt, die sie je gesehen hatten. Hand in Hand, wie es unter arabischen Freunden üblich ist, schlenderten sie mit mir durch die Straßen – was mir etwas unbehaglich war, da ich mit meinen Hosen auch meine alten Hemmungen wieder angelegt hatte. Jedenfalls bestand nicht mehr die alte Vertrautheit zwischen uns. Am stärksten spürte ich das, wenn sie mich in ihrer Unterkunft als einen Gast empfingen. Dadurch, daß ich mich rasierte, meine Kleider wechselte, in ein Haus zog und die Errungenschaften unserer Zivilisation benutzte, hatte ich mich meinen Arabern entfremdet. Betrübt wurde ich mir darüber klar, daß ich wie sie empfunden hätte, wäre einer von ihnen plötzlich in arabischer Kleidung in London aufgetaucht und hätte er, nachdem er sich den englischen Sitten und Gebräuchen angepaßt und in meiner Wohnung gelebt hätte, mit den Fingern essen wollen.

Bin Kabina zeigte mir an seinem letzten Abend in Makalla seine Erwerbungen – einen Scheffel Weizen, zwei Pfund Kaffeebohnen, zwei Kochtöpfe, drei Wasserschläuche, ein Seil, ein Knäuel Bindfaden, zwei Stopfnadeln, ein Dutzend Schachteln Streichhölzer, vier Meter dunkelblaues Tuch für seine Mutter, ein Lendentuch und ein Federmesser. Ich hatte ihn durch den Bazar schlendern und die Tuchballen, die Mäntel, Hemden, Teppiche und Decken prüfen gesehen. Nun, da er die Möglichkeit und das Geld besaß, hatte ich gehofft, er würde sich etwas zum Schutz gegen die Kälte kaufen. Ihn in den Winternächten nackt im Sand liegen zu wissen, machte mich frösteln, und ich wußte, daß es Jahre dauern konnte, ehe er wieder in eine Stadt käme. Als ich meinte, er hätte doch lieber ein paar Decken kaufen sollen, antwortete er: »Was ich brauche, sind Kamele. Auf die kommt es an. Mit dem Geld, das du mir gegeben hast, kann ich noch drei dazukaufen. Dann habe ich insgesamt sechs. Jetzt bin ich reich. An Entbehrungen bin ich gewöhnt. Die Kälte kann mir nichts anhaben. Ich bin ein Bedu.«

Vorbereitungen für eine zweite Durchquerung

Von Makalla aus begab ich mich nach Djidda und reiste von dort drei Monate lang bis nach Nadjran im Gebiet der Yam am Nordwestrand des Leeren Viertels. Dann kehrte ich nach London zurück. In der Wüste, und mochte sie noch so öde sein, hatte ich nie Heimweh nach grünen Wiesen und Wäldern im Frühling verspürt, in England jedoch sehnte ich mich geradezu schmerzlich nach Arabien zurück. Das Anti Locust Research Centre bot mir eine neue Arbeit an. Ich sollte die Ausrottung der Heuschrecken im Hedjaz überwachen. Das Gehalt war gut, ich konnte Spesen verrechnen und hatte Aussicht auf eine Dauerstellung. Aber mich zog es in die weite Leere der Sandwüste, zum Zauber des Unbekannten und in die Gesellschaft der Raschid.

Es wurde mir eine Möglichkeit zu einer großen Reise im Westen der Großen Sande geboten. Wenn ich sie durchquerte, war das gesamte Leere Viertel erforscht. Als ich zwei Jahre zuvor mit dem Gedanken an diese Reise spielte, hatte König Ibn Sa'ud sich unserem Gesandten gegenüber ausdrücklich geweigert, mir die Reiseerlaubnis zu erteilen. Und es war ohnehin zu spät im Jahr gewesen, als ich von Dhofar aus das Wadi Hadramaut erreichte. Nun nahm ich mir vor, diese Wüste zu durchqueren. Damit verstieß ich zwar gegen das königliche Verbot, aber ich hoffte, an einem Brunnen auf der andern Seite der Wüste Wasser holen und mich dann ungesehen davonmachen zu können. Fest davon überzeugt, daß einige der Raschid mich begleiten und mir ein ungehindertes Reisen durch die Wüste sichern würden, telegrafierte ich an Sheppard in Makalla, er möchte Bin Kabina in Habarut mitteilen lassen, daß er, Bin al-Kamam und Bin Ghabaisha mich zur Zeit des Neumonds im November in Hadramaut treffen sollten. Wenn es mir gelang, die Reisegesellschaft klein zu halten, konnte ich die Reise von meinen Ersparnissen finanzieren. Über die weitere Zukunft zerbrach ich mir nicht den Kopf.

Am 3. November traf ich in Makalla ein. Nachdem ich einige Tage mit Sheppard verbracht hatte, zog ich mit den bei ihm bereits hinterlegten Gewehren und der Munition weiter nach Saiwun, wo ich bei unserem politischen Beamten Watts wohnte. Watts hatte Schwierigkeiten mit den Manahil. Einige von ihnen hatten, unter Anführung meines alten Freundes Bin Duailan, vor kurzem zwei Regierungsposten in Hadramaut überfallen und eine große Anzahl Gewehre und Munition erbeutet. Ein Beduinenlegionär war dabei getötet worden. Da Bin Duailan sich weigerte, die Waffen zurückzugeben, hatte Watts für sämtliche Manahil Stadtverbot erlassen.

Von Bin Kabina und den andern war noch keine Nachricht da, und ich beschloß, vierzehn Tage durch das Gebiet der Sai'ar zu ziehen. Danach wollte ich mich auf die Reise durch die Großen Sande aufmachen, die meine Durchquerungen Südarabiens zwischen Oman und Hadramaut mit den Reisen von Philby und Thomas zu einem besseren Kartenbild zusammenschließen sollte. Die Sai'ar, ein großer und mächtiger Stamm, hat man sehr treffend »die Wölfe der Wüste« genannt. Alle Wüstenstämme Südarabiens haßten und fürchteten sie aus gutem Grund, und ihre Raubzüge führten sie nach Osten bis Maghshin und in den Djiddat al-Harasis und nach Norden bis zu den Yam, den Dawasir und den Murra. Außer Boscowen, der 1931 in ihrem Gebiet Oryxantilopen gejagt hatte, und Ingrams, der 1934 die Randgebiete besuchte, war noch kein Engländer zu ihnen vorgedrungen.

Watts stöberte in Shibam zwei Sai'ar auf, die sich bereit erklärten, mich in ihr Land zu bringen. Wie die Humum verfügen auch die Sai'ar über viele Kamelbullen, die sie als Lasttiere zum Warentransport in die Städte von Hadramaut vermieten, und die beiden hatten ebenfalls zwei Kamelbullen. Der kleinere Sai'ar hieß Salim und war ein lebhafter Mann mit blauem Lendentuch, der größere hieß Ahmad, trug ein sehr kurzes weißes Hemd und verbarg sein freundliches Wesen hinter einer säuerlichen Miene. Beide waren mit Martini-Büchsen bewaffnet.

Wir begaben uns nach Raidat al-Sai'ar, einem flach in die kahle Kalksteintafel eingelassenen, etwa 200 Meter breiten Tal. Auf den niederen Tafelrändern um das Tal standen steinerne Gebäude und Wachttürme, die großenteils unbewohnt waren. Ahmad erzählte mir, die Einwohner seien in der großen Hungersnot von 1943 zugrunde gegangen. In dem künstlich terrassierten Tal grünten Mohrenhirse und Bohnen, die im Juli zur Zeit der Überschwemmung gepflanzt worden waren. Es gab Gruppen von Dattelpalmen und viele Christusdorn-Bäume. Obwohl es immer nur vorübergehend Wasser hat, ist Raidat das Herz des Sai'ar-Landes. Die Bewohner hatten vor kurzem einen Brunnen auszuschachten versucht, es jedoch wieder aufgegeben, als sie in achtzehn Meter Tiefe noch immer nicht auf Wasser stießen. Es gibt im Sai'ar-Land nur zwei Brunnen, die ständig Wasser haben. Der eine in Manwakh ist etwa fünfzig Meter, der andere in Zamakh etwa siebzig Meter tief.

Die Sai'ar, die fast alle bei der Einbringung der Ernte im Raidat-Tal waren, hatten von meinen Reisen in Südarabien gehört und hießen mich mit großer Herzlichkeit willkommen. Sie waren angenehm kraftvolle Leute, nicht so schrecklich habgierig wie die Bait Kathir. Andere Stämme bezeichnen sie als tückisch, aber das ist wohl lediglich üble Nachrede, in der sich die heftige Abneigung ausdrückt. Sie gelten als gottlos, und dies in den Augen der Araber zu Recht, da sie sich weder um die Gebete noch um das Fasten bekümmern und behaupten, der Prophet Mohammed habe ihre Vorfahren von beidem dispensiert. Wie alle südlichen Bedu sind sie von kleinem Wuchs und sehr wendig. Einige der Männer hatten Stoffetzen um ihre Köpfe gewunden, die meisten aber waren barhäuptig. Sie trugen nur Lendentücher, meist mit Indigo gefärbt. Alle Männer und die meisten Knaben trugen Dolche, fast jeder hatte ein Gewehr.

Als wir das Tal von Raidat verließen, kamen wir am Grab einer heiligen Frau namens Walia Riquaiya vorbei, einem heiligen Bereich, der im Umkreis von hundert Metern um das Kuppelgrab durch drei weißgetünchte Steinmale bezeichnet ist. Salim und Ahmad gingen um das Grab herum. Nachdem sie die weißen Steine berührt hatten, küßte jeder seine rechte Hand und schmierte Staub auf seine Stirn. Wir legten Kaffeebohnen in eine Nische am Grab. Es gibt hier viele

Heiligtümer, und jeder, der an ihnen vorbeikommt, bringt nach Möglichkeit ein Kaffeeopfer, an dem bedürftige Reisende sich laben können. Die notwendigen Utensilien für die Zubereitung des Kaffees befinden sich im Innern des Heiligtums. Die Sai'ar würzen ihren Kaffee meist sehr stark mit Ingwer. Beim Servieren füllen sie die Tasse, die meist groß und aus Ton ist, bis zum Rand. Aber man trinkt nur ein wenig daraus und reicht sie dem Kaffeeausschenker wieder zurück, der sie nachfüllt und weitergibt.

Wir besuchten den Brunnen Manwakh im Wadi Aiwat al-Sai'ar, das in die Wüste führt und von Raidat her gespeist wird. Ich war an diesem Brunnen sehr interessiert, weil meine Reise durch das Leere Viertel hier oder beim Brunnen Zamakh beginnen mußte. Wir trafen in Manwakh einige Sai'ar, die ihre Kamele und Ziegen mit dem auffallend frischen Wasser tränkten, in dem sie vorher Steinsalz auflösten. Sie zogen die langen Brunnenseile aus Zwergpalmfasern selbst die schiefe Ebene hinab. Das Seil läuft über die Rollen des über dem Brunnen stehenden Holzgerüstes und zieht die gefüllten Tucheimer oder Ziegenschläuche aus der Tiefe. Die südlichen Bedu lassen die Brunnenseile nicht von Kamelen ziehen, wie man es an den tiefen Brunnen im Nedjd tut. Dorfbewohner in Hadramaut allerdings verwenden an ihren Ziehbrunnen auch Kamele und Rinder. Nachdem die Sai'ar ihre Tiere getränkt hatten, nahmen sie die Seile, Rollen und ledernen Wassereimer wieder mit. Sie hatten ein sehr schönes Mädchen dabei, dessen Haar geflochten war und in einem Vorhang aus kleinen Zöpfen auf ihre Schultern fiel. Nur über der Stirn war es gerade abgeschnitten. Das Mädchen trug Silberschmuck und mehrere Halsketten, einige aus großen Karneolen, andere aus kleinen weißen Glasperlen. Um ihre Taille hatte sie ein halbes Dutzend Silberketten geschlungen. Die ärmellose blaue Tunika stand offen und zeigte ihre kleinen festen Brüste. Sie war sehr hellhäutig. Als sie merkte, daß ich sie fotografieren wollte, schnitt sie eine Grimasse und streckte mir die Zunge heraus. Wann immer ich in den darauffolgenden Tagen still in mich gekehrt war, neckten mich Salim und Ahmad damit, daß ich an das Mädchen von Manwakh dächte. Und manchmal hatten sie nicht unrecht.

Die Sai'ar erzählten mir, daß in der Nähe einige Raschid lagerten. Wir begaben uns am nächsten Tag an den angegebenen Platz und trafen dort den einäugigen Abdullah, Muhammad, den Sohn Bin Kaluts, und einige Scheichs der Awamir und Mahra. Als ich auf sie zukam, feuerten sie dicht über meinen Kopf ein paar Schüsse in die Luft – die übliche Begrüßung für Scheichs und andere Persönlichkeiten von Rang. Sie hatten etwa vierzig Sai'ar zu Gast, mit denen sie über die Erneuerung eines Waffenstillstands verhandelten. Muhammad sagte mir, Bin Kabina habe Sheppards Brief in Habarut erhalten und sei nach Ghaidat an die Küste geritten, um ihn sich übersetzen zu lassen. Von Habarut nach Ghaidat waren es gut 170 Kilometer, und dieser große Umweg erklärte Bin Kabinas Ausbleiben. Es war gut zu wissen, daß er auf dem Weg zu mir war. Muhammad berichtete mir auch, daß Bin al-Kamam noch immer im Yemen mit den Dahm wegen der Rückgabe der Raschid-Kamele verhandle und daß Bin Ghabaisha sich in Dhofar aufhalte. Er nahm mich beiseite und erkundigte sich nach meinem nächsten Reiseziel. Ich weihte ihn in meine Pläne ein, bat ihn aber, sie bei sich zu behalten, da ich wußte, wie gefährlich es war, wenn die Stämme meine Absichten kannten. Er bot mir seine Begleitung an, die ich gern annahm, da es nicht wahrscheinlich war, daß Bin al-Kamam und Bin Ghabaisha mich noch erreichen würden. Wir verabredeten uns im Raidat-Tal um die Zeit des nächsten Neumonds, da er nicht sofort mit mir kommen konnte, weil die Verhandlungen mit den Sai'ar noch einige Tage dauerten. Er erzählte mir auch die neuesten Nachrichten von einem Überfall von einhundertvierzig Manahil auf die Yam, bei dem zehn Yam getötet und einhundertfünfzig Kamele geraubt worden waren. Neun Manahil, darunter auch ihr Anführer Bin Duailan, waren dabei umgekommen. Später sollte ich die Geschichte seines Todes von dem Mann, der ihn getötet hatte, zu hören bekommen.

Das waren sehr schlechte Nachrichten, war doch nun aller Wahrscheinlichkeit nach mit einem Vergeltungsangriff der Yam und vermutlich auch der Dawasir, von denen mehrere vor kurzem bei einem Überfall der Sai'ar getötet worden waren, zu rechnen. Wenn wir die Wüste durchquerten, mußten wir im Gebiet der Dawasir bei Sulaiyil Wasser holen. Wie ich vor einigen Monaten in Nadjran festgestellt hatte, weideten die Yam im Winter ihre Tiere in der Wüste südlich von Sulaiyil. Einen *rabia* von diesen Stämmen aufzutreiben, war unmöglich, und beide Stämme standen nun mit meinen Begleitern im Kriegszustand.

Die Neuigkeiten hier handelten samt und sonders von erfolgten und geplanten Überfällen. Muhammad und Abdullah machten sich Sorgen wegen einer Streitmacht von einhundertfünfzig Abida aus dem Yemen, die vor vierzehn Tagen am Rand der Wüste ostwärts gezogen waren. Ihr Anführer sollte Bin Murzuq sein, ein abtrünniger Sai'ar, der bei den Abida lebte. Bin Murzuq war wegen seines bitteren Hasses auf die Mishqas, wie der Sammelname für die Stämme östlich des Sai'ar-Landes lautet, gefürchtet. Die Wüste war seit Jahren nicht so unruhig gewesen.

Muhammad drängte mich, die Nacht mit ihnen zu verbringen. Ich wollte jedoch möglichst rasch nach Hadramaut zurück, wußte ich jetzt doch, daß Bin Kabina meine Nachricht bekommen hatte. Zwei Tage später waren wir in der Nähe des Brunnens Tamis, der den Awamir gehört. Hier war gefährliches Grenzland. Ahmad, der die Lage am Brunnen erkunden sollte, kam mit der Nachricht zurück, daß aus dem Haupttal ein größerer Trupp von Manahil näher komme. Ich begleitete ihn auf seinem zweiten Erkundungsgang. Er riet mir zu größter Vorsicht, da die Manahil die Sai'ar haßten, die sich nach ihrem Überfall auf die Regierungsposten in Hadramaut auch als im Krieg mit den Christen betrachten könnten. Auf jeden Fall handle es sich um Plünderer, die ob ihrer Verluste aufgebracht seien. Zwischen zwei Felsen hindurch konnte ich etwa einen halben Kilometer entfernt zwanzig Männer hinter einer Biegung verschwinden sehen. Sie trieben einige Kamele vor sich her und ritten schweigend, die Gewehre in der Hand. Bis auf die dunkelblauen Lendentücher waren sie nackt. Wären sie zehn Minuten später gekommen, hätten sie uns am Brunnen vorgefunden. Wir blieben bis zum nächsten Nachmittag, wo wir waren. Als Ahmad festgestellt hatte, daß die Luft rein war, begaben wir uns zum Brunnen und füllten die Wasserschläuche. Es gab eine Unmenge frischer Spuren im Sand. Etwa vierzig Berittene mit ungefähr dreißig Beutekamelen waren dagewesen, offenbar nur ein Teil der ganzen Bande, die sich getrennt hatte, um die Verfolgung zu erschweren.

In einem Felsloch gab es in etwa fünf Meter Tiefe vorzügliches Wasser. Obgleich es schon spät war, brachen wir mit unseren gefüllten Wasserschläuchen sofort wieder auf. In der Nähe eines Brunnens zu nächtigen, ist in einem unruhigen Land stets gefährlich. Wir machten bei einer niederen Höhle halt, da der Himmel bewölkt war und es nach Regen aussah. Nach dem Essen, wir bereiteten gerade Tee und hielten einen gemütlichen Schwatz, ertönte es plötzlich »Salam Alaikum«. Wir ergriffen unsere Gewehre, die neben uns lagen, konnten aber, vom Feuerschein geblendet, den Sprecher in der Dunkelheit nicht erkennen. Ich beantwortete den Gruß, und Amair sprang von seinem Kamel und setzte sich zu uns. Er war mit Bin Kabina aus Habarut gekommen. Da aber Bin Kabinas Kamel lahmte, war er bei Muhammad geblieben, um meine Rückkehr abzuwarten. Bin Kabina war nach Ghaidat geritten, wo er sich den Brief hatte vorlesen lassen, und dann zu seiner Mutter und dem jungen Sa'id zurückgeritten, um sich von ihnen zu verabschieden. Er mußte 1500 Kilometer zurückgelegt haben. Kein Wunder, daß sein Kamel zusammengebrochen war.

Auf meine Frage nach Bin Ghabaisha erfuhr ich, daß er sich bei seinem Vater in Mudhail aufhalte. Als ich wissen wollte, ob Bin Ghabaisha von Salala nach Makalla fliegen würde, wenn ich das einrichten könne, meinte Amair: »Nein, er ist zu klein dafür. Wenn du dabei bist, wird er vielleicht ein Flugzeug besteigen. Aber allein mit den Christen wird er nicht fliegen.«

Auf dem Rückweg nach Saiwun kamen wir an den Palmenhainen von Quff vorüber, wo die Awamir beheimatet sind, die jedoch, wie ihre Verbündeten, die Raschid, meist in den Großen Sanden leben. Dreizehn Tage nach unserer Abreise von Shibam lagerten wir wieder einmal auf dem Rand der Tafel hoch über dem Wadi Hadramaut mit seinen Dörfern und Städten, seinen Feldern und Dattelhainen. Wir hatten 340 Kilometer zurückgelegt. Während der letzten drei Tage war der Himmel bedeckt gewesen. Nun wetterleuchtete es im Norden die ganze Nacht über. Amair verfolgte gespannt dieses Naturschauspiel und rief mehrmals: »So Gott will, werden wir ein Jahr des Überflusses haben.«

Am nächsten Morgen stiegen wir über die hohen Abstürze der Tafel in das Wadi Hadramaut ab. Unter uns sahen wir den gewaltigen Sultanspalast von Saiwun weiß zwischen den dunklen Palmen leuchten. Zinnenbewehrte Türme, Minarette und funkelnde Kuppeln ragten aus grünen Feldern und Obstgärten.

In Hadramaut hatte ich immer das Gefühl des Eingesperrtseins; zehn Jahre früher hätte ich mich für diese Gegend noch interessiert.

Doch inzwischen hatte Ingrams hier Gesetz und Ordnung eingeführt. Hadramaut ist sehr alt, Überrest einer versunkenen Welt, der sich in diesem abgelegenen Tal hatte erhalten können. Nun aber griff die verderbende Hand des Fortschritts ein. Schon hatten einige der reicheren und protzigeren *saiyids* in Tarim und Saiwun sich Häuser gebaut, die ebenso scheußlich wie landschaftsfremd und unter großem Kostenaufwand mit modernem Komfort ausgestattet waren. Das Jahr zuvor hatte ich in Tarim erfahren müssen, wie peinlich es ist, ein Wasserklosett zu benutzen, das nur zur Schau und ohne Installation angebracht wurde. Diese Häuser werden sehr bewundert und, wie ich wußte, eifrig kopiert. Schon bald würde der neue Baustil die alte Architektur abgelöst haben, die zwar harmonisch und schön, aber mit einemmal nicht mehr schick war, nur weil sie sich seit Jahrhunderten nicht geändert hatte. Ich hatte gehört, daß der verstorbene Schah von Persien alles in seinem Reich danach unterschied, ob es *moderne* oder *démodé* war, und daß er Befehl gegeben hatte, alles, was *démodé* war, durch moderne Dinge zu ersetzen. Das gleiche würde hier geschehen. Als ich durch Saiwun ging, spürte ich, daß es nicht mehr lange dauern würde, bis es hier Kinos gäbe und Lautsprecher an den Straßenecken lärmten.

Watts befand sich auf Urlaub in Aden, und ich wohnte bei Johnson, seinem Stellvertreter. Obwohl Amair skeptisch gewesen war, schickte ich ein Telegramm an den Kommandeur der britischen Luftstreitkräfte in Aden mit der Bitte, über den Kommandanten in Salala und den dortigen Wali Bin Ghabaisha ausfindig zu machen und diesen per Flugzeug nach Riyan und von dort mit einem Automobil nach Saiwun zu befördern. Eine Woche später bekam ich die Antwort: »Bin Ghabaisha gefunden stop fliegt morgen nach Riyan.«

Zwei Tage später fand in Johnsons Haus ein Tee-Empfang für die Fußballmannschaften von Saiwun und Tarim statt. Ich reichte gerade dem Mittelstürmer von Tarim ein Stück Kuchen, als Bin Ghabaisha hereinkam, einen Dolch im Gürtel und in der Hand seinen Kamelstecken. Sonst hatte er nichts dabei. Er setzte sich neben mich, und ich wollte wissen, wo er denn gesteckt hatte.

»Wir waren in der Nähe von Mudhail im Wadi, wo wir auf unserem Weg nach Makalla haltgemacht hatten«, sagte er. »Ich und mein

Bruder hüteten die Kamele, als einer der Sklaven des Wali erschien. Es war Abdullah, der mit dir auf den Djebel Qara ging. Er sagte, du seist angekommen, und der Wali lasse mich rufen. Ich sagte also meinem Bruder, er solle die Kamele am Abend wieder nach Hause bringen und meinem Vater sagen, ich sei nach Salala gegangen. In Salala ging ich sofort in den Palast des Wali. Er sagte zu mir: ›Umbarak ist in Hadramaut, du sollst zu ihm kommen. Morgen fliegt ein Flugzeug dorthin. Möchtest du mitfliegen?‹ Ich antwortete: ›Weshalb sollte ich nicht fliegen?‹ Daraufhin schickte der Wali mich in das Lager der Christen. Die Christen gaben mir zu essen – es schmeckte abscheulich. Ich schlief bei den Christen, und am nächsten Nachmittag kam das Flugzeug.«

Ich fragte: »Hast du jemals zuvor ein Flugzeug gesehen?« Und er antwortete: »Letztes Jahr auf dem Rückweg von Makalla. Es flog sehr hoch, machte aber mehr Lärm als das, in dem ich flog. Als ich in das Flugzeug stieg, wollte der Christ mich mit einem Seil anbinden. Aber ich ließ es nicht zu.«

Ich fragte ihn, wie ihm das Fliegen gefallen habe.

Er sagte: »Solange wir über dem Boden flogen, war es gut. Ich konnte die Wadis und die Hügel sehen. Ich wußte, wo ich war. Bei Gott, Umbarak, einmal sah ich Männer und Kamele, so klein wie Ameisen. Als wir über das Meer flogen, hatte ich Angst. Dann wurde es dunkel, und ich glaubte, die Christen hätten sich verflogen. Sie begannen alle zu schwatzen und die Arme zu schwenken. In Riyan sagte ein arabischer Dolmetscher zu mir, ich müsse am nächsten Morgen nach Aden. Der Mann war ein Narr. Deshalb ging ich zu einem der Christen, die das Flugzeug gesteuert hatten, und sagte ihm, daß du in Hadramaut bist. Zuerst konnte mich keiner verstehen, aber schließlich sagten sie: ›*Aiwah! Aiwah!* Umbarak – Hadramaut.‹ Sie schlugen mir auf die Schulter und gaben mir Tee und Brot. In den Tee taten sie Milch und Zucker, und ich weigerte mich, ihn zu trinken. Heute morgen setzten sie mich in einen Lastkraftwagen. Und da bin ich nun.«

Er fragte mich, wohin diesmal die Reise gehe, und ich erzählte ihm, daß ich das Leere Viertel bis zum Wadi Dawasir durchqueren und von dort zur Piratenküste ziehen wolle. Seine ganze Antwort war: »Ich habe kein Gewehr.« Ich nahm ihn mit in mein Zimmer und sagte ihm, er solle sich von den fünf Gewehren eines aussuchen. Als er gewählt hatte, erklärte ich ihm, es sei ein Geschenk.

Wir verbrachten zwei Tage in Shibam, der interessantesten Stadt in diesem Gebiet. Sie liegt am Rand des ausgetrockneten Flußbetts auf einem niederen Lehmhügel inmitten des Tals und hat etwa 7000 Einwohner. Eine Mauer umgibt sie, aber die Mauer wirkt winzig, weil sie weit von den Häusern überragt wird, die bis zu acht Stockwerken hoch sind. Amair und Bin Ghabaisha verhandelten mit den Sai'ar wegen der Kamele, die uns ins Raidat-Tal bringen sollten. Mehl, Reis, Zucker, Tee und Kaffee hatte ich in Makalla besorgt, jetzt kauften wir noch gedörrtes Haifischfleisch, Butter, Gewürze, Satteltaschen, Seile und Wasserschläuche. Die Wasserschläuche erstand ich selbst und wurde prompt übers Ohr gehauen, man hängte mir einige Schafhäute an, die immer Wasser durchlassen. Amair oder Bin Ghabaisha wäre das nicht passiert, aber die beiden waren anderweitig beschäftigt.

Am 17. Dezember verließen wir Shibam in Richtung Raidat, begleitet von Ali bin Sulaiman vom Hatim-Stamm der Sai'ar, was sich noch als sehr nützlich herausstellen sollte. Das Land schwirrte von Gerüchten und beunruhigenden Nachrichten. Abdullah bin Nura, meist nach seinem Familiennamen Bin Maiqal genannt, war vor kurzem mit den Bin Ma'aruf-Sai'ar in Manwakh eingetroffen. Obgleich diese Bin Ma'aruf zum Hatim-Zweig der Sai'ar gehörten, lebten sie nicht mehr auf der Sai'ar-Hochebene, sondern in der Sand-, Kies- und Felswüste des Nordens. Vor einem Dutzend Jahren hatten sie Ibn Sa'ud als Herrscher anerkannt, ihre Tribute entrichteten sie an den Emir von Nadjran. Sie weideten ihre Herden in der Wüste südlich von Nadjran, als die Kunde eintraf, daß die Yam und die Dawasir sich zusammenrotteten, nachdem Ibn Sa'ud sie zu einem Vergeltungsangriff auf die Sai'ar und andere Stämme von Hadramaut für die jüngsten Überfälle ermächtigt hatte. Da einige der Bin Ma'aruf in diese Überfälle verwickelt waren, suchten sie nun bei ihren Verwandten im Süden Schutz.

Wir erfuhren, daß Vorhuten der Yam bereits in das westlich von uns gelegene Gebiet der Karab eingedrungen waren, mehrere hundert Kamele geraubt und jeden Araber, der ihnen in den Weg kam, getötet hatten. Einige Sai'ar-Frauen erzählten uns, die Räuber hätten Hosen getragen »wie Frauen«. Das war der schlagende Beweis, daß sie aus dem Norden kamen. Die Sai'ar hatten das Land zwischen al-Abr und Zamakh geräumt und würden wahrscheinlich auch Manwakh räumen und sich in das zerklüftete Land am mittleren Wadi Makhia zurückziehen. Wollte ich noch Führer und Kamele für meine Reise nordwärts durch die Großen Sande finden, dann mußte ich diesen Brunnen erreichen, ehe die Sai'ar ihn verließen.

Wir brachen sofort aus Raidat auf und kamen am späten Abend des 28. Dezember in Manwakh an. Am Brunnen war niemand zu sehen. Da wir einen langen Tag hinter uns hatten, beschlossen wir, dort zu lagern. Bei Sonnenuntergang kamen sechs Bin Ma'aruf vorbei, lauter junge Männer auf prachtvollen Kamelen. Sie hatten einige verdächtige Kamelspuren weiter talaufwärts entdeckt, die sie für Spuren von Yam-Kundschaftern hielten; denn die Bedu schicken ihre Kundschafter weit voraus, um ein Lager auszukundschaften, und überfallen es meist nach einem Nachtmarsch im Morgengrauen. Die Bin Ma'aruf erzählten uns, daß Bin Maiqal sich zwei Stunden von hier aufhielt, und rieten uns ab, am Brunnen zu nächtigen. Da wir nicht in der Dunkelheit im Sai'ar-Lager eintreffen wollten, beschlossen wir, in einem Seitental die Nacht zu verbringen. Ich schickte Amair zu Muhammad und Bin Kabina mit der Nachricht, daß wir eingetroffen seien. Die zerklüfteten Felswände des Seitentals wirkten im schwindenden Licht recht bedrohlich und erweckten in uns ein Gefühl großer Einsamkeit. Wir bereiteten ein rasches Mahl, erstickten dann sofort das Feuer und verhielten uns ganz still. Mitten in der Nacht erhob sich plötzlich eines der Kamele. Ich hatte sehr leicht geschlafen und war in einer Sekunde wach. Die andern hockten um mich und richteten ihre Gewehre in die Dunkelheit. Ali sagte: »Es ist nur das Kamel«, packte es am Halfter und riß so lange daran, bis das Tier sich unwillig gurgelnd auf die Knie niederließ. Wir legten uns wieder hin, fanden aber nicht mehr die richtige Ruhe.

In der beißenden Kälte des Wintermorgens ritten wir ins Sai'ar-Lager. Wir kamen an fetten Milchkamelen vorüber, die von den Hirtenknaben gerade auf die Weide getrieben wurden. Über das ganze Tal waren kleine schwarze Ziegenhaarzelte verstreut, nackte Kinder spielten um sie, dunkel gekleidete Frauen stampften Butter, sammelten Holz und hüteten Ziegen. Mit Besorgnis stellte ich fest, daß mehrere Familien ihre Zelte bereits abgebrochen hatten und die Kamele beluden.

Die kleinen Kinder wurden in Kamelsänften gesetzt, wie ich sie aus dem Norden kannte, hier aber zum erstenmal in Südarabien sah. Sollten diese Vorbereitungen darauf hindeuten, daß die Sai'ar Manwakh verließen?

Als wir näher kamen, stellten die Bin Ma'aruf sich in einer Linie zu unserem Empfang auf. Sie schossen eine Salve über unsre Köpfe hinweg und preschten dann schreiend und ihre Dolche schwingend auf uns los. Wir stiegen ab, um die Scheichs und einige Karab, Manahil und Mahra, die sich bei ihnen befanden, zu begrüßen. Etwas abseits von den übrigen hielt sich eine Gruppe von vier oder fünf sogenannter *saiyids,* die aus Hadramaut gekommen waren und wohl von der Gutgläubigkeit der Sai'ar profitieren wollten, da diese ja den mir unglaubhaften Anspruch der *saiyids,* vom Propheten abzustammen, anerkennen, ebenso wie alle Stämme im Umkreis von Hadramaut. Die bleichen Stubenhockergesichter der *saiyids* schienen mir in dieser Versammlung wettergebräunter Stammeskrieger ebenso fehl am Platz wie ihre Kleider nach indonesischem Schnitt, der in den Städten von Hadramaut Mode war.

Bin Kabina hatte den wilden Begrüßungssturm angeführt. Ich freute mich aufrichtig, ihn wiederzusehen. Er sah gut aus, nur sein Hemd hing in Fetzen. Doch ich hatte neue Kleidungsstücke für ihn mitgebracht.

Nachdem wir Kaffee getrunken und Neuigkeiten ausgetauscht hatten, begaben wir uns an einen windgeschützten Platz. Wir waren noch beim Abladen, als ein Dutzend Bin Ma'aruf quer über die niederen Dünen galoppierend daherkam. Mit wilden Schreien trieben sie ihre Kamele an, die etwa 27 Kilometer in der Stunde zurücklegen können. Die Hälse weit vorgestreckt, preschten die Tiere in weit ausholenden, stampfenden Sprüngen die Dünen hinauf und dann glitten sie in die Mulden hinab. Sie bewegten sich dabei so anmutig wie galoppierende Pferde und hatten nichts Plumpes an sich. Die Burschen, die sie ritten, gehörten zu den schönsten des Stammes. Sie waren drahtig, gelenkig und kraftvoll. Es waren die Kundschafter, die im Morgengrauen durch die Wüste ritten, um nach fremden Spuren Ausschau zu halten. Auf die Schüsse hin waren sie zum Lager zurückgeritten in der Meinung, es sei überfallen worden.

Auf den ersten Blick wirkten diese Bin Ma'aruf ganz anders als die übrigen Sai'ar. Sie trugen lange weiße Hemden mit weiten, offenen Ärmeln, die bis zum Boden reichten, und Kopftücher und Stirnbänder wie die nördlichen Bedu. Sie unterschieden sich auch durch die Herden von Kamelstuten, die sie als Milchtiere und zu Zuchtzwecken mit sich führten. All ihre Kamele waren in vorzüglicher Verfassung, da sie auf dem üppigen Weideland bei Nadjran gewesen waren.

Wir brauchten neun Kamele und mußten mit einem sehr hohen Preis rechnen, da wir nirgend anderswo Kamele bekommen konnten, und die Zeit drängte. Jeder von uns brauchte ein Reitkamel, denn Muhammad, Bin Kabina und Amair wollten ihre Tiere, die in schlechter Verfassung waren, bei einigen Manahil lassen, die hier zu Besuch waren. Ich wollte außerdem vier Lastkamele kaufen, da es bis zur Piratenküste sehr weit war. Bin Ghabaisha, der einen guten Blick für Kamele hatte, besorgte sich rasch eine schwarze *hazmia* für den Gegenwert von 15 Pfund. Als wir ihn neckten, weil ein Aberglaube mit diesen schwarzen Kamelen verknüpft ist, meinte er nur, sie sei ein prächtiges Tier – und das war sie auch –, und er brauche sie zum Arbeiten und nicht, um damit zu prunken. Wenn jemand sich ihr näherte, schwenkte sie den Schwanz auf höchst alberne Weise, ein Zeichen, daß sie vor kurzem gedeckt worden und trächtig war.

Bin Kabina kaufte sich ein graues Jungtier mit sehr langen Beinen. Es war eine seit sechs Monaten trächtige Stute, was aber keine Behinderung war, da Kamele ein Jahr lang trächtig sind. Für mich kaufte ich eine kleine Vollblutstute aus Oman, ein williges Tier, das jedoch unangenehm kurze Schritte machte.

Wir brauchten auch noch Sättel und Halfter. Es war schwierig, die wollenen Stirnbänder zu bekommen. Ein *saiyid* hatte ein altes dabei und trat es für den zehnfachen Wert an Bin Ghabaisha ab. Er verkaufte meinen Raschid noch verschiedene andere Sachen, wobei er sie jedesmal unverschämt überforderte. Zufälligerweise bekam er zwei Tage später Bindehautentzündung und erschien, fast blind, bei mir, als ich mit einer Gruppe von Arabern zusammensaß. In barschem Ton verlangte er Medizin. Ich erwiderte, ich wolle ihn gern behandeln, müsse aber für jedes Auge fünf Schillinge verlangen. Er wandte sich an die anderen mit der Frage: »Weiß der Christ denn nicht, daß ich ein *saiyid* bin, ein Abkömmling des Propheten?« Ich entgegnete, ich sei mir dessen bewußt, doch das ändere nichts an meinem Preis. Er entfernte sich unter zornigem Gemurmel, aber der Schmerz ließ ihn zurückkommen. Ich nahm sein Geld und konnte auch die Entzündung heilen. Es war das einzige Mal, daß ich jemanden gegen Bezahlung verarztet habe.

Das schwierigste Problem war, einen Führer zu bekommen. Von Ali wußte ich, daß Bin Daisan, ein älterer Mann der Bin Ma'aruf, den Westen der Großen Sande besser kannte als irgendein anderer. Wir verbrachten mehrere Abende in Bin Daisans Zelt und versuchten, ihn als Führer zu gewinnen. Ich bot ihm Geld und ein Gewehr, aber die Vorsicht, die mit dem Alter kommt, trug schließlich über seine Habgier den Sieg davon. Jeden Abend erklärte er sich beim Abschied damit einverstanden, uns zu begleiten, und jeden Morgen erhielten wir die Nachricht, daß seine Familie die Einwilligung dazu verweigere.

Jedermann versicherte uns, daß die Yam oder die Dawasir uns umbrächten, sobald wir ihnen auf der andern Seite der Großen Sande begegneten. Man erzählte uns, daß drei große Banden von Yam zur Zeit die Gegend von al-Abr unsicher machten und erst vor wenigen Tagen zwei Sai'ar getötet hatten. Verächtlich bedeutete man mir, daß meine Raschid zu jung und unerfahren seien, um die Situation zu beurteilen. Jung waren sie gewiß, Muhammad war fünfundzwanzig, Amair zwanzig, und Bin Kabina und Bin Ghabaisha waren siebzehn Jahre alt. Aber sie ließen sich nicht einschüchtern und wollten mich nicht im Stich lassen. Muhammad schlug eines Abends vor, wir sollten statt in Richtung auf das Wadi Dawasir die Wüste weiter östlich über Dakaka durchqueren. Als ich ihm entgegenhielt, daß Thomas und Philby das bereits getan hatten, und ich die westliche Wüste erforschen wolle, sagte er: »Mach dir keine Sorgen. Wir werden dich begleiten, wohin du willst, und kümmern uns nicht um das Gerede der Sai'ar!« Wir brauchten jedoch einen Sai'ar-*rabia*, um vor diesem Stamm geschützt zu sein. Viele der Sai'ar, die die Raschid hassen, sprachen fast unverhohlen davon, daß sie uns in die Sande folgen würden, um uns umzubringen. Abgesehen davon, daß beide Stämme in bitterer Fehde lagen, wußten die Sai'ar auch, daß ich eine Menge Geld, Waffen, Munition und Kamele bei mir hatte. Unsre Manahil-Freunde rieten uns dringend, einen Sai'ar-*rabia* zu nehmen, und wir zerbrachen uns den Kopf darüber, wo wir ihn herbekommen konnten. Zwei junge Karab hatten sich angeboten, uns zu begleiten, aber sie kannten weder die westliche Wüste, noch konnten sie uns vor den Sai'ar schützen.

Ali und ich gingen wieder zu Bin Daisan, und nachdem ich ihm diesmal mehr Geld anbot, willigte er endlich ein, uns zu begleiten. Wir vereinbarten, am nächsten Tag unsre Kamele zu tränken und unsre Wasserschläuche zu füllen und am übernächsten Tag aufzubrechen. Am nächsten Morgen, wir rüsteten uns gerade zum Aufbruch, traf ein Mahra vom Brunnen Shagham im Wadi Makhia ein, der die letzten Neuigkeiten von Bin Murzuq und der Abida-Bande brachte. Diese hatte die Raschid und die Manahil überfallen und viele Kamele geraubt und dabei zwei Raschidhirten getötet. Die Abida waren jedoch selbst überfallen worden, als sie ihre Kamele in der Dunkelheit am Brunnen Thamud tränkten. Sie hatten fünf Mann verloren, hatten aber ihre zahlenmäßig unterlegenen Verfolger wieder abschütteln können. Der Mahra hatte vor zwei Tagen mit den Abida in Shagham gesprochen. Sie hatten zwei schwerverwundete Männer bei sich, weshalb sie nur sehr langsam zurückreisen konnten. Der Mahra riet uns, mit dem Aufbruch noch einige Tage zu warten. Obgleich ich jetzt, nachdem Bin Daisan sich entschlossen hatte, uns zu begleiten, fast abergläubisch dagegen war, zu warten, schickte ich mich darein. Es gab kaum einen Zweifel, daß die von Bin Murzuq angeführte Räuberbande oder eine andere uns erbarmungslos töten würden, wenn wir ihnen über den Weg liefen.

Die Verfolger hatten sich die Devise *Murzuq ya talabta* (Tod dem Murzuq) zum Schlachtruf erwählt. Das gab meinen Raschid aus irgendeinem Grund die Überzeugung, daß die Verfolger weder Manahil noch Mahra waren, sondern ihrem eigenen Stamm angehörten. Aufgeregt erkundigten sie sich nach jeder Einzelheit und wollten vor allem Näheres über einen der Verfolger wissen, der im Kampf bei Thamud getötet worden war. Der Mahra wiederholte die Beschreibung dieses Mannes, so wie er sie von den Abida bekommen hatte, immer wieder und schilderte auch genau dessen Gewehr, das er gesehen hatte. Muhammad und die andern sagten: »Das ist Salim bin Mautlauq. Kein Zweifel, das ist Salim.« Aber die Beschreibung des Gewehres gab ihnen ein Rätsel auf, da sie auf keines der Gewehre ihres Stammes paßte. Wochenlang beschäftigte sie diese Frage, und gegen ihr besseres

Wissen hofften sie, es sei nicht Salim gewesen, der da getötet worden war. Erst im folgenden Jahr sollten wir an der Piratenküste erfahren, was sich zugetragen hatte.

Etwa fünfundzwanzig Raschid und einige Mahra waren es gewesen, die den Abida nachgesetzt waren und sie in Thamud beim Tränken der Kamele überrascht hatten. Sie wußten, daß das Wasser knapp war und daß die etwa einhundertfünfzig Abida mit dem Tränken der Tiere die ganze Nacht beschäftigt sein würden. Unbemerkt pirschten sie sich an den Brunnen. Es war eine bewölkte Nacht, und sie waren sehr nahe gekommen, als man sie schließlich entdeckte. Sie feuerten eine Salve ab und stürzten sich mit gezogenen Dolchen auf die Abida. Da sie zahlenmäßig weit unterlegen waren, wurden sie bald zurückgetrieben. Als sie sich wieder bei ihren Kamelen gesammelt hatten, merkten sie, daß Salim fehlte. Ein Mahra behauptete, er sei in der Nähe des Brunnens getötet worden, und zeigte zum Beweis dafür Salims Gewehr vor. Er behauptete, das Gewehr an sich genommen und sein eigenes Gewehr, das nichts taugte, bei dem Toten gelassen zu haben. Sa'ud, Salims Bruder, wollte sofort zurückgehen, und die andern gingen mit ihm. Am Brunnen war weit und breit nichts von Salim zu sehen. Bei Tagesanbruch folgten sie einer Kriechspur Salims und fanden den Bewußtlosen, der Schüsse in Brust und Hals abbekommen hatte; als er das Bewußtsein wiedererlangte, erzählte er, daß einer der Abida gerufen hatte: »Ist keiner von ihnen tot, daß ich ihn sehen kann, ehe ich selber sterbe?« Daraufhin hatte man Salim an den Beinen zu dem Sterbenden geschleift, der ihn verflucht hatte. Dann hatte ein anderer noch einmal auf ihn geschossen. Als er wieder zu sich kam, waren die Abida abgezogen, und er hatte versucht, kriechend die Stelle zu erreichen, wo die Raschid ihre Kamele gelassen hatten. Nach ein paar Monaten erholte sich Salim von seinen Wunden.

Zwei Tage später reisten wir zum Brunnen von Manwakh. Bin Daisan hatte uns am Abend zuvor wiederum versichert, er würde uns begleiten. Wir wollten uns mit ihm am Brunnen treffen, wohin wir mit einer Familie zogen, deren Lager in unserer Nähe war. Die Leute hatten uns versprochen, wir könnten ihre Geräte zum Wasserholen benutzen. Der Mann ritt auf einem Kamel, das mit aufgerollten Seilen,

Flaschenzügen, Eimern, leeren Wasserschläuchen und einem großen Trog beladen war. Dieser Trog war aus Häuten gefertigt, die über ein Gerüst aus Holzreifen gespannt waren. Der Sohn ritt auf einem der sieben ungesattelten Kamele, die Frau und zwei kleine Kinder trieben eine Ziegenherde. In zwei Stunden hatten wir die 10 Kilometer lange Strecke zurückgelegt. Am Brunnen hatte sich bereits eine größere Menschenmenge versammelt. Männer und Frauen zogen gemeinsam an den Seilen und sangen dazu. An jedem Seil lief ein leerer Wassereimer in die dunkle Tiefe, während ein voller Eimer heraufkam und beim Schaukeln Wasser gegen die dunkel schimmernden Wände des Brunnenschachts spritzte. Jeder der eiskalten, tropfenden Ledereimer wurde, kaum hatte er den Brunnenrand erreicht, in einen Trog geleert, um den sich die durstigen Kamele mit lautem Stöhnen drängten. Im Sand lagen viele pralle schwarze Wasserschläuche, die von den kreischenden Kindern vor den Tritten der Männer und Tiere geschützt wurden. Die Kamele wurden getränkt, gelagert und nach einer Weile weggeführt. Andere Kamele wurden gebracht und fielen, als sie den Brunnen sahen, in Trab. Steifbeinig umtänzelten die tolpatschigen Füllen ihre Mütter, rauhe Männerstimmen riefen den aufmerksam hin und her eilenden Hirtenknaben Befehle zu, Ziegen meckerten, Kamele brüllten, der Gesang am Brunnen schwoll an und verebbte. Die Sonne stieg höher und höher, und die dunklen Flecken des verschütteten Wassers im Sand wurden immer größer.

Abdullah bin Nura und mehrere alte Männer trafen ein und erklärten uns, sie würden weder Bin Daisan noch einem anderen Ma'aruf gestatten, mit uns zu ziehen. Sie rieten uns dringend von unserem Vorhaben ab, da die Yam uns bestimmt umbringen würden. Ich hatte schon befürchtet, daß Bin Daisan uns im Stich lassen würde. Wir gingen beiseite, um die Sache unter uns auszumachen. Ali meinte, zwei junge Sai'ar, die, wie er, zum Zweig der Hatim gehörten, würden vielleicht für je ein Gewehr und fünfzig Patronen mit uns kommen. Wenn sie auch die Großen Sande noch nie durchquert hatten, so kannten sie doch den Brunnen Hassi bei Sulaiyil und waren fest überzeugt, ihn wiederzufinden, sobald wir erst auf der andern Seite angelangt seien. Ali sagte, wir hätten von den Sai'ar nichts zu befürchten, wenn die beiden uns begleiteten. Ich fragte die Raschid um ihre Meinung, und Muhammad antwortete: »Wir sind deine Männer. Wir gehen dahin, wohin du gehst. Die Entscheidung liegt bei dir.« Ich ließ Bin Kabina Kaffee kochen und überdachte die ganze Angelegenheit noch einmal. Es schien mir Wahnsinn, das Leere Viertel ohne Führer zu durchqueren. Für eine Strecke von etwa 600 wasserlosen Kilometern würden wir mindestens sechzehn Tage brauchen. Bin Daisan hatte uns die Dünen als sehr hoch und schwierig geschildert. Ich rief mir die Anstrengungen meiner ersten Durchquerung ins Gedächtnis. Wir waren nur knapp dem Tod entronnen, obgleich al-Auf uns geführt hatte. Ich fragte die Raschid, ob sie ohne Führer auszukommen glaubten, und Muhammad sagte: »Wir sind Wüstenbewohner. Wir können dich ohne Führer hindurchgeleiten. Gefahr droht uns nur von den Yam, wenn wir erst einmal auf der andern Seite sind.« Ich erklärte Ali, daß wir reisen würden, und bat ihn, die beiden Sai'ar zu holen. Er versprach, sie am Abend zu bringen.

Im Gegensatz zu meinen Gefährten machte ich mir Gedanken über die körperlichen Anstrengungen, die mit der Durchquerung des Leeren Viertels verbunden waren, zumal, wenn wir keinen Führer hatten. Was geschehen könne, wenn wir auf der andern Seite Arabern begegneten, kümmerte mich jetzt nicht. Da wir vier Lastkamele mitführten, würde man uns schon nicht für Räuber halten. An der Kleidung und den Sätteln war zu erkennen, daß wir aus dem Süden kamen und zu den verhaßten Mishqas gehörten. Ich setzte jedoch meine Hoffnung darauf, daß wir mit den Arabern, denen wir begegnen würden, ins Gespräch kämen, ehe sie das Feuer eröffneten. Wenn sie Ibn Sa'ud anerkannten, würden sie vielleicht aus Furcht vor des Königs Zorn vor Gewalttaten zurückschrecken, sobald sie entdeckten, daß ich ein Europäer war. Ich wußte, daß wir verloren waren, wenn wir Yemeniten begegneten. Heute bin ich mir bewußt, daß ich die Gefahren, die uns drohten, ungeheuerlich unterschätzt habe. Die Chance, mit dem Leben davonzukommen, war sehr klein.

Es war jetzt Mittag, und noch immer drängte sich eine Menschenmenge um den Brunnen, der versiegt war. Wir beschlossen daher, unsre Wasserschläuche während der Nacht zu füllen und unsre Kamele bei Tagesanbruch zu tränken, ehe die Araber wiederkamen. Wir konnten in einer kleinen Schlucht lagern, die den Blicken der andern entzogen war. Manwakh, einer der beiden Brunnen im Sai'ar-Land, einem Gebiet größer als Yorkshire, die angeblich ständig Wasser hatten, war versiegt, nachdem einige hundert Kamele getränkt worden waren. Und das, nachdem es sechs Monate zuvor ausgiebig geregnet hatte. Ich fragte mich, wie die Sai'ar sich im Sommer und in Jahren der Dürre behalfen.

Am Abend brachte Ali die beiden Männer, die sich bereit erklärt hatten, uns bis zum Brunnen Hassi zu begleiten. Sie hießen Salih und Sadr und waren ungefähr so alt wie Muhammad. Salih hatte eine große Warze auf der rechten Augenbraue, trug das Haar geflochten und war in ein weißes Hemd mit langen spitzen Ärmeln gekleidet. Sadr hingegen, der kleinere, hatte das Haar kurz geschnitten und trug ein schäbiges, mit vielen verschiedenartigen Flicken besetztes Hemd, das an die *djibba* der Derwische erinnerte. Die beiden erzählten, sie seien im Vorjahr von Nadjran aus am Brunnen Hassi gewesen und würden ihn bestimmt wiederfinden, wenn wir einmal das Aridh, eine Kalkstein-Schichtstufe, die von Sulaiyil nach Süden verlief, erreicht hätten. Und diese könnten wir nicht verfehlen. Mit der Versicherung, bei Tagesanbruch zur Stelle zu sein, kehrten sie in ihre Zelte zurück.

Nach dem Abendessen trugen die andern die Wasserschläuche zum Brunnen, um sie für den morgendlichen Aufbruch zu füllen. Gewöhnlich half ich ihnen dabei, heute aber hatte ich nicht die Kraft dazu, sondern legte mich neben den Lasten in den kalten weichen Sand und starrte zu den Sternen empor. Bald darauf erschien Bin Kabina und setzte sich schweigend neben mich. Ich war froh, ihn in meiner Nähe zu haben.

Sadr hatte uns erzählt, daß Ibn Sa'ud einen Militärposten am Brunnen Hassi stationiert hatte. Es schien also ziemlich aussichtslos, daß wir dort Wasser fassen und uns wieder ungesehen davonmachen könnten. Ich überlegte mir, was der König zu der Nachricht sagen würde, daß ich ohne seine Erlaubnis die Wüste durchquert hatte. Würde er herausbekommen, daß ich der Engländer war, dem er vor zwei Jahren die Bewilligung zur Reise verweigert hatte? Ich konnte nur hoffen, daß sein Zorn durch eine gewisse Bewunderung für unsre Leistung gemildert würde. Doch dazu mußte unser Vorhaben erst gelingen.

Die zweite Durchquerung des Leeren Viertels

Es war ein grauer Morgen, kalter Wind wehte aus Nordost. Die Sonne ging am staubdunstigen Himmel auf, spendete aber keine Wärme. Bin Kabina bereitete eine Mahlzeit aus Datteln und Brotresten des Abendessens und rief uns zum Frühstück. Ich lehnte ab, da ich keinen Appetit hatte, und kauerte hinter einem Felsen, der mich vor dem schneidenden Wind und den Flugsandböen schützen sollte. Ich hatte kaum geschlafen, die ganze Nacht über hatte ich über die Gefahren und Schwierigkeiten nachgedacht, die vor uns lagen. Als der Schlaf mich schließlich übermannt hatte, war ich in einem Alptraum knietief durch Sand getorkelt. Jetzt, im kalten Zwielicht des Morgens, fragte ich mich, woher ich das Recht nahm, die Männer, die mir vertrauten, in den sicheren Tod zu führen, wie die Sai'ar behauptet hatten. Schon trafen meine Begleiter die Vorbereitungen zum Aufbruch, nur ein Befehl aus meinem Mund konnte sie davon abhalten. Ich aber ließ mich willenlos treiben. Das Rad, das ich ins Rollen gebracht hatte, konnte und wollte ich nicht mehr aufhalten. Aber im Unterbewußtsein hoffte ich, Salih und Sadr möchten nicht kommen; denn ohne sie konnten wir nicht aufbrechen.

Schon standen einige Sai'ar am Brunnen, um den sich bald viele ungeduldige Araber mit ihren Kamelen drängen würden. Wir trieben unsere Tiere zu den gefüllten Trögen. Aber statt das eiskalte Wasser zu trinken, beschnupperten sie es nur. Sie mußten trinken, wenn sie, schwer bepackt, sechzehn wasserlose Tage im zähen Sand überstehen sollten. Bin Kabina und ich gingen zurück, um die Lasten auszusortieren, während die übrigen ein brüllendes Kamel nach dem andern in die Knie zwangen und die Hälse festhielten, damit sie ihnen das Wasser, das sie verweigerten, in die Kehle gießen konnten. Bin Kabina saß rittlings auf dem Reis und der Sonderration Mehl, die wir Ali geben wollten. Wir nahmen zweihundert Pfund Mehl mit, das Äußerste, was wir schleppen konnten, einen vierzig Pfund schweren Ballen Datteln, zehn Pfund gedörrtes Haifischfleisch, Butter, Zucker, Tee, Kaffee, Salz, getrocknete Zwiebeln und Gewürze. Außerdem zweitausend Maria-Theresien-Taler, die sehr schwer wogen, fünfzehnhundert Schuß Reservemunition, meinen kleinen Arzneikasten und etwa sechzig Gallonen Wasser in vierzehn kleinen Schläuchen. Einige dieser Schläuche schwitzten stark, aber wir hatten bei den Sai'ar keine anderen Schläuche bekommen. Meiner Berechnung nach mußten wir auskommen, wenn wir uns täglich mit einem Liter Trinkwasser und einem Liter Wasser zum Kochen und zur Kaffeebereitung begnügen würden, auch wenn wir die Hälfte unsres Wasservorrats durch Verdunstung und rinnende Schläuche verloren. Das Wasser war süß, ganz anders als das greuliche Zeug, das wir im Vorjahr dabei gehabt hatten. Während wir noch mit dem Aufteilen der Vorräte beschäftigt waren, erschienen Salih und Sadr. Ich stellte mit Genugtuung fest, daß ihre beiden Kamele kräftig und in guter Verfassung waren. Wir hatten beschlossen, die Reservekamele mit Rücksicht auf die Reittiere schwer zu beladen, auf die Gefahr hin, daß sie vor der Ankunft in al-Hassi zusammenbrechen würden; ich hoffte, daß die beiden Sai'ar auch dann das Weite suchen könnten, wenn wir andern festgehalten würden, und legte daher Wert darauf, daß ihre Kamele weitgehend geschont würden. Sie durften, wenn überhaupt, nur die leichtesten Lasten tragen. Ich gab jedem der beiden das versprochene Gewehr sowie 250 Schuß Munition. Bin Ghabaisha hatte das Gewehr dabei, das ich ihm in Saiwun geschenkt hatte, Bin Kabina mein Geschenk aus dem Vorjahr, und ich hatte mein .303-Sportgewehr. Wir waren also alle gut ausgerüstet.

Die andern kehrten vom Brunnen zurück, und wir beluden die Kamele. Die Sonne war jetzt wärmer, meine Stimmung war gestiegen, und die gute Laune meiner Begleiter, die beim Arbeiten lachten und scherzten, tat mir wohl. Ehe wir aufbrachen, erkletterten wir den Felshügel beim Brunnen, und Sadrs Onkel, ein hagerer alter Mann im Lendentuch, wies uns noch einmal die Richtung, die wir einhalten mußten. Er gestikulierte dabei heftig mit beiden Armen und wirkte mit seinem ungepflegten Haar und dem ausgemergelten Gesicht wie ein Prophet, der Unheil verkündet. Ich war fast überrascht, als er in ruhigem Ton sagte, wir könnten gar nicht fehlgehen, da wir, sobald wir das Djilida erreichten, die Aridh-Stufe vor Augen hätten. Ich stand hinter ihm und kontrollierte meinen Kompaß. Als wir den Hügel wieder hinabstiegen, sagte mir Ali, es sei vor zwei Tagen in der Nähe von al-Abr zu einem neuerlichen Kampf zwischen den Yam und den Karab gekommen. Die Bin Ma'aruf hätten sich nun entschlossen, Manwakh zu verlassen und morgen in das Wadi Makhya zu ziehen. Dies sei auch der Grund, weshalb schon jetzt soviel Araber ihre Wasserschläuche am Brunnen füllten.

Wir brachen eben noch rechtzeitig auf. Die Kamele taumelten hoch, als wir die Kopfhalfter ergriffen. Nachdem jeder der Raschid ein Reservekamel an seinem Reittier festgebunden hatte, machten wir uns zu Fuß auf den Weg. Die Sai'ar am Brunnen hielten in ihrer Arbeit inne und blickten uns nach, und ich überlegte, was sie wohl zueinander sagten. Ali begleitete uns eine kurze Strecke weit und kehrte, nachdem er jeden von uns umarmt hatte, wieder um. Unsere Reise hatte begonnen, wir streckten unsre Hände aus und sagten wie aus einem Munde: »Ich befehle mich Gott an.«

Zwei Stunden später wies Sadr auf die Spuren von fünf Kamelen, die am Tag zuvor hier vorbeigekommen waren. Unser erster Gedanke war, daß es die Spuren von Yam waren, aber nach kurzer Beratung waren Sadr und Salih sich darüber einig, daß es sich nur um Karab handeln könne, die uns ja freundlich gesinnt waren. Muhammad wollte wissen, welches jener fünf Kamele ich für das beste hielt. Ich deutete auf gut Glück auf irgendeine Spur. Alle lachten und sagten, es sei ohne Zweifel das schlechteste, dann stritten sie darüber, welches wirklich das beste sei. Obgleich sie die Kamele nie gesehen hatten, schienen sie sich doch ein gutes Bild von ihnen machen zu können. Amair, Bin Ghabaisha und Sadr entschieden sich für ein bestimmtes Tier, Muhammad, Bin Kabina und Salih für ein anderes. Sadrs und Salihs Kenntnisse konnte ich nicht beurteilen, aber ich war überzeugt, daß Amair und Bin Ghabaisha recht hatten, da sie von Kamelen mehr verstanden als Muhammad oder Bin Kabina. Nicht jeder Bedu kann Spuren lesen oder auf Kundschaft reiten, und Muhammad war auf beiden Gebieten überraschend schlecht beschlagen. Als Bin Kaluts Sohn genoß er hohes Ansehen, was ihn zu Illusionen über seine Person verführte, tatsächlich war er der wenigst tüchtige meiner Raschid-Begleiter. Bin Ghabaisha war wahrscheinlich der fähigste. Die anderen verließen sich auch ebenso gern auf sein Urteil wie ich. Auf jeden Fall war er der beste Reiter und der beste Schütze, und was er tat, tat er mit Anmut. Er lächelte schnell und hatte ein sanftes Betragen; aber ich hatte schon immer vermutet, daß er ebenso tollkühn wie grausam sein konnte, und es überraschte mich nicht, daß er später im Lauf von zwei Jahren einer der wagemutigsten Räuber der »Piratenküste« wurde und bald in ein halbes Dutzend Blutfehden verwickelt war. Amair war ebenso grausam, aber ihm fehlte der Charme Bin Ghabaishas. Er hatte einen schmalen Mund, harte Augen, die niemals lächelten, und einen kalten, berechnenden Verstand. Ich mochte ihn nicht, wußte aber, daß er tüchtig und zuverlässig war. Da ich ganz allein mit diesen Bedu reiste, war ich ihnen auf Gedeih und Verderb ausgeliefert. Sie hätten mich jederzeit umbringen, meine Leiche in eine Sandmulde werfen und sich mit meinem Hab und Gut davonmachen können. Dennoch vertraute ich ihnen so felsenfest, daß mir der Gedanke, sie könnten mich verraten, nie in den Sinn kam.

Wir zogen zwischen niederen Kalksteinhügeln dahin, bis die Sonne unterging, und kampierten in einer Mulde nördlich dieser Hügel. Die Raschid waren den Sai'ar gegenüber, die wir in Manwakh zurückgelassen hatten, voll Mißtrauen. Amair ging daher bis zum Einbruch der Dunkelheit unseren Spuren entlang zurück, um Ausschau zu halten, während Bin Ghabaisha auf dem Felsen über unserm Lagerplatz die Ebene im Norden beobachtete. Diese Ebene war eine große Durchgangsstraße für Räuber nach Osten wie nach Westen. Nach einer unruhigen, immer wieder von Wachen unterbrochenen Nacht brachen wir bei Morgengrauen auf und stießen kurz nach Sonnenaufgang auf eine breite, ausgetretene Spur. Bin Murzuq und die Abida waren zwei Tage zuvor hier vorbeigekommen.

Bin Kabina und Amair blieben zurück und versuchten auf Grund der Spuren im Sand ausfindig zu machen, was die Räuber erbeutet hatten. Nach ein paar Meilen holten sie uns wieder ein. Ausgelassen jagten sie einander über die Ebene, sie schienen bester Laune zu sein. Ich war daher doppelt erstaunt, als Bin Kabina berichtete, er habe die Spuren von jenen zwei seiner sechs Kamele entdeckt, die er bei seinem Onkel in der Steppe zurückgelassen hatte. Glücklicherweise befanden sich Qamaiqam, das prächtige Kamel, auf dem er im Vorjahr das Leere Viertel durchquert hatte, und die andern drei Tiere bei seinem Bruder in Habarut. Wieder einmal wurde ich mir bewußt, wie sehr der Bedu zu allen Zeiten bedroht ist. Seine Lebensweise läßt ihn zum Fatalisten werden; so vieles entzieht sich seiner Kontrolle. Er kann nicht für die Zukunft vorsorgen, weil doch alles von einem zufälligen Regenschauer abhängt oder weil Räuber, Krankheit oder irgendein unvorhergesehenes Ereignis ihn jederzeit bettelarm machen oder seinem Leben ein Ende setzen kann. Die Bedu tun, was in ihrer Macht steht, und es gibt wohl kaum ein genügsameres Volk. Trifft sie ein Schicksalsschlag, dann nehmen sie ihn ohne Bitterkeit und mit großer Würde und als gottgewollt hin.

Wir ritten über die Kieswüste, die kaum merklich die Sandwüste der Uruq al-Zaza ablöst. Um Mittag erhob sich Nordostwind in heftigen Stößen, bitterkalt, aber hochwillkommen, da er unsere Spuren verwischen und uns vor Verfolgern schützen würde. Bis in die Nacht hinein ritten wir weiter in der vergeblichen Hoffnung, einen Weideplatz zu finden. Im Finstern suchten wir nach Brennholz. Es war hier gefährlich, nach Einbruch der Dunkelheit ein Feuer zu entzünden, aber wir waren zu ausgefroren und zu hungrig, um noch Vorsicht walten zu lassen. Wir fanden eine kleine Bodensenke, entzündeten ein Feuer und hockten uns dankbar um die Flammen. Im Morgengrauen aßen wir einige Datteln, tranken ein paar Schluck Kaffee, und bei Sonnenaufgang brachen wir auf.

Es war wieder ein kalter grauer Tag, aber diesmal windstill. Die ersten paar Stunden gingen wir zu Fuß, dann zog einer nach dem andern den Kopf seines Kamels zu sich herunter, setzte den Fuß auf den Hals des Tieres und ließ sich zum Sattel hinaufschwingen. Muhammad war meist der erste, der sein Reittier bestieg, ich der letzte. Es zog mich nicht in den Sattel, denn ich konnte nicht, wie meine

Begleiter, die Stellung ändern und mal rittlings, mal kniend reiten, sondern ich saß immer nur rittlings im Sattel. Und je länger der Tag sich dahinschleppte, um so schmerzhafter schnitten die Sattelränder in meine Oberschenkel.

Während der nächsten zwei Tage durchquerten wir feste flache, lehmfarbene Sande, fahle Wüste ohne Weideplätze und hatten daher auch keinen Anlaß, vor dem Abend haltzumachen. Am zweiten Tag, wir luden gerade die Tiere ab, sahen wir einen Oryx-Bock direkt auf uns zukommen. Das Licht der untergehenden Sonne blendete ihn, und er verwechselte uns wahrscheinlich mit seinen Artgenossen. Da bislang nur etwa drei Engländer einen arabischen Oryx erlegt hatten, bat ich Bin Ghabaisha im Flüsterton, mir das Tier zu überlassen. Der Oryx-Bock kam unverdrossen immer näher. Jetzt war er nur noch vierhundert Meter von uns entfernt, jetzt dreihundert Meter, und er ging immer weiter. Er hatte die Größe eines kleinen Esels – ich konnte seine langen geraden, mehr als einen halben Meter langen Hörner erkennen, seinen schneeweißen Körper und die dunkle Zeichnung an Beinen und Kopf. Keine zweihundert Meter von uns entfernt blieb er mißtrauisch stehen. Bin Kabina flüsterte mir zu, ich solle schießen. Ganz langsam drückte ich ab. Der Oryx-Bock fuhr herum und galoppierte davon. Muhammad murmelte verächtlich: »Glatter Fehlschuß.« Und Bin Kabina sagte laut: »Hättest du Bin Ghabaisha schießen lassen, dann hätten wir jetzt Fleisch fürs Abendessen.« Ich konnte nichts weiter sagen als: »Verflixt und zugenäht!«

Ich konnte in diesem Augenblick nicht wissen, daß ich durch diesen Fehlschuß wahrscheinlich unser aller Leben gerettet hatte. Ein Jahr später traf ich Bin al-Kamam an der »Piratenküste«. Er erzählte uns, er sei in Ma'in im yemenitischen Djauf gewesen, als ruchbar wurde, daß der Christ und einige Raschid sich in Manwakh aufhielten und eine Wüstendurchquerung vorbereiteten. Der Statthalter des Djauf, Saif al Islam Hussain, ein Sohn des Imams Yahya, des Königs von Yemen, schickte zwei Trupps von Dahm aus, die uns töten sollten. Der größere Trupp von etwa zwanzig Mann besetzte einige Brunnen am Rand der Sandwüste, um uns dort abzufangen, der andere etwa fünfzehn Mann starke Trupp suchte unsere Spuren in den Großen Sanden. Bin al-Kamam und seine Gefährten wurden in Haft genommen, damit sie uns nicht warnen konnten. Er war fest davon überzeugt, daß die Dahm uns erwischen und töten würden. Als die Dahm jedoch schweigend und ohne Kriegsgesänge zurückkehrten, wußte er, daß sie uns nicht gefunden hatten. Der kleinere Trupp hatte unsere Spuren gefunden, aber sie waren schon zwei Tage alt. Da wir sehr rasch reisten und das Wasser unserer Verfolger knapp wurde, waren sie schließlich unverrichteter Dinge umgekehrt. Sie wollten an unsern Lagerplätzen die Abdrücke unserer Goldsäcke im Sand gesehen haben. Hätte ich den Oryx-Bock getroffen, dann wäre uns ein ganzer Tag wegen des Fleischdörrens verlorengegangen, und die Dahm hätten uns vielleicht eingeholt. Wir hätten uns schon im Schutz des Leeren Viertels gewähnt und wären von ihnen überrascht worden. Die Yam hätten uns bestimmt eingeholt, aber die Dahm fürchten die Großen Sande.

Drei Tage lang sahen wir nur hin und wieder einen *abal*-Strauch, ein paar verdorrte Büschel *ailqi* oder *qassis*, die Überreste einer Vegetation, die ein Regenfall vor vier Jahren hervorgerufen hatte. Dann befanden wir uns in Qaimiyat. So heißen Dünenketten, die parallel zueinander von Nordosten nach Südwesten verlaufen. Die Dünen waren kaum fünfzig Meter hoch, aber an der Südostseite so steil, daß unsre Kamele von dem vielen mühsamen Aufsteigen erschöpft waren, zumal sie seit sechs Tagen praktisch nichts mehr zu fressen bekommen hatten. Als wir Manwakh verließen, waren unsre Tiere sehr fett und hatten Reserven, von denen sie zehren konnten. Aber gerade dieses Fett behinderte sie im schweren Sand. Sie kamen direkt von der Weide, ihre Rücken waren weich und nicht an den Sattel gewöhnt. Jetzt waren sie schwer beladen und mußten lange Marschstrecken zurücklegen. Unter solchen Bedingungen kam es unvermeidlich zu Schwellungen, die nur allzu leicht offene Entzündungen zur Folge hatten. Wir hätten ihnen gerne einen Tag der Ruhe gegönnt. Doch weit und breit gab es keinen Weideplatz, und unser Wasservorrat ließ keine Verzögerung zu. Das Wasser in den schwitzenden Schafhäuten, die ich in meiner Unkenntnis gekauft hatte, war bereits verbraucht. Auch die Ziegenschläuche waren noch zu frisch, um wirklich wasserdicht zu sein, und wir unternahmen einen erfolglosen Versuch nach dem anderen, dem beängstigenden Getröpfel ein Ende zu setzen. Wir stießen auf frische Spuren von Oryxantilopen und großen weißen Sandwüsten-Gazellen *(rim)*. Wir wußten, daß diese Spuren zu guten Weideplätzen führten, konnten es uns aber nicht leisten, die Reise zu verlängern.

Am Nachmittag des sechsten Tages kamen wir aus den Dünenketten zu sanften Sandhügeln. Wir hatten bereits sechzehn solcher Hügel bewältigt, und auf einem war ein Lastkamel zusammengebrochen und ließ sich erst zum Weitergehen bewegen, als wir es abluden. Bin Kabinas Kamel lahmte auf der einen Vorderhand, die andern Tiere waren merklich erschöpft. Ich wußte, daß es bis Hassi noch zehn Tagereisen weit war, und ich zweifelte schon daran, ob wir jemals dorthin gelangen würden.

Am nächsten Morgen stießen wir auf frische Losung eines Pelikans, dessen Spur in gerader Linie durch den Sand verlief. Ich versuchte, mich einer Bibelstelle zu entsinnen, in der ein Pelikan in der Wildnis vorkommt. Amair erzählte mir, daß er fünf Jahre zuvor mehrere sehr große weiße Vögel in der Nähe von Maghshin gesehen hatte, die genau solche Spuren hinterließen. Während er mir noch die Vögel beschrieb, erreichten wir eine Hügelkuppe und sahen vor uns die wellige Wüste im Grün von lauter *qassis* leuchten. Die Grasbüschel waren etwa dreißig Zentimeter hoch und liefen in quastenförmigen Enden aus. Wir luden die Kamele ab und ließen sie frei laufen. Dieser Weideplatz verbesserte unsere Chancen beträchtlich, denn hier konnten die Kamele nicht nur ihren Hunger stillen, sondern auch ihren Durst lindern.

Wir kampierten im Schutz einer kleinen Düne auf hartem Sandboden. Zwei knorrige *abal*-Sträucher, von deren einem ein abgebrochener Ast bis zum Boden hing, drei Polster von *qassis*, neben die ich meine Satteltaschen gelegt hatte, ein Haufen Kameldung und ein niederer Sandwall, der von Eidechsenspuren überzogen war, sollten zusammen mit unseren wenigen Besitztümern unsere Heimstatt werden. Um uns her gab es viele ähnliche Plätze, da wir aber auf Bin Ghabaishas Vorschlag gerade hier haltgemacht hatten, gewann dieser Fleck seine vorübergehende Bedeutung. Dieser Lagerplatz war wegen seiner Weidemöglichkeit bemerkenswert, aber in meinen Augen erhielt damals jeder Lagerplatz ein ganz besonderes Gesicht. Die seltsame Form einiger Stecken neben dem Feuer, ein weißer Hauch auf goldenem Sand, wo Bin Kabina Mehl verschüttet hatte, ein Seil, das noch an der Stelle lag, wo das Kamel es beim Aufstehen ungeduldig abgeworfen hatte, all solche Nichtigkeiten unterschieden einen Lagerplatz vom andern. Aber diese Unterschiede waren eben doch so unbedeutend, daß sie sich in der Erinnerung bald vermischten. Jeder Lagerplatz, bis auf ganz wenige, wurde mit der Zeit zu einem von Tausenden.

Bin Kabina und Bin Ghabaisha bereiteten das Essen. Sie verkündeten, als wir faul in der Sonne lagen, sie wollten Hafergrütze machen und sie mit Zucker und Butter anreichern. Hafergrütze war ein Luxus wegen des dazu benötigten Wassers. Als wir jetzt aber genüßlich zusahen, wie die Kamele das üppige Grün knabberten, das hier im Überfluß wuchs, gestatteten wir uns die Extravaganz guten Gewissens. Nach dem Essen begaben sich Bin Ghabaisha und Sadr auf die Jagd. Sie kehrten aber bei Sonnenuntergang mit leeren Händen zurück. Zwar hatten sie eine Herde von zwanzig Oryx und vielen *rim* gesehen, sie waren aber nicht nahe genug herangekommen. Wir ließen die Kamele die Nacht über frei weiden, da wir uns vor Angriffen sicher fühlten. Am nächsten Morgen stellten wir fest, daß die »Rote«, unser bestes Lastkamel, davongelaufen war. Amair brauchte zwei Stunden, bis er sie gefunden und zurückgebracht hatte. Kein Kamel begnügt sich mit einem Weideplatz, wie gut er auch sein mag, sondern wird immer weiterziehen und nach einem noch besseren suchen. Die »Rote« war eine besonders schlimme Streunerin, und die andern Tiere folgten meist ihrem schlechten Beispiel. Bin Kabinas und Amairs Kamel waren unzertrennlich geworden, mein eigenes zeigte eine Vorliebe für *mirri*, ein häßliches graues Tier, das wir im Raidat-Tal gekauft hatten, weil es gerade Milch gab. Zunächst weigerte sich das Tier, Milch zu geben, obgleich sein Kalb bereits abgestillt war, worauf Amair ihm den Anus zunähte und ihn erst wieder öffnete, als das Kamel die Milch in das Euter abgelassen hatte. Nach dieser Kur bekamen wir täglich etwa anderthalb Liter Milch.

Diese Bedu lassen eine Kamelstute ihr Kalb etwa sechs Wochen lang ungehindert stillen, verhüllen dann das Euter mit einem Sack und geben dem Kalb nur von der am Morgen und am Abend gemolkenen Milch zu trinken. Nach neun Monaten entwöhnen sie es. Ein Kamel kann, wenn es dazwischen nicht gedeckt wird, vier Jahre lang Milch geben. Es kann bis zu zwölf Kälber werfen und ist etwa zwanzig Jahre lang arbeitsfähig. Wenn ein Kalb geschlachtet wird oder stirbt, ehe es entwöhnt ist, lassen die Araber die Kamelstute vor dem Melken an einem Stück Haut des toten Tieres riechen. Andernfalls gibt sie keine Milch.

Es war ein frischer Morgen, eine sanfte Brise wehte. Einige weiße Kumuluswolken machten den Himmel, der jetzt ohne einen Hauch von Gelb war, noch blauer. Muhammad betrachtete kritisch die Kamele, die Amair und Bin Ghabaisha herantrieben, und meinte: »Jetzt sehen sie besser aus. So Gott will, werden sie Hassi erreichen. Vielleicht finden wir noch mehr Weideplätze. Es sieht so aus, als gebe es dieses Jahr eine ganze Menge. Aber sie sind weit verstreut.« In zehn Minuten hatten wir aufgeladen, ich fand es wieder einmal sehr angenehm, der Last des Besitzes ledig zu sein.

Wir zogen durch die roten Hügel und hatten eine halbe Stunde später den Rand der Weidefläche erreicht. Sadr sagte mir, daß wir in ihrem östlichen Teil kampiert hatten und daß sich die Weidefläche nur etwa acht Kilometer nach Westen erstrecke. Wir hätten sie leicht verfehlen können. Kurze Zeit später fanden wir einige zerbrochene Straußeneier. Bin Kabina und Amair stritten darüber, ob Strauße erlaubte Nahrung seien – eine rein akademische Frage, da es seit mehr als fünfzig Jahren in Südarabien keine Strauße mehr gibt. Nur im Wadi Sirhan im nördlichen Arabien konnten sich bis vor kurzem noch einige dieser Vögel halten. In Syrien hatte mir ein Bedu erzählt, daß die Rualla kurz vor dem Krieg dort einen Strauß geschossen hätten. Vermutlich war es der letzte gewesen. Meine Begleiter machten halt, um mir zu zeigen, wie die Spuren des Straußes aussahen, und sagten, ihre Großväter hätten diese Vögel noch gekannt. Ich hatte im Sudan viele Spuren des afrikanischen Straußes gesehen, der größer ist als der arabische. Amairs künstliche Spur hier im Sand stimmte mit jenen überein. Es ist traurig, daß auch die arabische Oryxantilope und die Wüstengazelle dem Untergang geweiht sind, sobald einmal die Automobile in die südliche Wüste Arabiens vordringen. Leider ziehen die Oryx die harten flachen Sand- und Kiesebenen den schweren Dünen vor. Da diese Tiere sich von den vier Arten unterscheiden, die in Afrika zu finden sind, wird also wieder einmal eine Tierart bald ausgestorben sein. In Sa'udi Arabien sind in den letzten Jahren sogar Gazellen zu einer Seltenheit geworden. Jagdgesellschaften durchschwärmen in Automobilen die Ebenen und bringen ganze Lastwagen voll abgeschlachteter Gazellen nach Hause.

In Abständen von etwa zwei Kilometern kontrollierte ich mit dem Kompaß unsere Richtung. Es war, zumal wenn das Kamel unruhig war, sehr schwierig, Kompaß, Notizbuch, Bleistift, Kamelstecken und Kopfhalfter zugleich in der Hand zu halten. Als mir der Stock zum zweitenmal herunterfiel, gab Bin Kabina, der vom Kamel sprang, um ihn aufzuheben, ihn mir mit den Worten zurück: »Umbarak, das ist aber wirklich zuviel. An deiner Stelle würde ich mich von ihr scheiden lassen, wenn du wieder nach Hause kommst.« Ein Sprichwort der Bedu besagt, daß jedesmal, wenn ein Mann seinen Stecken fallen läßt, die Ehefrau ihn betrügt.

Wir zogen bis zum Abend weiter, ohne an einen Weideplatz zu kommen. Von unserem Lagerplatz aus sahen wir etwa zehn Kilometer vor uns die dunkle Djilida-Ebene. Bin Daisan hatte mir gesagt, die Djilida-Ebene gehe in die Kiesebene von Abu Bahr über, die wiederum in die Ebenen übergehe, die sich vom Hasa nach Djabrin hinziehen. Er hatte mir auch gesagt, daß wir bei der Djilida-Ebene die Hälfte des Weges zum Brunnen Hassi hinter uns hätten und von ihr aus in den schwierigeren Teil der Wüste kämen. Die Aridh-Schichtstufe, die von Hassi südwärts verläuft, befinde sich etwa achtzig Kilometer westlich der Route.

Am nächsten Tag durchquerten wir diese Ebene. Der Boden bestand aus grobem Sand und feinem Kies, an einigen Stellen gab es kleine, glänzend polierte Windkanter. Ich konnte Porphyr, Granit, Rhyolith, Jaspis und Kalkstein unterscheiden. Hin und wieder ragten Hügel aus dem hier anstehenden Quarzkonglomerat aus der Kiesschicht. Aber sie waren allenfalls sechs Meter hoch und ohne Schwierigkeiten zu umgehen. Wir kamen sehr rasch voran und erreichten um Mittag einen Weideplatz, an dem wir für zwei Stunden haltmachten. Ich bestieg einen etwas abseits gelegenen Felsrücken und genoß das Alleinsein. Formlose Schatten zogen über die umbrafarbene Ebene, auf der sich sonst nichts regte. Kein Windhauch ging. Es herrschte jene Stille, die wir aus unserer Welt vertrieben haben. Auf Bin Kabinas Rufen kam ich zum Lagerplatz zurück. Der Kaffee stand bereit. Muhammad sagte: »Wir hatten gemeint, du würdest dich an die Oryx heranpirschen.« Auf meine Frage, von welchen Oryx er spreche, starrte er mich verwundert an. Ich blickte in die Richtung, in die er wies, und nun sah ich sie auch: Achtzehn weiße Punkte auf der dunklen Ebene. Bin Kabina sagte: »Wären es Araber, dann hättest du da drüben gehockt, ohne sie zu sehen, bis sie dir die Kehle durchschnitten hätten.« Die Bedu sind stets auf der Hut, und ihre dunklen, unruhigen Augen registrieren noch im heftigsten Disput alles, was um sie herum vor sich geht. Sie träumen nie.

Wir fanden keine Weideplätze mehr und kampierten schließlich auf einem flachen, öden Sandstreifen jenseits der Djilida-Ebene. Wir stießen auf viele Oryxspuren und sahen an diesem Tag etwa dreißig Tiere. Am Nachmittag gingen Bin Ghabaisha und ich drei Tiere an. Plötzlich wurde ich laut gerufen. Ich blickte mich um, sah Salih eilig auf mich zukommen und glaubte schon, er wolle mich am Schießen hindern, weil er in der Ferne Araber gesehen hatte. Aber er wollte uns nur sagen, daß der Wind den Tieren unsere Witterung zutrage. Wütend zischte ich ihm zu, ich könne das als alter Jäger wohl besser beurteilen, aber er werde durch seinen Lärm die Tiere verscheuchen. Er brachte mich fast zur Verzweiflung, als er sich nun noch darauf versteifte, daß die Oryx auf menschliche Stimmen nicht reagierten. Dieser Glaube hat sich aus unerfindlichen Gründen bei vielen Bedu gehalten und ist vermutlich die Erklärung dafür, daß sie so selten eines dieser Tiere erwischen. Ich mußte aus großer Entfernung schießen und traf auch das Tier, auf das ich gezielt hatte. Aber die ganze Herde galoppierte davon. Wir eilten zu der Stelle und sahen Blutflecken auf dem Boden. Wir setzten zunächst den Antilopen nach, aber da sie nach Südosten geflohen waren, mußte ich mich bald dem Zureden meiner Begleiter beugen, die darauf beharrten, daß wir nicht völlig von unserer Richtung abkommen dürften.

Zwei Tage später erreichten wir die Bani Ma'aridh. Angesichts dieses Dünengebirges, das sich vor uns erhob, wurde mir klar, daß die eigentlichen Schwierigkeiten uns erst noch erwarteten. Glücklicherweise waren die Windverhältnisse hier so, daß die Südhänge leichter zu begehen waren. Aber auch dann noch stellten sie unsre ermatteten Kamele, die seit elf Tagen nur einmal richtig gefressen hatten, vor schwere Aufgaben. Wären diese Südhänge so steil gewesen wie in den Uruq al-

Shaiba, hätten wir sie nicht bezwingen können. Die Dünen waren an die hundert Meter hoch. Die höchsten hatten am Gipfel tiefe, halbmondförmige Trichter. Wir brauchten für die Überquerung jeder Düne mehr als eine Stunde. Die Nordhänge stürzten in glatten Sandwänden in über drei Kilometer breite Täler ab, die im Westen zu den Aridh-Höhen anstiegen und nach Osten verliefen. Bislang waren die Sande öde und uninteressant gewesen, hier aber waren die Dünen herrlich goldrot. Trotz Hunger, Durst und Müdigkeit genoß ich die schönen Farben und Formen.

Hinter den Bani Ma'aridh erstrecken sich die *had*-Weiden, zu denen die Bedu ihre Kamele bringen, aber unsre Tiere waren zu durstig, um diese Pflanze zu fressen. Um die Mittagsstunde sahen wir ziemlich frische Spuren von Arabern und Kamelen. Von nun ab gingen stets zwei von uns als Vorhut voraus. Es war ein unbehagliches Gefühl, daß unsere Spuren so deutlich nach dem Süden wiesen. Besonders ärgerlich aber war es, daß der heftige Nordwind uns zwar den Sand in Augen und Ohren blies, jedoch unsere Spuren auf der mit einem Mosaik glänzender Kalksteinwindkanter bedeckten Talsohle nicht verwischte.

Gegen vier Uhr machten wir halt, um noch vor Einbruch der Dunkelheit kochen zu können. Salih blieb als Wachtposten zurück, während wir eine größere Strecke von unserer bisherigen Richtung abbogen und die Kamele in einer versteckten Dünenmulde weiden ließen. Sadr und Bin Ghabaisha standen Wache, Muhammad hütete die Kamele, wir andern sammelten Holz und buken Brot. Der Himmel war bewölkt, im Westen regnete es heftig.

Als es dunkel wurde, lagerten wir die Kamele. Eine Stunde später traf Salih ein, er hatte nichts Verdächtiges bemerken können. Wir nahmen die inzwischen kalt gewordene Mahlzeit zu uns – Kaffee, Brot und wässerigen Bratensaft von unserem Haifischfleisch. Noch immer wehte ein starker Wind, und jetzt regnete es auch. Wir wagten es nicht, ein Feuer anzuzünden, und unterhielten uns nur im Flüsterton. Ich wollte gerade in meinen Schlafsack kriechen, als Bin Ghabaisha uns Schweigen gebot und auf die Kamele wies. Sie hatten aufgehört zu kauen und starrten alle in eine Richtung. Schon hatten wir die Flinten in der Hand, die jetzt immer in Reichweite waren. Geräuschlos krochen wir zum Rand der kleinen Mulde. Es war stockfinster und nichts zu sehen, aber die Kamele witterten immer noch, wenn auch in eine andere Richtung. Angespannt starrte ich in die Dunkelheit. Schatten entstanden und vergingen. Bin Kabina, der neben mir lag, bedeutete mir, daß auch er nichts sehen könne. Der kalte Regen hatte mein Hemd völlig durchnäßt, lief mir über die Haut und peitschte meine nackten Beine. Die Kamele waren nun aufs neue am Wiederkäuen und schienen nichts mehr zu wittern. Ich befürchtete, daß irgendwelche Verfolger nun gegen den Wind auf uns zukämen. Auch Amair und Bin Ghabaisha schienen diese Befürchtung zu teilen und blickten in die andere Richtung. Schließlich kroch ich zu meinen Satteltaschen und holte eine Decke, die ich mit Bin Kabina teilte. Der Rest der Nacht zog sich qualvoll dahin, und nichts geschah.

Am nächsten Morgen entdeckte Bin Ghabaisha die Fährte eines Wolfes, der unser Lager umkreist hatte. Muhammad sagte ärgerlich: »Bei Gott, da haben wir die ganze Nacht im Regen gelegen und uns die Augen nach einem Wolf ausgeschaut.« Bin Ghabaisha aber meinte: »Lieber kalt und naß aufgewacht als mit einem Dolch im Leib.«

Kalt, naß und müde brachen wir in aller Frühe auf. Die Sonne war hinter dichten Wolken verborgen. Später brach sie durch, und in der Hitze wurde mein Durst immer schlimmer. Wir kreuzten Spuren von Arabern und ihrer Herde, die vor mehr als zwei Wochen hier durchgekommen waren. Sadr und Bin Ghabaisha gingen voraus und untersuchten die Abhänge und Trichter, bevor sie uns Zeichen machten, nachzukommen. Wir andern zerrten die zitternden Kamele die Anhöhen hinauf und hielten sie nach Kräften fest, wenn sie beim Abstieg in Sandlawinen die Abhänge herunterrutschten. Es war eine schwere Arbeit, und ich hatte ständig das Gefühl, daß man uns beobachtete. Die Dünen waren jetzt etwa 150 Meter hoch. Im Westen waren nun endlich die dunklen Wände der Aridh-Höhen zu sehen. Nach neun Stunden machten wir halt, weil die Kamele sich weigerten, weiterzugehen. Wieder bereiteten wir vor Sonnenuntergang rasch eine Mahlzeit, die wir in der Dunkelheit verspeisten, nachdem Sadr, der die Nachhut bildete, eingetroffen war. Zum erstenmal auf dieser Reise fiel schwerer Tau. Wir schliefen unruhig und fuhren bei jeder Bewegung eines Kamels hoch. Als wir nach Sonnenaufgang weiterzogen, war es wieder schön und klar. Zwei Stunden später legte sich ein Lastkamel auf den Boden und erhob sich erst wieder, als wir auf Amairs Rat ein wenig Wasser in seine Nüstern schütteten, was ihm offensichtlich gut tat. Um ein Uhr mittags erreichten wir die Aridh-Kalksteintafel und rasteten zwei Stunden in einem seichten Flußbett. Die Großen Sande lagen nun hinter uns.

Als ich im Morgengrauen erwachte, braute der Nebel in den Dünentälern. Nur die Silhouetten der Dünenkämme, die sich in Richtung auf die aufgehende Sonne hinzogen, waren wie ein phantastisches Gebirge zu sehen. Der Himmel leuchtete in mildem Opalglanz. Es herrschte völlige Stille, die ganze Welt schien in einer zerbrechlichen Schale aus Schweigen zu ruhen. Endlich waren wir auf diesem jenseitigen Rand der Großen Sande angekommen. Fast bedauernd blickte ich in die Richtung zurück, aus der wir gekommen waren.

Nach drei Tagesmärschen über eine mit Kalksteinscherben bedeckte Tiefebene kamen wir bis in die Gegend um Hassi. Auf dieser Wegstrecke lagen uns die Aridh-Höhen zur Linken. Al-Aridh war bis ins Mittelalter der Name des ganzen Schichtstufenlandes aus Jurakalken, das sich, der Schwäbisch-Fränkischen Alb formenähnlich, aus der Gegend westlich al-Riyadh durch die Wüste Innerarabiens nach Süden zieht, dreimal so lang wie die gesamte Alb. Heute haftet der Name nur noch an diesem südlichsten Teil, südlich des Wadi Dawasir. Weiter nördlich nennt man die Stufe heute Djebel Tuwaiq. Der Absturz der Kalke ist nach Westen gewandt; wir wanderten längs der sanften Ostabdachung nordwärts. Abseits unseres Weges blieben im Westen, am Fuß der hohen Stufe, die drei seichten Brunnen von Zifr und fünfzig Kilometer nordwärts davon der tiefe, mit Brackwasser gefüllte Brunnen Qariya inmitten der Ruinen einer Sabäerstadt liegen. Weiter südlich jedoch liegen, laut Sadrs Angaben, die Brunnenwälle von Mankhali, die die Bedu für die Brunnen des Bani Ad halten, am Südende der Aridh-Höhen, und noch eine Tagereise weiter südlich die unter dem Sand von Djaihman versunkene Stadt Ad.

Muhammad war fest überzeugt, daß Ad eine der beiden Städte sei, von denen es im Koran heißt, Gott habe sie wegen ihrer Hoffart zerstört, und daß sie in der Wüste nördlich von Habarut begraben liege. Er berief sich dabei auf die vielen, deutlich zu unterscheidenden Spuren, die dort zusammenlaufen und von denen die Raschid behaupten, sie hätten einst zu dieser Stadt geführt. Sadr bezeichnete einige Berggipfel, die sich weit im Westen jenseits der Wüste Bani Ramh erhoben, als den östlichen Rand der Gebirge von Hedjaz. Ich erzählte ihm von meinem zwei Jahre zurückliegenden Besuch in diesem Gebiet. Die Tatsache, daß ich dort auf einem Esel geritten war, gab Anlaß zu vielen spaßhaften Bemerkungen, mit denen wir die Weiterreise würzten.

Am zweiten Tag nach Verlassen der Großen Sande kampierten wir im Trockenbett des Hanu, das sich westwärts nach Qariya hinzieht, und am nächsten Morgen stießen wir auf dem Weg nach Hassi unerwartet auf acht berittene Yam. Sie hatten ihre Gewehre unter den Sätteln liegen, wir hielten die unsren in der Hand. Nur wenige Meter trennten uns voneinander. Ich sah, wie Bin Ghabaisha entsicherte. Mir gegenüber befand sich ein alter Mann, dessen Gesicht ein Kopftuch verhüllte. Aus seinen Augen funkelte der Haß. Niemand machte eine Bewegung, es fiel kein Wort. Endlich unterbrach ich die bedrohliche Stille: »Salam Alaikum!« Und der Alte beantwortete den Gruß. Ein Knabe flüsterte ihm zu: »Sind das Mishqas?« Und ohne die Augen von uns zu wenden, schnaubte er: »Kennst du die Stämme nicht? Kennst du deine Feinde nicht?« Muhammad erklärte, wir führten nichts Böses im Schilde, wären Raschid aus der östlichen Wüste auf dem Weg zu Ibn Sa'ud, und der größere Teil unserer Reisegesellschaft folge uns dicht auf den Fersen. Es wäre ratsam, Vorsicht zu wahren. Dann ritten wir weiter. Mit gemischten Gefühlen fragte ich mich, was wir wohl getan hätten, wären wir in der Wüste von ihnen überrascht worden. Hätten wir ihnen die Gewehre und Kamele abgenommen, dann hätten wir sie vielleicht laufen lassen können. Zwanzig Minuten später waren wir am Brunnen Hassi. Vor sechzehn Tagen hatten wir Manwakh verlassen.

Nachdem wir die Kamele getränkt und die Wasserschläuche gefüllt hatten, erfuhren wir von einigen Frauen, daß Ibn Sa'uds Wächter vor kurzem mit seinem Sohn den Brunnen verlassen habe, um nach einem verlaufenen Kamel zu suchen. Sadr und Salih wollten möglichst vor seiner Rückkehr wieder verschwinden. Wir beluden ihre Kamele, die noch in guter Verfassung waren, mit so viel Nahrungsmitteln und Wasser, wie sie nur tragen konnten. Da nach Aussage der Frauen die Yam samt und sonders vor einer Woche nach Westen abgezogen waren und die Wüste im Süden leer war, bestand alle Aussicht, daß die beiden unbehelligt zurückreisen konnten. Um jeden Verdacht zu vermeiden, erzählten wir den Frauen, Sadr und Salih wollten eines unsrer Kamele holen, das zwei Tage zuvor zusammengebrochen sei. Wir nahmen flüsternd Abschied, umarmten einander, und sie verließen uns. Wie mir Bin al-Kamam, den ich später an der Piratenküste traf, erzählte, trafen sie wohlbehalten in Manwakh ein.

Nun mußten wir nach Sulaiyil weiterziehen und konnten nur das Beste hoffen. Unsere Kamele bedurften der Ruhe, wir hatten nur noch sehr wenig Lebensmittel und keinen Führer. Selbst wenn wir unbehelligt den Brunnen verließen, würde man gewiß Verfolger auf unsere Spuren setzen. Der Brunnenwächter, ein Yam, kam am nächsten Tag zurück und verhehlte keineswegs sein Mißbehagen, uns hier vorzufinden. Als er hörte, daß ich ein Christ sei, lehnte er den angebotenen Kaffee ab, nannte mich einen Ungläubigen und meine Gefährten noch schlimmere Menschen, da sie als Mohammedaner sich für Gold an mich verkauft hätten. In seiner Begleitung zogen wir wie Gefangene nach Sulaiyil, wo wir zwei Tage später eintrafen.

Die Oase erstreckt sich über etwa drei Kilometer weit im Wadi Dawasir, die Siedlung selbst besteht aus fünf kleinen Dörfern. Auf unserm Weg zum Dorf, in dem der Emir wohnte, kamen wir an Weizen- und Luzernenfeldern vorüber. An den sie bewässernden Ziehbrunnen zogen die Tiere die Seile, die die Wasserschläuche emporheben, die Rampen hinunter. Im Westen des Dorfes standen Palmen. Ein Yam führte uns enge, gewundene Gassen hinunter. Ein paar Männer riefen ihm zu, wer wir seien, und er gab verächtlich zurück: »Ein Ungläubiger und seine Diener.« Vor dem Hause des Emir, das, wie alle anderen, aus Lehm gebaut war und ein flaches Dach hatte, machten wir halt.

Zu meiner Überraschung empfing uns der Emir, ein junger Sklave, sehr liebenswürdig. Er führte uns in ein leeres Haus mit einem Innenhof am Rand des Dorfes. Nachdem er betont hatte, daß wir selbstverständlich die Mahlzeiten mit ihm einnehmen würden, erklärte er uns, wir müßten so lange in Sulaiyil bleiben, bis er Ibn Sa'uds Anweisungen erhalten habe. Er und einer seiner Diener, ein Murra, der die Raschid kannte, sowie zwei junge Funker, waren die einzigen, die uns freundlich behandelten. Alle andern waren unangenehme Fanatiker. Die Erwachsenen spuckten vor uns aus, wo immer wir uns auch zeigten, und die Kinder liefen mir nach und sangen höhnisch: »*Al Nasrani, al Nasrani.*« Das ist die arabische Bezeichnung für einen Christen. Am Abend kauften wir Luzerne, aber nur Muhammads Kamel fraß davon. Als wir dem Emir nach dem Abendessen von unsrer Reise berichteten, sagte er:

»Ihr wißt ja gar nicht, welches Glück ihr gehabt habt, daß ihr bis hierher gekommen seid. Ich hätte euch nicht die geringste Chance gegeben. Die Wüste, durch die ihr gezogen seid, war bis vor einer Woche voll von Arabern, die jetzt fast alle westwärts über den Aridh gegangen sind, um bessere Weidegründe zu suchen. Hätte euch auch nur ein einziger Araber gesehen, er hätte Zeter und Mordio geschrien, und alle hätten sofort gewußt, daß ihr aus dem Süden kommt. Ist euch denn nicht bekannt, daß Ibn Sa'ud nach den letzten Überfällen auf die Yam und die Dawasir seinen Stämmen erlaubt hat, über die Mishqas herzufallen und jeden, dem sie begegnen, umzubringen? Hier herrscht wilde Aufregung, weil man nach jahrelangem, aufgezwungenem Frieden endlich wieder Überfälle machen darf. Viele Banden sind bereits aufgebrochen, andere sammeln sich noch. Jede davon hätte euch getötet, wenn ihr ihnen über den Weg gelaufen wärt. Sie hätten euch keinen Pardon gegeben, hätten sie herausgefunden, daß einer von euch ein Christ ist. Diese Stämme sind die letzten Akhwan. Sogar hier im Dorf, wo sie unter Aufsicht stehen, bekommst du zu spüren, wie sehr sie die Ungläubigen hassen.«

Er sah mich an, schüttelte den Kopf und wiederholte: »Bei Gott, ihr habt Glück gehabt!«

Ich wußte, daß er recht hatte, und war mir nun darüber im klaren, wie falsch ich die Situation eingeschätzt hatte. Die Bürde der Verantwortung, die ich für meine Gefährten zu tragen hatte, drückte mich nur noch schwerer. Sie hatten gewußt, welcher Gefahr sie sich aussetzten, und waren trotzdem mit mir gegangen.

Zwei Tage später betrat der Emir unser Zimmer und teilte mir mit, er habe telegrafisch Anweisung von Ibn Sa'ud erhalten, den Engländer festzuhalten und seine Begleiter einzusperren. Er nahm uns die Gewehre und Dolche ab, befahl mir, im Haus zu bleiben, ließ den Murra als Wache zurück und nahm Muhammad und Amair mit. Bin Kabina und Bin Ghabaisha, die die Kamele hüteten, brauchten sich erst am

Abend zu melden. Als ich dagegen protestierte, daß man mich von meinen Gefährten trennte, und wie diese behandelt werden wollte, gab er zur Antwort, er habe dem Befehl des Königs zu gehorchen. Er gestattete mir jedoch, ein Telegramm an Ibn Sa'ud zu schicken.

Nach mehreren Ansätzen faßte ich schließlich ein Telegramm ab, in dem ich mitteilte, daß wir das Leere Viertel durchquert und in Hassi Wasser gefaßt hatten. Ich bat den König um Vergebung, erklärte mich für allein schuldig, falls er jemanden zu bestrafen wünsche, da meine Begleiter das Land nicht kannten und mir bedingungslos gefolgt wären.

Am Abend kamen Bin Kabina und Bin Ghabaisha mit den Kamelen zurück. Sie lachten und schwatzten und schienen bester Stimmung zu sein. Der Murra ließ mich ihnen mitteilen, was inzwischen geschehen war. Einige Kinder, die mich sahen, riefen: »Jetzt wird der König dem Christen und seinen Begleitern den Kopf abhauen.« Als ich vor meinen beiden Freunden stand, war ich so bekümmert, daß es mir fast die Rede verschlug. Sie hatten mir vertraut, und der Gedanke, daß sie nun vielleicht dafür büßen mußten, brachte mich zur Verzweiflung. Diesen beiden gegenüber hatte ich ein besonders schlechtes Gewissen, waren sie doch noch sehr jung. Sie stellten einige Fragen, und schließlich legte Bin Kabina die Hand auf meine Schulter und sagte: »Mach dir keine Sorgen, Umbarak. Wenn Gott es will, wird alles gut werden.«

Bei Sonnenuntergang tat der Emir sein möglichstes, um uns durch ein Festessen in seinem Haus aufzuheitern. Aber es war ein trübseliger Abend. Als ich Stunden später endlich Schlaf zu finden glaubte, wurde die Tür aufgerissen. Ein riesiger schwarzer Sklave kam herein, schwang ein paar Handschellen und hieß mich aufstehen und sofort mitkommen, da der Emir des Wadi eingetroffen sei. Ich folgte ihm durch die schweigenden Gassen zum Haus des Emir von Sulaiyil.

Der Raum war voll von Menschen. Ein älterer bärtiger Mann in einem braunen goldbestickten Umhang erwiderte meine förmliche Begrüßung und bat, ihm gegenüber Platz zu nehmen. Sein Sekretär, ein selbstgefälliger Sklave mit unsteten Augen, der mir auf den ersten Blick mißfiel, setzte Amair gerade heftig zu. »Lüge nicht!« schrie er ihn nach jeder Antwort an, »du kannst nur lügen.« Schließlich fragte mich der Emir, woher wir kämen und was uns hierher führe. Ich erklärte, ich käme aus Hadramaut. Ich hätte das Leere Viertel erforscht und dort

Antilopen geschossen; und da mir das Wasser ausgegangen sei, hätte ich zum Hassi gehen müssen. Ich fügte hinzu, daß die Raschid in meiner Begleitung weder das Land kannten noch wüßten, wohin die Reise gehe. Er wollte wissen, wie wir unter diesen Umständen das Hassi gefunden hatten, worauf ich erwiderte, daß Philby es auf seiner Karte verzeichnet hat und daß die beiden Sai'ar, die mich begleitet hatten, schon einmal von Nadjran aus dort gewesen und vom Brunnen wieder nach Hause zurückgekehrt waren. Ich beharrte darauf, daß die Schuld an unserem Hiersein allein mich treffe und daß ich die volle Verantwortung dafür auf mich nehmen wolle.

Nachdem man Kaffee und Tee gereicht hatte, erklärte mir der Emir des Wadi, ich müsse mit ihm nach Dam, dem Hauptort des Wadis im Westen, kommen, und ich könne einen meiner Begleiter mitnehmen. Ich bat um Bin Kabina. Schließlich kletterten wir zwei auf den Laster des Emirs, gefolgt von dem Sklaven, der mich aus meinem Zimmer geholt hatte und der noch immer die Handschellen schwang. Der Emir, sein Sekretär und der Fahrer stiegen in das Führerhaus, und wir fuhren in westlicher Richtung davon. Es war sehr kalt, der Wagen schlingerte und rumpelte, und Bin Kabina wurde seekrank. Er hatte mir noch berichten können, daß sie gerade alle vier in den Stock kommen sollten, als ein Bote erschienen sei und nach Bin Kabina gefragt habe. Auf meine Erklärung hin, daß der Emir mir erlaubt habe, einen von ihnen mit mir zu nehmen, und ich um ihn gebeten habe, meinte er: »Du hättest um Muhammad bitten sollen. Er ist der Älteste.«

Endlich kamen wir zu einem Dorf und hielten vor einer großen Burg. Der Sklave sagte, wir seien in Dam. Wir folgten dem Emir ins Innere der Burg, er ließ Tee und Kaffee kommen und ein Feuer entzünden, an dem wir uns wärmen konnten. Er sagte mir, er habe mein Telegramm an den König gesehen und fügte hinzu: »Mach dir keine Sorgen. Ich bin überzeugt, daß alles in Ordnung kommt.« Dann wünschte er uns eine gute Nacht und verließ den Raum.

Der Sklave kam mit einigen Daunendecken zurück, bot uns noch mehr Kaffee an, nahm sich, als wir dankten, selbst eine Tasse und verschwand wieder. Das Feuer erlosch, es wurde sehr dunkel im Raum. Die ganze Nacht hindurch schlug ein loser Fensterladen im Wind hin und her.

Von Sulaiyil nach Abu Dhabi

Wir befanden uns in einem kleinen kahlen Raum hoch oben in der Burg. Man hatte uns bei Tagesanbruch Brot und Tee gebracht, aber seither war niemand mehr gekommen. Jetzt war es beinah elf Uhr. Bin Kabina hatte sich, schweigsam und niedergeschlagen, wieder in seine Decke gewickelt, und ich überlegte, ob er wohl schlief. Hin und wieder konnte ich ein Brunnenrad ächzen hören, aber vom Fenster aus sah ich nur eine kahle Ebene mit unbelaubten Sträuchern, über die der Wind Staubfahnen jagte. In der Ferne war die schwache Silhouette der dunklen Wand des Aridh zu erkennen.

Die Nacht war mir sehr lang vorgekommen, denn ich hatte nicht geschlafen. Der Gedanke an drei Knaben, die ich vor wenigen Monaten vor einem Dorf in der Tihama gesehen hatte, ließ mir keine Ruhe; jeder von ihnen hielt ein Bündel fleckiger Bandagen im Schoß, und darunter verbarg sich der eiternde Stumpf der rechten Hand. Man hatte ihnen die Hände abgeschlagen, weil sie sich einem Beschneidungsritus unterzogen hatten, der vom König untersagt worden war. Vor allem das zuckende Gesicht und die schmerzerfüllten Augen des einen der drei, eines zart aussehenden Jünglings, waren mir unvergeßlich. Man hatte mir gesagt, daß er, als der Sklave des Emir zögerte, jene barbarische Strafe zu vollziehen, seine Hand hingestreckt hatte mit den Worten: »Schlag zu. Ich fürchte mich nicht.« In der Dunkelheit kam mir der furchtbare Gedanke, man könne jetzt Bin Kabina oder einen anderen meiner Gefährten so bestrafen zur Warnung für andere, keinen Fremden mehr ohne Erlaubnis nach Sa'udi Arabien zu begleiten, und ich würde niemals etwas vom Schicksal meiner Freunde erfahren, wenn man mich jetzt nach Djidda brächte.

Diese düsteren Gedanken verflogen jedoch sofort, als jetzt der Emir eintrat und lächelnd sagte: »Ich habe dir ja gesagt, daß alles in Ordnung kommt. Abdullah Philby hat sich beim König für dich verwandt, und der König hat Befehl erteilt, dich auf freien Fuß zu setzen. Du darfst gehen, wohin du willst.« Philby, der Mohammedaner ist, hat jahrelang in Riyadh gelebt und gehörte zum königlichen Hof. Ich hatte ihn vor kurzem in London getroffen und ihm von meinem Vorhaben erzählt. Wenige Tage später sollte er mir nach Laila entgegenkommen, und dort erzählte er mir, was geschehen war.

Der Emir erkundigte sich nach meinem Reiseziel, damit er dem König davon berichten könne. Ich erklärte, ich hätte vor, nach Laila zu gehen und von dort aus zur »Piratenküste«. Er sagte, der Wagen warte auf mich und würde mich nach Sulaiyil zurückbringen.

Wir fuhren das Wadi Dawasir entlang und durch die Lücke, die den Aridh von seiner Fortsetzung im Norden, dem Djebel Tuwaiq, trennt. Die Felswände des Aridh waren hier etwa 250 Meter hoch. Im Haus des Emirs von Sulaiyil erwarteten uns die anderen, die eine kalte Nacht im Stock verbracht hatten. Bin Ghabaisha sagte: »Bei Gott, hätte ich gewußt, daß man mir das antut, dann hätten sie mich nicht erwischt, solange ich noch ein Gewehr in der Hand und ein Kamel unter dem Sattel gehabt hätte!« Aber sie waren ebenso froh wie ich, daß ihnen nichts Schlimmeres passiert war. Wir vereinbarten, am nächsten Tag nach Laila zu reisen, und hielten es für besser, die nötigen Nahrungsmittel unterwegs zu kaufen, als den erschöpften Kamelen neue Lasten zuzumuten.

An diesem Abend speisten zwei Yam beim Emir. Nach dem Essen erzählte mir der eine von ihnen, wie er Bin Duailan getötet hatte. Die Lampe blakte und gab nur wenig Licht, der Raum war erfüllt von geisterhaften Schatten, die Kohlen auf dem Kaffeeofen glühten, der Rauch stieg beizend in unsere Nasen. Draußen zerrte der Wind an der schlecht schließenden Tür. Ich beobachtete den Mann während seines Berichts. Er sprach langsam, machte lange Pausen, beugte sich vor und strich hin und wieder mit seiner kleinen, dünnen Hand über den schwarzen Spitzbart. Sein Gesicht war eingerahmt von den weißen

Falten des Kopftuchs, das ein schlichtes schwarzes Stirnband zusammenhielt. Er strahlte eine große Würde aus und war unverkennbar ein Wüstenaraber, leidenschaftlich und doch beherrscht.

»Es war am späten Vormittag. Drei meiner Verwandten hatten an meinem Zelt abgesattelt und tranken Kaffee, während mein Sohn die Ziege häutete, die wir für sie geschlachtet hatten. Plötzlich hörten wir im Süden Gewehrfeuer – sehr viele Schüsse. Wir gaben Alarm und liefen zu unseren Kamelen. Während wir aufsaßen, kam ein kleiner Hirtenjunge gelaufen und rief uns zu, daß viele, viele Mishqas das Lager meines Onkels angriffen. Wir sollten uns beeilen, Salim und Djabr, mein Neffe, seien bereits getötet worden, und alle Kamele würden geraubt. Mit den anderen aus den umliegenden Zelten waren wir zwölf und ritten den Überfallenen zu Hilfe. Als wir in die Nähe von meines Onkels Zelt kamen, sahen wir fünf Mishqas – Gottes Fluch über alle Mishqas! – auf ihre Kamele springen und davonreiten. Sie trugen nichts außer dunklen Lendentüchern. Sie hatten die Zelte geplündert, und einer von ihnen schleppte einen Teppich mit. Die Frauen umringten wehklagend den Leichnam meines Neffen – Gott sei ihm gnädig! Als wir an ihnen vorbeigaloppierten, riefen sie uns zu, die Hauptmasse der Mishqas sei bereits mit allen Kamelen auf und davon. Sie schrien, wir sollten es ihnen heimzahlen. Wir galoppierten hinter den wenigen her, die wir sehen konnten, und kamen ihnen allmählich immer näher. Bei ein paar niederen, mit Strauchwerk bedeckten Dünen hielten sie an und schossen auf uns. Die Ebene war so kahl wie dieser Fußboden. Wir konnten nur von Norden her, wo sich weitere Dünen befanden, an sie herankommen. Einen von uns hatten sie bereits getötet. Sie waren nicht zu sehen. Verstehst du? Wir stiegen ab und liefen durch die Dünen auf sie zu. Es fielen zahlreiche Schüsse. Drei von ihnen töteten wir, und sie töteten noch einen der unseren und verwundeten zwei weitere. Dann töteten wir noch einen, und wir wußten, daß nur noch einer von ihnen übrig war. Er steckte irgendwo zwischen den hohen Dünen, und sobald sich einer von uns bewegte, schoß er. Er fehlte nie. Er hatte vier von uns getötet, und wir konnten ihn noch immer nicht sehen, obgleich wir wußten, wo er war. Er mußte sehr nah sein, hinter dem nächsten Dünenkamm. Ich und mein Vetter krochen langsam die Düne hinauf und auf ihn zu. Als wir fast oben waren, hob mein Vetter den Kopf, um Ausschau zu halten. Tot brach er neben mir zusammen, mitten durch die Stirn geschossen. Ich sah den Lauf einer Büchse zucken. Bei Gott, die Mündung war kaum acht Schritt von der Stelle entfernt, wo ich lag. Ich merkte, daß er Ladehemmung hatte. Da zog ich meinen Dolch und sprang auf den Mann, noch ehe er auf die Füße kommen konnte. Ich jagte ihm den Dolch in den Nacken und tötete ihn. Es war ein kleiner Mann, und er hatte ein englisches Gewehr.«

Er hielt inne, holte ein Gewehr aus der Ecke, reichte es mir und sagte: »Das war sein Gewehr. Um seinen Hals hing ein Feldstecher. Später erkannte ihn einer als Bin Duailan, die Katze.«

Ich sagte, er sei im Vorjahr mit mir gereist, und der Feldstecher sei ein Geschenk von mir. Der Yam meinte: »Ja, wir haben von dir gehört, von dem Christen, der mit den Mishqas reist. Und wir dachten uns schon, daß er das Gewehr von dir hatte.« Worauf ich erwidern konnte: »Nein, das hat er erst kürzlich von einem Regierungsposten in Hadramaut erbeutet.«

Nach einer Pause sagte er: »Bei Gott, das war ein Mann! Der konnte kämpfen. Ich dachte schon, er würde uns alle umbringen.«

Er erzählte uns, daß die Mishqas bei diesem Überfall vierzehn Yam getötet und 130 Kamele erbeutet hatten und daß neun Mishqas dabei umgekommen waren, und er schloß: »Nachdem der König uns jetzt erlaubt hat, über sie herzufallen, werden wir, so Gott will, unsere Kamele zurückbekommen und viele weitere erbeuten. Und, bei Gott, wir werden jeden Mishqas, den wir zu fassen bekommen, umbringen. Bei Gott, du hast Glück gehabt, daß du uns nicht begegnet bist.«

Wir verließen Sulaiyil am nächsten Morgen. Es war der 29. Januar. Nach Laila waren es 260 Kilometer und von dort nach Abu Dhabi an der Piratenküste noch einmal tausend Kilometer, doppelt so weit wie von hier nach Manwakh, wo wir unsere Reise begonnen hatten. Wir brauchten acht Tage, um nach Laila zu gelangen. Unsere Kamele waren müde, Muhammads Kamel und drei Lastkamele litten unter heftigen Sattelschwellungen. Der Emir von Sulaiyil hatte uns darauf aufmerksam gemacht, daß wir bis kurz vor Laila, wo es im Herbst schwach geregnet hatte, für unsere Kamele nur Akazien finden würden.

Am ersten Nachmittag überholten wir zwei Yam und einen Dahm, die einige hundert weiße Schafe und schwarze Ziegen zum Markt nach Laila trieben. Wir lagerten mit ihnen und kauften ihnen eine Ziege für das Abendessen ab, das sie mit uns teilten. Sie waren freundlich und stellten neugierige Fragen über unsere Reise durch die Sandwüste. Der Dahm befand sich in Blutfehde mit seinem Stamm und lebte bei den Yam. Er erzählte mir, daß er im Sommer in Nadjran gewesen war, als gerade ein Christ aus Abha gekommen war, der zwei Tage bei dem Emir Bin Mahdi gewohnt hatte. Ich erklärte ihm, dieser Christ sei ich, und das bereitete ihm großen Spaß. Er sagte, er habe mich aus der Entfernung auf dem Marktplatz gesehen, aber damals habe ich andere Kleidung getragen. Das stimmte, damals war ich wie ein Sa'udi gekleidet. Als wir die Männer verließen, beschrieben sie uns den Weg zum nächsten Brunnen. Es gab eine gut erkennbare Route nach Laila. Philby hatte sie kartiert; sie war auf meiner Karte eingezeichnet.

Am nächsten Nachmittag zogen im Westen dunkle Wolkenbänke auf. Ich fragte Muhammad gedankenlos, ob es wohl regnen würde, und er antwortete: »Das weiß Gott allein.« Ich hätte mir denken können, daß diese Antwort erfolgte. Keiner dieser Bedu wird jemals seine Meinung über das Wetter äußern, denn das hieße sich ein Wissen anmaßen, das allein Gott zukommt. Ich erzählte ihm, daß es in England weise Männer gebe, die das Wetter voraussagen können. Aber so etwas ist in ihren Augen schon fast Blasphemie, und alle riefen: »Ich suche Zuflucht bei Gott vor dem Teufel.«

Die letzten zwei Tage unserer Reise waren bitterkalt, es ging ein heftiger Nordostwind. Wir ritten über eine steinige Ebene, die sanft nach Osten abfiel. Erst kurz vor Laila sahen wir ein wenig Vegetation. Hier war der Boden plötzlich mit kleinen weißen Blumen bedeckt, die *rahath* heißen. Wir machten frühzeitig halt, damit die Kamele sich vollfressen konnten, und brachen am nächsten Morgen spät auf. Es war ein Vergnügen, bei Sonnenuntergang die Kamele einmal nicht hungrig auf der Suche nach etwas Eßbarem umherirren, sondern geruhsam und vollgefressen daliegen zu sehen. Seit Manwakh hatten sie hier erst das zweite Mal genug zu fressen. Ich ahnte damals nicht, daß noch vierzig Tage vergehen sollten, ehe wir Abu Dhabi erreichten, und daß die Kamele in dieser Zeit nur noch ein einziges Mal reichliche Nahrung bekommen würden. Nach Einbruch der Dunkelheit sahen wir in der

Ferne die Scheinwerfer eines Automobils. Später hörten wir den Motor heulen und wußten, daß der Wagen im Sand steckengeblieben war. Da ich etwas gegen Automobile habe, und insbesondere gegen Automobile in Arabien, freute ich mich ein wenig über diese Panne!

Am nächsten Nachmittag ritten wir in Laila ein, einer kleinen sandfarbenen Stadt mit flachen Dächern und Lehmgebäuden, deren Bevölkerung etwa 4000 Seelen zählt. Vor dem Haus des Emirs machten wir halt. Ein Sklave bedeutete uns, die Kamele abzuladen, und führte uns dann in einen langen dunklen Raum, der bis auf die Teppiche, welche die Lehmbänke an den Wänden bedeckten, vollkommen kahl war. Wir begrüßten den Emir, einen säuerlichen älteren Mann namens Fahad, der in einen goldbestickten Mantel gehüllt war. Er ließ Kaffee und Tee bringen und ließ mich dann kurz angebunden wissen, daß Abdullah Philby gestern mit dem Automobil von Riyadh gekommen und, da er mich hier nicht vorgefunden habe, wieder abgereist sei, um nach mir zu suchen.

Die nächsten zwei Stunden saßen wir schweigend zusammen, was den Emir jedoch nicht daran hinderte, mir deutlich zu bekunden, wie unangenehm ihm meine Anwesenheit war. Bei Sonnenuntergang verließ er den Raum. Ich ging in den Hof hinaus, um mir die Beine zu vertreten, und betrachtete einige Würgfalken, die mit den Hauben über dem Kopf auf ihren Stangen hockten. Da erscholl der Ruf zum Gebet. Außer ein paar kleinen Jungen, die sich nun um mich drängten und mich als einen Ungläubigen beschimpften, der nicht bete, eilten alle zur Moschee. Ein winziger Straßenjunge erklärte mir umständlich, ich sei unrein. Ich war müde, und ihre Ungezogenheiten gingen mir auf die Nerven.

Eine Stunde später kam Philby. Er war ein alter Freund von mir, und ich war entzückt, ihn zu sehen. Sein Wagen war im Sand steckengeblieben, als er nach mir suchte. Und da wurde mir klar, daß es seine Scheinwerfer gewesen waren, die ich in der Nacht zuvor gesehen hatte. Er sagte:

»Ich kam zufällig gerade zum König, als das Telegramm eintraf, das ihn von deinem Auftauchen in Sulaiyil unterrichtete. Er schäumte vor Wut und fragte mich, ob ich dich kenne. Er war drauf und dran, ein Exempel zu statuieren, das andere Europäer davon abschrecken sollte, ohne Erlaubnis in sein Land einzudringen. Ich wollte ein gutes

Wort für dich einlegen, aber er ließ mich nicht einmal den Mund aufmachen. Ich war schon in Sorge um dich und schrieb ihm einen Brief, den ich ihm am nächsten Morgen überreichte. Ich sagte, es sei die Pflicht eines jeden Mannes, seinen Freunden zu helfen. Er war völlig anderer Stimmung als am Abend zuvor und sagte sofort, er wolle Befehl geben, dich freizulassen.«

Der Emir hatte für Philby ein Zelt auf dem Platz vor seinem Haus errichten lassen, in das wir uns nach dem Abendessen zurückzogen. Wir unterhielten uns bis in den Morgen hinein.

Ich war etwas verärgert über den kühlen Empfang, den mir der Emir am Nachmittag bereitet hatte. Philby äußerte sich mitfühlend, meinte aber, ich müsse begreifen, daß diese strenggläubigen Wahabis in jedem Christen den Erzfeind sehen. Er betonte, daß schließlich gerade dieses starre Festhalten an den Prinzipien einigen wenigen abgelegenen Gegenden inmitten einer sich rasch verändernden Welt die Vorzüge bewahren hilft, die wir beide so sehr an den Arabern bewunderten. Als Beweis für ihr strenges Puritanertum erzählte er mir, daß er einmal mit Ibn Sa'ud auf dem Dach des Palastes in Riyadh gesessen sei, als in der Ferne Gesang ertönte. Zutiefst erschrocken und entsetzt rief der König: »Gott schütze mich! Wer singt da?« Und er gab einem Diener den Auftrag, den Sünder herbeizuholen. Der Mann kam mit einem Bedu-Knaben zurück, der Kamele in die Stadt getrieben hatte. Finster fragte der König den Knaben, ob er denn nicht wisse, daß er den Versuchungen des Teufels erliege, wenn er singe. Und er befahl, daß man das Kind auspeitsche.

Philby lag es am Herzen, nach Qariya zu kommen und die Ruinen, die noch kein Europäer erblickt hatte, zu untersuchen. Er reiste am nächsten Tag ab. Wir blieben noch weitere vierundzwanzig Stunden in Laila, in denen uns der Emir kein Essen gab. Ich sah ihn auch nicht mehr. Ich blieb lesend in der Abgeschlossenheit des Zeltes und wurde nur hin und wieder von Kindern gestört, die hereinlugten, unflätige Bemerkungen machten und dann davonliefen. Meine Raschid versuchten Lebensmittel für die Reise einzukaufen, aber man verfluchte sie und bespie sie, weil sie einen Ungläubigen in die Stadt gebracht hatten. Die Ladenbesitzer wollten unser Geld nur annehmen, wenn es öffentlich gewaschen worden war. Diese reizende Geste hielt sie jedoch nicht davon ab, uns unwahrscheinliche Preise abzuverlangen, als ich schließlich über den Sohn des Emir etwas Mehl, Reis, Datteln und Butter erstehen konnte. Muhammad bat den Emir um einen Führer für die Reise nach Djabrin, erhielt jedoch zur Antwort: »Ich werde niemanden auffordern, mit einem Ungläubigen zu reisen.« Die Dorfbewohner hatten bereits erklärt, daß keiner von ihnen uns begleiten würde, und ihrer Hoffnung Ausdruck gegeben, daß wir in der Wüste verhungerten und verdursteten. Dieses Los war uns ihrer Meinung nach sicher, da in der Gegend zwischen Laila und Djabrin kein Regen gefallen sei und wir daher auch keinem Bedu begegnen würden, der uns die Richtung weisen könne. Einige von ihnen entsetzten meine Begleiter durch die Frage, weshalb sie mich denn nicht in der Wüste umgebracht und sich mit meinem Besitz davongemacht hätten. Bin Kabina murmelte immer nur: »Das sind Hunde und Hundesöhne. Sie nennen dich einen Ungläubigen, aber du bist ja hundertmal besser als ein Mohammedaner von dieser Sorte.«

Laila war eines der Bollwerke der Akhwan gewesen, einer streitbaren, religiösen Bruderschaft, die sich der Reinerhaltung und der Einigung des Islams widmete. Diese Fanatiker hatten sich zum Ziel gesetzt, die Stämme aufzuspalten und die Bedu in der Umgebung der Brunnen und Oasen seßhaft zu machen, da nach ihrer festen Überzeugung das Nomadenleben mit den strengen Gesetzen des Islams, von denen sie insbesondere auf die gewissenhafte Einhaltung der Fasten, der Gebete und der Waschungen Wert legten, unvereinbar war. Die Bewegung hatte Ibn Sa'ud an die Macht gebracht, war aber, als die Akhwan später gegen den König rebellierten und ihm wegen seines Verbots von Einfällen in die Nachbarstaaten religiöse Laxheit vorwarfen, 1928 in der Schlacht von Sabila weitgehend geschwächt worden. Hier in Laila und im Wadi Dawasir hatte sich der alte Fanatismus jedoch noch erhalten.

Der Haß, den man mir hier entgegenbrachte, war beunruhigend. Wie aller Haß war er etwas Widerliches, und mir, der ich an religiöse Toleranz gewöhnt war, schien er völlig unsinnig zu sein. Dennoch stellte ich mir die Frage, ob er nicht jenem neuen Haß vorzuziehen sei, der, eine Frucht unserer Zivilisation, sich nach der Hautfarbe, der Nationalität und der Gesellschaftsklasse richtete und in den höher entwickelten Gebieten des Mittleren Ostens so großen Aufruhr heraufbeschworen hat. In den frühen Tagen des Islams, als ihr Glaube noch nicht auf Widerstand stieß, waren die Araber in religiösen Dingen von bemerkenswerter Toleranz gewesen. Für die Bewohner von Laila war ich jedoch der Eindringling aus einer fremden Kultur, die sie mit dem Christentum identifizierten. Sie wußten, daß die Christen den größten Teil der mohammedanischen Welt unterjocht hatten und daß die Berührung mit der christlichen Kultur allerorten den Glauben, die Einrichtungen und die Kultur, die sie hochhielten, zerstört oder zutiefst verändert hatte. Natürlich begriffen sie nicht, wie wenig ich mit den Neuerungen und Erfindungen, mit denen sie mich in Zusammenhang brachten, sympathisierte, noch, wie groß meine Sympathie für die Lebensform war, die sie zu bewahren suchten.

Am Abend beratschlagten wir, was wir tun sollten. Nach Djabrin waren es etwa 250 Kilometer, aber ich war fest davon überzeugt, daß wir dorthin gelangen würden, wenn wir uns an Philbys Route hielten, die auf der sonst leeren Karte verzeichnet war. Es war mir jedoch auch klar, daß wir in der leeren wasserlosen Wüste südlich des Hasa sterben und verderben mußten, wenn ich diese Oase nicht finden konnte. Ich schlug den andern vor, ich wolle sie führen, sie aber zweifelten begreiflicherweise an meiner Fähigkeit, einen Ort zu finden, den ich nie gesehen hatte und der acht Reisetage entfernt lag.

Ich sagte: »Wir brauchen keinen Führer, ich kann den Weg finden.«

Bin Ghabaisha fragte: »Wie willst du das machen? Du bist doch niemals in dieser Gegend gewesen.«

Ich erklärte: »Abdullah Philby hat Djabrin auf der Landkarte eingezeichnet. Ich kann es mit meinem Kompaß finden.«

Muhammad war skeptisch: »Es gibt nichts, woran wir uns halten können. Der Weg führt über eine offene Hochebene, von der Art des Djiddat al-Harasis. Er ist ganz anders als der Weg, den wir gerade hinter uns haben. Dafür hatten wir keinen Führer nötig. Wir wußten, daß der Aridh links von uns liegt, und mußten uns nur nach ihm richten, um nach Hassi zu kommen. Und die Sai'ar wußten genau, wo der Brunnen liegt. Jetzt brauchen wir einen Führer.«

Ich wies darauf hin, daß wir wahrscheinlich unterwegs einigen Bedu begegnen würden, aber Amair zweifelte: »Man hat uns hier erzählt, daß das Land völlig leer ist. Es hat lange nicht geregnet.«

Ich fuhr fort: »Glaubt mir, ich kann Djabrin finden. Bei Gott, ich will ebensowenig in der Wüste verdursten wie ihr.«

Bin Kabina fragte: »Wieviel Tage werden wir brauchen?«

Ich antwortete: »Acht«, und er sagte: »Das sagen sie hier auch.«

Schließlich erklärten sie sich mit meiner Führung einverstanden. Bin Ghabaisha sagte: »Es ist offenkundig, daß wir hier keinen Führer finden werden, und Gott soll uns davor bewahren, länger in Laila zu bleiben. Wir müssen uns Umbarak anvertrauen.«

Ich fragte, ob wir in Djabrin wohl Arabern begegnen würden, und Muhammad sagte: »Ganz bestimmt werden wir dort Murra vorfinden. Einige von ihnen sind immer dort. Mach dir darüber keine Gedanken, Umbarak. Bring uns nur erst einmal nach Djabrin. Wenn du das tust, werden wir dir dankbar sein.«

Ich hoffte aufrichtig, in Djabrin Araber vorzufinden. Wir mußten dort wieder Lebensmittel erstehen und, was weit wichtiger war, einen Führer auftreiben, der die Wasserlöcher auf dem 650 Kilometer langen Weg nach Abu Dhabi kannte. Ohne Führer wären wir mit erschöpften Kamelen in Djabrin, in der nördlichen Öde des Leeren Viertels, völlig erledigt. Kein angenehmer Gedanke.

An diesem Abend versuchte Muhammad, mir Geld aufzudrängen. Er sagte: »Abdullah Philby hat uns das Geld geschenkt, ehe er abreiste. Hier ist ein Fünftel, dein Anteil. Wir sind Reisegefährten und müssen alles miteinander teilen.«

Am 7. Februar verließen wir Laila. Wir führten sechs volle Wasserschläuche, neunzig Pfund Mehl, fünfzehn Pfund Reis, dreißig Pfund Datteln und etwas Butter, Zucker, Tee und Kaffee mit uns. Der Sohn des Emirs hatte diese paar Lebensmittel angeblich nur unter größten Schwierigkeiten für uns besorgen können. Da kaum anzunehmen war, daß wir von den Murra in Djabrin etwas anderes als Datteln bekommen würden, war damit zu rechnen, daß wir bis Abu Dhabi ordentlich hungern mußten. Meiner Schätzung nach würden wir wenigstens noch einen Monat unterwegs sein. Wir beschlossen daher, für ein Abendessen, unsere einzige Mahlzeit am Tage, nur drei Pfund Mehl zu verwenden. Den Reis konnten wir nur an Brunnen kochen oder wenn wir nicht mit dem Wasser sparen mußten. Die Datteln sollten als Frühstück dienen, das heißt, die anderen würden sie essen, denn ich konnte keine Datteln mehr sehen. Als wir unsre Kamele aus der Stadt führten, riefen uns einige Araber nach, wir sollten nur nicht wieder zurückkommen, wenn wir den Weg verfehlten.

Meinen Tagebucheintragungen zufolge benötigten wir acht Tage bis Djabrin und waren nur an zwei Tagen acht Stunden lang unterwegs. Trotz dieser nicht sehr langen Tagemärsche erinnere ich mich an pausenlose Ritte durch den Glast einer dunstigen Steinwüste, die weder Anfang noch Ende zu haben schien. Die Erschöpfung unserer Kamele kam zu meiner eigenen Erschöpfung hinzu, und wenn die Tiere bei der Berührung der zerfetzten Sohlen mit den Feuersteinen, die Mulden und Anhöhen bedeckten, scheuten und zuckten, wurde mir das Reiten schier unerträglich. Manchmal fanden wir eine Strecke Wegs, deren glatter Boden uns vorübergehend Erleichterung schenkte. Aber ich wagte es nicht, einem solchen Weg zu folgen, sobald er von der Richtung abwich, die mein Kompaß zeigte. Denn in dieser Wüste gab es nichts, woran ich mich hätte halten und was mich davor hätte bewahren können, in die Irre zu gehen. Ich wußte, daß ich nur 15 Kilometer vom Kurs abzuweichen brauchte, um Djabrin zu verfehlen. Und war Djabrin auf meiner Karte auch wirklich richtig eingezeichnet? Wenn Cheeseman und Philby auch peinlich genau arbeiteten, so hatten sie doch beide Djabrin nach einer sehr langen Reise kartographisch festgehalten. Ich konnte mich nicht mehr entsinnen, welcher Methode sie sich bedient hatten. Hatten sie die Position durch Ablesen des Kompasses ermittelt, dann konnten sie sich leicht um 15 Kilometer geirrt haben.

Am Abend lagerten wir stets dort, wo wir ein paar Sträucher fanden, die uns Brennholz lieferten. Die Kamele ließen wir laufen, damit sie sich selbst etwas zu fressen suchen konnten. Ich blickte ihnen nach, wenn sie davonsprangen, instinktiv die südliche Richtung, der Heimat zu, einschlagend, und sagte nur dann jedesmal recht niedergeschlagen: »Jetzt muß einer von uns ihnen nachlaufen und sie wieder einfangen.« Erhob ich mich dann aber, um das zu tun, sprang stets einer der andern auf und sagte: »Wir holen sie schon, Umbarak.« Aber manchmal bestand ich darauf und machte mich in Begleitung eines meiner Gefährten hinter ihnen her. Um die Tiere zu schonen, führten wir nur wenig Wasser mit uns, und in diesen Tagen war ich fortwährend durstig und überdies hungrig, weil ich das klitschige, wenig schmackhafte Brot, das Bin Kabina bereitete, kaum schlucken konnte. Es war sehr kalt, und in den meisten Nächten konnten wir Wetterleuchten sehen. Manchmal hörten wir es auch donnern, und ich hoffte, es würde nicht regnen, denn weit und breit gab es keinen Unterschlupf.

Auf meinen früheren Reisen hatte ich mich sehr anstrengen müssen, um zu verstehen, was meine Gefährten sagten. Nun aber konnte ich mich nicht mehr gegen ihr Geschwätz abschließen, obgleich ich, für Sprachen unbegabt, noch immer sehr schlecht Arabisch sprach. Es bereitete mir keinerlei Schwierigkeiten mehr, ihrer Unterhaltung zu folgen. Einen ganzen Tag lang stritten Bin Kabina und Muhammad wegen des Geldes, das ich ihnen vor zwei Jahren in Tarim gegeben hatte. Weil Bin Kabina auf seinem eigenen Kamel geritten war, hatte Muhammad zwei Drittel des Geldes, das ich für Bin Kabina bestimmt hatte, einbehalten. Eingedenk der bitteren Not, die Bin Kabina damals gelitten hatte, fand ich das unanständig, und ich sagte es auch. Der Streit ging endlos weiter. Meine zornigen Zwischenrufe, sie sollten nun endlich aufhören, unterbrachen ihn nur kurz, konnten aber den endlos sich wiederholenden Fluß ihrer Worte nicht aufhalten. Erst als wir am Abend haltmachten, fand die Streiterei ein Ende. Dann saßen sie einträchtig beisammen und buken Brot. An einem anderen Tag stritten Bin Kabina und Amair unaufhörlich über die Vorzüge und Verdienste ihrer Großväter. Bin Kabina sagte boshaft: »Jedenfalls hat mein Großvater niemals vor anderen Leuten gefurzt.« Und der verlegene Amair errötete tief ob dieses furchtbaren Lapsus seines vor zwanzig Jahren verstorbenen Großvaters. Als sie am nächsten Tag wieder anfingen, über ihre Großväter zu streiten, protestierte ich. Sie sahen mich erstaunt an und sagten: »Aber es vertreibt uns doch die Zeit.« Und damit hatten sie wohl recht.

Zwei Tage vor unserer Ankunft in Djabrin kamen wir durch die Dahna-Wüste, die hier etwa 25 Kilometer breit ist. Dieser Gürtel von Sicheldünen verbindet die Sande des Leeren Viertels mit der großen Sandwüste Nafud in Nordarabien. Vor zwei Monaten hatte es hier geregnet, und der Regen war einen Meter tief in den Sand eingedrungen, so daß sich ein Schleier frischen Grüns über ihn breitete. Mir war dieser unerwartete Frühlingshauch hochwillkommen. Er brachte Abwechslung in die farblose Monotonie jener Tage. Am Morgen des achten Tags erstiegen wir die letzte Anhöhe. Ich hatte mir ausgerechnet, daß wir Djabrin, wenn wir es überhaupt je zu Gesicht bekommen sollten, in diesem Augenblick sehen mußten. Und da lag es auch, vor unseren Füßen, die Palmenhaine wie dunkle Flecken auf der khakifarbenen Ebene. Ich setzte mich müde und reichlich erschöpft auf ein Hügelgrab, während meine Begleiter eine aufgeregte Unterhaltung anfingen. Später stiegen wir in die Ebene hinab und fanden einen Brunnen, der in der Nähe eines Akazienhains lag.

Wir tränkten die Kamele und ließen sie laufen. Sie würden sicherlich etwas zu fressen finden, wenn auch selbst die Akazien durch die lange Dürre ihr Laub verloren hatten. In den vergangenen acht Tagen hatte ich nur zweimal Spuren von Vegetation bemerkt, die nach Futter aussah, aber die Kamele dürften auf ihren jeweiligen Entdeckungsreisen, die sie sehr weit von den Lagerplätzen geführt hatten, mehr gefunden haben. Bin Kabina schien meine Gedanken zu erraten, denn er sagte: »Ihre Geduld ist etwas Wunderbares. Welches Geschöpf ist so geduldig wie das Kamel? Diese Eigenschaft macht es vor allen anderen uns Arabern so liebenswert.«

Der Brunnen war seicht und das Wasser süß. Meine Begleiter zogen ihre Hemden aus und gossen sich kübelweise das Wasser über den Kopf. Trotz ihres Spottes und ihrer ermunternden Zurufe nahm ich jedoch von dieser eisigen Waschung in dem kalten Wind Abstand. »Los, Umbarak«, rief Bin Ghabaisha und tat, als sei das Wasser gar nicht kalt. Dabei verschlug es ihm jedesmal den Atem, wenn Amair einen Kübel über ihm ausleerte. Er trug noch immer sein Lendentuch, aber das Wasser modellierte es an seinem Körper wie die Draperien einer Statue. Alle Araber vermeiden es, sich nackt in der Öffentlichkeit zu zeigen, hier aber schien mir die Schamhaftigkeit übertrieben. Ich hatte mit anderen Bedu im Euphrat gebadet, und sie waren nackt über die Uferböschungen getobt.

Später begaben sich Muhammad und Amair auf die Suche nach den Murra. Seit wir die Dahna-Wüste hinter uns hatten, befanden wir uns im Gebiet dieses Stammes, und Muhammad hoffte noch immer zuversichtlich, daß wir einige von ihnen in der Oase antreffen würden. Die Murra, einer der großen Stämme des Nedjd, zählen zwischen 5000 und 10000 Seelen und leben in einem Gebiet von der Größe Frankreichs. Sie führten Philby durch das Leere Viertel, aber ihre Kenntnis des Landes beschränkt sich auf Teile der Mitte und des Westens der Großen Sande. Sie wandern in einem lange nicht so großen Bereich wie die Raschid, die man von den Grenzen des Yemen bis Oman, von Dhofar bis al-Riyadh, im Hasa und an der »Piratenküste« treffen kann.

In Sa'udi-Arabien genießen die Murra hohes Ansehen als Fährtensucher, und die Regierung bedient sich ihrer häufig, um Verbrecher aufzuspüren, die sie an ihren Fußabdrücken identifizieren. Der Murra, der in Sulaiyil so freundlich zu uns gewesen war, ging dieser Beschäftigung nach.

In der Abwesenheit von Muhammad und Amair kochten wir einen großen Berg Reis, und während wir faul um das Feuer lagen und auf ihre Rückkehr warteten, versuchten Bin Kabina und Bin Ghabaisha, mir ein Spiel beizubringen, das unserem Dame-Spiel ähnelt. Statt der Steine benutzten sie Kameldung, und ihr Brett war der Sand. Aber entweder waren ihre Erklärungen zu umständlich oder das Spiel zu kompliziert, jedenfalls habe ich es nie begriffen.

Als die andern bei Sonnenuntergang zurückkamen, hatten sie weder Araber noch frische Spuren gesehen. Sie fragten mich, wie weit ich sie noch führen könne. Auf meiner Landkarte war zwischen hier und Abu Dhabi nur ein einziger Brunnen verzeichnet, der Dhiby, den Thomas am Ende seiner großen Reise durch das Leere Viertel entdeckt hatte. Dhiby liegt etwa 250 Kilometer von Djabrin entfernt in einer Senke südlich der Halbinsel Qatar. 100 Kilometer östlich davon beginnen die Salzebenen des Sabkhat Mutti, die von der Küste aus südwärts in die Wüste verlaufen. Al-Auf hatte mir einmal gesagt, daß im Sabkhat Mutti die Kamele nach einer Regenperiode mitunter steckenblieben, aber niemals darin versinken könnten wie in der Umm al-Samim.

Ich sagte meinen Begleitern, ich könne sie bis zum Sabkhat Mutti bringen, ich wisse aber weder, ob ich den Brunnen Dhiby finden würde, noch, ob dessen Wasser trinkbar sei. Ich entsann mich undeutlich, daß Hamad mir im Jahr zuvor in Dhafara gesagt hatte, alles Wasser im Umkreis des Sabkhat Mutti sei Brackwasser. Muhammad meinte, er könne uns nach Abu Dhabi führen, wenn ich uns bis zum Sabkhat

Mutti brächte. Das erschien mir fraglich, aber wir mußten weiter; denn wenn wir hier blieben, würden wir verhungern. Die anderen machten mir Mut, indem sie sagten, sie seien überzeugt, daß wir auf dem Weg zum Sabkhat Mutti einigen Murra begegnen würden.

Wenn wir unsere zehn Wasserschläuche auffüllten, waren unsere Lastkamele wieder sehr schwer beladen. Aber wir waren bereit, sie zu opfern, um unsere Reitkamele und uns selbst zu retten. Drei Lastkamele und Muhammads Reittier hatten auf Höcker und Widerrist tiefe, übelriechende Geschwüre. Amair schnitt große Stücke zersetzten Fetts und Fleisches heraus, da er es für richtiger hielt, dieses Gewebe zu entfernen. Die Tiere reagierten kaum auf diese Operation, woraus ich gerne schloß, daß sie ihnen nicht allzu weh tat. Meine Gefährten nahmen stets jede Unbequemlichkeit, ja jede Entbehrung auf sich, um ihre Kamele zu schonen, aber ihr hartes Leben machte sie eben doch gegen jeden Schmerz gleichgültig. Die Wüstenbewohner können ihre eigenen Leiden ebenso gleichgültig hinnehmen wie das Leiden ihrer Mitmenschen und ihrer Tiere. In Tibesti mietete ich einmal ein Kamel, dessen Besitzer mich zu Fuß begleiten sollte. Als wir aufbrachen, bemerkte ich, daß er hinkte. Ich fragte ihn, was ihm fehle, und er zeigte mir seinen nackten Fuß. Auf einer Reise nach Kufra hatte er sich die Sohlen durchgelaufen, und nun ging er auf dem rohen Fleisch. Schon der Gedanke an die Schmerzen, die er ausstehen mußte, machte mir übel. Aber weil er das Geld brauchte, hatte er vorgeschlagen, mich zu Fuß durchs Gebirge zu begleiten. Bei aller Gleichgültigkeit gegen den Schmerz ist der Araber jedoch niemals vorsätzlich grausam. Die Vorstellung, man könne Freude daran haben, anderen Schmerzen zuzufügen, war meinen Begleitern völlig fremd. Obgleich jeder von ihnen einen unbewaffneten Hirtenknaben erstechen konnte, um den Tod eines anderen Menschen zu rächen, hätte doch keiner von ihnen sein Opfer gequält. Viele der Luftwaffenangehörigen, die in Aden stationiert sind, sind der Meinung, die Araber würden sie, wenn sie über der Wüste abstürzten, kastrieren. Ich bin jedoch überzeugt, daß kein arabischer Wüstenbewohner so etwas täte, ja allein der Gedanke daran würde ihn entsetzen. Als ich einmal meinen Begleitern von den Danakil erzählte und dabei erwähnte, daß sie die Männer, die sie umbrachten, kastrierten, war die Reaktion einmütiges Entsetzen, und Amair sagte angewidert: »Das müssen ja Tiere sein. Kein menschliches Wesen würde so etwas tun.«

Am nächsten Tag durchquerten wir einige Salzebenen jenseits der Senke von Djabrin. Wir entdeckten einige Sträucher, die ein Regenschauer wieder zum Leben erweckt hatte, machten halt und ließen unsre Kamele fressen. Wieder war ich überrascht davon, daß häufig diese Schauer nur auf wenigen Quadratkilometern niedergehen. Am Nachmittag ritten wir über eine Kiesebene, die viele Spuren aufwies. Gegen Abend legte sich ein grauer Dunst über den nördlichen Horizont und verschleierte die dahinterliegende Leere.

Nach dem Abendessen verbiß sich Muhammad in die Behauptung, daß wir mehr und bessere Nahrung haben müßten. Ich schlug ihm scherzend vor, er solle doch Mehl kaufen und auch gleich eine Ziege mitbringen. Aber er murrte nur, keiner von ihnen könne weitergehen, wenn es nicht mehr zu essen gebe. Ich hielt ihm vor, daß unsere Nahrungsmittel kaum ausreichen würden und daß es töricht wäre, die Rationen jetzt zu erhöhen. Auf meine Frage, was wir tun sollten, wenn unser Mehl ausginge, antwortete er: »Gott wird für uns sorgen!« Da ich aber nicht den Glauben des Elias hatte, erhob ich mich mit der Bemerkung, von mir aus könnten sie noch heute abend das ganze Mehl verbrauchen, denn dann wüßten wir wenigstens genau, woran wir wären. Wütend legte ich mich schlafen. Ich war empört, weil ich genauso hungrig war wie die anderen und sie schrecklich leichtsinnig fand. Am nächsten Tag aßen wir die gleichen Rationen wie bisher, und niemand machte eine Bemerkung.

Wir erreichten schließlich den Westrand der Djaub-Senke, und ich hoffte, daß wir den Weg nach Dhiby nun nicht mehr verfehlen konnten. Es war ein glühend heißer Tag. Während der vergangenen zehn Tage hatten sich jeden Abend Wolkenbänke gebildet, und in der Ferne hatte es gedonnert und geblitzt. Jetzt regnete es beinahe unaufhörlich drei Tage lang, und in den darauffolgenden vier Tagen regnete es in kurzen Abständen, insbesondere in der Nacht. Häufig waren diese Regenfälle von Gewittern begleitet.

Es waren schreckliche Tage. Verzweifelt ritten wir, bis auf die Haut durchnäßt, fürbaß, und sahen zu, wie der Sand den peitschenden Regen aufsog. Obgleich es bitterkalt war, litt ich unter furchtbarem Durst.

Wir wußten nicht, wo wir das nächste Wasser finden würden, und mußten uns auf einen halben Liter pro Tag beschränken. Außer ein paar kleinen Töpfen hatten wir nichts bei uns, um den Regen aufzufangen, und wir konnten es uns nicht leisten, haltzumachen und zu warten, bis diese voll waren. Meine Begleiter sorgten sich wegen der Kamele und befürchteten sogar, wir könnten eines Morgens einige der Tiere verendet vorfinden. Bei dem geschwächten Zustand der Tiere waren die Geschwüre, die sich immer tiefer fraßen, äußerst gefährlich. Jeden Morgen vergewisserte ich mich ängstlich, ob sie noch alle am Leben waren.

Eines Abends kam ein furchtbarer Sturm auf, der bis zum Morgengrauen toste. Auf unserer kahlen Ebene gab es keinerlei Schutz. Wir konnten nur flach auf dem Boden liegen. Die Blitze zerrissen die jagenden Wolken, und der Donner sprengte uns schier das Trommelfell. Ich hatte meinen Teppich und mein Schaffell über meinen Schlafsack gebreitet. In anderen Nächten war ich auf diese Weise ziemlich trocken geblieben, aber in dieser Nacht war den Wassermassen nicht mehr zu wehren. Wie eisige Gießbäche stürzte es auf mich herab. Hin und wieder hörte der Regen auf, und ich spähte aus meinem Schlafsack. Die Blitze zuckten unentwegt über dem Himmel, die dunklen Silhouetten meiner Kameraden, die unter ihren Decken lagen, wirkten wie Grabhügel auf einem nassen Strand. Die klatschnassen Tiere drängten sich aneinander und suchten vergeblich Schutz vor dem Sturm. Dann prasselte aufs neue der Regen auf uns herab. Ich war überzeugt, daß nicht alle Kamele diese Nacht überstehen würden, aber am nächsten Morgen waren noch alle am Leben.

Als der Tag graute, hatten wir kein trockenes Holz mehr, um Feuer zu machen. Wieder einmal folgte auf das triefende Elend der eisigen Nacht das triefende Elend des kalten Tages. Nur widerwillig setzten die Kamele den Weg in Wind und peitschendem Regen fort. Hier gab es nur ab und an in vereinzelten Mulden verfilzte Salzbüsche, die saftiges Grün vortäuschten, aber fast ungenießbar waren. Trotzdem fraßen die verhungernden Kamele, die nichts anderes finden konnten, am Abend von diesen Büschen und hatten am nächsten Tag, wie erwartet, Durchfall. Wir banden ihre Schwänze seitlich an unsern Sätteln fest, um zu verhindern, daß sie unsere Kleidung beschmutzten. Die Tiere hatten nichts mehr im Magen, aber der Flüssigkeitsverlust machte sie durstig. Glücklicherweise stießen wir in einer kaum wahrnehmbaren Vertiefung im harten Sand auf einen Brunnen, der aus der Ferne nur an dem Teppich von Kameldung zu erkennen war, der ihn umgab. Wir kosteten das Wasser; es war so brackig, daß wir es nicht trinken konnten. Die durstigen Kamele jedoch schlürften es mit einer Gier, als könnten sie nicht genug bekommen. Während wir sie tränkten, überflutete bleiches Sonnenlicht die nasse Ebene. Dann begann es wieder zu regnen. Bin Kabina brachte ein Feuer zustande und kochte in Wasser aus dem Brunnen eine große Schüssel Reis, der jedoch so grauenhaft schmeckte, daß der größte Teil ungegessen blieb.

Der nächste Tag war klar und sonnig. Als die Sonne unsere Kleider trocknete und uns wärmte, stieg auch wieder unsere Stimmung. Zum Gesang meiner Gefährten ritten wir über den Sand, der nun aussah wie ein Strand bei Ebbe. Es hatte geregnet, nicht in einzelnen Schauern, sondern in Strömen. Die ganze Wüste schien davon abbekommen zu haben. »Gottes Überfluß« nannten die Bedu das, und sie freuten sich über die Aussicht auf üppiges Weideland, das jahrelang grünen würde. Als ich so durch die unendlichen Weiten nackten Sandes ritt, schien es mir kaum glaubhaft, daß sie in drei Monaten mit Gräsern und blühenden Stauden bedeckt sein würden. Die Eskimos, die die Kälte und Finsternis des arktischen Winters ertragen müssen, können die Tage, bis die Sonne wieder scheinen wird, zählen. Aber der Bedu in Südarabien weiß niemals, wann es wieder Frühling wird. Oft regnet es überhaupt nicht, und anderswo kann es zu jeder Jahreszeit regnen. Meist wechseln die eisigen Winter mit glühenden Sommern in einem ausgedörrten leblosen Land. Bin Kabina erzählte mir jetzt, daß er sich nur an drei Frühlinge in seinem ganzen Leben entsinnen konnte. Mehr als die seltenen frühlingshaften Augenblicke wie diesen bekam der Bedu von den Annehmlichkeiten des Lebens nicht zu kosten. Einige wenige Jahre der Erholung vom nackten Kampf ums Dasein war das Äußerste, was sie sich erhofften. Mir erschien es ergreifend wenig zu sein, und doch wußte ich, daß es ungeheuer viel war.

Während wir dahinritten, sprachen die andern von den Jahren, in denen es geregnet hatte. Bin Kabina meinte zu mir, er habe in seinem ganzen Leben noch keinen solchen Regen erlebt. Bald kreiste das Gespräch um die große, sechzig Jahre zurückliegende Überschwemmung in Dhofar. Ich hatte selbst Palmstämme gesehen, die von jener Flut mehr als fünf Meter hoch auf die Felsblöcke des Wadi Aidam getragen worden waren, und dies an der Stelle, wo das Tal mehr als einen Kilometer breit ist. Wir versuchten zu ergründen, wie viele Tage es geregnet haben mußte, damit es zu einer solchen Überschwemmung kam, die überdies in einem heißen Sommer stattgefunden hatte. Ich fragte mich, wie ein Mensch einen solchen Regen im Winter überstehen könne, ohne zu erfrieren. Am Abend regnete es wieder, und es regnete während der nächsten drei Tage in Abständen weiter.

Am Nachmittag des achten Tages seit unserem Aufbruch von Djabrin mußten wir, meiner Berechnung nach, nicht mehr weit vom Brunnen Dhiby sein. Zwei Felsgipfel eines niedrigen Höhenzuges zu unserer Linken schienen das zu bestätigen. Nach einer weiteren Stunde und einer nochmaligen Standortmessung erklärte ich, daß wir in nächster Nähe des Brunnens seien. Bin Ghabaisha machte sich auf die Suche und entdeckte den Brunnen nach einem halben Kilometer in einer Sandmulde. Er kam zurück und sagte: »Bei Gott, Umbarak, du bist wirklich ein Führer.« Als sich jedoch herausstellte, daß das Wasser zu brackig war, als daß man es hätte trinken können, schwand mein berechtigter Stolz. Immerhin schlürften die Kamele gierig, was sie bekamen.

In der Nähe des Brunnens wuchs ein wenig frische *qassis*. Ich hoffte schon, daß wir nun auf Weideland kämen, aber am nächsten Tag legten wir 45 Kilometer zurück, ohne auf die geringste Vegetation zu treffen. Wieder regnete es die ganze Nacht über. Die Kälte, die Nässe und die große Sorge um unser Schicksal ließen mich nicht schlafen. Wir waren entschlossen, bis zum Sabkhat Mutti weiterzuziehen, und hofften immer noch, auf Menschen zu stoßen. Da wir aber bislang noch keinerlei Spuren gesehen hatten, hielt ich das für recht unwahrscheinlich. Auf meiner Karte war nur das 400 Kilometer weiter gelegene Abu Dhabi verzeichnet, und wir waren mit unserm Wasser fast am Ende.

Wir erwachten am frühen Morgen unter einem Himmel, über den regenschwere Wolkenbänke dahinzogen. Mit klammen, steifen Fingern beluden wir die Kamele. Niedergeschlagen gingen wir neben ihnen her und versuchten uns durch heftige Bewegungen ein bißchen warm zu machen, während die langen feuchten Hemden gegen unsre Beine klatschten. Ich war überzeugt, daß die Kamele keinen Tag länger aushalten würden. Und dann geschah das Unglaubliche: wir kamen an einen Weideplatz. Er war nur wenige Quadratkilometer groß und lag genau in unserer Richtung. Die Kamele rührten sich kaum. Sie standen einfach da und fraßen und fraßen. Als wir ihnen so zusahen, unterbrach Bin Ghabaisha das Schweigen mit den Worten: »Dieser Weideplatz hat uns das Leben gerettet.«

Am nächsten Tag durchquerten wir das Sabkhat Mutti. Wir machten einen Umweg, um diese Salzebene an ihrer schmalsten Stelle zu überwinden, da zumal nach dem heftigen Regen damit zu rechnen war, daß die Kamele hoffnungslos steckenblieben. Sie brauchten nur bis zu den Knien einzusinken, um rettungslos verloren zu sein. Weil Kamele auf schlüpfrigem Boden nur sehr schlecht vorwärtskommen, zogen wir ihnen Netze aus geknüpften Schnüren über die Füße, die ein Ausrutschen verhindern sollten. Die Salzflächen teilten sich an dieser Stelle in drei Arme, zwischen denen halbmondförmige, nackte weiße Sandverwehungen lagen. Die Ebenen selbst waren mit einer schmutzigen Salzkruste bedeckt, die so stark blendete, daß ich noch bei halbgeschlossenen Augen das Gefühl hatte, es würden sich Messer in mein Gehirn bohren. Die Kamele brachen in diese Kruste ein und kämpften sich durch flüssigen, schwarzen Schlamm. Nach fünf höchst ungemütlichen, aufregenden Stunden waren wir schließlich hindurch.

Auf der andern Seite angelangt, lagerten wir in einer welligen, völlig leblosen weißen Sandwüste, wo selbst die Salzbüsche, deren Stümpfe unsre nackten Füße wie Nadeln zerstachen, abgestorben waren. Elf Tage waren verstrichen, seit wir Djabrin verlassen hatten. Am Abend hatten wir eine lange, besorgte Unterhaltung. Muhammad mußte endlich eingestehen, daß er sich hier nicht auskannte, und meine Landkarte war leer bis auf das 300 Kilometer entfernte Abu Dhabi. Wir hatten nur noch wenige Liter Wasser, und keiner von uns wußte, ob und wann es an der Küste Brunnen gab. Muhammad meinte, wir würden gewiß Bedu treffen. Aber das hatte er mir seit Laila gesagt, und wir waren 550 Kilometer weit gezogen, ohne einem menschlichen Wesen zu begegnen. Schließlich schlug ich in meiner Verzweiflung vor, wir sollten versuchen, zur Oase Liwa zu kommen, von der wir nur noch etwa 150 Kilometer weit entfernt sein mußten. Ich war noch nie dort gewesen, aber Bin Kabina hatte, als er im Vorjahr Lebensmittel für uns geholt hatte, drei der Niederlassungen vom Brunnen Balagh aus besucht. Er meinte, er könne die Form der Dünen von Liwa wiedererkennen, wenn ich den Weg dorthin wisse. Unglücklicherweise hatte ich meine Aufzeichnungen von damals nicht bei mir. Liwa stand in großen Buchstaben auf der Landkarte, war aber nur vom Hörensagen bekannt und aufs Geratewohl eingezeichnet, da außer mir kein Europäer jemals in der Nähe dieser Oase gewesen war. Ich brütete über der Landkarte. Sobald ich einen Kurs festgelegt hatte, schien er mir auch schon aus irgendeinem Grund falsch zu sein. Die andern hockten um mich herum und sahen zu, wie ich im schwindenden Licht die Karte ausarbeitete. Wir alle wußten, daß wir wieder in das Leere Viertel kämen, wenn ich mich irrte und wir Liwa verpaßten. Das war ein grauenhafter Gedanke, aber wir schienen keine andere Chance zu haben, als nach Liwa zu suchen.

Am nächsten Morgen kamen wir nach 19 Kilometer Wegs durch flachen weißen Sand an Dünenketten, die alle nur etwa einen Meter hoch waren und von Westen her wie eine wellenförmige silberblaue Mauer aussahen und mit einer einen Kilometer breiten, orange-roten Fußfläche nach Norden und Süden verliefen. Auf den Ostseiten lag jeweils ein Gewirr von Mulden. Allmählich wurden die Dünen größer und formenreicher und bildeten hohe, gleichmäßige Ketten und wellige Hochplateaus mit vielen halbmondförmigen Mulden und tiefen Trichtern. Die Steilhänge der meisten Mulden zeigten Spuren der jüngsten schweren Regenfälle, und an einigen Stellen war die feste Oberfläche, die sich nach dem Regen gebildet hatte, von Hagelschloßen durchsiebt. Wir fanden hier Weideplätze und die Spuren von Hasen, Wüstenfüchsen, Honigdachsen und Panzereidechsen. Am 28. Februar entdeckten wir auf dem Grund einer tiefen Mulde einen versandeten Brunnen. Bin Kabina, der eine Anhöhe erkletterte, rief uns zu: »Ich kann die Dünen bei Liwa sehen.« Wir stiegen zu ihm hinauf, und ich erkannte das große goldene Sandgebirge wieder, in dem wir im Vorjahr gewesen waren. Jetzt waren wir gerettet, aber das wurde mit keinem Wort erwähnt. Muhammad sagte nur: »Diese Dünen sind ähnlich wie die in Ghanim.«

Am nächsten Tag fanden wir einen seichten Brunnen, dessen Wasser zwar brackig, aber trinkbar war. Vor zwei Wochen hatten wir Djabrin verlassen, in unseren Schläuchen hatten wir noch etwa zehn Liter Wasser.

Am 4. März gelangten wir zum Brunnen Balagh und kamen an der Mulde vorüber, in der Bin Kabina und ich drei Tage lang kampiert und gehungert hatten. Es war ein stiller, heißer Nachmittag. Am nächsten Morgen stießen wir auf ein kleines Manasir-Lager am Rande von Liwa. Wir konnten einen der Männer dafür gewinnen, uns nach Abu Dhabi zu führen. Er erzählte uns, daß vor zwei Monaten eine dreihundert Mann starke Räuberbande aus Dubai ein Lager in der nächsten Nähe überfallen und zweiundfünfzig Manasir getötet und selbst fünf Mann verloren hatte. Inzwischen sei jedoch zwischen den Scheichs von Abu Dhabi und Dubai Friede geschlossen worden. Wir hatten in Laila von diesem Überfall gehört.

Unser Führer erklärte uns, daß die Oase sich drei Tagereisen nach Osten erstreckt. Ich hätte diese berühmte Oase gern genauer kennengelernt, aber unsere Kamele waren erschöpft, und auch wir waren am Rande unsrer Kraft. Unsere Nahrungsmittel waren fast aufgebraucht, und hier war kaum etwas außer Datteln zu bekommen. Ich wußte, daß wir auf schnellstem Weg nach Abu Dhabi gelangen mußten, und konnte nur hoffen, daß ich ein andermal hierher zurückkäme. Wir zogen durch die Niederlassungen Qutuf und Dhufir. Am Rande der Salzflächen, unmittelbar am Fuß der hohen steilen Dünen, und in Sandtrichtern hatte man Palmen gepflanzt und die Palmenhaine eingezäunt. Auch auf den Dünenkämmen waren solche Zäune errichtet worden, mit deren Hilfe man die Sandbewegungen, die an einigen Stellen die Bäume teilweise begraben hatten, aufzuhalten versuchte. Die Bäume waren in gleichmäßigen Abständen gepflanzt und wurden offenkundig gepflegt. Sonst war hier nichts angebaut, wahrscheinlich weil die Bodenoberfläche zu salzig war. Wasser gab es die Hülle und Fülle, und zwar in einer Tiefe zwischen zwei und sechs Metern. Das Wasser war kaum brackig, schmeckte jedoch ein wenig fad.

Die Araber hier waren Bani Yas. Sie lebten in rechteckigen Hütten aus Palmblättern, die sie, um es kühler zu haben, auf den Höhen über den Palmenhainen errichteten. Zwei bis drei solcher Hütten waren jeweils von einem hohen Zaun umgeben und beherbergten eine Familie. Diese Familien besaßen ein paar Kamele, einige Esel und Ziegen. Im Sommer gingen viele nach Abu Dhabi, wo sie als Perltaucher arbeiteten.

Am 7. März verließen wir Liwa. Noch waren es 250 Kilometer bis Abu Dhabi, aber jetzt hatten wir einen Führer. Wir waren sehr müde, und da wir nicht mehr um das nackte Leben zu kämpfen hatten, wurde uns jeder Tag zu einer Qual. Wir waren so gereizt, daß wir uns wegen der geringsten Kleinigkeit in die Haare gerieten. In diesen Tagen regnete es immer wieder, manchmal heftig.

Wir erreichten die Küste und folgten ihr ostwärts durch trostloses Land. Hier gab es Kalksteinzüge, weißen Sand und Kiesstreifen, auf denen holzige Graspolster und verdorrte Pflanzen wuchsen. Bis weit hinaus ins Meer zogen sich Salzflächen, aber ein gelber Dunst verbarg die Linie, wo die Salzflächen endeten und das Meer begann. Die ganze Landschaft war farblos und ohne jeden Kontrast. Wir stiegen in die Salzebene hinab und führten die rutschenden Kamele über den schlüpfrigen Boden bis zu der Bucht, die Abu Dhabi vom Festland trennt. Wir wateten durch das Meer, ruhten eine Weile vor der steinernen Festung aus, welche die Furt bewacht, und trafen am frühen Nachmittag in der Stadt ein. Es war der 14. März. Am 6. Januar hatten wir Manwakh verlassen.

Abu Dhabi ist das größte der Sultanate, die an dieser Küste einen Protektoratsvertrag mit England schlossen. Sie sind seither als die Staaten der Trucial Coast, der Vertragsküste, bekannt. Vorher bezeichnete man diese Küste als die »Piratenküste«, da sie der Schiffahrt im Persischen Golf viel zu schaffen machte.

Eine gewaltige Burg beherrscht die kleine, baufällige Stadt, die sich an der Küste hinzieht. Es gab ein paar Palmen, in deren Nähe sich ein Brunnen befand, an dem wir unsere Kamele tränkten; einige Araber sahen uns neugierig zu und schienen sich den Kopf zu zerbrechen, wer wir wohl seien. Dann gingen wir zur Burg, setzten uns an der Mauer nieder und warteten darauf, daß die Scheichs von ihrem Nachmittagsschläfchen erwachten.

Die ehemalige »Piratenküste«

Die Burgtore waren verriegelt, niemand war zu sehen. Wir luden unsere Kamele ab und legten uns im Schatten der Mauer zum Schlafen nieder. In unserer Nähe stand eine kleine Messingkanone, vom Sand halb begraben. Der Boden war schmutzig und mit dem Abfall einer seßhaften Bevölkerung bedeckt. Die Araber, die uns beim Tränken der Tiere zugesehen hatten, waren verschwunden. Geier segelten im gelben Himmel über den zerzausten Palmen, zwei Hunde paarten sich am Brunnen.

Gegen Abend trat ein junger Araber aus einem Seitentor, ging abseits in den Sand, hockte sich nieder und urinierte. Als er fertig war, rief Muhammad ihn herbei und fragte, ob die Scheichs jetzt »sitzen« würden, also Audienz erteilten. Der Knabe antwortete: »Nein, noch nicht«. Muhammad sagte ihm, er solle melden, daß ein Engländer aus Hadramaut gekommen sei und sie zu sprechen wünsche. Auf die Frage, wo der Engländer sei, deutete Muhammad auf mich und sagte: »Da ist er.«

Eine halbe Stunde später erschien ein graubärtiger Araber, richtete einige Fragen an uns und ging wieder in die Burg zurück. Bald darauf kam er wieder und bat uns herein. Er führte uns über einige Treppen in einen kleinen, mit Teppichen ausgelegten Raum, in dem der Herrscher von Abu Dhabi, Shakhbut, und seine Brüder Hiza und Khalid saßen. Sie waren nach sa'udi-arabischer Mode gekleidet und trugen lange weiße Hemden, goldbestickte Mäntel und weiße Kopftücher, die ihre Gesichter einrahmten und von einem schwarzen wollenen

Stirnband zusammengehalten wurden. Shakhbuts Dolch war mit Gold verziert. Als wir eintraten, erhoben sie sich, und nachdem wir sie begrüßt und ihnen die Hand geschüttelt hatten, bot Shakhbut uns Platz an. Er war ein blasser zierlicher Mann mit zarten, regelmäßigen Zügen, einem sorgfältig gepflegten Bart und großen dunklen Augen. Er war höflich, ja freundlich, aber distanziert und sprach leise, seine Bewegungen waren gemessen. Obwohl offensichtlich von leidenschaftlichem Temperament, schien er sich fest in der Hand zu haben. Er machte einen mißtrauischen Eindruck, was nicht weiter verwunderlich war, da von den vierzehn Männern, die vor ihm Abu Dhabi regiert hatten, nur zwei Herrscher eines natürlichen Todes gestorben waren. Acht waren durch Mord geendet, vier waren durch Aufstände, die ihre Familien angezettelt hatten, vertrieben worden. Hiza war ganz anders als Shakhbut. Er war groß und jovial, sein buschiger schwarzer Bart bedeckte die halbe Brust. An Khalid fiel mir vor allem ein wackeliger Schneidezahn auf, den er dauernd mit der Zunge bewegte.

Shakhbut bestellte Kaffee, den ein Diener in safrangelbem Hemd brachte. Nachdem wir Kaffee getrunken und einige Datteln gegessen hatten, erkundigte Shakhbut sich nach unserer Reise. Als ich im Verlauf des Gesprächs erwähnte, daß ich im Vorjahr die nähere Umgebung von Liwa besucht hatte, sagte Hiza: »Einige Awamir sprachen davon, daß ein Christ dort gewesen sei. Aber wir glaubten es nicht, weil wir es für unmöglich hielten, daß ein Europäer unbemerkt auftauchen und wieder verschwinden könne. Wie du weißt, sind die Bedu-Nachrichten meist unzuverlässig. Wir dachten, das Gerücht müsse sich auf Thomas beziehen, der vor sechzehn Jahren die Wüste durchquert hat.«

Shakhbut sprach dann über den Krieg in Palästina und ließ sich heftig gegen die Juden aus. Bin Kabina, dem das böhmische Dörfer waren, flüsterte mir zu: »Wer sind die Juden? Sind das Araber?«

Später begleiteten uns die Scheichs zu einem großen baufälligen Haus in der Nähe des Marktes. Über eine wackelige Treppe kamen wir in einen kahlen Raum, der uns zu Ehren mit Teppichen ausgelegt worden war. Shakhbut übergab uns der Obhut von zwei Dienern, ließ uns mit der Bemerkung, daß wir sicherlich sehr müde seien, allein und versprach, am nächsten Morgen wiederzukommen. Unsere Kamele wollte er auf die Weide bringen lassen, wo sie sich einige Tage lang erholen mußten. Er meinte lächelnd, wir hätten ja eine weite Reise hinter uns und müßten auch erst wieder zu Kräften kommen. Er sagte: »Dies ist dein Heim, solange du bei uns bist.«

Als es dunkel war, brachten Diener ein großes Tablett mit Bergen von Reis und Hammelfleisch und vielen kleinen Schalen voll Datteln und verschiedenen Süßigkeiten. Nachdem wir gegessen hatten, setzten die Diener sich zwanglos zu uns und schwatzten. In einem arabischen Haushalt gehören die Diener zur Familie. Es gibt keinen sozialen Unterschied zwischen ihnen und ihren Herren, wie auch bei den Bedu keinen Unterschied zwischen reich und arm.

Kaufleute der Stadt und Bedu, die gerade in der Stadt weilten, kamen herein, um Neuigkeiten von uns zu erfahren. Die Sturmlampe blakte, weil ein Glas zerbrochen war, spendete aber genügend Licht. Es herrschte eine gemütliche, freundliche Stimmung. Wir genossen das Gefühl, nun eine Weile nicht mehr durch die Wüste ziehen zu müssen und nach Belieben essen und schlafen zu können. Ich empfand die kahle Schlichtheit der Räume als wohltuend und fragte mich, weshalb man anderswo Räume mit Möbeln vollstopft, und mußte wieder an meinen zwei Jahre zurückliegenden Aufenthalt in Ta'if denken. In der Begleitung von zwei Arabern und drei halbnackten yemenitischen Pilgern, die sich uns angeschlossen hatten, war ich durch das Hochgebirge von der Grenze des Yemen her auf einem Esel in die Stadt gekommen. In einem Pilgerheim fanden wir ein Zimmer, eine von vielen kahlen Zellen, die nach einem Hof hinausgingen. Alle anderen Räume waren besetzt. Wir fegten unsere Zelle sauber, breiteten unsere Teppiche aus und entliehen eine Lampe. Einer der Yemeniten holte auf dem Markt Essen – gebratenes Fleisch, Reis, Brotfladen, Sauermilch, Wassermelonen und süße blaue Trauben. Als wir gegessen hatten, kamen unsere Nachbarn, und es entspann sich eine lebhafte Unterhaltung. Ich hatte alles, was mein Herz begehrte – Essen, Unterkunft und, nach dem tagelangen Ritt, eine angenehme Gesellschaft. Am nächsten Morgen machte ich dem Enkel des Königs Ibn Sa'ud, der das Amt eines Statthalters von Taïf ausübte, meine Aufwartung. Ich freute mich auf die Annehmlichkeiten arabischer Gastlichkeit, aber der Gouverneur glaubte mir einen Gefallen zu tun, indem er mich in dem neuen »Hotel« unterbrachte, dessen Zimmer mit Möbeln im viktorianischen

Stil eingerichtet waren. An den Wänden hingen gerahmte Drucke von schottischen Lords und Schweizer Chalets. Es gab elektrisches Licht, Ventilatoren und Konservenmahlzeiten, die ein sudanesischer Suffragi servierte. Meine beiden Begleiter waren anderweitig untergebracht. Im Hotel wohnten einige Ägypter, Städter aus Kairo, mit denen ich nichts gemein hatte. Ich konnte nicht einmal ihre Sprache verstehen, fühlte mich einsam, gelangweilt und ungemütlich und konnte es nicht begreifen, daß die Araber den Wunsch verspürten, uns und unsere Bräuche nachzuäffen.

Wir blieben etwa zwanzig Tage lang in Abu Dhabi, einer kleinen Stadt von etwa 2000 Einwohnern. Jeden Morgen machten die Scheichs uns ihre Aufwartung. Gemessenen Schrittes kamen sie vom Schloß herüber – Shakhbut, eine imponierende Erscheinung im schwarzen Mantel, stets einige Schritte vor seinen Brüdern, denen ein Trupp bewaffneter Diener folgte. Wir unterhielten uns etwa eine Stunde, tranken Kaffee und aßen Süßigkeiten. Nachdem sie uns verlassen hatten, besuchten wir den Markt, wo wir, mit untergeschlagenen Beinen schwatzend und wiederum Kaffee trinkend, in den kleinen Buden saßen. Manchmal schlenderten wir auch am Strand entlang und sahen zu, wie die Daus dicht gemacht und mit Haifischtran behandelt wurden, um für die Zeit des Perltauchens gerüstet zu sein. Kinder spielten in der Brandung, und die Fischer brachten ihren Fang ein. Einmal hatten sie eine junge Seekuh dabei, die sich in ihren Netzen verfangen hatte. Das beklagenswerte und hilflose, abstoßend häßliche Geschöpf war etwa einen Meter lang. Das Fleisch soll gut schmecken, aus der Haut werden Sandalen verfertigt.

Wir hatten viele Besucher, von denen manche sich häuslich in unserem Zimmer niederließen und oft auch über Nacht blieben. Sie rollten sich einfach in ihre Mäntel und schliefen zwischen uns auf dem Boden. Einer davon war ein Raschid namens Bakhit al-Dahaimi, der vor zwei Jahren in die Dienste des Scheichs getreten war und sich als Krieger in den Kämpfen mit Dubai einen Namen gemacht hatte. Ich hatte bereits an der Südküste von seinen Taten gehört. Er war ein graziler Mann von etwa dreißig Jahren, mittelgroß, mit einem fahlen Gesicht und engstehenden Augen, und trug ein gelbes Hemd und ein braunes Kopftuch. Er blieb drei Tage bei uns. Meine Raschid waren von ihm sehr beeindruckt, und sein Wort war ihnen das Evangelium, mir aber mißfiel er auf den ersten Blick. Als er hörte, daß ich nach Buraimi reisen wollte, wollte er sofort mit uns kommen. Aber ich verabredete mit Shakhbut, daß er vorausgeschickt würde, um Zayid bin Sultan, Shakhbuts Bruder in Buraimi, unsere Ankunft zu melden. Al-Dahaimi sollte mir später noch große Schwierigkeiten machen.

Ich wollte unter allen Umständen ins Innere von Oman vordringen und die Orte besuchen, von denen mir Staiyun im Vorjahr, als wir im Wadi al-Ain auf die Rückkehr der anderen aus Ibri warteten, erzählt hatte. Ich war der Ansicht, daß ich von Buraimi aus am leichtesten dorthin gelangen konnte, und hoffte, daß Zayid mir dabei helfen würde. Für eine Reise nach Oman war es in diesem Jahr schon zu spät und zu heiß, und außerdem hatte ich eine Ruhepause nötig. Ich hatte zu lange unter Arabern gelebt und war ziemlich erschöpft. Aber ich konnte wenigstens nach Buraimi gehen und mich dort unauffällig über Oman informieren.

Am 2. April verließ ich Abu Dhabi mit meinen vier Raschid und einem Führer, den Shakhbut mir mitgab. Die etwa 160 Kilometer lange Strecke legten wir in vier Tagen zurück. Wir waren gut genährt, hatten uns tüchtig ausgeschlafen und fanden gute Weideplätze vor. Hiza hatte mir ein prächtiges Reitkamel geliehen. Die Scheichs der Al bu Falah besitzen viele Vollblutkamele aus Oman. Die Araber in Abu Dhabi hatten sich ein wenig abschätzig über unsere Tiere geäußert und sie mit denen ihrer Scheichs verglichen. Schließlich riß Bin Ghabaisha die Geduld: »Ich gebe zu, daß die Kamele eurer Scheichs herrliche Tiere und wahre Schönheiten sind. Ich bin ein Bedu und weiß sie zu schätzen. Aber nicht eines von ihnen hätte die Reise überstanden, die unsere Tiere gerade hinter sich haben.« Seine Zuhörer nahmen das schweigend zur Kenntnis, wußten sie doch, daß der empörte Knabe recht hatte.

Die Batina-Kamele von der omanischen Küste sind wegen ihrer Schnelligkeit und als angenehme Reittiere in ganz Arabien berühmt. Sie sind aber daran gewöhnt, von Hand mit Datteln gefüttert zu werden und versagen völlig, wenn Nahrung und Wasser knapp werden. Die Wahiba im Inneren von Oman besitzen die berühmte Zucht der *Banat Farha* oder »Töchter der Freude«, und die Duru haben die ebenso berühmten *Banat al Hamra* oder »Töchter der Roten«. Diese Tiere sind härter als die Batina-Kamele. Aber die Raschid behaupten, sie würden das Leben im Leeren Viertel nicht lange aushalten.

Am Abend vor unserer Ankunft in Buraimi lag ich vergnügt auf dem Boden und sah Bin Kabina zu, der einige Pilze, die er beim Hüten der Kamele gefunden hatte, im Feuer röstete. Sie schmeckten sahnig und waren köstlich. Hier gab es auch Trüffeln, die womöglich noch besser waren. Plötzlich kitzelte Bin Ghabaisha mich an der Fußsohle. Unwillkürlich gab ich ihm einen Tritt und traf ihn in die Magengrube. Er verlor die Besinnung. Als ich mich ängstlich über ihn beugte, meinte Bin Kabina: »Dem fehlt nichts. Dem ist nur die Luft ausgegangen.« Einige Augenblicke später setzte Bin Ghabaisha sich auf und fragte vorwurfsvoll: »Weshalb willst du deinen Bruder töten?« Auf meinen heftigen Protest erwiderte er: »Sei nicht dumm, ich weiß doch, daß es ein Mißgeschick war.« Nun fragte ich Bin Kabina: »Was hättest du getan, wenn ich Bin Ghabaisha wirklich getötet hätte?« Er antwortete sofort: »Ich hätte dich getötet.« Auf meinen Einwand, es wäre aber doch nur ein Mißgeschick gewesen, sagte er in ernstem Ton: »Das spielt keine Rolle.« Er scherzte, aber ich wußte, daß der Bedu für jedes Leben ein Leben fordert, ob der Tod absichtlich oder unabsichtlich herbeigeführt wird. Manchmal lassen sie sich, wenn der erste Zorn verflogen war, auf ein Blutgeld ein, insbesondere dann, wenn es sich um einen Unfall mit tödlichem Ausgang handelt. Aber im ersten Augenblick denken sie nur an Vergeltung. In Abu Dhabi hatten wir einen jungen Raschid getroffen, der bei einem Überfall auf die Bani Kitab durch die Hand geschossen worden war. Muhammad sagte zu ihm: »Sobald Umbarak wieder in sein Land zurückkehrt, werden wir dich rächen. Wir werden einen Knaben deines Alters von den Bani Kitab fangen, seine Hand auf einen Gewehrlauf pressen und abdrücken.«

Am nächsten Morgen kamen wir nach Muwaiqih, einem der acht kleinen Dörfer in der Oase Buraimi, in dem Zayid lebte. Als wir aus den roten Dünen auf die Kiesebene gelangten, konnte ich die Festung sehen, eine große quadratische Einfriedung mit drei Meter hohen Lehmmauern. Rechts davon war hinter einer bröckeligen Mauer, die fast völlig unter Flugsand begraben war, ein Garten voll staubiger zerzauster Palmen. Im Hintergrund, etwa zehn Meilen entfernt, erhob sich der kahle runde Rücken des 1500 Meter hohen Djebel Hafit. Am dunstigen fernen Horizont zeichnete sich blaßblau die Kette des Oman-Gebirges ab.

Unter einem Dornbaum vor der Festung saßen etwa dreißig Araber. Unser Führer deutete auf die Gruppe und sagte zu mir: »Der Scheich hält Audienz.« Wir lagerten unsere Kamele etwa dreißig Meter daneben und traten auf die Gruppe zu, die Gewehre und Kamelstecken in der Hand. Ich begrüßte die Männer und tauschte Höflichkeiten mit Zayid. Er war ein würdevoller kräftiger Mann von etwa dreißig Jahren mit einem braunen Bart, einem ausdrucksvollen, intelligenten Gesicht und ruhigen aufmerksamen Augen. Sein Betragen war ruhig und majestätisch. Seine Kleidung war sehr schlicht, die Weste über dem beigefarbenen Hemd aus Omani-Tuch stand offen. Von seinen Begleitern unterschied er sich durch das schwarze Stirnband und das auf die Schultern fallende Kopftuch, das man hier sonst üblicherweise um den Kopf schlingt. Er trug einen Dolch und einen Patronengurt, neben ihm im Sand lag sein Gewehr.

Ich hatte mich auf die Begegnung gefreut, denn Zayid besaß großes Ansehen bei den Bedu. Sie schätzten sein zwangloses Benehmen und seine Freundlichkeit und achteten seine Charakterstärke, seine Schlauheit und seine Kraft und hatten mir voll Bewunderung gesagt: »Zayid ist ein Bedu. Er versteht etwas von Kamelen, er kann reiten wie einer von uns, er kann schießen und weiß, wie man kämpft.«

Ein Diener brachte Teppiche, damit wir uns setzen konnten. Zayid jedoch hatte auf dem nackten Sandboden gesessen. Dann erschien der Diener mit dem unvermeidlichen Kaffee und den Datteln. Zayid erkundigte sich nach meiner Reise, nach den Entfernungen, die wir zurückgelegt, nach den Brunnen, die wir besucht, nach den Sa'udi, die wir in Laila und Sulaiyil getroffen hatten. Er kannte die Verhältnisse in der Wüste sehr genau. Vor allem interessierte es ihn zu hören, daß ich im vergangenen Jahr durch das Duru-Land gereist war. Er war erstaunt darüber, daß die Duru mir die Durchreise gestattet hatten. Als ich ihm erklärte, ich hätte mich für einen syrischen Kaufmann ausgegeben, meinte er lachend: »Ich hätte sofort gemerkt, daß das nicht stimmt.« Er erwähnte, daß ein Engländer namens Bird in einem anderen Dorf der Oase Buraimi wohne und die Stämme zu überreden versuche, einer Ölgesellschaft die Bohrbewilligung zu geben. Seiner Erzählung war zu entnehmen, daß dem Ölmann wenig Erfolg beschieden war.

Ich hatte Dick Bird drei Jahre zuvor als Political Officer in Bahrain kennengelernt. Er fühlte sich von den Arabern angezogen und sympathisierte mit ihnen, und wir hatten uns angefreundet. Mir war jedoch klar, daß meine ohnehin geringen Chancen, nach Oman zu kommen, nur noch mehr sinken würden, wenn die Stämme dieser Gegend argwöhnten, daß ich mit einer Ölgesellschaft in Verbindung wäre. Daher beschloß ich, während meines Aufenthalts in Buraimi bei Zayid und nicht bei Bird zu wohnen.

Am späten Nachmittag meldete ein Diener, daß das Essen aufgetragen sei, und wir begaben uns ins Innere der Festung. Durch einen Seiteneingang gelangten wir in eine Vorhalle, in der auf einer niedrigen Lehmbank Bewaffnete saßen, die sich bei unserem Eintritt erhoben. Vor wenigen Monaten noch waren sie im Krieg gewesen. Hinter der Vorhalle befand sich ein sandiger Hof, in dem eine zahme Gazelle und ein Kamelbulle, der in der Brunst stand und gefährlich war, herumliefen. Zayid führte uns in einen großen kahlen Raum an der linken Seite der Vorhalle, der von zwei kleinen Fenstern erhellt wurde, die in Bodenhöhe auf den Hof hinausgingen. Man hatte unsere Satteltaschen bereits hereingebracht und die Teppiche auf dem gestampften Lehmboden ausgebreitet. Zayid speiste mit uns. Es gab ein üppiges Mahl mit Fleisch, Reis, Datteln, Quark und saurer Milch in Schalen.

Ich blieb beinahe einen Monat bei Zayid.

Jeden Morgen erschien nach dem Frühstück, das aus Tee und Brot bestand, ein Diener, um uns zu melden, daß der Scheich Audienz hielt. Daraufhin begaben wir uns zu ihm. Manchmal fanden wir Zayid auf der Bank in der Vorhalle, meist aber unter einem Baum vor der Festung. Er ließ Kaffee kommen, und wir saßen bis zum Mittagessen in angeregtem Gespräch, das jedoch häufig durch Besucher unterbrochen wurde. Da kamen Bedu aus den Sanden oder aus Sa'udi Arabien, Angehörige von Stämmen in Oman oder auch ein Bote von Shakhbut aus Abu Dhabi. Wenn sie auf uns zukamen, erhoben wir uns alle, bis Zayid ihnen Platz anbot. Dann lauschten wir ihren Neuigkeiten. Ich versuchte jedesmal zu erraten, woher sie kamen und beobachtete aufmerksam ihre Kleidung und die Art, wie sie ihre Kamele sattelten. Waren es Raschid oder Awamir, dann setzten sie sich neben meine Begleiter und erkundigten sich nach ihren Brüdern im Süden. Sie waren ganz anders als die Bani Yas und Manasir, die die meisten von Zayids Dienern stellten. Sie waren abgehärteter und feinfühliger.

Manchmal stand ein Araber auf, trat in den Kreis, setzte sich unmittelbar vor Zayid nieder, schlug mit seinem Stecken auf den Boden, um die Aufmerksamkeit auf sich zu lenken, und sagte, mitten in all die Gespräche hinein: »Nun, Zayid, was ist mit den Kamelen, die man mir geraubt hat?« Zayid hörte dann oft mitten im Satz auf und lauschte der Beschwerde, die da vorgebracht wurde. Meist ging es dabei um Kamele. Häufig richtete die Beschwerde sich gegen einen berüchtigten Räuber, der vielleicht gerade mitten unter uns saß. Zayid hatte viele solcher Räuber in seinem Gefolge, da er sie lieber unter seiner eigenen Kontrolle als in der Festung eines Rivalen wußte. Bin Ghabaisha, der, das Gewehr, von dem er sich niemals trennte, zwischen den Knien, neben mir saß, sollte schon bald zu diesen Räubern zählen. Ich beobachtete, wie er mit Interesse jeder Beschwerde lauschte. Beide Parteien sprachen laut und fielen sich dabei häufig ins Wort. Zayid wollte weder den Räuber beleidigen noch seinen Ruf als gerechter Mann aufs Spiel setzen. Daß es ihm meist gelang, ein Urteil zu sprechen, mit dem beide Parteien sich einverstanden erklärten, spricht für seine Geschicklichkeit.

Ich entsinne mich eines Falles, wo eine Frau ihrem Mann davongelaufen war. Die Brüder der Frau wünschten, der Mann solle sich von ihr scheiden lassen. Der Mann erklärte sich dazu bereit, falls die Familie der Frau den vollen Brautpreis zurückbezahle. Die Familie hielt diese Forderung für ungerechtfertigt, da der Mann jahrelang mit ihr zusammengelebt hatte. Zayid fragte einige Graubärte in unserer Mitte um Rat und bestimmte dann, die Familie solle den halben Brautpreis zurückzahlen. Ein anderer Fall war folgender: Ein Mansuri hatte seine Schwester erschossen, wir hatten den Schuß in unserem Zimmer gehört. Kurz darauf erfuhren wir, daß einer der Bani-Yas-Diener Zayids sie verführt hatte. Außer meinen Raschid waren alle der Meinung, daß der Bruder richtig gehandelt hatte. Bin Kabina sagte zu mir: »Armes kleines Mädchen! Es war brutal, sie zu töten.« Zayid ließ den Mann, der sie verführt hatte, auspeitschen.

Oder es erschienen durchreisende Bedu, die vor der Abreise ein Geschenk erbaten. Viele von ihnen waren offenkundig aus keinem anderen Grund hierhergekommen. Ich stellte mit Interesse fest, daß sie Zayid gegenüber ebenso zudringlich waren wie zu mir. Ich entsann mich, daß einige Raschid an der Südküste es der Mühe wert gefunden hatten, die 2250 Kilometer nach al-Riyadh und zurück zu unternehmen, weil sie sich von Ibn Sa'ud ein Geschenk erhofften. Im nächsten Jahr reisten Bin Kabina und Bin Ghabaisha mitten im Hochsommer von Buraimi nach Maskat. Ihre Kamele waren bereits reichlich mitgenommen, und ich hatte eigentlich gehofft, sie würden die Tiere bis zu meiner Rückkehr ausruhen lassen. In Maskat bekam jeder vom Sultan zehn Shilling. Sie hatten allerdings vorgehabt, auf dem Rückweg nach Buraimi ein paar Kamele zu stehlen, aber zu dieser Zeit waren sie schon bekannt wie bunte Hunde und man war vor ihnen auf der Hut. Doch selbst dann noch meinten sie, die 800 Kilometer lange Reise nicht umsonst gemacht zu haben.

Als Stellvertreter Shakhbuts kontrollierte Zayid sechs der acht Dörfer in Buraimi. Die beiden anderen erkannten den Sultan von Maskat als Herrn an, wie es auch die Stämme taten, die im und um das Gebirge nördlich von Ibri bis zur Halbinsel Musandam leben, obgleich dieses Gebiet in Wirklichkeit unabhängiges Stammesterritorium war. Ibri selbst und das südlich davon gelegene Innere Omans wurden vom Imam regiert, der im Gebirge und in allen Städten sehr große Autorität genoß, jedoch bei den mächtigen Bedu-Stämmen der Duru und Wahiba, die in den an die Großen Sande grenzenden Kieswüsten leben, nicht viel zu vermelden hatte. Ibn Sa'ud herrschte unangefochten über die Murra westlich des Sabkhat Mutti, und seine Beamten zogen bisweilen auch Steuern bei den Bedu in der Wüste Dhafara ein. Vor kurzem jedoch hatten die Bani Yas, die Shakhbut als ihren Herrn anerkannten, diese Beamten aus Liwa verjagt. Es war achtzig Jahre her, seit sa'udische Streitkräfte, die damals die puritanische wahabitische Konfession ausbreiteten, Buraimi besetzt hatten. Die einzigen Sa'udis, die sich jetzt hier befanden, waren ein paar Kaufleute, die in der Hauptsache dem Sklavenhandel oblagen, der in den beiden Dörfern, die nicht der Kontrolle Zayids unterstanden, noch immer florierte.

Alle Scheichs der Piratenküste verfügten über eine Anzahl bewaffneter Gefolgsleute, die sich aus den Stämmen rekrutierten. Aber nur Shakhbut besaß bei den Stämmen selbst eine gewisse Autorität, die er durch Diplomatie und nicht durch Gewalt aufrechterhielt. An der »Piratenküste« und in Buraimi gab es keinerlei reguläre Streitmacht, auf welche die Scheichs sich hätten stützen können. Die »Trucial Oman Scouts« existierten noch nicht, und der Flugplatz der Royal Air Force in Shardja war lediglich ein Sützpunkt für den Luftweg nach Indien.

Zayid war Bird damals bei den endlosen Besprechungen mit den Stammesscheichs der Umgebung oft behilflich. Bird kam meist von Muwaiqih in seinem Automobil herüber. Außer ihm und Zayid hatte an der ganzen Küste bis Dubai niemand ein Motorfahrzeug. Mir gegenüber verhielt Bird sich freundlich, wiewohl er den Verdacht hegte, ich sei für eine andere Ölgesellschaft tätig. Vor durchreisenden Stammesangehörigen ließ ich mich nicht mit ihm blicken. Überdies hatte ich eine starke Abneigung gegen alle Ölgesellschaften, weil mir vor den tiefgreifenden Folgen graute, die ihr Erscheinen in dieser Welt unvermeidlich hervorrufen mußte.

Die Iraq Petroleum Company hatte mit dem Sultan von Maskat und mit den Scheichs der »Piratenküste« Abkommen getroffen, die sich auch auf das Gebiet von Buraimi erstreckten, und Bird war nun um die Zustimmung der Stämme zu diesen Vereinbarungen bemüht. Das war nicht einfach, da Zayid südlich von Buraimi keinen Einfluß besaß und der Sultan, dessen Autorität in diesem Gebiet damals nur auf dem Papier stand, hier über keinen tüchtigen Stellvertreter verfügte. Jeder Scheich beharrte, von Habgier angestachelt, nachdrücklich auf seiner Unabhängigkeit, und jeder Angehörige jedes Stammes meinte, besondere Bedingungen für sich herausschlagen zu können, wenn er keine andere Autorität als die eigene anerkannte. Dies alles trug nicht zur Verbesserung meiner Chancen für die Reise nach Oman bei.

Das Innere von Oman war eines der am wenigsten bekannten bewohnten Gebiete der östlichen Welt geblieben, es war sogar noch weniger bekannt als Tibet. Im Jahre 1835 war es zum erstenmal von Wellstead besucht worden, dem zwei Jahre später der französische

Botaniker Aucher Eloy folgte. In den Jahren 1876 und 1885 unternahm Oberst Miles, der damalige britische Konsul in Maskat, zwei ausgedehnte Reisen durch das Land, und 1901 reiste Sir Percy Cox von Buraimi über Nizwa nach Maskat.

Oman wird zum größten Teil von den Ibadhiten bewohnt, einer Sekte der Kharidjiten, die sich zur Zeit Alis, des vierten Kalifen, vom übrigen Islam abspalteten und seither dafür bekannt sind, daß sie an allen anderen Mohammedanern kein gutes Haar lassen. Die Ibadhiten erkoren immer ihren religiösen Führer, den Imam, durch Wahl. Al bu Sa'id und seine Dynastie, die Oman seit 1744 regiert und der auch der jetzige Sultan von Maskat angehört, konnten jedoch die erbliche Thronfolge durchsetzen. Aber diese Mißachtung des Wahlprinzips wurde ihnen von ihren Untertanen stets verargt. Das Anwachsen der omanischen Seemacht zwischen 1784 und 1856, die überseeischen Eroberungen, deren bedeutendste Sansibar war, und insbesondere die Verlegung der Hauptstadt von Rustaq an die Küste nach Maskat schwächten die Macht der Al-bu-Sa'id-Herrscher im Innern des Landes. Gleichzeitig steigerten auswärtige Verträge und Einmischung von außen den fanatischen Haß der Stammesangehörigen. Im Jahre 1913 rebellierten die Ghafari und die Hanawi und wählten Salim bin Raschid al-Kharusi zu ihrem Imam. Der Sultan von Maskat verlor rasch jede Kontrolle über das Innere, und 1915 bedrohte der Imam Maskat. Seine Streitkräfte erlitten jedoch beim Angriff auf eine britische Streitmacht vor Matrah eine schwere Niederlage. Der Imam wurde 1920 ermordet, und man wählte Muhammad bin Abdullah al-Khalili zu seinem Nachfolger. Im gleichen Jahr wurde zwischen dem Sultan und den Omani-Scheichs der Vertrag von Sib unterzeichnet, nicht aber zwischen dem Sultan und dem Imam. In diesem Vertrag erklärte der Sultan, sich nicht in die internen Angelegenheiten Omans einzumischen.

Der derzeitige Imam, Muhammad bin Abdullah, nun ein alter Mann, ist ein fanatischer Reaktionär und ein erbitterter Feind des Sultans und aller Europäer. Daher war es im Jahre 1948 für einen Europäer weit schwieriger, in das Innere von Oman vorzudringen als vor einhundert Jahren. Sowohl Wellstead wie seine drei Nachfolger waren unter dem Schutz der Sultane von Maskat gereist, die damals von den Stämmen im Innern anerkannt waren.

Ich erzählte Zayid von meinem Vorhaben, und er sagte mir, er wolle mir behilflich sein, wenn ich im Herbst zurückkäme. Er schärfte mir jedoch ein, meine Absicht völlig geheim zu halten. Ich weihte nicht einmal meine Raschid in meine Pläne ein, hatte ich doch inzwischen gelernt, daß man nur einem oder zwei Arabern etwas unter dem Siegel der Verschwiegenheit zu erzählen brauchte, damit die ganze Wüste davon erfuhr. Zayid bot mir sein Automobil für die Reise nach der Küste an, ich zog es jedoch vor, mit dem Kamel zu reisen. Auf diese Weise konnte ich die Trennung von meinen Gefährten auch noch ein wenig hinausschieben. Zayid bot mir nun zu meinem hellen Entzücken »Gazelle« an, das berühmteste Kamel in ganz Oman, ja vielleicht sogar das schönste in ganz Arabien. Muhammad sagte zu mir: »Jeder Beduine würde viel darum geben, wenn er sagen könnte, er sei auf Gazelle geritten.«

Am 1. Mai verließen wir Muwaiqih in Begleitung von vier Dienern Zayids, da wir durch das Gebiet der Bani Kitab mußten, die sich mit den Raschid im Kriegszustand befanden. Wir ritten nordwärts dem Rand der Sande entlang, parallel zum Gebirge. Es war eine reizvolle Landschaft. Viele Wasserläufe aus dem Vorgebirge verliefen hier in der Sandwüste. An ihrem Rand gab es viele *ghaf* und Akazien, die unseren Kamelen Nahrung und uns selbst Schutz vor der Sonne spendeten. Es war bereits sehr heiß. Wir reisten langsam, da ich die Ankunft in Shardja möglichst lange hinauszögern wollte. Bin Ghabaisha und ich jagten wilde Esel und erlegten auch zwei. Sie sahen sehr anders aus als die anmutigen lebhaften Tiere, die ich im Danakil-Land gesehen hatte. Später identifizierte das Britische Museum sie als wilde Maskatesel. Es war nicht leicht, sie mit unseren stumpfen Dolchen zu häuten. Die Sonne brannte zur Mittagszeit mörderisch auf die steinige Ebene herab, auf der wir die Esel aufgestöbert hatten und auf der es keinerlei Schatten und auch kein Wasser gab.

Während meines Aufenthalts in Muwaiqih war ich am Djebel Hafit auf Jagd nach *tahr* gegangen und hatte eine Woche lang mit Bin Kabina und Bin Ghabaisha und zwei von Zayids Leuten am Fuß des Berges kampiert. Noch nie hatte ein Europäer vor mir das arabische *tahr* gesehen. Man hatte die Tiere bisher lediglich auf Grund von zwei Fellen, die Dr. Jayakar 1892 in Maskat gekauft hatte, als neue Art bestimmen können. Die *tahr* erinnern an Ziegen und haben sehr dicke, kurze Hörner. Die Jagd auf sie war ungemein anstrengend, weil das Gebirge sich 1300 Meter hoch über unserem Lager erhob und die meist senkrechten Hänge nackter Fels ohne Wasser und Vegetation waren. Die *tahr* grasten nachts am Fuß des Berges, aber die einzigen, die wir zu Gesicht bekamen, trafen wir in der Nähe des Gipfels. Die Araber schossen zwei weibliche Tiere, und wir fanden den Schädel eines männlichen Tiers. Wir hatten uns Sandalen aus Rohleder gefertigt, ohne die wir niemals die scharfkantigen Kalksteinfelsen hätten erklimmen können.

Am 10. Mai trafen wir in Shardja ein. Wir streiften den Flugplatz und kamen dabei an Haufen von leeren Konservendosen, zerbrochenen Flaschen und rostigen Drahtrollen vorüber. In der Ferne dröhnte ein Generator, ein Jeep donnerte über die Straße und hinterließ eine stinkende Benzinfahne. Wir näherten uns einer kleinen Araberstadt an einem freien Strand. Sie war so schäbig und baufällig wie Abu Dhabi, aber ungleich schmutziger, da sie mit dem Unrat unserer Zivilisation übersät war. Mir kam das Skelett eines Automobils ungleich grauenhafter vor als das eines Kamels, an dem wir kurz nachher vorbeikamen.

Ich wohnte bei Noel Jackson, dem Political Officer der »Piratenküste«. In seinem ruhigen, behaglichen Zimmer vergaß ich vorübergehend den Groll, den ich am Morgen verspürt hatte. Später nahm er mich in die Royal Air Force-Kantine mit. Als ich der Unterhaltung der Offiziere zuhörte, während ein Radioapparat wimmerte und der Barmixer die Drinks auf den Tisch stellte, begriff ich, daß diese Menschen das Leben der Beduinen ebensowenig verstehen konnten wie Bin Kabina oder Bin Ghabaisha das ihre. Ich konnte nun die eine Welt mit der anderen ebenso leicht vertauschen, wie ich meine Kleidung wechselte, aber ich merkte, daß ich Gefahr lief, keiner von beiden mehr anzugehören. Befand ich mich unter meinesgleichen, dann spürte ich stets einen Schatten neben mir, der meine Umgebung mit kritischen und unduldsamen Augen belauerte.

In Shardja verabschiedete ich mich von meinen Gefährten. Ich hoffte, in vier Monaten wieder mit ihnen zusammenzukommen. Ich begab mich nun nach Dubai, wo ich bei Edward Henderson wohnte, mit dem ich während des Krieges in Syrien zusammen gewesen war. Er arbeitete jetzt für die Iraq Petroleum Company und traf Vorbereitungen für das hier geplante Projekt, von dem glücklicherweise noch nichts zu sehen war. Er wohnte in einem großen arabischen Haus über der Bucht, die die Stadt, die größte an der Piratenküste, in zwei Hälften teilt. In der Bucht lagen viele Eingeborenenschiffe vor Anker, andere hatte man auf das schlammige Ufer gezogen. Da waren *bum* aus Kuwait, *sambuk* aus Sur, *jaulbaut* und sogar eine große stattliche *baghila* mit hohem, geschnitztem Heck, auf dem ich das christliche Zeichen IHS in goldenen Lettern entdecken konnte, das wohl einmal von einer portugiesischen Galeone entlehnt worden war. Ich überlegte, wie oft man es seither kopiert haben mochte, bis auf den letzten Schnörkel genau. Kommandant Alan Villiers, der auf einer *bum* von Sansibar nach Kuwait gesegelt war, nahm an, daß es heute nur noch zwei oder drei solcher *baghila*-Segler gebe. Die Engländer bezeichnen alle diese Schiffe als Dau. Aber die Araber verwenden dieses Wort längst nicht mehr. Einst waren die Daus Kriegsschiffe an dieser Küste, bemannt mit bis zu vierhundert Matrosen und bestückt mit vierzig oder fünfzig Kanonen. Miles sah die letzten in Bahrain, »backbords mit zwei Bändern bemalt«.

Im seichten Wasser tummelten sich nackte Kinder. Ruderboote fuhren die Bucht auf und ab, um Fahrgäste zu befördern, die aus den verwinkelten Gassen zwischen den hohen Häusern aus Korallenkalk mit ihren viereckigen Windtürmen und den reizvollen Gipsornamenten kamen. Hinter dem Häusergewirr der Wasserfront lagen die Suks, überdeckte Passagen, in deren dämmerigem Licht die Kaufleute mit untergeschlagenen Beinen in engen Alkoven zwischen der aufgehäuften Ware hockten.

Die Suks wimmelten von Vertretern aller Rassen. Da gab es den bleichen Araber aus den Städten; den bewaffneten Bedu, herrisch und wachsam; Negersklaven; Perser, Inder und Belutschen. Dazwischen sah ich eine Gruppe von Angehörigen des Kashgai-Stammes mit ihren charakteristischen Filzkappen und einige Somal, die mit einem *sambuk* aus Aden gekommen waren. Hier verlief das Leben wie eh und je. Diese Menschen wußten noch immer Müßiggang, Höflichkeit und gepflegte Unterhaltung zu schätzen. Sie lebten nicht das Leben aus zweiter Hand, das Leben der Kinos und Radios. Ich hätte mich gern unter diese Menschen gemischt, aber nun trug ich europäische Kleidung. Als ich so durch die Stadt schlenderte, wußte ich, daß sie mich als einen Eindringling betrachteten. Ich selbst hatte das Gefühl, kaum viel besser als ein Tourist zu sein.

Ich hätte das Flugzeug von Shardja nach Bahrain benützen können, zog aber die Fahrt mit dem Segelschiff vor. Die Reise, die vier Tage dauern sollte, dauerte elf Tage. Der *naukhada* oder Kapitän war ein alter, halbblinder Mann, der die meiste Zeit auf dem Vorderdeck verschlief. Der Maat, ein energischer Neger, teilte ihm seine Beobachtungen mit, und der *naukhada* befahl dann, welchen Kurs er halten solle. Einmal weckte er den alten Mann mitten in der Nacht auf, um ihn um Rat zu fragen, und der *naukhada* erteilte seine Befehle. Als aber der Maat sagte: »Unsinn, Onkel!«, drehte er sich murrend um und schlief weiter. In der ersten Nacht wehte ein heftiger Wind. Die Brecher gingen über das Deck; ich war sehr seekrank. Wir mußten im Windschatten der persischen Küste Schutz suchen, und dort blieben wir drei Tage lang; denn sobald der Wind nachließ, kam er aus der falschen Richtung. Während wir darauf warteten, daß der Wind drehte, gesellten sich sieben weitere Schiffe zu uns, große seetüchtige *bum,* die sich auf dem Rückweg von Sansibar nach Kuwait befanden. Ihre *naukhada* kamen auf Besuch zu uns herübergerudert, und wir bewirteten sie mit Reis und Datteln und einem großen Fisch, den wir gerade mit der Harpune gefangen hatten. Sie tranken Tee, rauchten reihum aus einer Wasserpfeife und schilderten ihre Reise, aber ich konnte ihrer Unterhaltung nur sehr schwer folgen, da ich ihre Fachausdrücke nicht verstand. Dann drehte der Wind, und wir segelten nach Bahrain. Es war aufregend, diese riesigen Schiffe durch die schäumenden Wogen an uns vorüberschießen zu sehen, die letzten Handelsschiffe der Welt, die große Seereisen ausschließlich mit Hilfe von Segeln machen. Auch sie werden wohl bald verschwinden.

Als wir beinahe in Sichtweite von Bahrain waren, kam eine Flaute. Vier Tage lang lagen wir, fast unmerklich schaukelnd, auf einem ölglatten Meer. Der Himmel war wolkenlos, feuchte Hitze hüllte mich wie ein nasses Handtuch ein. Hin und wieder berührte ein Windstoß, sanft wie eine Katzenpfote, die Meeresoberfläche, aber im Nu war sie wieder spiegelglatt. Das brackige Wasser im rostigen Eisentank war wie lauwarmer Tee. Der Reis und die Datteln, die mit ranziger Butter zubereitet wurden, hingen mir zum Halse heraus. Die Mannschaft, die wie alle Araber die beneidenswerte Fähigkeit hatte, zu schlafen, wenn es nichts anderes zu tun gab, spannte ein Sonnensegel auf und schlief fast ohne Unterbrechung. Ich las H. A. L. Fishers »History of Europe«, das einzige Buch, das ich bei mir hatte.

Ich fuhr auf diesem Schiff, weil ich den Araber als Seefahrer kennenlernen wollte. Früher waren die Araber ein bedeutendes Seefahrervolk, deren Schiffe um Indien herum bis nach Indonesien und noch weiter fuhren. Die »Piratenküste«, die wir gerade verlassen hatten, war als solche einst weit und breit gefürchtet gewesen. Zu Beginn des 19. Jahrhunderts hatten Djuasimi-Piraten in diesen Gewässern sich mit britischen Fregatten gemessen. Aber es gab noch einen tieferen Grund, der mich zu dieser Reise veranlaßt hatte. Ich wollte den Maschinen, die unsere Welt beherrschten, noch für eine kurze Weile entfliehen. Das Erlebnis dieser Reise von nur wenigen Tagen würde ich so bald nicht vergessen. Mein ganzes Leben lang hatte ich Maschinen gehaßt. Ich entsinne mich noch der bitteren Gefühle, mit denen ich in der Schule die Nachricht von einer Überfliegung des Atlantiks oder einer Durchquerung der Sahara in einem Automobil aufgenommen hatte. Schon damals war mir klar gewesen, daß das Tempo und die Mühelosigkeit der Beförderung mit Hilfe von Maschinen die Welt ihrer Vielfältigkeit berauben mußten.

Für mich war das Entdecken ein höchst persönliches Abenteuer. Ich ging nicht in die arabische Wüste, um Pflanzen zu sammeln oder eine Karte zu zeichnen, all das ergab sich zufällig nebenher. In meinem tiefsten Inneren wußte ich, daß meine Leistung entwertet würde, wenn ich über meine Reisen schriebe, ja, schon wenn ich davon spräche. Ich ging in die Wüste, um in der Entbehrung der Wüstenreisen und in der Gesellschaft der Wüstenbewohner Frieden zu finden. Ich setzte mir für diese Reisen ein Ziel, und obgleich das Ziel an sich unwesentlich war, mußte es jede Anstrengung und jedes Opfer wert sein. Scott war zum Südpol gezogen, weil er einige Minuten lang auf einem ganz bestimmten und beinahe unerreichbaren Punkt der Erdoberfläche stehen wollte. Er und seine Begleiter starben auf dem Rückweg, aber noch im Sterben zweifelte er keinen Augenblick daran, daß die Reise sich gelohnt hatte. Jedermann wußte, daß auf dem Gipfel des Mount Everest nichts zu finden ist, aber selbst in unserem materialistischen Zeitalter fragten nur wenige Menschen: »Was hat es für einen Sinn, auf den Everest zu steigen? Was kommt dabei heraus?« Man sah ein, daß es auch heute noch Erlebnisse gibt, die keiner Rechtfertigung hinsichtlich eines materiellen Profits bedürfen.

Nein, es kommt nicht auf das Ziel an, sondern auf den Weg zum Ziel, und je schwerer dieser ist, desto lohnender ist auch die Reise. Wer wollte leugnen, daß es mehr Befriedigung gibt, den Gipfel eines Berges zu erklimmen, als mit einer Seilbahn hinaufzufahren? Vielleicht ist einer der Gründe, weshalb ich die Erfindungen der Neuzeit so hasse, der, daß sie den Weg allzu leicht machen. Mein Gefühl sagt mir, daß es besser war, ohne Sauerstoff am Everest zu scheitern, als mit Sauerstoff den Gipfel zu erreichen. Wenn Bergsteiger schon Sauerstoff benutzen, weshalb lassen sie dann ihre Vorräte nicht von Flugzeugen abwerfen? Oder weshalb landen sie dann nicht gleich mit Hubschraubern? Dennoch rangiert das Entdecken dadurch, daß mechanische Hilfsmittel für unsportlich erklärt werden, mit dem Sport auf der gleichen Ebene. Man denke nur an die Großwildjagd in Kenya, wo man dem Jäger gestattet, mit dem Auto bis in Sichtweite des Tiers zu fahren, ihn aber zwingt, zum Abschuß den Wagen zu verlassen. Ich selbst wäre nie auf die Idee verfallen, das Leere Viertel in einem Auto zu durchqueren. Glücklicherweise war das zu der Zeit, als ich meine Reisen unternahm, unmöglich. Denn diese Reise auf dem Kamel zu machen, wenn man sie ebensogut in einem Wagen machen kann, würde das Wagnis zur Farce machen.

Endlich kam ein Windstoß, der das Wasser bewegte und nicht sofort wieder erstarb. Der Maat rief die schlafende Mannschaft auf ihre Posten. Sie hißten stampfend und singend die Segel. Der Wind frischte auf.

Am 28. Mai erreichten wir Bahrain. Der alte blinde *naukhada* steuerte sein Schiff mit vollen Segeln in das überfüllte Hafenbecken. Es schoß durch die schäumenden Wogen und kam zwanzig Meter vor einem der Schiffe, die vor einer Woche neben uns im Windschatten der persischen Küste gelegen hatten, zum Stillstand.

Ferien in Buraimi

Ende Oktober kehrte ich von England nach Dubai zurück. Musallim bin al-Kamam erwartete mich in Hendersons Haus, wohin er sich vom Yemen aus, wo er den Waffenstillstand zwischen den Raschid und den Dahm um zwei Jahre verlängern konnte, begeben hatte. Er erzählte mir, daß der Sohn des Imams von Yemen zwei Trupps von Dahm ausgeschickt hatte, um uns auf der Reise nach Sulaiyil in der Wüste abzufangen. »Ich war fest überzeugt«, sagte er, »daß sie dich einholen und umbringen würden. Aber die Dahm taugen nichts in der Wüste. In Nadjran hörte ich, daß man dich in Sulaiyil eingesperrt hat. Bin Mahdi, der Emir, bei dem du einmal in Nadjran gewohnt hast, nannte es ein großes Glück, daß du nach Sulaiyil gelangen konntest. Denn wenn du den Yam in der Wüste begegnet wärst, hätten sie dich gewiß umgebracht.« Ich erkundigte mich, wer bei dem Kampf mit den Abida in Thamud getötet worden war, und erfuhr nun, daß Salim bin Mautlauq eine Verwundung erlitten hatte, aber inzwischen wieder genesen war. Einer der Mahra hatte Bin Mautlauqs Gewehr an sich genommen und sein eigenes Gewehr am Kampfort zurückgelassen. Ich erinnerte mich, daß dieses unbekannte Gewehr meinen Begleitern große Rätsel aufgegeben hatte, als uns die Sai'ar in Manwakh von dem Kampf berichteten. Er fragte mich, ob ich mich noch an Muhammad, den Bruder Salim bin Mautlauqs, erinnern könne, und erzählte dann, daß ein tollwütiger Kamelbulle Muhammad die Kniescheibe abgebissen hatte, als dieser das Tier erschießen wollte, nachdem es einen alten Mann und einen kleinen Jungen, die abends am Feuer hockten, angegriffen und getötet hatte. Außerdem wußte er zu berichten, daß Awadh an Tuberkulose gestorben sei. Awadh hatte mich auf den Reisen nach Tarim und Makalla begleitet und war ein feiner Kerl und ein gewandter Jäger gewesen, der mehr als vierzig Oryx-Antilopen erlegt hatte. Bin al-Kamam nannte mir noch verschiedene andere Männer, die seit meiner Abreise aus dem Süden getötet worden oder gestorben waren, und wußte auch genau, wer von meinen Freunden inzwischen geheiratet hatte.

Ich war hocherfreut, Bin al-Kamam bei mir zu haben. Auf der Reise nach Tarim war er ein ebenso unterhaltsamer wie aufmerksamer Begleiter gewesen. Er war ungewöhnlich intelligent und sehr zuverlässig, weitgereist, ein hervorragender Führer und ein geschickter Verhandler und genoß bei den Wüstenstämmen großes Ansehen.

Am 27. Oktober verließen wir Dubai in einer Barkasse nach Abu Dhabi. Eigentlich wollte ich am 31. nach Buraimi weiterreisen, aber in der vorhergehenden Nacht regnete es ununterbrochen in Strömen, und als wir erwachten, stand der größere Teil der Insel unter Wasser. Shakhbut riet uns, wenigstens noch einen Tag in Abu Dhabi zu bleiben, weil die Salzebenen, die wir durchqueren mußten, dann wieder einigermaßen abgetrocknet waren. So verließen Bin al-Kamam und ich Abu Dhabi am 1. November auf geliehenen Kamelen. Vier Tage später trafen wir in Muwaiqih ein. Zayid war anwesend und gab uns das Zimmer, in dem ich schon einmal gewohnt hatte. Er sagte: »Bin Kabina, Bin Ghabaisha und Amair haben die vergangene Nacht in einem Awamir-Lager am Rande der Wüste verbracht. Wenn sie hören, daß du hier bist, werden sie sofort kommen. Muhammad ist nach Dakaka gegangen. Während deiner Abwesenheit haben sie sich prächtig damit unterhalten, in allen Himmelsrichtungen Kamele zu stehlen.«

Sie erschienen mitten in der Nacht. Bin al-Kamam und ich schliefen schon, als gegen unsere Tür gehämmert wurde und die beiden hereinkamen. Bin Kabina sagte: »Wir haben eben erst erfahren, daß ihr hier seid. Wir hatten für morgen früh einen Überfall auf die Bani Kitab vor.« Wir fachten das Feuer wieder an, Bin al-Kamam bereitete Kaffee, und die anderen holten ihre Satteltaschen. Sie erkundigten sich bei Bin al-Kamam nach ihren Familien und Freunden, quetschten ihn nach allen Einzelheiten der jüngsten Vorgänge im Süden aus und besprachen diese dann ausführlich. Später berichteten sie von ihren eigenen Taten. Den Sommer hatten sie damit verbracht, die Bani Kitab und andere Stämme zu belästigen und sich als Glücksritter bei den Scheichs der Umgebung zu verdingen. Jeder von ihnen hatte ein halbes Dutzend Kamele ergattert. Während ich ihrem Gespräch lauschte, wurde mir bewußt, wie bezeichnend ihre Abenteuer doch für die chronische Unsicherheit dieser Gegend waren, wo eifersüchtige und oft bitter verfeindete Scheichs sich auf die unsichere Hilfe der Bedu verlassen mußten, um sich an der Macht zu halten. Diese Scheichs wetteiferten um die Unterstützung der Stämme, indem sie sich an Gastlichkeit und Geschenken gegenseitig überboten. Keiner von ihnen war gewillt, eine Macht über sich anzuerkennnen, und keiner konnte den Bedu seine eigene Macht aufzwingen. Und nicht einer von ihnen würde auch nur den Versuch gemacht haben, denn jeder befürchtete, sich damit in Zeiten der Not die Hilfe der Bedu zu verscherzen. Infolgedessen wimmelte das Land von Räubern, die nur die Blutfehde und die Rache feindlicher Stämme zu fürchten hatten. Diese Räuber wußten genau, daß jeder Scheich lieber auf gutem Fuß mit ihnen stand als ihre Feindschaft riskierte, und zogen frei in den Dörfern umher, die sie ausgeplündert hatten. Sie genossen dort eine Gastfreundschaft, deren Herzlichkeit sich nach der Stärke und Nähe ihres eigenen Stammes und nach ihrem persönlichen Ruf richtete. Hielt ein verzweifelter Herrscher sie wirklich einmal fest, dann konnten sie sicher sein, daß ein anderer Scheich, der um ihre Gunst buhlte, unverzüglich um ihre Freilassung bitten und sie als seine persönlichen Schützlinge ausgeben würde.

Im Augenblick stand die Politik dieses Gebiets im Zeichen der erbitterten Feindschaft zwischen den Al bu Falah von Abu Dhabi und den Bin Maktum von Dubai. Der Waffenstillstand zwischen beiden Sippen, der vor kurzem einem mehrjährigen, immer wieder aufflackernden Kampf ein Ende gesetzt hatte, tat der Feindschaft keinen Abbruch. Auch die jüngsten Haßausbrüche und Eifersüchteleien waren ein Ausdruck der uralten Fehde zwischen den Stämmen yemenitischen und nizarischen Ursprungs, die man heute weitgehend mit der Fehde zwischen den Hanawi und den Ghafari gleichsetzen kann. Diese Fehde hatte Oman seit Jahrhunderten zerrissen, und hier im Norden hatte es seit eh und je unklare Verhältnisse gegeben.

Am nächsten Morgen bat mich Bin Kabina, ich solle mich für die Freilassung eines jungen *saiyid* einsetzen, der Ahmad bin Saiyid Muhammad hieß, aus Qasm in Hadramaut stammte und zur Zeit mit einem Begleiter in Hamasa, einem der beiden Dörfer in Buraimi, die nicht Zayid unterstanden, im Gefängnis saß. Er sagte, die beiden seien an Ali al-Murri, einen bekannten Sklavenhändler, der vor kurzem aus al-Hasa gekommen war, verkauft worden. Er fügte hinzu, man habe den *saiyid* geschlagen, um ihn gefügiger zu machen. Der *saiyid* und sein Begleiter hatten auf der Heimfahrt von Singapur nach Hadramaut Schiffbruch erlitten, waren von einem arabischen Schiff aufgefischt und an der »Piratenküste« abgesetzt worden, wo man sie gefangen und nach Hamasa verschleppt hatte. Bin Kabina sagte: »Es ist furchtbar, daß ein Nachfahre des Propheten als Sklave verkauft werden soll. Du mußt seine Freilassung erwirken. Erinnerst du dich an den *saiyid*, der uns auf unserer Reise nach Hadramaut in Qasm zu essen gab? Das war der Onkel dieses Knaben. Man weiß hier sehr genau, daß er kein Sklave ist, sonst hätte man für die beiden nicht 230 Rupien bezahlt.« Ich wußte, daß viele der Sklaven, die in Hamasa verschachert wurden, Perser oder Belutschen oder Araber waren, die man entführt hatte. Ich wußte aber auch, daß der übliche Preis, den die Sklavenhändler für einen solchen Mann bezahlten, tausend bis fünfzehnhundert Rupien betrug. Für junge Neger wurden sogar noch höhere Preise gezahlt. Der lächerlich niedrige Preis, den Ali al-Murri für den *saiyid* und seinen Begleiter gezahlt hatte, bewies, daß er beim Absatz der beiden große Schwierigkeiten befürchtete.

Wenige Tage später stattete der Scheich von Hamasa Zayid einen Besuch ab. Ich gab ihm den Rat, die beiden Männer freizulassen, und sagte, daß ich ihre Familien in Hadramaut kenne und daß der eine von ihnen ein *saiyid* sei. Mürrisch meinte er, er würde viel Geld verlieren, wenn er sie laufen ließe, aber ich versprach ihm, für den Schaden aufzukommen. Später erfuhr ich, daß die beiden freigelassen worden und nach Shardja gegangen waren, wo der Political Officer für ihre Rückreise nach Hadramaut gesorgt hatte.

Ich wollte vor meiner Reise nach Oman Liwa erforschen. Zayid riet mir, einen alten Raschid namens Bin Tahi als Führer mitzunehmen: »Er wird dir gefallen. Er ist ein netter alter Mann, der in den letzten Jahren seßhaft und ehrbar geworden ist. In seinen jungen Jahren war er ein berüchtigter Räuber. Er hat wohl jedem Stamm in Südarabien Kamele gestohlen und kennt jede Ecke und jedes Wasserloch in der Wüste. Deine Leute kennen ihn, er ist weit und breit bekannt.« Ich erkundigte mich bei Bin Kabina nach Bin Tahi und erhielt zur Antwort: »Ja, das ist eine großartige Idee. Wir wollen Bin Tahi mitnehmen. Ein großartiger alter Mann. Der kann uns führen, wohin wir nur wollen. Zur Zeit wohnt er am südlichen Ausläufer des Djebel Hafit. Ich war erst vor zehn Tagen bei ihm.«

Bin Tahi war von gedrungenem Wuchs und offenkundig sehr kräftig, hatte einen grauen Bart und zottiges graues Haar, ein kantiges Gesicht und lustige Augen. Er war jünger, als ich erwartet hatte. Trotz seiner grauen Haare wirkte er ungemein zäh. Er erklärte sich sofort einverstanden, uns zu begleiten.

Am 14. November verließen wir Muwaiqih und reisten etwa einen Monat lang durch Liwa, bis in die Wüste Dhafara, wo wir im Jahr zuvor gewesen waren. Es war eine angenehme Reise. Die Sande waren wie ein Garten. Wir sahen verfilzte dunkelgrüne Tribulus-Gruppen von etwa einem Meter Höhe, die mit leuchtend gelben Blüten bedeckt waren, wir sahen *karia*, eine Art Heliotrop, das die Bedu als Kamelfutter hoch schätzen, und *qassis* und eine Unzahl von Pflanzen, die die Kamele angesichts des Überflusses, der sich ihnen bot, verächtlich stehen ließen.

Wir hatten ein persisches Windspiel dabei, das ich mir von Zayid ausgeliehen hatte. Aber es war noch zu jung, um einen ausgewachsenen Hasen fangen zu können. Immerhin erbeutete es ein paar Junghasen. Meine Begleiter, die sich große Dinge von ihm erhofft hatten, meinten verächtlich, das Tier sei das Fressen nicht wert, das man ihm gebe. Aber sie spielten mit ihm und ließen es auf ihren Decken liegen und aus ihren Schüsseln trinken. Hunde gelten bei den Mohammedanern als unrein, aber das persische Windspiel ist in den Augen der Bedu kein Hund. Ein älterer Raschid namens Salih und sein Sohn begleiteten uns bis in die Sande von Dhafara. Der Knabe hatte bei der Hasenjagd mehr Erfolg als das Windspiel. Er jagte die Hasen, während er die Kamele hütete, und kam oft mit drei oder vier Stück zum Lager zurück, die er aus den Löchern gezogen hatte, in denen sie vor den vielen Adlern, die hier die Wüste unsicher machten, Zuflucht suchten. Einmal sahen wir auf unserem Ritt einen goldfarbenen Adler einen ausgewachsenen Fuchs schlagen. Wir vertrieben den Vogel von seiner Beute, und da das Fell noch unbeschädigt war, nahm ich den Fuchs mit und schenkte ihn später dem Londoner Museum.

Am Brunnen Lahamma entdeckten wir ziemlich alte Spuren von Männern und Kamelen. Meine Begleiter enträtselten sie als die Spuren von Ali al-Murri und seiner 48 Mann starken Sklavenkarawane, die er nach al-Hasa brachte. Infolge des ungeheuren Reichtums, den die amerikanische Ölgesellschaft nach Sa'udi Arabien brachte, schien die Nachfrage nach Sklaven wie ihr Preis enorm gestiegen zu sein. Es hieß, daß Ali nicht nur aus den Sklaven, sondern auch aus den Kamelen, die er in Buraimi kaufte, gewaltigen Profit schlug.

Als wir eines Tages wieder einmal an einem Brunnen haltmachten, sagte Bin Kabina zu mir: »Hier hatten wir während deiner Abwesenheit einen Kampf mit einigen Bani Kitab. Wir hatten sie überfallen und ihnen zwölf Kamele geraubt. Es war Hochsommer und furchtbar heiß. Wir tränkten die Kamele, die sehr durstig waren, denn wir hatten sie arg hergenommen. Da sahen wir plötzlich unsere Verfolger kommen, acht Mann stark. Wir waren sechs, denn wir hatten zwei Awamir dabei. Siehst du die hohe Düne da drüben? Wir ließen die Kamele hier am Brunnen und kletterten den Abhang hinauf. Wir wußten, daß die Bani Kitab die Düne von der anderen Seite her bestiegen. Bei Gott! Ich dachte, mein Herz würde zerspringen. Als ich den Gipfel erreicht hatte, sah ich wenige Meter unter mir einen der Bani Kitab. Ich schoß auf ihn, er stürzte zu Boden und rollte mir aus der Sicht. Die übrigen rannten zu ihren Kamelen zurück und nahmen den Verwundeten mit sich. Wir feuerten ihnen viele Schüsse nach, aber wir waren zu erschöpft, um noch gut zielen zu können. Wir wußten, daß sie sich um ihre Verwundeten kümmern und uns nicht weiter verfolgen würden.«

Zwei Tage später lagerten wir in der Nähe eines Brunnens, der den wenig einladenden Namen Faswat al-Adjuz oder »Hexenscheiße« hatte. Am Morgen machten Salih und sein Sohn sich schon auf den Weg, während die anderen die Kamele an den Brunnen zur Tränke trieben. Ich saß mitten unter unserer verstreuten Habe, machte Notizen in mein Tagebuch und konnte die anderen nicht sehen. Es war früher

Morgen und noch kühl. Plötzlich fiel ein Schuß, und ich hörte Schreie. »Räuber! Räuber!« Salih und sein Sohn jagten über die Dünen zurück und kamen schreiend auf mich zu. Ich konnte ihre Worte nicht verstehen. Unmittelbar darauf kamen die anderen vom Brunnen. Sie waren nackt bis auf ihre Lendentücher, Patronengurte und Dolche. Ihre Kleidung mußte noch neben dem Brunnen liegen, wo sie sich ausgezogen hatten, um den Brunnen freizulegen. Bin Kabina sprang von seinem Kamel und zwang das meine auf die Knie. »Rasch, Umbarak! Aufsitzen!« Ich wollte meine Satteltaschen ergreifen, aber Bin Kabina drängte: »Rasch! Rasch!« Ich nahm also nur eine Decke, warf sie über den Sattel und bestieg das Kamel. Die anderen waren schon auf und davon. Ich hatte keine Ahnung, ob wir fortliefen oder was wir nun eigentlich taten. Ich wollte Bin Kabina fragen und rief ihm zu. Aber er war viel zu aufgeregt, um eine vernünftige Auskunft geben zu können. Nur mit größter Mühe hielt ich mich im Sattel, mein galoppierendes Kamel schüttelte mich so, daß ich sämtliche Knochen zu spüren glaubte. Ich ritt auf dem nackten Sattelgestell, das Kamel hopste über ein Gelände mit unübersichtlichen kleinen Sicheldünen. Endlich bekam ich das Tier in die Gewalt, und die anderen gingen nun in einen raschen Trab über. Salih sagte: »Sie sind zu viert und haben acht gestohlene Kamele dabei. Es müssen Bani Kitab sein, die die Raschid in Dhafara beraubt haben.«

Fünf Minuten später waren wir auf ihrer Spur. Sie ritten rasch, waren aber durch die geraubten Tiere behindert. Bin al-Kamam sagte finster: »Die entkommen uns nicht.« Und Bin Ghabaisha rief: »Wir werden die ganze Bande umbringen! Gott verfluche die Bani Kitab.« Bin Tahi schwenkte seinen Stecken und rief: »Hätte ich nur ein Gewehr, dann könntest du mal sehen, wie Bin Tahi kämpft.« Der alte Mann war nur mit einem Dolch bewaffnet. Salih befahl seinem Sohn, zurückzureiten und bei unseren Sachen zu bleiben, die wir im Sand liegengelassen hatten. Der Junge wollte die aufregende Jagd mitmachen, aber der Vater gab nicht nach. Der Knabe brachte sein Kamel zum Stehen und sah uns nach, bis wir seinen Blicken entschwunden waren. Bin al-Kamam sagte zu mir: »Sie werden wieder nach Norden umkehren. Du und ich und Bin Tahi werden ihre Spur verfolgen. Die anderen sollen versuchen, ihnen den Rückweg abzuschneiden.« Als

Bin Kabina mit Bin Ghabaisha, Amair und Salih nach links abschwenkte, rief er mir zu: »Verfehle sie nicht, Umbarak!«

Zwei Stunden später sagte Bin Tahi: »Sie werden müde. Siehst du, das eine Kamel ist schon gestolpert.« Ich hoffte, die anderen würden nicht allzu weit weg sein. Bin Tahi hatte kein Gewehr, und ich wußte, daß Bin al-Kamams alte Martini-Büchse meist nach ein paar Schüssen Ladehemmungen hatte. Da bogen die Spuren plötzlich scharf nach Osten ab, und Bin al-Kamam sagte: »Sie haben unsere Gefährten gesehen. Ich hoffe zu Gott, daß sie sie gesehen haben.« Kurze Zeit später erblickten wir die Räuber. Sie waren etwa anderthalb Kilometer von uns entfernt, vier Reiter, die einen Trupp Kamele vor sich hertrieben. Wir hatten die kleinen Sicheldünen hinter uns gelassen und ritten nun über welligen Boden aus festem rotem Sand, der mit Tribulus bedeckt war. Wir spornten die Kamele zur Eile an und holten rasch auf. Die Banditen trieben ihre Kamele in eine Mulde und tauchten auf den gegenüberliegenden Hängen nicht wieder auf. Bin Tahi sagte: »Sie haben haltgemacht. Steigt ab und geht dort hinauf! Wenn ihr nur den Weg sichern könnt, werde ich ausfindig machen, wer sie sind.«

Bin al-Kamam und ich lagerten unsere Kamele in einer Mulde, banden ihnen eilig die Knie zusammen, damit sie nicht mehr aufstehen konnten, und erkletterten eine Düne. Auf dem Kamm angekommen, spähte ich hinter einem Tribulus-Busch hervor. Etwa zweihundert Meter entfernt lagerten drei Kamele. Hinter einer kleinen Düne konnte ich zwei Männer liegen sehen. Ein dritter Mann auf einem Kamel trieb die Beutetiere davon und war etwa vierhundert Meter von uns entfernt. Den vierten Mann konnte ich nicht sehen. Ich wußte nicht, ob er mich vielleicht gerade beobachtete. Bin al-Kamam machte Bin Tahi, der laut rufend auf die Mulde zuritt, ein Zeichen. Ich konnte Bin Tahi nicht recht verstehen. Es klang etwa wie: »Raschid, Awamir … Freunde, sonst Feinde.« Die Räuber riefen zurück, und Bin al-Kamam sagte: »Es sind Freunde. Sie gehören zu den Manahil.« Der Mann, den ich nicht hatte sehen können, kam hinter einem Busch hervor und ging auf Bin Tahi zu, der bald darauf zu uns zurückkam. Er sagte: »Es ist Djuma'an.« Ich wußte, daß Djuma'an bin Duailan der schlimmste Räuber der ganzen Gegend war und der Bruder der »Katze«, den die Yam im Vorjahr getötet hatten. Ich hatte ihn im Frühjahr in Zayids Festung gesehen. Er war klein wie sein Bruder und hatte die gleichen ruhelosen Augen. Wir gingen zu den Räubern hinüber, begrüßten sie und tauschten die Neuigkeiten aus. Sie hatten die Kamele den Manasir abgenommen. Die Manahil waren Verbündete der Raschid, und die Manasir gingen uns nichts an. Aber Bin al-Kamam flüsterte mir zu: »Biete ihnen fünfundzwanzig *riyals* für die Kamele. Zayid wird erfreut sein, wenn du sie zurückbringst.« Djuma'an lehnte jedoch mein Angebot ab, da er wußte, daß wir sie ihm nicht mit Gewalt abnehmen konnten. Sie verabschiedeten sich, bestiegen ihre Kamele und ritten davon. Als ich dann später in Muwaiqih Zayid von diesem Abenteuer erzählte, sagte er: »Bei Gott, Umbarak, du hättest dir das schönste meiner Kamele aussuchen können, wenn du Djuma'an getötet hättest. Er ist der lästigste von all diesen Briganten.«

Die anderen stießen nach einer Stunde wieder zu uns. Sie hatten die Räuber verfehlt, weil diese die Richtung gewechselt hatten. Wir neckten sie, daß sie uns im Stich gelassen hätten, und sie waren enttäuscht, daß die Räuber keine Bani Kitab gewesen waren, die sie als ihre Todfeinde betrachteten. Sie hatten sich schon auf die Kamele und das andere Raubgut gefreut, das ihnen nach Stammesbrauch dann gehört hätte. Bin Kabina meinte bedauernd: »Ich dachte schon, ich würde zwei Kamele bekommen.« Ich aber meinte scherzhaft: »Nichts hättest du bekommen. Wir hätten sie umgebracht und die Kamele vor eurem Eintreffen längst unter uns verteilt.«

Wir lagerten, wo wir waren, und Amair, Bin Ghabaisha und Salih gingen mit den Kamelen zurück, um unsere Sachen bis zum nächsten Morgen zu holen. Wir hockten schwatzend um das Feuer, weil es zum Schlafen zu kalt war. Bin al-Kamam erklärte mir, wie die Araber Kamele, die sie bei einem Überfall erbeuten, untereinander aufteilen. »Wir teilen die Beute genau nach ihrem Wert. Ein gutes Kamel kann zweimal, ja dreimal so viel wert sein wie ein anderes. Dann werden die Anteile verlost. Nur der Anführer des Überfalls oder ein großer Scheich bekommen manchmal mehr als die anderen. Bei den Oman-Stämmen kann ein Mann sich die Beute, die er gemacht hat, ausbitten. Aber das wird er nur tun, wenn er ein sehr schnelles Kamel besitzt.« Ich wollte wissen, wie die Beutegewehre verteilt würden, und erhielt die Auskunft: »Die Waffen eines Mannes, der getötet wurde, gehören dem, der ihn getötet hat. Aber die Waffen von jenen, die sich ergeben haben, werden mit der übrigen Beute verteilt. Wenn aber ein Mann bei einem Überfall entkommt und erst später gefangengenommen wird, dann kann derjenige, der ihn einfängt, seine Waffen und sein Kamel zusätzlich zu seinem Anteil beanspruchen.«

Wir befanden uns nun am Rand von Liwa und ritten westwärts durch Palmenhaine und kleine Niederlassungen, wie ich sie im Frühjahr in Dhofir und Qutuf gesehen hatte. Ich war froh, daß wir langsam ritten, denn ich hatte mir bei einem Ringkampf mit Bin Tahi eine Rippe gebrochen, und meine Seite tat mir beim Reiten weh. Salih und sein Sohn trennten sich am Rand der Wüste Dhafara von uns. Bin Kabina schloß sich ihnen an, um einige Kamele zu holen, die er in Dhafara gelassen hatte, und wollte sich in Muwaiqih wieder mit mir treffen. Wir ritten nordwärts bis beinahe zur Küste und kehrten am 14. Dezember nach Muwaiqih zurück.

Wir kamen sehr hungrig in Zayids Festung an und freuten uns auf das Fleisch, das es zum Abendessen geben würde. Wir hatten uns nicht die Mühe gemacht, ein Reservekamel auf diese kurze Reise mitzunehmen, und da wir unsere Reittiere nicht ermüden wollten, hatten wir auch nur sehr wenig Lebensmittel dabei gehabt. Die letzten beiden Tage hatten wir uns von Milch ernährt, denn in den Sanden gab es hier viele Kamele. Kurz vor dem Abendessen erschienen vier durchreisende Bani Yas in unserem Zimmer, um die Mahlzeit mit uns zu teilen. Als wir uns zum Essen setzten, nahm jeder von ihnen sofort eine Keule von der Platte, legte sie auf seine Matte, und wir anderen mußten uns in den Kopf und ein paar kleine Fleischbrocken teilen. Das war wieder einmal ein Beweis für das ungehobelte und egoistische Benehmen der Oasenbauernstämme, die am Rand der Wüste leben, verglichen mit dem Benehmen der Bedu aus der Wüste selbst.

Nach dem Essen füllte der Raum sich mit Zayids Dienern. Einige von ihnen trugen Falken auf der Faust. Ich wußte vom Hörensagen, daß man in England fünfzig Tage braucht, um einen wilden Falken zu zähmen. Aber die Araber hier hatten die Vögel in zwei oder drei Wochen abgerichtet. Das kommt daher, weil sie sich niemals von ihnen trennen. Ein Mann, der einen Falken abrichtet, nimmt ihn überall hin mit und behält ihn beim Essen auf dem linken Handgelenk. Wenn er schläft, sitzt der Vogel auf einer Stange neben seinem Kopf. Immerfort streichelt er das Tier, spricht mit ihm, setzt ihm die Haube auf und nimmt ihm die Haube wieder ab.

Der Raum war voll von Menschen, die über Kamele und ihre Besitzer oder über einen Überfall sprachen oder Gedichte aufsagten. Die Luft war vom Rauch des Kaffeefeuers, von den blakenden Lampen und den Schwaden des duftenden, hier angebauten Tabaks zum Schneiden dick. Der Jagdfalke, der wie ein Standbild auf der schützenden Ledermanschette meines Nachbarn hockte, blinzelte unbeirrt in den Lichtschein der Lampen. Ich fragte den Mann, wie lange er das Tier schon habe. Er sagte: »Eine Woche. Es ist ein sehr schöner Vogel. Du wirst sehen, daß Zayid ihn den anderen vorziehen wird.« Und er streichelte den Kopf des Vogels. Alle Vögel im Zimmer waren Königsfalken, die von den Arabern *shahin* genannt werden. Ich erkundigte mich, ob man hier auch die *hurr* oder Würgefalken verwendete, wie ich sie im Hof des Emirs in Laila gesehen hatte. Er sagte: »Ja, wenn wir sie bekommen können. Aber man bekommt sie nicht nur schwer, sie sind auch sehr teuer. Sie kosten doppelt soviel wie ein *shahin,* der etwa hundert Rupien kostet.« Das entsprach ungefähr acht englischen Pfund. Mein Nachbar fuhr fort: »Im Nedjd bevorzugt man den *hurr* wegen der besseren Seher. Wie du ja weißt, haben sie dort die freien Kiesebenen. Mir selbst wäre ein *shahin* lieber. Sie sind rascher, kühner und ausdauernder.« Er hielt seinen Falken hoch, damit ich ihn bewundern könne, und rief ihn beim Namen: »Dhib! Dhib!« Das ist das arabische Wort für Wolf.

Ich fragte, wie er zu dem Falken gekommen sei. Er sagte: »Zayid schickte mich mit einer Botschaft zu Shakhbut, und auf dem Weg nach Abu Dhabi sah ich auf den Salzebenen einen *shahin.* Am nächsten Tag ging ich mit einem Freund dahin zurück. Wir nahmen eine zahme Taube mit. An ihrem einen Bein befestigte ich eine Schnur, die ich am anderen Ende an einen Stein band. Dann warteten wir, bis sich ein *shahin* zeigte. Ich warf die Taube in die Luft und lief davon. Kaum hatte er die Taube in den Fängen, kamen wir zurück und verjagten ihn von seiner Beute. Ein paar Meter neben dem toten Vogel gruben wir ein sehr tiefes Loch, auf der Seite, in die der Wind wehte. Ich legte mich hinein und mein Freund bedeckte mich mit Salzbüschen und ging dann fort. Als der *shahin* wieder zur Taube zurückkam, zog ich diese ganz langsam an der Schnur zu mir heran. Verstehst du mich?« »Gut.« »Als der Falke in meiner Reichweite war, packte ich ihn am Bein.«

Ich fragte ihn, weshalb der Vogel seine Hand nicht gesehen habe, und er sagte: »Das ist ganz einfach. Ein *shahin* blickt immer in die Windrichtung, und außerdem war er mit der Taube beschäftigt.«

Kurze Zeit später trat Zayid ins Zimmer. Alle erhoben sich, und nachdem wir uns wieder gesetzt hatten und man Zayid Kaffee gereicht hatte, sagte einer der Bani Yas: »Zayid, ich habe heute morgen zwei *hubara* in der Nähe von Bu Samr gesehen.« Und ein anderer sagte: »Ich habe letzte Woche drei gesehen.« *Hubara* sind MacQueens-Trappen, Vögel von der Größe einer Truthenne. Sie kommen zu Beginn des Winters aus Persien, Syrien und dem Irak nach Arabien und die meisten ziehen im Frühjahr wieder ab. Nur einige wenige bleiben zum Brüten da. Zayid hatte mir erzählt, daß seine Männer im Vorjahr drei Nester entdeckt hatten. Nun erkundigte er sich nach Falken, und jemand sagte: »Hiza schickt zwei weitere, die er letzte Woche gefangen hat. Sie müßten morgen eintreffen.« Falken werden zu dieser Jahreszeit an der Küste gefangen, während sie auf der Wanderschaft sind, und Zayid brauchte noch einige für die Falkenjagd. Er sagte: »Schön, dann werden wir, so Gott will, in vier Tagen aufbrechen können.« Und zu mir gewandt: »Du mußt mich begleiten.« Ich erklärte mich bereitwillig einverstanden, denn ich hatte mir schon immer gewünscht, einmal auf die Falkenjagd gehen zu können.

Am nächsten Morgen überprüfte Zayid eifrig Satteltaschen, Seile und Wasserschläuche, bestellte die Lebensmittel, die auf dem Markt gekauft werden sollten, ließ die Kamele von den Weiden holen und inspizierte seine Falken. Einer schien ihm zu kränkeln, und er verordnete eine Dosis Zucker als Abführmittel. Ein anderer, der ihm zu mager war, sollte Milch bekommen, in die ein Ei verquirlt wurde. Er sah zu, wie ein Falke als Lockvogel abgerichtet wurde. Der Vogel war erst vor zehn Tagen gefangen worden, aber alle waren der Meinung, man könne ihn mit auf die Jagd nehmen. Später kamen drei Araber mit den beiden Vögeln, die Hiza geschickt hatte. Einer der Vögel hatte noch die Augen zugenäht. Durch das untere Lid war ein Stück Bindfaden gezogen und auf dem Kopf zusammengebunden worden, so daß der Vogel nicht sehen konnte. Sobald das Tier zu fressen anfing, ließ Zayid die Männer, die es gebracht hatten, den Faden entfernen. Der andere Falke hatte eine gebrochene Schwungfeder, die Zayid mittels einer Schiene aus Gazellenhorn wieder einrichtete. Dann drückte er beiden Vögeln seinen Brandstempel auf die Schnäbel.

Vier Tage später sagte Zayid: »Heute abend werden wir aufbrechen. Ich schätze, daß wir etwa einen Monat fortbleiben. Wir werden in der Wüste im Südwesten jagen, wo es viele Weideplätze und Brunnen gibt. Die Bedu haben dort Trappen gesehen.«

Am späten Nachmittag verließen wir die Festung. Zayid hatte die Lastkamele vorausgeschickt und Befehl gegeben, am Rand der Großen Sande ein Lager aufzuschlagen. Wir trabten über die Kiesebene, fünfundzwanzig Bedu-Gefolgsleute Zayids hinter uns, von denen einige auf den Handgelenken Falken trugen. Sie sangen ein *tagrud*, ein Marschlied, mit dem die Bedu ihre Kamele zum Traben ermuntern. Alles war bester Laune, denn man freut sich hier auf den Beginn der Falkensaison wie die Schotten auf den 12. August.

Bei Sonnenuntergang erreichten wir das Lager. Schon standen die Dünen dunkel vor einem flammenden Himmel, in dem die Zirruswolken wie glühender Dampf schwammen. Die Sklaven hatten Strauchwerk gesammelt und so aufeinandergetürmt, daß der Wind die großen Lagerfeuer nicht ausblasen konnte. Wir versammelten uns rasch um die Feuer, denn die Abendluft war kühl, und schlürften Kaffee zum rhythmischen Klirren der Messing-Kaffeemörser, die jedermann einluden, sich zu uns zu gesellen. Eine Bedu-Familie war bereits herbeigekommen. Ihre Kamele trotteten durch die Dämmerung heran, von zerlumpten, langhaarigen Knaben gefolgt. Man hatte ein paar Ziegen geschlachtet und zerteilt, über den Feuern brodelten riesige Kessel voll Reis. Nun traten die Hirtenknaben in den Flammenschein. Einer von ihnen reichte Zayid eine Schale voll schäumender Milch, ehe er sich in unserem Kreis niederließ, um auf das Essen zu warten. Sie erzählten uns, sie hätten am Brunnen die frischen Spuren von fünf Trappen und in der Wüste zwei Tage alte Spuren weiterer Trappen entdeckt. Zayid wandte sich zu mir und sagte: »So Gott will, werden wir morgen Trappen essen.«

Am nächsten Morgen waren wir schon früh munter. Die Kamele wurden geholt und neben den Feuern gelagert, um die wir uns in unseren Mänteln drängten. Es war noch immer bitterkalt. Zayid fragte mich, ob ich gerne Gazelle reiten würde, und ich nahm sein Angebot mit Freuden an. Als Bin al-Kamam den Sattelgurt enger schnallte und die Satteltaschen und das Schaffell auflegte, sagte er sofort: »So ein Kamel hast du noch nie unter dem Sattel gehabt.« Ich konnte ihm erwidern, daß ich es bereits auf meiner Reise nach Shardja im Frühjahr geritten hatte. Bei Sonnenaufgang ergriffen wir unsere Gewehre und Kamelstecken und hielten uns zum Aufsitzen bereit. Die Falkner hoben die Wanderfalken von den Stangen, auf denen sie zerzaust und naß vom Tau gehockt hatten, und riefen die drei Windspiele herbei. Wir standen hinter unseren Reittieren. Zayid blickte sich um, ob ich bereit sei und stemmte dann sein Knie in den Sattel. Sofort erhob sich sein Kamel, er schwang sich in den Sattel, und fort ging es, in die Sande hinaus. Wir vermuteten die Trappen eher auf den ebenen Flächen zwischen den Dünen als in den Dünen selbst und ließen die Kamele Schritt gehen, während wir den Boden nach Spuren absuchten. Ich hatte erwartet, daß wir uns still verhalten würden, aber ich hätte aus Erfahrung wissen müssen, daß ein Bedu fast nie den Mund halten kann. Alles unterhielt sich ziemlich laut, und die Zurückgebliebenen trabten singend hinter uns her. Plötzlich machte ein Araber auf dem linken Flügel uns ein Zeichen, daß er frische Spuren entdeckt hatte. Als wir die Kamele in seine Richtung lenkten, schwang sich etwa vierhundert Meter von uns entfernt eine Trappe in die Lüfte. Die weißen Streifen auf den Flügeln zeichneten sich deutlich gegen den roten Sand ab. Ein Falkner nahm seinem Vogel die Haube ab und warf ihn in die Luft. Das Tier flog wenige Meter über dem Boden davon. Die Trappe stieg höher, aber der Königsfalke holte sie rasch ein. Nun waren die beiden nur noch winzige Punkte, die man kaum mehr erkennen konnte, wenn man sie einmal aus dem Blick verloren hatte. Plötzlich ertönte der Ruf: »Sie fällt!«, und wir jagten über den Sand.

Als wir die Dünenhänge hinunterschlitterten, aus den Mulden kletterten und dann über den flachen Sand galoppierten, merkte ich, daß ich ein außergewöhnliches Kamel ritt. Ich hatte alle Mühe, mich im Sattel zu halten. Die Falkner, die neben mir ritten, trugen ihre Falken auf den Handgelenken, an denen die Vögel mit der Langfessel befestigt waren.

In einer Mulde stießen wir auf den Königsfalken, der seine Krallen in der leblosen Trappe vergraben hatte. Einer der Männer sprang von seinem Kamel, spaltete den Kopf der Trappe und gab das Gehirn dem Falken. Dann häufte er Sand über den toten Vogel, um ihn zu verbergen und hob den erstaunt um sich blickenden Falken wieder auf sein Handgelenk. Zayid deutete auf ölige Flecken im Sand und sagte: »Siehst du diese Flecken? Die *hubara* spritzt auf ihren Angreifer. Wenn der *shahin* den Saft in die Augen bekommt, wird er vorübergehend blind. Trifft der Saft das Gefieder, dann kann man den Vogel an diesem Tag nicht mehr verwenden.« Auf meine Frage, wie viele Trappen ein Königsfalke an einem Tag schlagen könne, erwiderte Zayid: »Ein guter Vogel kann acht oder neun Trappen fangen. Aber von sieben bringen sie nur vier zu Boden. Siehst du, wo sie gekämpft haben?« Und er deutete auf die Federn, die im Umkreis von etwa fünfundzwanzig Metern im Sand verstreut lagen. »Daran kannst du erkennen, was für ein Kampf das war. Manchmal gelingt es einer *hubara*, einen *shahin* mit einem Flügelschlag zu betäuben.«

Wir zogen weiter und scheuchten eine Trappe aus einer Sandmulde auf. Als der Falke sie eingeholt hatte, kam sie auch schon zu Boden. Der Falke stieß zweimal zu, dann setzte er neben ihr auf und versuchte, sie mit den Fängen zu greifen. Die Trappe breitete das Schwanzgefieder aus und schlug mit dem Flügel nach dem Falken. Die Windspiele, die hinter jedem Falken, den sie fliegen sehen, herrasen, kamen nun heran und halfen dem Vogel, die Trappe zu töten. Dann verscheuchte der Falke die Hunde, und als wir eintrafen, lagen sie neben der toten Trappe, die der Falke riß.

Wir erlegten zwei weitere Trappen und mehrere Hasen, ehe Zayid die Essenspause befahl. Ich hatte gehört, daß wilde Königsfalken weder Hasen noch Kaninchen angehen. Aber die Araber behaupten, man könne einen eben abgerichteten Königsfalken leichter auf Hasen ansetzen als auf Trappen. Meist fingen die Windspiele die Hasen, aber während der nächsten drei Wochen sah ich häufig Falken auf Hasen stoßen, die die Hunde hetzten.

Während wir Brot buken und zwei Trappen brieten, indem wir sie im Federbalg in die glühende Asche eingruben, kreiste über uns krächzend ein Rabe. Zayid sagte: »Wir wollen mal sehen, ob ein *shahin* ihn schlägt. Im vergangenen Jahr hatte ich einen Falken, der einen Raben schlug.« Aber der Falke, den wir losließen, stieß nur ein paarmal lustlos zu und wurde von dem Raben, der sich auf den Rücken gedreht hatte, mühelos abgewehrt. Nach dem Essen brachen wir sofort wieder auf und scheuchten schon bald eine Trappe auf, die nur fünfzig Meter von uns entfernt war. Aber der Falke, den Zayid losließ, weigerte sich zu fliegen. Zayid blickte auf und deutete auf vier Adler, die hoch im Himmel flogen, und sagte: »Er hat Angst vor ihnen.« Ein wenig später scheuchten wir wieder eine Trappe auf, und diesmal griff der Falke an. Aber fast sofort kam er wieder zu Zayid zurück und barg sich an dessen Brust, während ein Adler mit lautem Sausen, das an eine Granate erinnerte, auf ihn niederzustoßen versuchte. Ich war überrascht, daß der Adler auf den Falken losging und die Trappe nicht weiter beachtete. Zayid streichelte den verstörten Vogel und sagte: »Er hat es gerade noch geschafft. Wir müssen weiter. Es hat keinen Sinn, hier zu bleiben, wo die Adler kreisen.«

Am späten Nachmittag sahen wir acht Trappen in ein Dünental einfallen. Wir ritten langsam, und dieses eine Mal schweigend, auf sie zu. Die Hunde nahmen wir an die Leine. Einer der Falken war ohne Haube und sah die Trappen auf dem Boden. Aber als er losgelassen wurde, konnte er sie nicht finden, obgleich er dicht über dem Boden hin und her flog. Daraufhin brachte man ihn zum Lockvogel zurück. Zwei Trappen flogen nur wenige hundert Meter vor uns nebeneinander auf. Man ließ einen anderen Falken los, der die eine Trappe überholte, sie zu Boden brachte und schlug. Wir blieben, wo wir waren, während der Falkner ihn wieder aufnahm. Die übrigen Trappen duckten sich dicht an den Boden, aber es gelang uns, eine nach der anderen aufzuscheuchen. Als wir die letzte Trappe aufscheuchten, wurden die Windspiele losgelassen. Sobald der Vogel wieder auf den Boden aufsetzte, jagten die Hunde ihn wieder hoch. Endlich schien die Trappe entschlossen zu sein, so lange in der Luft zu bleiben, bis der Falke ermüdete. Unentwegt beschrieben sie einen großen Kreis. Der Falke stieß zu, die Trappe wich aus. Sie schien ganz langsam mit ruhigen, gewaltigen Flügelschlägen zu fliegen, dennoch hatte es den Anschein, als hole der Falke das Letzte aus sich heraus. Als sie direkt über unseren Köpfen vorüberstrichen, kreiste der Falke ein letztes Mal, verfehlte die Trappe, schoß wiederum in die Luft und stieß dann zu uns herab.

Lange nach Einbruch der Dunkelheit ritten wir singend ins Lager zurück, müde und durchfroren, aber mit der Beute unseres ersten Tages zufrieden. Wir hockten um die Feuer und sprachen über die Jagd. Als ich schließlich unter den funkelnden Sternen lag und dem unruhigen Stöhnen der Kamelherden lauschte, freute ich mich, daß wir in der althergebrachten Weise jagten und nicht vom Automobil aus, wie es heute im Nedjd üblich ist.

Einen Monat später kehrten wir nach Muwaiqih zurück. Bin Kabina war bereits aus Dhafara eingetroffen und erwartete mich. Aber Bin Ghabaisha und Amair wollten nicht wieder auf die Reise gehen, sondern in Buraimi bleiben und den Bani Kitab weiter Kamele abjagen. Ich heuerte also zwei Awamir an. Der eine, der Mahalhal hieß, war ein junger Mann mit einem angenehmen offenen Gesicht, das von Pockennarben verunziert war. Al-Djabari, der ältere, war groß und mager und hatte einen Vorderzahn eingebüßt. Sein Haar, das ihm auf die Schultern fiel, und der Bart verliehen ihm ein biblisches Aussehen.

Wir versuchten, unser Reiseziel geheimzuhalten, aber alle zerbrachen sich den Kopf über meine Reiseabsichten und versuchten, mich auszuhorchen. Viele wollten meine Pläne vereiteln, die einen aus Haß auf den Christen, die anderen, weil ich sie nicht mitnahm, und eine nicht geringe Anzahl, weil sie Blutfeinde meiner Begleiter waren. Raschid, der Sohn des Scheichs von Dubai, der alle Al bu Falah haßte und Zayid sein großes Ansehen bei den Stämmen neidete, glaubte nun, seinen Rivalen dadurch verletzen zu können, daß er dessen Gast Steine in den Weg warf. Da er vermutete, daß ich nach Oman reisen wolle, sandte er Boten zu den Al bu Shams, den Duru, ja sogar zum Imam, und warnte sie, daß ich beabsichtige, durch ihr Land zu reisen. Überdies unterschob er mir alle möglichen, aber ausschließlich schlechten Motive. Daraufhin ließ der Scheich der Al bu Shams im Süden von Buraimi Zayid wissen, daß er mir untersage, das Ghafari-Territorium zu betreten. Außerdem erfuhren wir, daß die Duru fest entschlossen waren, meine Durchreise zu verhindern. Bakhit al-Dahaimi, den ich im Frühjahr in Abu Dhabi getroffen hatte, bestand darauf, mit mir zu kommen. Aber ich hatte ihn nie gemocht und weigerte mich nun, ihn mitzunehmen. Zornig schwor er, daß kein Angehöriger seines Stammes mich begleiten solle, und als meine Begleiter seine lauten Drohungen nicht weiter beachteten, wurde er rachsüchtig und erklärte, er wolle in den Sanden mit uns abrechnen. Wir taten gleichgültig und erzählten allen, wir wollten durch die Zentralwüste nach Hadramaut zurückkehren. Einige hielten mir jedoch entgegen: »Warum hast du denn dann nicht Wüstenkamele gekauft? Alle Kamele, die du gekauft hast, sind Bergkamele. Es ist ganz offenkundig, daß du nach Oman gehst.« Zayid entsandte insgeheim einen seiner Diener, einen Mahra namens Hamaid, zu Salim bin Habarut, einem Scheich des mächtigen Djanaba-Stammes, mit der Aufforderung, uns am Rande des Duru-Landes am Brunnen Qusaiwara in der Wüste zu treffen. Er sagte: »Salim kann euch gewiß durch das Duru-Land bis nach Izz geleiten, denn sowohl die Djanaba wie die Duru sind Ghafari. Ich werde dir einen Brief an Yasir mitgeben, der in Izz lebt. Er ist der wichtigste Mann der Djanaba und hat vergangenes Jahr hier bei mir gewohnt. Ich habe ihn damals gut behandelt und ich denke, er wird dir helfen. Du wirst bestimmt nach Oman hineinkommen, aber Gott allein weiß, wie du wieder herauskommst.«

Die Treibsande der Umm al-Samim

Wir sechs verließen Muwaiqih am 28. Januar 1949 mit zwei Reservekamelen, die unsere Nahrungsmittel und Wasservorräte tragen sollten. Die ersten zwei Tage reisten wir in westlicher Richtung, um den Al bu Shams, die am Ostrand der Wüste kampierten, auszuweichen und um allen, die uns begegneten, vorzutäuschen, daß wir nicht nach Oman, sondern nach Hadramaut zogen.

Am 6. Februar trafen wir in Qusaiwara ein und stießen dort auf die Hamaid und Salim, die in der Nähe ihr Lager aufgeschlagen hatten. Hamaid, ein junger Mahra, den ich schon kannte, war klein, dunkel und weiß gekleidet. Salim hingegen, ein Djanaba, war ältlich, mittelgroß und braun gekleidet. Obgleich sie beide von Bedu abstammten, hatten sie jahrelang in Dörfern am Rande der Wüste gelebt. Man sah auf den ersten Blick, daß dieses weniger entbehrungsreiche Leben sie verweichlicht hatte. Ich hätte keinen von beiden bei einer Durchquerung des Leeren Viertels dabeihaben wollen, hoffte jedoch, daß sie uns in Oman gute Dienste leisten würden. Meine Begleiter mißtrauten ihnen natürlich von vornherein, weil sie Ghafari waren.

Als ich zum erstenmal in die Großen Sande eingedrungen war, hatten mich die völlig fremdartige Landschaft und das Gefühl verwirrt, daß ich nur meine Begleiter verlieren müsse, um mich rettungslos in dem Dünenlabyrinth zu verirren. Jetzt sah ich, wie die Raschid, die Sande als eine Zufluchtsstätte an, einen Ort, wohin uns der Feind nicht folgen konnte, und die Vorstellung, den Schutz, den sie mir boten, aufzugeben, war mir unbehaglich. Aber es war unumgänglich notwendig, die Sande jetzt zu verlassen und ostwärts über die Duru-Ebene zu ziehen, da wir sonst auf die falsche Seite der Treibsande von Umm al-Samim gelangt wären.

Der Bayer von Wrede war der erste Europäer, der den Treibsand in der südarabischen Wüste erwähnte. Er will 1843 einen gefährlichen Treibsand entdeckt haben, der unter dem Namen Bahr al-Safi in der Wüste nördlich von Hadramaut bekannt sei. Bertram Thomas steht dieser Behauptung von Wredes skeptisch gegenüber. Er glaubt nicht, daß dieser das Bahr al-Safi entdeckt hat, und vermutet, daß er es mit der Umm al-Samim verwechselte, von der er durch seine Führer gehört hatte. Ich selbst war durch die Wüste gereist, in der von Wrede seine Treibsandstelle entdeckt zu haben glaubte, und war überzeugt, daß es diese dort nicht gebe. Viele Bedu, die ich darüber befragte, hatten vom Bahr al-Safi gehört. Einige identifizierten es mit der Umm al-Samim, andere mit dem Sabkhat Mutti, und wieder andere meinten, es müsse im Nedjd zu suchen sein. Nicht einer von ihnen war der Ansicht, daß dieser Treibsand sich in der Wüste nördlich von Hadramaut befinde. Mir schien es nicht ausgeschlossen, daß die Legende vom Bahr al-Safi aus Beduinenerzählungen über die Umm al-Samim entstanden ist. Ich war entschlossen, die genaue Lage dieser Treibsande festzustellen, von denen ich sicher war, daß sie hier lagen, 1200 Kilometer östlich von Hadramaut.

Nach ausführlichen Besprechungen beschlossen wir, am nächsten Brunnen im Wadi al-Ain noch einmal Wasser zu fassen und uns dann südwärts am Ostrand der Umm al-Samim entlang zu bewegen. Ich war dagegen, einen dieser Brunnen aufzusuchen, weil ich Schwierigkeiten mit den Duru befürchtete. Aber Salim hoffte zuversichtlich, daß er uns durch ihr Land führen könne, und da die Raschid ihren Kamelen einen langen wasserlosen Marsch ersparen wollten, wurde ich überstimmt.

Wir erreichten nach drei Tagen das Wadi al-Ain und fanden ein wenig süßes Wasser dicht unter der Erdoberfläche. In der Nähe lagerten einige Duru. Wir wären gern weitergezogen, nachdem wir unsere Wasserschläuche aufgefüllt hatten, ohne die Aufmerksamkeit der Duru zu wecken. Aber es war bitterkalt, ein scharfer Nordwind wehte, und mehrere unserer Kamele hatten Blut im Urin. Wir befürchteten sie zu verlieren, wenn wir weiterreisten, ehe der Wind nachließ. Hier gewährten uns immerhin ein paar Büsche ein wenig Schutz.

In der Frühe des nächsten Morgens sahen wir etwa zwanzig berittene Männer näherkommen, immer zwei Mann auf einem Kamel. Zweihundert Meter von uns entfernt, wo ein niederer Sandwall ein wenig Schutz vor dem Wind bot, saßen sie ab. Es handelte sich ganz offensichtlich um Verfolger, und wir merkten, daß uns nichts Gutes bevorstand. Bin al-Kamam wandte sich an Salim und fragte: »Was sind das für Leute?« Und Salim antwortete: »Gott möge sie vernichten! Das ist Sulaiman bin Kharas mit einigen anderen Duru-Scheichs.« Er beobachtete sie eine Weile und sagte dann: »Komm, Hamaid, wir wollen hinübergehen und feststellen, was sie im Schilde führen.«

Die Duru erhoben sich zur Begrüßung, dann setzten sich alle in einem Kreis zusammen. Kurz darauf hörten wir erregte Stimmen. Ich schlug vor, daß wir auch hinübergingen, aber Bin al-Kamam sagte: »Nein, bleibe hier. Überlasse das Salim und Hamaid. Sie sind Ghafaris.« Inzwischen erschienen noch mehr Duru, darunter auch Staiyun und sein Sohn Ali, die beide zu uns herüberkamen. Bin Kabina machte sich daran, Kaffee zu bereiten, und wir setzten ihnen eine Schale Datteln vor; obwohl wir sie in den Schutz unseres aufgetürmten Gepäcks baten, füllte der Wind die Schale bald mit Sand.

Der alte Staiyun sagte: »Die Scheichs sind fest entschlossen, jeden Christen daran zu hindern, durch unser Land zu reisen. Aber du warst vor zwei Jahren bei mir, und du bist mein Freund. Ich und mein Sohn werden dich jetzt bringen, wohin du gehen willst, ganz gleich, was die Scheichs auch dazu sagen.« Ich dankte ihm und fragte ihn, ob er denn gewußt habe, wer ich sei, als ich damals bei ihm wohnte. »Nein«, antwortete er. »Wir haben uns oft überlegt, wer du wohl bist und wo du hergekommen bist. Aber nie kam uns der Gedanke, du könntest ein Christ sein.« Nachdem wir Kaffee getrunken hatten, sagte er: »Komm, wir wollen zu den Scheichs gehen.« Wir nahmen unsere Gewehre und folgten ihm. Ich begrüßte die Duru, deren Zahl nun auf etwa vierzig angestiegen war, und schritt, von meinen Begleitern gefolgt, die Reihe ab, um jedem einzelnen die Hand zu schütteln. Nachdem wir die Neuigkeiten ausgetauscht hatten, ließen wir uns ihnen gegenüber nieder. Staiyun und Ali nahmen neben mir Platz. Salim und Bin Kharas fingen wieder an zu streiten. Salim sagte wütend: »Die Djanaba sind von den Duru als *rabia* anerkannt. Mit welchem Recht wollt ihr uns die Weiterreise verwehren?« Bin Kharas antwortete ebenso laut: »Die Stammesbräuche gelten nicht für die Christen.« Er war ein untersetzter Mann mit zornigen, blutunterlaufenen Augen, herrschsüchtig und streitlustig. Jetzt mischte sich der alte Staiyun ein: »Weshalb machst du solche Schwierigkeiten, Bin Kharas? In diesem Mann ist nichts Böses. Er ist bei allen Stämmen bekannt und beliebt. Ich kenne ihn, du kennst ihn nicht. Er hat zehn Tage bei mir gewohnt und mir kein Leid zugefügt. Im Gegenteil, er hat mir geholfen. Er ist mein Freund.« Hamaid kam ihm zu Hilfe: »Umbarak ist Zayids Freund. Er hat jahrelang unter den Stämmen gelebt, er ist nicht wie andere Christen, er ist unser Freund.« Aber Bin Kharas schrie: »Dann bring ihn doch wieder zu Zayid zurück. Wir wollen ihn hier nicht. Bring ihn wenigstens wieder nach Qusaiwara. Aber bring ihn bloß nicht wieder hierher, sonst töten wir ihn.« Der alte Staiyun beugte sich vor und sagte wütend: »Du hast kein Recht, so zu sprechen. Allmächtiger Gott! Ich selbst werde ihn durch unser Land führen, ob es dir und all den anderen Scheichs paßt oder nicht. Ihr könnt mich nicht daran hindern.« Ich betrachtete die Raschid. Sie saßen, scheinbar unbeteiligt, schweigend da, ihre Augen wanderten von einem Sprecher zum anderen. Bin Tahi stocherte mit seinem Kamelstecken im Sand, die anderen rührten sich nicht. Sie saßen ihren Feinden gegenüber und waren sich ihrer Würde voll bewußt. Die Duru gerieten nun untereinander in Streit. Fünf seiner Verwandten standen Staiyun bei. Bin Kharas gebot schließlich den anderen Schweigen und erklärte dann laut: »Wir dulden keinen Ungläubigen in unserem Land. Gottes Fluch über dich, Salim, weil du ihn hierher gebracht hast.« Einige der Männer, die in seiner Nähe saßen, murmelten ihre Zustimmung. Der Streit ging weiter und weiter. Immer mehr Duru kamen geritten, saßen ab und mischten sich unter die Menge. Jeder hatte etwas zu sagen und sagte es umständlich und meist mehrmals hintereinander. Salim hatte sein Kopftuch auf den Boden geworfen, eine Geste des Trotzes, und nun saß er barhäuptig im schneidenden Wind, der uns den Sand in die Augen trieb. Schließlich nahmen zwei Männer, die neben Bin Kharas gesessen waren, diesen beiseite. Als sie zurückkamen, murmelte er ungnädig: »Nun gut, ihr könnt den Christen südwärts am Rand der Umm al-Samim entlang aus unserem Land führen. Aber ihr dürft keinen einzigen unserer Brunnen benutzen.« Sofort verlief sich die Menge, denn alle wollten so rasch wie möglich in den Schutz ihrer Lager zurückkehren. Nur Staiyun und Ali blieben bei uns. Als wir Sulaiman und die anderen davonreiten sahen, sagte Bin al-Kamam: »Den Duru darf man nicht trauen. Zu viele Menschen, die mit ihnen reisen, sterben am Schlangenbiß.« Ich entsann mich, daß al-Auf den gleichen Ausdruck benutzt hatte, als ich vor zwei Jahren zum erstenmal das Duru-Land betrat. Ich überlegte, wie wir es wohl anstellen müßten, um wieder durch ihr Land zurückzureisen. Wenn wir nicht den Weg durchs Gebirge nehmen konnten, gab es keinen anderen Ausweg.

Am nächsten Morgen hatte der Wind nachgelassen. Wir füllten sämtliche Wasserschläuche, denn Staiyun, der sich erbot, mitzukommen, meinte, wir könnten auf weiteren Widerstand stoßen, wenn wir in Amairi Wasser zu fassen versuchten. Ich bat ihn, uns am Rand der Umm al-Samim entlang zu führen, damit ich diesen Treibsand sehen könne. Er meinte nur: »Schön, aber es gibt dort eigentlich nichts zu sehen.«

Wir ritten über endlosen Kies mit Kalksteinwindkantern, der bar jeder Vegetation war, bis wir endlich an dem seichten Bett des Wadi Zuaqti ankamen, in dem wenige, in der jahrelangen Dürre verkümmerte Kräuter wuchsen. Dahinter verschwamm eine goldbraune Ebene im staubdunstigen Himmel. Nichts, weder Stock noch Stein, unterbrach ihre trostlose Monotonie. Staiyun wandte sich an mich: »Da wären wir. Das ist die Umm al-Samim.«

Ich entsann mich meiner Erregung vor zwei Jahren, als al-Auf zum erstenmal von diesen Treibsanden gesprochen hatte. Nun lagen sie vor mir, und ich war der erste Europäer, der sie sah. Den weißen Boden aus feinem Gipsstaub bedeckte eine sandbestreute Salzkruste. Durch diese ragten die hin und wieder abgestorbenen Zweige von *arad*-Salzbüschen. Sie zeigten die Grenze des festen Landes an. Weiter draußen ließ lediglich eine um weniges dunklere Färbung der Oberfläche den Sumpf erkennen, der darunter drohte. Ich tat einige Schritte nach vorn, aber Staiyun legte die Hand auf meinen Arm und sagte: »Geh nicht weiter! Es ist gefährlich!« Ich hätte gern gewußt, wie gefährlich es wirklich war, erfuhr jedoch nur, daß eine Anzahl Menschen, darunter auch eine Bande von Awamir, in dieser Wüste umgekommen sei, und hörte noch einmal von Staiyun die Geschichte der Ziegenherde, die vor seinen eigenen Augen im Erdboden versunken war.

Wir faßten Wasser in Amairi und wurden von den wenigen Duru, die sich dort befanden, nicht behindert. Ich war nun darauf aus, die Gharbaniat-Wüste westlich der Umm al-Samim aufzusuchen, um meine jüngsten Routenaufnahmen mit denen, die ich vor drei Jahren in der Wüste Sahma östlich von Maghshin gemacht hatte, in Verbindung zu bringen. Einige Duru hatten uns erzählt, daß es in dieser Wüste viele Oryx gebe. Die Raschid waren ohnehin mit dem neuen Reiseziel sehr einverstanden, weil sie sich guten Weidegrund für ihre Kamele erwarteten. Hamaid jedoch weigerte sich, mitzukommen, weil Salim und er nicht nach Qusaiwara gekommen wären, um in einer wasserlosen Wüste hinzuziehen, die nichts als Entbehrungen zu bieten habe, sondern um mich zu Yasir nach Izz zu bringen. Salim hatte bereits Schwierigkeiten gemacht. Einige Tage zuvor hatte er plötzlich Extrageld gefordert und mir erklärt, er werde auf der Stelle umkehren, falls er es nicht erhalte. Wir hatten das ignoriert, waren ohne ihn aufgebrochen. Er hatte damals nichts mehr gesagt, aber ich vermutete, daß er diese neuen Schwierigkeiten verursacht hatte. Ich war stark versucht, ihn fortzuschicken, weil ich ihn nicht mochte, aber die Raschid warnten mich und sagten, wenn ich das täte, dann würde er, der unsere Pläne kenne, unsere Einreise nach Oman verhindern. Das sah ich ein, und schließlich hatte Bin al-Kamam ihn und Hamaid beiseite genommen und die beiden überredet, bei uns zu bleiben.

Staiyun verließ uns nun, um in sein Lager zurückzukehren, nachdem er einen Afar aufgetrieben hatte, der uns bis zum Wahiba-Land führen sollte. Der Mann erbot sich, uns durch die Südspitze der Umm al-Samim zu geleiten. Der Gedanke, diesen Boden zu betreten, war uns allen zuwider, aber der Afar behauptete, einen ungefährlichen Weg zu kennen, der uns einen langen Umweg ersparen würde. Das war ein schwerwiegender Grund, da es zum nächsten Brunnen sehr weit war. Im Morgengrauen brachen wir auf. Drei Stunden lang gingen wir Schritt für Schritt über die schlüpfrige Oberfläche und versuchten, die ständig ausgleitenden Kamele davor zu bewahren, zu stürzen und sich die Füße zu brechen. Wir brachen oft und oft durch die Salzschicht und wateten dann durch zähen schwarzen Schlamm, der in den Schnitten und Kratzern auf unseren Beinen ätzend brannte. Die Kamele wollten immer wieder stehenbleiben, und wir zerrten und prügelten sie weiter. Wir hatten große Angst, sie könnten so tief einsinken, daß sie nicht wieder aus dem Schlamm herauskamen. Mir fielen schreckliche Geschichten ein von Fahrzeugen, die in ähnlichem Treibsand während des Krieges in der Qatara-Senke auf Nimmerwiedersehen verschwunden waren. Auch die anderen waren offensichtlich nervös, und Bin Kabina gab unseren Gedanken laut Ausdruck, als er sagte: »Ich hoffe zu Gott, daß nicht die ganze Erdoberfläche aufbricht. Ich habe keine Lust, in diesem Dreck zu ersticken.« Der Weg kam uns endlos vor, aber schließlich hatten wir auf einer Kalksteinerhebung auf der anderen Seite wieder festen Boden unter den Füßen. Vor uns lagen die Großen Sande, mit weit ausladenden, sattfarbenen Dünen, zwischen denen Weideplätze für unsere Kamele lockten.

Am Abend unterhielten wir uns darüber, wo hier wohl Oryx-Antilopen zu finden seien, und da wir uns nicht einigen konnten, schlug ich scherzhaft vor, einer von uns solle es doch aus dem Sand lesen. Bin Kabina antwortete: »Das kann keiner von uns.« Aber Bin Tahi sagte: »Woher willst du das wissen? Ich beherrsche diese Kunst, ich täusche mich nie. Sieh, ich will es dir zeigen.« Er glättete den Sand und machte mit zwei Fingern eine Reihe von kleinen Löchern, die er in handbreite Felder abteilte. Murmelnd und seinen Bart streichend zählte er, ob die Punkte in den einzelnen Feldern eine gerade oder ungerade Zahl ergaben. Dann machte er einige Zeichen in den Sand, verwischte die Punkte und begann, noch immer murmelnd, von neuem. Ich hatte mehrmals Araber aus dem Sand lesen gesehen, und die Methode, der sich Bin Tahi bediente, kam mir bekannt vor. Meine Gefährten sahen gespannt zu. Schließlich verkündete Bin Tahi: »Im Süden, in der Nähe von Sahma, gibt es Oryx.« Da diese Prophezeiung mit der von ihm bereits geäußerten Ansicht übereinstimmte, fragte Bin Kabina, der nach Westen gehen wollte, sofort: »Wie hast du denn das herausgebracht?« Die anderen waren ebenso skeptisch, und der alte Mann mußte nun gestehen, daß er ebensowenig wahrsagen konnte wie sie. »Na, jedenfalls habt ihr geglaubt, ich könnte es«, kicherte er. Bin al-

Kamam wandte sich an mich: »Wo möchtest du denn hin, Umbarak?« Ich sagte: »Laß uns nach Süden gehen. Wer weiß, vielleicht stellt sich heraus, daß Bin Tahi doch recht gehabt hat.« Und damit erklärten sich die anderen einverstanden.

Wir ritten 80 Kilometer weit südwärts bis zum Rand von Sahma, fanden auch frische Spuren, bekamen jedoch keine Oryx zu Gesicht. Bei Qurn Sahma trafen wir einen Afar-Knaben, dem Djuma'an die Kamele geraubt hatte – derselbe Mann, den wir vor wenigen Wochen bei Liwa verfolgt hatten. Der Knabe, der auf einem halbwüchsigen Füllen saß, folgte seiner Spur und hatte fast kein Wasser mehr. Wir rieten ihm, umzukehren und einen ordentlichen Trupp von Verfolgern auf die Beine zu bringen. Als er das ablehnte, gaben wir ihm Wasser und wünschten ihm viel Glück, wenngleich wir ihm wenig Chancen gegen Djuma'an gaben; denn er besaß nur fünfzehn Schuß Munition, und sein Gewehr war alt und offensichtlich nicht mehr viel wert.

Neun Tage später trafen wir in Farai am Rande des Wahiba-Landes ein. Auf dem Weg dorthin hatten wir in Muqaibara, einem wenig besuchten Brunnen am Ostrand der Huquf-Stufe, Wasser gefaßt. Es war bitteres Wasser und schmeckte scheußlicher als alles, was ich je getrunken hatte. Wir hatten unsere Wasserschläuche am Abend zuvor geleert und konnten den Brunnen nur unter Schwierigkeiten finden, da unser Afar-Führer wegen Dünen von etwa einem Meter Höhe den Weg nicht sofort fand. Er sagte, diese Dünen habe es noch nicht gegeben, als er vor zehn Jahren hier gewesen war. Mir schienen diese Sandzungen die einzigen Anhaltspunkte auf der horizontalen Ebene zu sein, die wir während der letzten zwei Tage durchquert hatten.

In Farai waren viele Wahiba, Djanaba und Harasis emsig damit beschäftigt, ihre Kamele und Esel, Schafe und Ziegen zu tränken. Ich hatte einige angstvolle Minuten durchzustehen, als ein Wahiba-Knabe Bin Kabinas Kamel als das Tier erkannte, das ihm vor wenigen Monaten gestohlen worden war. Aber Bin al-Kamam versicherte mir, der Knabe habe nach Stammesrecht nun keinen Anspruch mehr darauf, weil Bin Kabina es gekauft hatte. Der Bursche wollte es jedoch unbedingt wiederhaben, da es sein Lieblingskamel war, und nach einigem Hin und Her gab Bin Kabina es ihm als Teilzahlung für ein weit schöneres Tier zurück, das ihm bereits aufgefallen war. Der Knabe erschien kurz darauf mit einem jungen Wüstenfuchs wieder, den er am Morgen gefangen hatte und mir nun zum Geschenk machen wollte. Es war ein reizendes kleines Tier, fünfundzwanzig Zentimeter lang, beinah weiß und mit sehr großen Ohren. Ich wollte es nicht annehmen, weil ich befürchtete, wir würden es nicht ernähren können. Aber al-Djabari, einer der beiden Awamir, die uns begleiteten, versicherte mir, er könne genügend Mäuse und Eidechsen für das Füchslein finden. Als wir zwei Tage später um die Mittagsstunde Rast machten, war der Sack, in dem wir das Tierchen mitführten, leer. Al-Djabari bestand darauf, bis zu unserem letzten Lagerplatz zurückzureiten, um nach »unserem kleinen Gefährten« zu suchen, und als er ohne das Tier zurückkam, waren die anderen seltsam verstört. Das überraschte mich, denn die Bedu zeigen, selbst wenn es sich um menschliche Wesen handelt, nur selten irgendwelche Gefühle.

An dem Abend, den wir in Farai verbrachten, gesellte sich ein alter Mann zu uns. Er war einer der beiden bezaubernden alten Wahiba, die vor zwei Jahren in Haushi die Nacht mit uns verbrachten, als wir die *hazmia* geschlachtet hatten, und lud uns nun in sein Lager ein. Da es aber ziemlich weit oben im Wadi Halfain lag und wir durch den Unterlauf dieses Wadis zur Küste ziehen wollten, lehnten wir dies ab. Er bot uns auch seine Begleitung an. Doch weil er schon alt und gebrechlich war, schlugen wir ihm vor, daß sein Vetter Ahmad uns an seiner Stelle begleiten sollte. Ahmad war genauso alt wie Bin al-Kamam und sah ihm ziemlich ähnlich. Er war vor kurzem mit einem größeren Trupp Wahiba in Riyadh gewesen, um dort Kamele zu verkaufen. Sie hatten alle unter heftigem Fieber gelitten, und elf waren auf der Heimreise gestorben. Später erzählte er uns, die Leichenfeiern hätten viele Tage gedauert und man habe aus diesem Anlaß viele Tiere geschlachtet. Ahmad gefiel mir auf den ersten Blick. Er war nicht nur, wie alle Wahiba, die wir trafen, offen und freundlich, sondern besaß auch großen Charme. Auch meine Raschid fanden großen Gefallen an ihm, und Bin Kabina meinte: »Wir wollen versuchen, ihn zu überreden, uns bis nach Muwaiqih zu begleiten.«

In Haidj in der Nähe der Südküste faßten wir wieder Wasser. Von hier aus hätten wir die Insel Masira sehen müssen, was mir aus Gründen der exakteren Standortbestimmung sehr erwünscht gewesen wäre, aber ein Sandsturm verwehrte uns die Sicht. Wir hatten ein Kamel gekauft und es am vorhergehenden Abend geschlachtet. Das Tier hatte einen großen eiternden Abszeß am Fuß, aber Bin al-Kamam versicherte mir, das habe keinen Einfluß auf die Genießbarkeit des übrigen Fleisches. Und ich war ohnehin viel zu hungrig, um noch zimperlich zu sein. Wir hängten die Streifen rohen Fleisches zum Trocknen an einigen Büschen auf, und mit wachsendem Unmut sah ich zu, wie die Sandkörner eine immer dicker werdende Kruste darauf bildeten.

Die Wahiba-Sande

Wir hatten Südarabien vom Persischen Golf bis zum Indischen Ozean durchquert, indem wir am Rand des Leeren Viertels entlanggezogen waren. Aber ich war jetzt an dieses Reisen gewöhnt. Von Haidj aus mußten wir nun durch Oman zurückkehren, und dazu bedurfte es vor allem der Diplomatie und nicht so sehr der körperlichen Ausdauer.

Ich erklärte Ahmad, daß ich nordwärts zum Wadi Batha reisen und dann, am Fuß des Gebirges entlang, nach Muwaiqih zurückkehren wollte. Diese Route würde mich durch die Wahiba-Sande führen, die von den Großen Sanden des Leeren Viertels durch eine mehr als 240 Kilometer breite Kiesebene getrennt sind und in die es mich schon immer gelockt hatte. Ahmad sagte: »Ich bin noch nie in diesen Sanden gewesen. Ich bin ein Yahahif, und wir leben auf den Ebenen. Aber ich besorge dir einen Führer von den Al Hiya, dem anderen Zweig unseres Stammes, der in jener Wüste lebt.« Er fuhr fort: »Du kannst dich im Land der Wahiba nach Belieben frei bewegen. Wir sind deine Freunde, Umbarak. Keiner von uns würde dir je den Weg verwehren. Aber die Stämme am Fuß des Gebirges sind anders. Sie werden gewiß die gleichen Schwierigkeiten wie die Duru machen, wenn sie herausbekommen, wer du bist. Schon weil sie alle dem Imam unterstehen, werden sie dich ohne seine Erlaubnis nicht durchreisen lassen. In der Wüste ist das eine andere Sache. Da können wir dich vielleicht durch das Land unsrer Feinde bringen, wenn wir wie auf einer Razzia reisen und die Brunnen meiden. Aber im Gebirge ist das unmöglich, weil wir uns an die begangenen Pfade halten müssen, die durch die Dörfer führen; wir könnten dich gar nicht verbergen. Ich werde dich so weit bringen, wie ich kann. Aber nur dich und einen deiner Begleiter. Wir werden uns gute Kamele besorgen und rascher sein als die Nachrichten. Wenn wir nur wenige sind, wird man uns vielleicht nicht weiter beachten. Die anderen lassen wir im Wadi Halfain, wohin wir vom Wadi Batha wieder zurückkehren. Wie du jedoch von dort nach Muwaiqih gelangen willst, weiß ich nicht. Darüber können wir aber immer noch nach unserer Rückkehr sprechen.«

Am nächsten Tag zogen wir in das Wadi Andam, das nur wenige Kilometer östlich vom Wadi Halfain verläuft, folgten ihm nordwärts und kamen zwei Tage später am Brunnen Nafi an. Das breite Tal war ziemlich dicht bewaldet und hätte, wäre nicht alles so verdorrt gewesen, als Park gelten können. Ahmad besorgte uns nun einen Mann von den Al Hiya, der Sultan hieß und sich bereit erklärte, uns durch die Wüste zum Wadi Batha zu führen. Ich beschloß, Bin Kabina auf diese Reise mitzunehmen. Bin al-Kamam wäre gar zu gern statt seiner mitgekommen, aber ich konnte ihn dazu überreden, die Führung der anderen zu übernehmen. Wir verabredeten, uns etwas weiter nördlich im Wadi Halfain, wo die Weidegründe besser sein sollten, wieder zu treffen.

Von Sultan mietete ich ein frisches Kamel. Bin Kabina ritt sein eigenes Tier, und auch Sultan und Ahmad hatten treffliche Kamele. Wir ritten vier der schönsten Kamele Arabiens und konnten, wenn es sich als nötig erwies, schnell reisen und große Strecken zurücklegen. Zunächst überquerten wir eine Kiesebene, auf der fleckenweise rötlicher Sand lag und die von kleinen Kalksteintafeln unterbrochen wurde, wo wir viele scheue Gazellen sahen. Allmählich nahm der Sand überhand, bis er den Kalksteinboden schließlich völlig bedeckte. Am zweiten Tag erreichten wir den etwa zweieinhalb Meter tiefen Brunnen von Tawi Harian, wo wir einige Wahiba trafen, die Esel, aber keine Kamele bei sich hatten. Sobald wir Wasser gefaßt hatten, zogen wir weiter, da wir überflüssigen Fragen aus dem Weg gehen wollten. Nun ritten wir nordwärts durch Talungen, die einen Kilometer breit und von etwa sechzig Meter hohen Dünenzügen flankiert waren. In diesen Talungen erheben sich seltsamerweise in Abständen von etwa drei

Kilometern kleine Stufen aus hartem Sand. Der Sand auf der Talsohle war rostrot, die Dünen jedoch zeigten auf beiden Seiten honiggelbe Farbe. Nach Norden zu wurden beide Farben immer schwächer. Am Abend kampierten wir in einem Dünenzug und blickten von der Höhe auf Sandwellen und kleine sichelförmige Mulden, in denen *abal*-Büsche wuchsen.

Am nächsten Morgen waren wir etwa drei Stunden geritten, als Bin Kabina plötzlich rief: »Wer ist das?« Ich wandte mich um und sah zu meiner Erleichterung, daß nur ein kleiner Junge eilig hinter uns her kam. Wir hielten an und warteten auf ihn. Er trug ein weißes Hemd, ein Kopftuch und einen Dolch, war kaum einen Meter dreißig groß und etwa elf Jahre alt. Nachdem wir uns förmlich begrüßt hatten, blieb er vor unsern Kamelen stehen, streckte seinen einen Arm aus und sagte: »Ihr dürft nicht weitergehen.« Ich dachte: »Verdammt noch mal, sollen wir uns wirklich von diesem Kind aufhalten lassen!« Die andern warteten schweigend. Der Junge wiederholte: »Ihr dürft nicht weitergehen!« Dann deutete er auf einige Dünen in etwa 8–10 Kilometer Entfernung und fuhr fort: »Ihr müßt mit zu meinen Zelten kommen. Ich werde ein Kamel für euch schlachten. Ich werde euch Fett und Fleisch zum Mittagessen geben.« Wir wandten ein, daß wir bis Sonnenuntergang noch eine große Strecke hinter uns bringen müßten, aber das Kind beharrte auf seiner Aufforderung. Schließlich lenkte es aber doch ein: »Es ist ganz falsch, aber was kann ich tun?« Als wir weiterritten, fragte es: »Habt ihr ein altes graues, trächtiges Kamel gesehen?« Ahmad verneinte, verbesserte sich jedoch nach kurzem Überlegen: »Wir haben vor einiger Zeit die Spuren eines jungen Kamels gesehen und ein wenig früher die Spuren von drei Kamelen. Aber keines davon war trächtig.« Sultan fragte: »Wie sehen die Spuren von deinem Kamel aus?« Der Knabe antwortete: »Es geht mit der einen Vorderhand ein wenig einwärts.« Bin Kabina rief: »Ja! Erinnert ihr euch nicht, daß wir hinter der hellen Sandfläche im letzten Tal an solchen Spuren vorbeigekommen sind? Das Tier ist den Hang zur Rechten hinaufgestiegen und hat *qassis* gefressen. Das war kurz vor dem abgebrochenen *abal*-Strauch.« Die andern meinten auch, es müsse sich um die Spuren des vermißten Kamels handeln, und beschrieben dem Knaben genau, wo er es finden könne. Die Stelle war etwa fünf

Kilometer entfernt. Ich staunte wieder einmal über die große Beobachtungsgabe dieser Menschen. Sie hatten sich über die Rechtslage eines vor kurzem stattgehabten Totschlags bei den Djanaba unterhalten und dabei scheinbar überhaupt nicht auf ihre Umgebung geachtet. Und doch konnten sie sich jetzt an jede Kamelspur erinnern, die wir gekreuzt hatten. Sultan sagte: »So Gott will, wirst du dein Tier mühelos finden. Die Spuren, die wir sahen, waren frisch, sie sind von heute.« Der Knabe dankte uns und kehrte wieder um. Wir sahen ihm nach. Seine Kleidung stach sehr weiß gegen den roten Sand ab, und Sultan sagte: »Ahmad, erinnerst du dich an den alten Salih? Er starb vergangenen Herbst. Das ist sein Sohn, ein braver Junge.«

Zwei Tage später lagerten wir über dem Wadi Batha auf einem sechzig Meter hohen Dünenkamm. Das Tal von Batha war etwa 10 Kilometer breit und auf der gegenüberliegenden Seite von einem schmalen Sandgürtel begrenzt, hinter dem sich dunkle, niedrige Hügel erhoben, die der kahle Gebirgszug des Hadjar überragte. Trotz des Dunstes konnte ich die Gipfel des Djebel Dja'alan am Ostende der Bergkette nahe der Küste erkennen. Ich peilte mit meinem Kompaß und ließ mir von Sultan die einzelnen Dörfer benennen, die meist von Palmen umgeben waren und sich deutlich auf der gelben Ebene abzeichneten. Ich wollte Bin Kabina auf einige Bedu-Lager aufmerksam machen, aber er war mit seinen Sattelpolstern beschäftigt und gab scherzhaft zurück: »Was soll ich mit diesen Bedu? Sie haben meinen Vater nicht getötet.« Ich hockte mich schließlich neben ihn ans Feuer und bestimmte mit seiner Hilfe die Pflanzen, die wir in der Wahiba-Wüste gefunden hatten.

Ahmad und Sultan hatten mich wie versprochen durch die Wüste zum Wadi Batha geführt. Ich hoffte, daß wir nun nicht sofort wieder zu den anderen in das Wadi Halfain zurück mußten, sondern daß wir noch westwärts durch die Dörfer ins Vorgebirge ziehen konnten. Ahmad erklärte sich mit diesem Vorschlag einverstanden: »Wir wollen dir soviel wie möglich von diesem Land zeigen. Aber von jetzt an darf niemand merken, daß du ein Christ bist.«

Am nächsten Morgen warnte mich Sultan beim Aufbruch: »Wenn wir Arabern begegnen, dann verhältst du dich am besten ganz ruhig.« Ich fragte, für wen sie mich ausgeben wollten, und erhielt zur Antwort:

»Das hängt davon ab, wen wir treffen.« Bin Kabina deutete auf meine Armbanduhr und sagte: »Zieh das aus.« Und ich ließ sie in meinem Hemd verschwinden.

Als wir das Tal hinaufzogen, das hier das Batha Bidiya heißt, deutete Sultan auf ein Dorf, das, vom Sand halb begraben, am Fuß einer Düne lag, und sagte: »Mit der Zeit wird die Wüste dieses Tal verschlingen. Vor wenigen Jahren war das Dorf noch bewohnt.« Wir kamen durch mehrere Dörfer, von denen zwei oder drei völlig und andere zum Teil verlassen waren. Sultan erklärte mir, dies sei eine Folge der versiegten *afladj*, der unterirdischen Kanäle, die das Wasser in die Anbaugebiete bringen. Diese *afladj* sind in Oman wahrscheinlich nach persischem Vorbild entstanden. Alle zehn Meter gräbt man einen Schacht in den Boden, der mit dem nächsten durch einen Tunnel verbunden wird. Da die *afladj* oft einige Kilometer lang sind und man darin ohne Instrumente im Finstern arbeiten muß, bedarf es großer Geschicklichkeit, das richtige Gefälle zu schaffen. Ich konnte mehrere dieser Kanäle erkennen, die quer über das Tal führen. Ihr Verlauf ist an den neben den Schächten aufgeworfenen Erdhügeln unschwer festzustellen.

Wir gingen gerade zu Fuß, als wir drei Arabern und einem Knaben begegneten, die alle bewaffnet waren und eine Karawane von Lastkamelen führten. Wir blieben stehen, und es entspann sich eine Unterhaltung. Sie musterten uns mit ihren dunklen Zigeuneraugen, und insbesondere mich streiften ihre forschenden Blicke immer wieder. Schließlich stellte einer von ihnen, ein älterer Mann mit einer Narbe auf der Backe, an Sultan die Frage: »Ist er ein Belutschi?« »Ja. Er kommt aus Sur. Er kauft Sklaven und reist nach Nizwa.« Vier Augenpaare waren forschend auf mich gerichtet. Dies war die erste solcher Begegnungen, und jedesmal kam ich mir schrecklich auffällig vor, wenn ich so, wortlos und alle anderen überragend, dastand, während man die Neuigkeiten austauschte und die Zeit qualvoll langsam verstrich. Aber auch wenn ich fürchten mußte, daß mein Geheimnis gelüftet würde, war ich mir bewußt, daß das Faszinierende dieser Reise nicht so sehr in der Bekanntschaft mit dem Land, sondern in den Umständen lag, unter denen ich es kennenlernte.

Sultan bestand darauf, daß wir das Harth-Dorf, das wir weiter oben im Tal sahen, umgingen. »Wir wollen eine Begegnung mit Salih Bin Aisa vermeiden«, sagte er. »Er ist der Scheich der Harth und der Häuptling aller Hanawi-Stämme. Er würde rasch herausbekommen, wer du bist, und selbst wenn er sich freundlich gibt, ist dann die Katze aus dem Sack. Man würde im Nu in der ganzen Gegend von deiner Anwesenheit wissen.« Auf dem Umweg um das Dorf führte er uns um die Nordspitze der Wüste in ein wirres Durcheinander nackter, zerklüfteter Hügel, die teils rötlich-braun, teils schwarz oder auch schieferblau und schmutzig-weiß waren. Nach zwei Tagereisen durch diese Hügel erreichten wir die Habus-Dörfer in einem Nebenbett des Wadi Andam. Wir waren mit unseren Vorräten fast am Ende, und Sultan und Bin Kabina gingen nach Mudhaibi, wo es einen Markt gab. Ahmad und ich warteten vor dem Dorf auf sie. Einige Leute, die des Wegs kamen, riefen uns einen Gruß zu. Ich war froh, daß keiner uns ansprach, da ich von Ahmad wußte, daß in diesem Dorf ein Vertreter des Imam wohnte. Ich war mir darüber klar, daß ich, sobald ich Verdacht erregte, verhaftet und nach Nizwa gebracht würde. Nach einer Stunde kehrten die anderen mit Datteln und Kaffee zurück. Mehr hatten sie nicht bekommen, und man hatte unverschämt hohe Preise von ihnen verlangt. Wir reisten weiter das Tal hinab und kamen an mehreren Dörfern vorbei. Am Rand des Wadis gab es vereinzelte Palmen und kleine Gärten, die von Bächen bewässert wurden, deren Ufer blühender Oleander säumte.

Es war ein klarer Tag, der erste schöne Tag seit Wochen, und ich konnte den dreitausend Meter hohen Gipfel des Djebel al-Akhdhar sehen; 40 Kilometer im Norden lag das mir nun schon vertraute Profil des Djebel Kaur. Viele andere Gipfel und Berge erhoben sich am Horizont. Ich machte immer wieder halt, um ihre Umrisse zu skizzieren und ihre Richtung anzupeilen. Von all diesen Bergen war nur der Djabal al-Akhdhar auf der Karte, die ich mithatte, eingezeichnet.

Sultan erklärte mir, wir müßten, um zu meiner Reisegesellschaft zu stoßen, nun wieder südwärts ziehen. Zwei Tage später, in der Nähe eines Brunnens im Wadi Andam, fiel mein Auge auf ein ungewöhnlich schönes gesatteltes Kamel. Am Brunnen stand ein hochgewachsener Mann in einem verblichenen braunen Hemd, der ein besticktes wollenes Kopftuch lose um den Kopf geschlungen hatte, und unterhielt sich mit zwei

Knaben und einem Mädchen, die eine Ziegenherde tränkten. Sein Dolch war kunstvoll mit Silber verziert. Ahmad flüsterte mir zu: »Das ist Ali bin Sa'id bin Rashid, der Scheich der Yahahif.« Als wir ihn begrüßt hatten, meinte er: »Ihr seid also wohlbehalten zurück. Seid mir willkommen. Eure Gefährten halten sich in der Nähe meines Lagers auf. Sie sind alle wohlauf und erwarten euch. Morgen gehen wir zu ihnen. Heute nacht rasten wir mit einigen Belutschen hier in der Nähe. Ihr werdet nach der langen Reise hungrig und müde sein.« Dann wandte er sich an Ahmad und fragte: »Hattet ihr Schwierigkeiten?« Seine Augen waren ruhig und nachdenklich, seine Nase groß und ein wenig gekrümmt. Tiefe Falten zogen sich über seine Wangen, der zerzauste Bart war ergraut, die ziemlich üppigen Lippen zierte ein schmaler Schnurrbart. Er wirkte gutmütig und gar nicht fanatisch, strahlte aber eine große Autorität aus. Ein Bedu-Scheich hat keine Söldlinge, auf die er sich verlassen und denen er seine Befehle aufzwingen kann. Er ist lediglich der *primus inter pares* in einer Gesellschaft, in der jeder Mann völlig unabhängig ist und gegen die geringsten autokratischen Gelüste aufbegehren würde. Infolgedessen hängt die Autorität eines Scheichs allein von der Kraft seiner Persönlichkeit und von seiner Geschicklichkeit im Umgang mit Menschen ab. Seine Stellung innerhalb des Stammes ähnelt der eines Ausschußvorsitzenden. Ich hatte schon oft den großen Einfluß, den Ali ausübte, rühmen hören, und als ich ihn nun vor mir sah, wunderte mich das nicht.

Ahmad holte Alis Kamel, und nun ritten wir zu fünft zu dem nahe gelegenen Belutschen-Lager, wo wir die Nacht verbringen sollten. Es war vier Uhr nachmittags, als wir dort eintrafen, aber es sollte elf Uhr nachts werden, ehe wir uns vor einer großen Schüssel, die mit zähem Fleisch und Datteln beladen war, niederlassen konnten.

Etwa zwanzig Männer und Knaben hatten sich um das Feuer versammelt. Alle, selbst die Kinder, trugen Hemden. Im Gegensatz zu Dhofar trägt man hier nicht nur ein Lendentuch. Ali hatte mir erzählt, daß diese Belutschen zwar aus Persien stammten, aber nun schon so lange unter den Wahiba lebten, daß sie als ein Zweig dieses Stammes galten. Sie sprachen nur Arabisch, und ich hätte sie von den andern Mitgliedern ihres Adoptivstammes nicht unterscheiden können.

Bin Kabina hatte wie üblich das Gewehr nahe zur Hand. Ali bemerkte dies und sagte: »Es ist schon gut, mein Junge. Du kannst dein Gewehr da drüben lassen. Dank unserem Imam, Gott schenke ihm ein langes Leben, herrscht hier Friede. Es ist hier nicht wie in den Sanden, aus denen ihr kommt und wo Raub und Totschlag an der Tagesordnung sind.«

Am späten Abend des nächsten Tages stießen wir in der Nähe des Brunnens Barida im Wadi Halfain wieder zu den anderen. Wir hatten 400 Kilometer zurückgelegt, seit wir uns vor zehn Tagen von ihnen getrennt hatten. Ali wollte, daß wir noch einige Kilometer wadiabwärts zu seinem Lager reiten sollten, aber wir überredeten ihn dazu, die Nacht mit uns zu verbringen. Bin al-Kamam kaufte eine Ziege. Erst lange nach Mitternacht konnten wir uns zum Mahl niederlassen. Den nächsten Tag verbrachten wir in Alis Zelt. Es war nur dreieinhalb Meter lang, aus schwarzem Ziegenhaar gewebt und wie ein Windschirm unter einem kleinen Baum aufgestellt. Bei diesen Bedu-Stämmen gibt es keinen Unterschied zwischen reich und arm, da alle das gleiche Leben führen, sich auf die gleiche Weise kleiden und die gleiche Nahrung zu sich nehmen. Und der Ärmste dünkt sich ebensoviel wert wie der Reichste.

Alis zwei Frauen, mit denen wir, wie es hier üblich ist, bei unserer Ankunft einen Händedruck getauscht hatten, gesellten sich nach dem Essen zu uns und nahmen am Gespräch teil, während wir Kaffee tranken. Ehe wir das Zelt verließen, brachten sie eine kleine Schale voll gelben, mit Ambra parfümierten Öls, das angeblich aus Sesamöl, Safran und einer Ingredienz, die *waris* heißt, hergestellt wird. Wir tauchten die Finger hinein und rieben Gesicht und Bart damit ein. Diesen Brauch habe ich nur bei den Wahiba und den Duru kennengelernt, aber Bin Kabina erzählte mir, man habe ihn vor seiner Beschneidung mit ähnlichem Öl gesalbt.

Ali machte uns darauf aufmerksam, daß die Ghafari-Stämme im Norden von meiner Ankunft bei den Wahiba gehört und verlauten lassen hätten, daß sie mir die Durchreise durch ihr Land verwehren würden. Er sagte: »Glaube nur nicht, daß du ungesehen davonkommst wie gerade eben. Jetzt werden sie auf der Lauer liegen. Warum reist du nicht die Küste entlang nach Maskat und von dort aus die Batina-Küste weiter?« Aber damit hätte ich auf das Hauptziel meiner Reise, die Erforschung des Inneren von Oman, verzichtet. Und dem Sultan von Maskat wollte ich auch nicht begegnen. Als ich ihn nach meiner ersten Reise durch diese Gegend in Salala gesprochen hatte, war er reizend gewesen. Ich war aber überzeugt, daß er jetzt, nach einer zweiten, zu der ich seine Erlaubnis nicht eingeholt hatte, reichlich ungehalten sein würde. Ich erzählte Ali, daß Zayid mir einen Brief an Yasir mitgegeben habe, in dem er Yasirs Unterstützung für mich erbat, und fragte ihn, ob Yasir mich wohl nach Muwaiqih zurückbringen könne. »Ja«, sagte Ali, »das glaube ich schon. Ich bezweifle aber, daß er es tun wird. Er wird den Imam nicht verstimmen wollen.«

Hier lagerten verschiedene Wahiba, einige in Zelten, andere in Unterschlupfen aus Baumstämmen und Ästen. Während der nächsten drei Tage trafen wir noch viele beim Tränken der Tiere an den Brunnen, an denen wir auf unserm Weg das Wadi Halfain hinauf vorüberkamen. Die Wahiba kamen mir viel gesitteter vor als die Duru, so wie mir die Raschid den Bait Kathir an innerer Bildung überlegen zu sein scheinen. Das Leben der Raschid war härter als das der Bait Kathir, und das mag den Unterschied zwischen den beiden Stämmen erklären. Aber die Wahiba und die Duru lebten unter den gleichen Bedingungen. Vielleicht war der Kontrast zwischen diesen beiden Stämmen aus einem Unterschied in ihrer ursprünglichen Herkunft zu erklären.

Als wir in der Nähe von Adam lagerten, einem kleinen Dorf in der Pforte zwischen dem Madhamar und dem Salakh, zwei Bergen, die unvermittelt aus der Kiesebene emporsteigen und sich halbmondförmig 48 Kilometer weit vom Wadi Halfain bis zum Wadi Amairi erstrecken, schickte ich Hamaid mit Zayids Brief zu Yasir. Ich hatte keine Instrumente bei mir, mit denen ich die Höhe hätte feststellen können, schätzte aber den Salakh auf neunhundert und den Madhamar auf vierhundertfünfzig Meter. Der Kalkstein, aus dem sie bestehen, war so verwittert, daß die Berge keine scharfen Formen hatten. Auf dem nackten Fels war keinerlei Vegetation zu sehen. Die Schichten beider Berge sind kuppelförmig aufgewölbt; und mit Bedauern fiel mir ein, daß gerade diese Lagerung die Geologen auf Öl schließen lassen könnte. Dennoch ahnte ich damals nicht, daß acht Jahre später eine Ölgesellschaft hier ihr Lager errichten, einen Flugplatz anlegen und in Fahud, nur 64 Kilometer entfernt, Bohrtürme aufstellen würde.

Am nächsten Tag kampierten wir nördlich des Madhamar in Tawi Yasir, wo wir uns wieder mit Hamaid treffen wollten. Am Abend gesellte sich ein älterer Dorfbewohner zu uns. Sein Gesicht drückte Mißbilligung aus, sein Bart, der nach Ibadhi-Sitte noch nie geschnitten worden war, wirkte sehr ungepflegt. Wir bereiteten ihm Kaffee und setzten ihm eine Schale mit Datteln vor. Kaum hatte er den Kaffee getrunken, begann er unablässig zu beten. Danach saß er schweigend da und strich sich den Bart. Nach dem Abendessen versuchte Bin Tahi, die Stimmung etwas zu lockern, indem er Possen riß, fand aber nicht den gewünschten Erfolg. Unser Besucher sprang plötzlich auf und behauptete, Bin Tahi verspotte ihn. Entsetzt stritten wir das ab. Wir hätten nur den einzigen Wunsch, ihn als unseren Gast zu erfreuen. Bin al-Kamam versuchte die Sache wieder einzurenken, indem er vorgab, Bin Tahi wäre seit einem Sturz vom Kamel nicht ganz richtig im Kopf. Der Mann jedoch ließ sich nicht beschwichtigen und erregte schließlich allgemeines Ärgernis, als er sagte: »So ergeht es den Mohammedanern, die mit einem Ungläubigen reisen.« Bin Tahi entgegnete sofort: »Mag sein, daß ich in religiösen Dingen nicht sehr beschlagen bin, aber jedenfalls kratze ich mich beim Beten nicht die ganze Zeit am Arsch.« Als der Mann in die Nacht hinausritt, sagten die andern: »Gottlob, daß er fort ist.« Ich aber hatte ein ungutes Gefühl und befürchtete, daß er uns noch Schwierigkeiten bereiten könnte.

Den nächsten Tag warteten wir auf Hamaid. Ich überlegte, was ich tun sollte, wenn Yasir mir seine Hilfe verweigerte, und bedauerte schon, daß ich Hamaid zu ihm geschickt hatte. Vielleicht hätten wir unbeobachtet durch das Land, das vor uns lag, gelangen können, wenn wir sehr rasch gereist wären. Nun waren wir schon zu lange hier. Aber wir konnten immer noch zu den Wahiba zurückkehren.

Bin Kabina saß neben mir und flickte sein Hemd. Es war arg abgetragen, und am Vortag war es an der Schulter gerissen. Ich fragte ihn gereizt: »Weshalb trägst du nicht dein neues Hemd?« Er gab keine Antwort, sondern flickte weiter. Ich fragte ihn noch einmal, und er antwortete, ohne aufzublicken: »Ich habe kein anderes.« Ich sagte: »Ich habe vor einigen Tagen dein neues Hemd mit der roten Stickerei in deiner Satteltasche gesehen.« »Ich habe es verschenkt.« »An wen?« »Sultan.« »Guter Gott, weshalb hast du das getan, wenn du nur noch diesen Fetzen hast?« »Er hat mich darum gebeten.« »Verfluchter Kerl. Ich habe ihm ein ansehnliches Geschenk gemacht. Du bist wirklich ein Narr.« »Hättest du seine Bitte abgeschlagen?« »Natürlich. Wir hätten ihm ja ein paar Taler mehr geben können.« »Als ich dich um Geld bat, hast du es mir verweigert.« Das stimmte. Er hatte mehrmals Geld bei mir geliehen, um es an Leute zu verschenken, die ihn darum baten. Kürzlich hatte ich mich zweimal geweigert, ihm etwas zu geben, um dieser fortgesetzten Bettelei ein Ende zu machen. Schließlich brauchte er das Geld ja später für sich. Ich hatte ihm gesagt, ich würde ihm sein Geld in Muwaiqih geben, weil ich das, was ich bei mir hatte, wahrscheinlich noch auf der Reise nötig hätte. Er solle sich doch darauf hinausreden, daß ich ihm kein Geld mehr gebe. Nun grollte ich: »Du wirst einen guten Eindruck machen, wenn wir Yasir treffen. Halbnackt, in diesem Fetzen!« Er antwortete zornig: »Muß ich dich um Erlaubnis fragen, ehe ich meine eigenen Sachen verschenke?«

Am späten Nachmittag kam Hamaid zurück, begleitet von Yasir und drei weiteren Arabern. Yasir trug ein schlichtes weißes Hemd und ein breites gesticktes Kopftuch und einen Dolch, einen Patronengurt und eine .450-Martini-Büchse. Er war ein großer, schwerer Mann, der beim Gehen schlurfte. Seine Züge waren auffallend und unregelmäßig, sein gewaltiger Bart war ergraut. Hamaid erzählte mir später, daß meine Ankunft Yasir in größte Verlegenheit gebracht hatte. Der Imam, der von meiner Anwesenheit in dieser Gegend erfahren hatte, hatte nämlich Befehl gegeben, mich unverzüglich zu verhaften, wenn ich mich blicken ließe. Yasir jedoch fühlte sich verpflichtet, mich zu sprechen, da ich einen Brief von Zayid überbracht hatte. Er erklärte auch sofort, er könne mich nicht ohne Erlaubnis des Imams nach Muwaiqih bringen, wolle jedoch am nächsten Morgen selbst nach Nizwa reiten, um mit dem Imam zu sprechen. Inzwischen würde sein Sohn uns an einen Ort in den Bergen halbwegs zwischen Nizwa und Izz bringen. Mir war klar, daß wir nicht mehr entfliehen konnten, wenn wir erst einmal dort waren und Yasir vom Imam nicht freies Geleit für uns erreichen konnte. Ich fragte die andern, was sie von der Sache hielten, und Bin al-Kamam meinte: »Wenn du nach Muwaiqih zurück willst, mußt du Yasir vertrauen.« Ich nahm daher Yasir beiseite und sagte: »Mein großer Freund Zayid hat mir versichert, daß nur du, der einflußreichste Scheich dieser Gegend, mich sicher durch Oman geleiten kannst. Nun bin ich mit Zayids Brief zu dir gekommen, um deine Hilfe zu erbitten. Ich lege mein Schicksal in deine Hände und bin bereit, alles zu tun, was du für richtig hältst.« Dann machte ich ihm ein Geschenk von zweihundert Maria Theresien Talern. Er antwortete: »Zieh du mit meinem Sohn. Morgen werde ich wieder bei dir sein und, so Gott will, mit der Reisegenehmigung des Imams.«

Am nächsten Tag kampierten wir 16 Kilometer vor Nizwa. Die Stadt lag hinter einem Felskamm versteckt, einem der vielen Felskämme in dem zerklüfteten Land, das sich zwischen unserem Lager und dem Fuß des Djebel al-Akhdhar, des »Grünen Berges«, erstreckte. Der Name erschien mir irreführend, da die Hänge dieses Massivs ebenso kahl aussahen wie die Berge, die uns umgaben. Die Luft war sehr klar, und man konnte das gesamte Massiv, das 80 Kilometer entfernt war, deutlich sehen. Es war von Schluchten zerrissen, die sich wie purpurne Streifen von dem blaßgelben und rauchig blauen Fels abhoben. Der Djebel al-Akhdhar ist ein großer Gebirgsstock, und ich konnte nicht feststellen, welcher der Gipfel, die über seinen Kamm emporragten, der höchste ist. Dreitausend Meter hoch, ist dieser Stock der höchste Teil einer Kette, die sich ohne Unterbrechung siebenhundert Kilometer weit vom Persischen Golf bis zum Indischen Ozean hinzieht.

Ahmad nannte mir die Namen der Städte und Dörfer, die wir sehen konnten. Er deutete auf eine Stadt, die am Fuß des Berges gerade noch sichtbar war: »Das ist Birkat al-Mauz – dort lebt Sulaiman bin Hamyar. Er ist der Scheich der Bani Riyam und das Oberhaupt aller Ghafari. Ihm gehört der Djebel al-Akhdhar, wo es das ganze Jahr fließendes Wasser geben soll. Auch Wälder und viele Früchte soll es dort geben. Es ist bitterkalt dort oben. Ein Araber aus diesem Gebirge hat mir einmal erzählt, daß im Winter der Regen sich manchmal in weichen weißen Puder verwandelt, der wie Salz ist. Nein, kein Hagel. Hagel haben wir häufig, sogar hier unten.« Ich fragte: »Würde Sulaiman mir wohl gestatten, auf diesen Berg zu gehen?« Er antwortete: »Das weiß Gott allein. Vielleicht. Man sagt, er sei ein Freund der Christen, die in Maskat leben. Aber der Imam würde verhindern, daß du ihm begegnest. Er traut Sulaiman nicht.« Nach einer Pause fuhr er fort: »Wenn du bis nach Birkat al-Mauz kommen kannst, ohne aufgehalten zu werden, dann wird Sulaiman dich mit ins Gebirge nehmen. Kein anderer könnte dich dorthin bringen.«

Bei Sonnenuntergang kam Yasir mit mehreren Arabern zurück. Er berichtete, daß ihm auf dem Weg nach Nizwa ein Reitertrupp begegnet sei, den der Imam ausgeschickt hatte, um mich zu verhaften. Er hatte die Reiter überredet, nach Nizwa zurückzukehren, wo er dem Imam nach einer heftigen Auseinandersetzung die Erlaubnis zu meiner Rückreise nach Muwaiqih abgerungen hatte. Der Imam hatte Yasir einen seiner Männer als Vertreter mitgegeben. Ich fürchtete schon, es würde sich um einen verknöcherten Fanatiker handeln, und war sehr erleichtert, als Yasir mich einem freundlichen alten Mann mit viel Sinn für Humor vorstellte. Yasir hatte auch einen der Duru-Scheiche, einen gewissen Huaishil, dazu überredet, uns zu begleiten. Huaishil besaß all den Charme, der Yasir bedauerlicherweise fehlte. Ich wußte, daß ich mir in der Begleitung eines Vertreters des Imams und der *rabia* von den Djanaba-, Duru- und Wahiba-Stämmen keine weiteren Sorgen machen mußte.

Während der acht Tage, die ich bis nach Muwaiqih benötigte, hatte ich vollauf zu tun. In der Wüste war außer unserer Route wenig zu beobachten gewesen, aber hier gab es viele Einzelheiten, die ich in meine Karte eintragen mußte. Die bestehenden Landkarten zeigten nur die groben Umrisse des Djebel al-Akhdhar und einzelne größere Städte. Ich war froh, daß ich mich nicht länger als Bedu ausgeben mußte und jetzt ganz offen Skizzen anfertigen und Messungen vornehmen konnte.

Als wir an einem gewaltigen Felsdom aus hellem Granit vorüberkamen, der wie eine Bastion des Djabal Kaur wirkte, begegneten wir drei Männern auf Kamelen. Einer von ihnen, ein kleiner zorniger Mann, der beinahe unter seinem großen weißen Turban verschwand, war der gefürchtete Riqaishi, der Statthalter von Ibri. Ich ritt mit bin Kabina, Bin al-Kamam und den beiden Awamir ziemlich weit hinter den anderen, denen Riqaishi soeben begegnet war. Er hatte Yasir sofort erzählt, daß der Christ sich in der Gegend herumtreibe und daß er selbst auf dem Weg nach Nizwa sei, um den Imam davon zu unterrichten. Als er erfuhr, daß ich zu Yasirs Reisegesellschaft gehöre, war er völlig entgeistert gewesen und hatte sich wortlos entfernt. Der Vertreter des

Imams lachte vergnügt in sich hinein, als er mir die Szene später schilderte. Bin al-Kamam grüßte den Riqaishi im Vorüberreiten und erkundigte sich höflich, ob er ihm behilflich sein könne. Der Riqaishi versetzte seinem Kamel einen zornigen Hieb und antwortete: »Wenn du mir einen Gefallen hättest tun wollen, dann hättest du nicht den Christen hierhergebracht.«

Als wir an diesem Abend vor Ibri lagerten, hörten wir, daß Bin Ghabaisha und ein anderer Raschid vor einer Woche hier gewesen waren. Sie hatten den Riqaishi besucht, der Bin Ghabaisha öffentlich beleidigt hatte, vielleicht, weil er nun ein weit und breit bekannter Brigant geworden war, wahrscheinlich aber, weil man wußte, daß er zu meinen Begleitern gehörte. Bin Ghabaisha hatte sich wütend erhoben und den Raum verlassen. Nach Einbruch der Dunkelheit hatte er dem Kaffeezubereiter des Riqaishi aufgelauert, einer wichtigen Persönlichkeit in einem arabischen Haushalt, und ihm gedroht, ihn beim geringsten Laut umzubringen, ihn vor die Stadt geführt, gefesselt und auf ein Kamel gebunden. Daraufhin hatte er einen Bauern geweckt und ihm gesagt: »Ich bin Bin Ghabaisha. Sage dem Riqaishi morgen früh, daß ich als Antwort auf seine Beleidigungen seinen Diener mitgenommen habe, um ihn in al-Hasa zu verkaufen.«

Als ich Bin Ghabaisha traf, erzählte er mir, der Riqaishi habe ihm fünfzig Taler für die Rückgabe seines Dieners geboten. Ich wollte wissen, ob er das Angebot angenommen habe. »Nein, ich ließ den Riqaishi wissen, ich wäre der Meinung, daß der Mann als Kaffeezubereiter untauglich wäre, da er mich ohne Kaffee sitzen gelassen hätte, als ich dem Statthalter meine Aufwartung machte. Außerdem würde ich in Sa'udi-Arabien einen weit höheren Preis für ihn erzielen.« Der Riqaishi löste später seinen Diener für eine beachtliche Summe aus.

Von Ibri aus ritten wir nordwärts, am Fuß der Berge entlang, zum Djebel Hafit und kamen dabei durch das Gebiet der Bani Kitab und der Al bu Shams. Beide Stämme hätten mich aufgehalten, wenn sie es gekonnt hätten. Nun aber, da ich mich in Begleitung des Vertreters des Imams und der *rabia* von den Djanaba-, Duru- und Wahiba-Stämmen befand, mußten sie mich durchziehen lassen. Am 6. April trafen wir in Muwaiqih ein. Seit wir Zayids Festung am 28. Januar verlassen hatten, waren wir 1770 Kilometer weit geritten.

Die Tür fällt ins Schloss

Im November 1949 kehrte ich aus England mit der Absicht zurück, meine Landkarte des Duru-Landes zu vervollständigen und, wenn möglich, den Djabal al-Akhdhar zu besuchen. In Muwaiqih fand ich Bin Kabina, dessen Halbbruder Muhammad bin Kalut, Bin Ghabaisha, Bin Tahi und al-Djabari von den Awamir vor. Bin al-Kamam war leider nach Dhofar zurückgekehrt. Die andern waren bereit, mich zu begleiten, aber Bin Kabina warnte mich, daß die Duru meine Einreise in ihr Gebiet verhindern wollten. Mit Zayids Hilfe ließ ich nach Huaishil schicken, dem Duru-Scheich, der mich im Vorjahr begleitet hatte. Meine Gefährten gaben zu, daß wir in seiner Begleitung von den Duru kaum Schwierigkeiten zu erwarten hätten, war er doch einer ihrer einflußreichsten Scheichs. Sechs Wochen später, wir waren gerade in der Wüste westlich von Muwaiqih auf der Falkenjagd, erschien er und versprach nach vielem Hinundhergerede, er wolle mich durch das Duru-Land nach Birkat al-Mauz bringen, wo Sulaiman bin Hamyar lebte. Nur Sulaiman konnte mich in den Djebel al-Akhdhar bringen.

Zehn Tage nach unserer Abreise von Muwaiqih, wir hatten gerade gefrühstückt und sattelten die Kamele, kam uns Bin Kharas, der unliebenswürdige, streitsüchtige Scheich, der mich im Jahr zuvor aufgehalten hatte, mit einem großen Gefolge von Duru entgegen und befahl uns, sofort auf demselben Weg, den wir gekommen waren, zurückzukehren. In dieser Nacht war ich von einem Skorpion gestochen worden, und zwar einmal in die Schulter, als ich mich im Schlaf umdrehte, und dann noch einmal in die Hand, als ich instinktiv nach ihm schlug. Es war eine mondlose, finstere Nacht gewesen. Ich hatte Bin Tahi, der in meiner Nähe schlief, aufgeweckt. Aber der alte Mann murmelte nur: »Wahrscheinlich war es eine Maus«, und schlief weiter. Nun hatte der Schmerz zwar nachgelassen, aber mir schwindelte und war ziemlich übel, und ich hatte keine Lust, dem endlosen Gezänk der widerlichen Duru geduldig zuzuhören. Sie stritten bis tief in die Nacht, und am nächsten Morgen verwehrten sie uns noch immer die Weiterreise. Huaishil kochte vor Wut, ich habe selten einen so zornigen Menschen gesehen. Plötzlich brüllte er: »Bei Gott, wir reisen weiter, was immer du auch sagen oder tun magst, Bin Kharas.« Und er stolzierte davon, um sein Kamel zu holen. Bin Kabina und Bin Ghabaisha führten mich beiseite, und Bin Ghabaisha sagte: »Hör zu, Umbarak. Huaishil ist vor Wut von Sinnen. Wenn du mit ihm gehst, wirst du Schwierigkeiten bekommen. Diese verfluchten Duru lassen nicht mit sich spaßen, und wenn wir versuchen, weiterzureisen, werden sie schießen. Und du wirst der erste sein, der stirbt. Warum willst du sterben? Nur um ihr Land zu sehen? Was hast du davon? Es ist ja noch nicht einmal ein Raubzug, den wir da unternehmen. Möge Gott diese unwürdigen Ghafari vernichten!« Bislang hatte ich mich an der Unterhaltung kaum beteiligt. Nun aber rief ich Huaishil herbei und schlug vor, zu Ali bin Hilal, dem obersten Scheich der Duru, zu gehen und von ihm die Reiseerlaubnis für mich zu erwirken, während wir anderen bis zu seiner Rückkehr an Ort und Stelle blieben. Huaishil hatte mir bereits erzählt, daß Ali bin Hilal gut auf mich zu sprechen sei. Schließlich erklärten Huaishil und die übrigen Duru sich damit einverstanden, aber Bin Kharas grollte: »Der Christ wird nicht durch mein Land reisen, und wenn ihm hundert Ali bin Hilals die Erlaubnis dazu geben. Wie kommt dieser Ali dazu, uns Vorschriften zu machen?«

Huaishil wollte in drei Tagen wieder zurück sein, und Bin Kharas und sein Gefolge zogen in ein Lager in der Nähe. Am Abend erschien ein Scheich der Afar in Begleitung eines Wahiba und eines Harasis in unserem Lager. Sie hatten erfahren, daß wir Schwierigkeiten mit den Duru hätten, und nun kamen sie, die Hanawis waren, uns zu Hilfe. Sie versprachen uns, bis zur Rückkehr von Huaishil bei uns zu bleiben. Es war nun entsetzlich kalt geworden, und aus Nordosten wehte ein scharfer Wind.

Nach drei Tagen erschien Bin Kharas abermals und verlangte, wir sollten abreisen, weil Huaishil nicht, wie versprochen, zurückgekehrt sei. Wir wußten beide ganz genau, daß man bei diesem Wetter nicht reisen konnte. Während der nächsten zwei Tage stritten wir beinahe unaufhörlich. Die Duru machten keinen unfreundlichen Eindruck. Sie gaben zu, daß ich ihnen kein Leid angetan hatte, als ich durch ihr Land gereist war, aber sie beharrten auf der Ansicht, daß weitere Christen in Automobilen kommen würden, sobald sie mir einmal die Erlaubnis erteilt hätten, nach Belieben durch ihr Gebiet zu reisen, und daß diese anderen Christen dann nach Öl suchen und ihr Land an sich reißen würden. Die Lage wurde noch durch eine Stammesfehde unter den Duru selbst kompliziert. Diese Duru hatten seit vielen Jahren Meinungsverschiedenheiten mit den Mahamid, jenem Stammeszweig, dem die Scheichs angehörten. Bin Kharas, obgleich selbst ein Mahamid, war entsetzlich eifersüchtig auf Ali bin Hilal und Huaishil und brannte darauf, seine eigene Stellung auf Kosten dieser beiden zu verstärken.

Um die Duru auf andere Gedanken zu bringen und bis zur Rückkehr Huaishils ein wenig Zeit zu gewinnen, setzte ich einen Preis von zehn Maria Theresien Talern für den Sieger in einem Kamelrennen aus. Aus Geldgier und um mit ihren Tieren prunken zu können, erklärten sie sich mit diesem Vorschlag einverstanden, nachdem sie zunächst vergeblich versucht hatten, den Preis zu erhöhen. Ein besonders schönes Kamel, das Bin Kharas gehörte, gewann mühelos das Rennen. Obgleich die Duru nach dem Rennen beinahe herzlich wurden, riet uns der Afar-Scheich zur Abreise, da die Duru uns umbringen wollten. Er sagte, sie hätten vor, Huaishils drei Gefährten zu einer Besprechung einzuladen, um sie zu überwältigen und zu entwaffnen, ehe sie über uns herfallen würden. Wie alle Duru haßten sie die Raschid, und Bin Kharas würde ihnen einreden, es sei ebenso löblich, einen Christen umzubringen wie nach Mekka zu pilgern und in diesem Fall auch wesentlich einfacher.

Am Abend kam Bin Kharas zu unserem Lagerplatz und sagte: »Der Christ muß morgen früh abreisen. Wir alle haben beschlossen, daß er sich hier nicht länger aufhalten darf.« Er wies den Kaffee zurück, den wir ihm anboten, und verließ uns sofort wieder. Als er verschwunden war, blickte Bin Ghabaisha, der für uns andere Kaffee ausschenkte, um sich und sagte: »Wenn wir morgen um diese Zeit noch hier sind, dann stehen wir in einem Kampf auf Leben und Tod.« Bin Tahi pflichtete ihm bei und fügte hinzu: »Wir müssen fort. Wir haben nicht die geringste Chance. Aber ich schwöre bei Gott, daß ich zurückkommen und Bin Kharas dieses Prachtkamel abnehmen werde. Er ist es nicht wert, ein solches Tier zu besitzen.« Meine Begleiter waren überzeugt, daß die Duru Ernst machen würden. Selbst wenn ich anderer Ansicht gewesen wäre, hätte ich mich ihrem Rat beugen müssen, war ich doch von ihnen abhängig. Auf Muhammads Frage, was ich dazu meine, erwiderte ich also: »Wir sollten morgen abreisen.«

Huaishil stieß 130 Kilometer weiter westlich in der Wüste wieder zu uns. Er erzählte uns, Ali bin Hilal habe sich einverstanden erklärt, mich durch sein Land reisen zu lassen. Seine Verzögerung erklärte er damit, daß er in Alis Lager abgewartet habe, bis sich der Wind gelegt hatte. Ich war wütend, daß er nicht früher zurückgekommen war, schwieg aber, da ich ihn mir nicht zum Feind machen wollte. Er versprach, uns am nächsten Morgen zum Wadi al-Amairi zu führen.

Wir hatten Südwind gehabt, aber am nächsten Morgen tobte wieder der Nordost-Sturm, der von den schneebedeckten Hochländern Zentralasiens kam und eine Menge Sand von den umliegenden Dünen mit sich führte. Den ganzen Tag über saßen wir schutzlos in einem rötlichen Nebel, halberstickt von den Sandkörnern, die, bis zu einer Höhe von fast drei Metern aufgewirbelt, in Augen, Nasen und Ohren drangen, zwischen unseren Zähnen knirschten und auf unserer Haut brannten. Von Stunde zu Stunde wurde unsere Lage qualvoller und unerträglicher. Der Sonnenuntergang brachte uns Erlösung, der Wind ließ nach, und die Sterne tauchten auf. Am nächsten Morgen bemerkte ich, daß die Kämme der Dünen sich ein wenig verändert hatten, das Gesamtbild war jedoch das gleiche geblieben. Diese Sandstürme Südarabiens müssen im Vergleich zu denen der Sahara geradezu harmlos sein. Ein Sandsturm, in den ich auf meinem Wege nach Tibesti geraten war, scheint mir weit ärger gewesen zu sein als alle Sandstürme, die ich im Leeren Viertel erlebt habe. Aber selbst hier führen die Sandstürme mitunter zu furchtbaren Katastrophen. Bin Tahi erzählte mir von Raschid, die Räuber in eine ihnen unbekannte Sandwüste verfolgt hatten und zugrunde gegangen waren, als ein Sandsturm die Spuren verwehte.

Wir reisten durch die Sande zurück und kamen dann über Kiesebenen. Die Landschaft ähnelte jener, die ich schon kannte. Im Wadi al-Aswad begegneten wir einigen Duru, von denen einer an Fieber litt. Ich vermutete Malaria und gab ihm Chinin und Aspirin. Am nächsten Tag jedoch hatte Bin Kabina einen ähnlichen Fieberanfall. Um ihm Ruhe zu gönnen, blieben wir, wo wir waren. Am nächsten Morgen waren Bin Ghabaisha, Bin Tahi und einer der Duru Huaishils krank. Langsam zogen wir weiter, da unsere Wasservorräte zur Neige gingen. Am Abend, bevor wir ins Wadi al-Amairi kamen, hatte auch ich hohes Fieber und tobendes Kopfweh, aber da unsere Wasservorräte ausgegangen waren, konnten wir nicht haltmachen. Am nächsten Tag war ich so krank, daß ich mich nur mit äußerster Mühe im Sattel halten konnte. Dabei mußte ich während des Reitens fortgesetzt unsere Richtung mit dem Kompaß aufzeichnen und die Länge der einzelnen Wegstücke vermerken. Überdies mußte ich den Namen jedes Flußbetts, das wir durchquerten, festhalten. Andernfalls wäre der Faden meiner Route unterbrochen worden, und das wäre nicht mehr gutzumachen gewesen. Wir brauchten fünf Stunden, um das Wadi al-Amairi zu erreichen. Als wir uns dem Brunnen näherten, gaben einige Duru Schüsse auf uns ab, aber Huaishil ritt auf sie zu und sprach mit ihnen. Bin Kharas hatte ihnen unser Erscheinen angekündigt, und zunächst verhielten sie sich feindselig. Huaishil konnte sie jedoch dazu überreden, uns weiterziehen zu lassen. Zwei Tage später fieberte ich nicht mehr, war aber so schwach, daß ich an nichts mehr Interesse hatte und nur noch in Ruhe gelassen zu werden wünschte. Ich nehme an, daß wir alle die Grippe gehabt haben. Später erfuhren wir, daß in Oman eine Epidemie mit mehreren Todesfällen geherrscht hatte. Es war das einzige Mal in all den Jahren meines Aufenthalts in Arabien, daß ich krank wurde.

Drei Tage später kampierten wir am Fuß der steinigen Vorberge 16 Kilometer südwestlich von Izz. Huaishil und al-Djabari erkundigten sich bei Sulaiman bin Hamyar in Tanuf, ob ich ihm meine Aufwartung machen dürfe. Nach drei Tagen kehrten sie mit der Nachricht zurück, Sulaiman habe mich nach Birkat al-Mauz eingeladen. Auf dem Rückweg hatten sie jedoch feststellen müssen, daß meine Anwesenheit allgemein bekannt geworden war. Als sie in der Stadt Bahlah eine Mahlzeit einnehmen wollten, hatten ihnen die Einwohner die Türen vor der Nase zugeworfen. Huaishil hatte sofort durch einen Boten Sulaiman um Hilfe gebeten und war dann weitergeeilt, um uns zu warnen. Er wußte zu berichten, der Imam habe Verfolger nach uns ausgeschickt, die nicht mehr weit seien, und riet uns, das Tal zu durchqueren und oberhalb des Dorfes Mamur zu kampieren, wo wir uns auf seinem Grund und Boden befänden. Dort stießen einige Djanaba zu uns, die mich im Vorjahr begleitet hatten, sowie einige Wahiba, die gekommen waren, um mich in ihr Land einzuladen.

Am nächsten Morgen berichteten unsere Kamelwachen, einhundert bewaffnete Städter hätten sich in einem nahegelegenen Flußbett versammelt, und kurze Zeit darauf erschienen vier dieser Männer in unserem Lager. Ihr Anführer, ein Sklave des Imams, hieß uns sofort umkehren, andernfalls ich auf Befehl des Imams getötet werden müsse. Huaishil antwortete, wir würden an Ort und Stelle bleiben, bis wir von Sulaiman Nachricht hätten. Sie erhoben heftigen Widerspruch. Bald darauf hörten wir sie laut darüber streiten, wer von ihnen mich erschießen und die dafür ausgesetzte Belohnung erhalten solle. Wir warnten sie daher, wir würden jeden, der uns zu nahe komme, niederschießen. Da ich *rabia* von den Duru, Djanaba und Wahiba bei mir hatte, hielt ich es für unwahrscheinlich, daß sie uns angreifen würden. Als die Lage sich schon aufs äußerste zuspitzte, erschien ein Bote von Sulaiman bin Hamyar mit der Nachricht, Sulaiman befinde sich auf dem Weg zu uns. Am Nachmittag traf er ein und schlug sein Lager im Dorf Mamur auf, einer Ansammlung von Hütten aus Palmwedeln und von zwei oder drei Lehmhäusern, die sich um eine kleine Moschee drängen. Dort traf ich ihn in einem Hof inmitten seines Gefolges und vieler Gefolgsleute des Imams. Er war ein großer Mann von dunkler Hautfarbe und mit einem langen schwarzen Bart, trug einen braunen goldbestickten Mantel aus feinstem Tuch, ein blütenreines weißes Hemd, hatte einen kostbaren Kaschmirschal um den Kopf gewunden und Sandalen an den Füßen. Sein Dolch war goldverziert. Ich hatte sofort den Eindruck einer mächtigen, wenn mir auch nicht sehr gewogenen Persönlichkeit. Sein Gebaren und das Verhalten seiner Gefolgsleute ließen darauf schließen, daß dieser Stammesscheich nicht auf Grund seiner Beliebtheit regierte, sondern ein Autokrat war, der unbedingten Gehorsam gewöhnt war. Kaum hatte man mir Datteln und Kaffee gereicht, nahm er mich auch schon mit ins Innere der Moschee und stellte einen Wachtposten am Eingang auf mit dem Befehl, niemanden einzulassen. Er war offensichtlich dem Imam böse, weil dieser seine Einladung nach Birkat al-Mauz verhindert hatte. Sein Zusammentreffen mit mir an diesem Ort war ein Affront gegen den Imam. Ich glaubte jedoch nicht, daß er es auf einen Streit ankommen lassen und mich mit in den Djebel al-Akhdhar nehmen würde. Ich hatte schon früher gehört, daß Sulaiman nicht dem engstirnigen Fanatismus der meisten Stadtbewohner Omans huldigte und sich für die Erfindungen des Westens interessierte, die er sich auch zunutze machen wollte. Seine unorthodoxe Einstellung und sein offenkundiger Ehrgeiz machten ihn dem Imam verdächtig.

Mir war bald klar, daß der Imam berechtigten Anlaß zum Mißtrauen hatte. Nach kurzen einleitenden Worten rückte er auf dem kleinen Gebetsteppich, auf dem wir saßen, näher an mich heran und erklärte mir flüsternd, er wünsche von der britischen Regierung in gleicher Weise wie die Scheichs der Piratenküste als unabhängiger Herrscher des Djebel al-Akhdhar anerkannt zu werden. Ich erwiderte, ich könne ihm in dieser Angelegenheit nicht helfen, da ich ein Reisender ohne offizielle Stellung sei und mich lediglich zur Erforschung des Djebel al-Akhdhar hier befinde. Er sagte: »Wenn es dir gelingt, daß mein Wunsch erfüllt wird, dann komm zurück, und ich werde dich führen, wohin du willst.« Ich wies darauf hin, daß ich bei meiner Abreise Schwierigkeiten zu befürchten habe, da mein Lager von den Gefolgsleuten des Imams umzingelt sei, und er antwortete: »Reise morgen früh. Ich werde noch einen Tag hierbleiben und dafür sorgen, daß dich niemand verfolgt.«

Ich war enttäuscht darüber, nun, da ich den Djabal al-Akhdhar fast erreicht hatte, wieder umkehren zu müssen, denn ich hätte viel darum gegeben, diesen Berg zu erforschen. Ich wußte jedoch, daß es keinen Sinn hatte, es im folgenden Jahr noch einmal zu versuchen. Solange ich durch die Wüste gezogen war, hatte ich, wenn ich aufgehalten wurde, stets aus den Eifersüchteleien der Stämme Nutzen schlagen oder mein Ziel von einer anderen Richtung her erreichen können. Die Raschid, die mich begleiteten, waren Bedu und fühlten sich in der Wüste selbst in jenen Gegenden zu Hause, die ihnen noch unbekannt oder deren Stämme ihnen feindlich gesinnt waren. Aber vom Djebel al-Akhdhar und den Arabern, die dort lebten, wußten sie nichts. Schon in Muwaiqih war ich mir darüber im klaren gewesen, daß ich in diesem Gebirge nur mit der Erlaubnis von Sulaiman bin Hamyar reisen konnte. Bis zu ihm war ich vorgedrungen, und er hatte mir die Erlaubnis verweigert.

Zehn Tage später waren wir wieder in Muwaiqih. Den letzten Teil der Reise hatten wir nachts zurückgelegt, um den Al bu Shams zu entgehen, die uns auflauerten. Ich blieb einige Tage bei Zayid und reiste dann nach Dubai weiter. Bin Kabina und Bin Ghabaisha nahm ich mit, da ich wußte, daß ich nicht mehr zurückkehren würde und die beiden bis zu meiner Abreise aus Arabien bei mir behalten wollte. Auf unserem Weg nach Dubai blieben wir eine Nacht in einem Öllager, das in der Nähe der Küste entstanden war, während ich mich in Oman befand. Der Lagerboß erzählte mir, die Bohrungen würden in Kürze beginnen.

Glücklicherweise war Dubai, wo wir bei Edward Henderson und seinem Assistenten Ronald Codrai wohnten, noch ganz unverändert. Wieder unter meinen Landsleuten, erschien mir der Gedanke, Bin Kabina und Bin Ghabaisha in die Dienstbotenquartiere zu verbannen, vollkommen unmöglich. Im Öllager hatte man ihnen nicht gestattet, das leere Zelt, das man mir im »Europäischen Viertel« zugewiesen hatte, mit mir zu teilen, und ich hatte daher die Nacht mit ihnen im »Eingeborenenviertel« verbracht. Henderson und Codrai waren jedoch durchaus gewillt, sie als ihre Gäste zu behandeln, und wiesen uns ein gemeinsames Zimmer zu. Henderson fragte mich, wie er es mit den Mahlzeiten halten solle, und ich schlug ihm vor, keinerlei Änderungen zu treffen. Als wir uns zum Mittagessen setzten, sagte ich zu Bin Kabina: »Solange ich mit euch in der Wüste war, habe ich gelebt und gegessen wie ihr. Nun seid ihr unsere Gäste und müßt euch so benehmen, wie wir es tun.« Sie beobachteten genau, wie wir Messer und Gabel benutzten, und sie konnten es uns ohne jede Mühe nachmachen. Sie waren weit weniger verlegen als die meisten Engländer, die zum erstenmal mit den Händen essen. Später sagte ich zu ihnen: »Eure Gastgeber wünschen, daß euch nichts mangelt, solange ihr hier seid. Daher lassen sie euch durch mich fragen, ob ihr lieber unsere Speisen essen oder arabische Mahlzeiten haben wollt.« Bin Kabina lächelte und sagte: »Es wäre uns zwar bequemer, und wir würden mehr essen können, wenn wir unsere gewohnten Mahlzeiten bekämen, aber wenn das Mühe macht, behalte das, bitte, für dich, Umbarak. Wir kennen eure Gebräuche nicht, und du mußt uns jetzt helfen, wie wir dir in der Wüste geholfen haben.«

An diesem Abend speisten wir mit dem Scheich von Dubai auf dem gegenüberliegenden Ufer der Bucht. Der Bursche, den ich gemietet hatte, damit er uns mit seinem Boot übersetzte, fragte, ob er warten solle. Ich sagte ihm, er möge uns um zehn Uhr abholen. Als wir wieder am Landungssteg standen, sagte Bin Ghabaisha plötzlich: »Umbarak, wir haben etwas Schreckliches gemacht.« Und auf meine erstaunte Frage erklärte er: »Wir haben vergessen, etwas zum Essen für unseren Reisegefährten mitzunehmen.« Ich wußte nicht, wen er denn meinte, und er antwortete: »Den Knaben, der uns hierher gerudert hat.« Ich versicherte ihm, daß er nichts dergleichen erwarte und daß die Sitten der Stadt anders seien als die Sitten der Wüste. Aber Bin Ghabaisha schüttelte den Kopf und sagte: »Wir sind Bedu, und er war unser Reisegefährte. Er hat uns hierher gebracht, und wir haben ihn vergessen. Wir haben uns schlecht benommen.«

Am ersten Tag unseres Aufenthalts schloß Bin Kabina sich versehentlich in einem Zimmer ein und konnte erst wieder heraus, als ich durch sein heftiges Klopfen an der Wand darauf aufmerksam wurde. Aber bald fühlten meine Begleiter sich wie zu Hause, spielten mit dem Radio und benutzten Hendersons Grammophon. Henderson und Codrai bewiesen ungeheure Langmut und verloren sie auch dann nicht, als meine Gefährten im Morgengrauen in ihre Schlafzimmer platzten, mit ihren Kamelstecken auf die Betten ihrer Gastgeber einhieben und dazu fröhlich schrien: »Aufgestanden und gebetet! Aufgestanden und gebetet!«

Eines Morgens kamen sie, noch vor dem Frühstück, in höchster Aufregung von einem Besuch des Suk zurück. Während sie ihre Patronengurte umschnallten, erzählten sie mir, der Scheich von Shardja habe einen ihrer Stammesbrüder verhaften lassen und sie müßten ihm sofort zu Hilfe eilen. Ich erkundigte mich, wie sie in das 18 Kilometer entfernte Shardja kommen wollten, und Bin Ghabaisha sagte: »Wir werden ein Taxi mieten! Gib uns Geld! Du weißt, wieviel ein Taxi kostet.« Ich schlug ihnen vor, doch zu warten und mit dem Laster nach Shardja zu fahren, den Henderson am späten Nachmittag dorthin schicken wollte. Aber sie hatten keine Geduld: »Wir können nicht warten, wir müssen sofort fahren. Sage Henderson, er solle den Laster jetzt schikken.« Ich fragte: »Wer ist der Mann? Kenne ich ihn? Wie heißt er?« Bin Kabina antwortete: »Ich kenne seinen Namen nicht, aber er ist ein Stammesbruder. Genügt das nicht?« »Ist er ein Raschid?« »Nein, er ist ein Sharaifi.« Ich kannte die Stammesgenealogie inzwischen soweit, um zu wissen, daß dieser kleine und unbedeutende Stamm nur ganz weitläufig mit den Raschid verbunden war. Aber Bin Ghabaisha sagte: »Was hat das zu sagen? Er ist ein Stammesbruder und befindet sich in Schwierigkeiten. Wir müssen ihm helfen. Sollen wir ihn vielleicht im Stich lassen, Umbarak, wo doch sonst keiner da ist, der helfen könnte?«

Sie fuhren auf dem Laster davon und kamen am Abend wieder zurück. Der Mann war freigelassen worden, noch ehe sie Shardja erreicht hatten.

Da sie mit dem Automobil nach Dubai gekommen waren, hatten sie keine Kamele, um die sie sich kümmern mußten, und eine Weile lang genossen sie diesen ungewohnten Zustand, der ein neues Gesprächsthema abgeben würde, wenn sie wieder in der Wüste waren. Einstweilen empfanden sie es als angenehm, satt und ohne jede Beschäftigung herumzusitzen, durch den Suk zu schlendern und mit den Budenbesitzern zu schwatzen. Ich fragte Bin Kabina, ob er immer hier leben möchte, und erhielt zur Antwort: »Nein, das ist kein Leben für einen Mann. Was gibt es hier schon zu tun?« Und mir fiel auf, daß sie bei ihren abendlichen Gesprächen lieber von der Wüste sprachen als von den Dingen, die sie tagsüber gesehen hatten.

Man hat mich oft gefragt: »Weshalb leben die Bedu in der Wüste unter den furchtbaren Bedingungen, die Sie schildern? Weshalb verlassen sie die Wüste nicht, um anderswo ein leichteres Leben zu führen?« Und ich stieß fast immer auf Unglauben, wenn ich antwortete: »Sie leben aus freien Stücken in der Wüste.« Es steht außer Frage, daß die großen Bedu-Stämme Syriens die weit schwächeren Bauern am Rand der Wüste jederzeit hätten enteignen und ihre Äcker übernehmen können. Statt dessen lebten sie weiter als Nomaden in der Wüste. Dies war das Leben, das sie liebten. In Damaskus hatte ich häufig die Rualla besucht, wenn sie im Sommer an den Brunnen vor der Stadt lagerten. Sie forderten mich auf, sie auf ihrer jährlichen Wanderschaft zu begleiten, die sie südwärts nach dem Nedjd führte, sobald man nach dem Herbstregen auf die Weideplätze ziehen konnte. Nur in der Wüste, sagten sie, kann ein Mann seine Freiheit finden. Die gleiche Sehnsucht nach Freiheit muß jene Stämme beseelt haben, die zur Zeit der arabischen Eroberungen Ägypten betraten und dann jenseits des Niltals wieder weiter in die unendliche Wüste zogen, die grünen Felder, die Palmenhaine, den Schatten, das plätschernde Wasser und all den Luxus hinter sich ließen, den sie in den eroberten Städten vorgefunden hatten.

Da ich wußte, daß ich nicht wiederkommen würde, gab ich Bin Kabina und Bin Ghabaisha den Rat, sobald es kühler werde, in ihre Heimat im Süden zurückzukehren. Sie hatten sich bereits viele Blutfehden aufgehalst, und ich befürchtete, man würde sie umbringen, wenn sie hierblieben. Im folgenden Jahr erfuhr ich, daß Bin Kabina seine Kamele eingesammelt hatte und nach Habarut zurückgegangen war. Bin Ghabaisha jedoch blieb an der »Piratenküste«, und sein Ruf wurde immer schlimmer. Henderson schrieb mir, er sei in den frühen Morgenstunden geweckt worden und habe auf seiner Türschwelle den Asyl heischenden Bin Ghabaisha mit einem Schwerverwundeten im Arm vorgefunden. Die beiden hatten am Rande der Stadt Kamele geraubt. Henderson schickte den Verwundeten ins Krankenhaus nach Bahrain, und Bin Ghabaisha begleitete ihn. Zwei Jahre später ersah ich aus einem Bericht des britischen Residenten, daß es dem Scheich von Shardja endlich gelungen war, »den berüchtigten Briganten Bin Ghabaisha, den Begleiter Thesigers, zu fangen«, und daß er entschlossen sei, nun ein Exempel zu statuieren. Mit großer Erleichterung erfuhr ich kurz darauf, daß der Scheich ihn auf ein Ultimatum der Raschid und der Awamir hin hatte laufen lassen.

Eines Abends kam der Political Officer, der Noel Jackson abgelöst hatte, zum Essen. Er nahm mich beiseite und sagte: »Tut mir leid, Thesiger, aber ich muß mich einer ziemlich peinlichen Pflicht entledigen. Der Sultan von Maskat, Seine Hoheit Sayid Sa'id bin Taimur, hat verlangt, daß wir Ihnen das Visum nach Maskat ungültig machen. Ich bin beauftragt, dies zu tun. Darf ich Sie um Ihren Paß bitten.« Ich antwortete: »Schon recht. Ich verstehe vollkommen. Aber Sie müssen wissen, daß ich niemals ein Visum für Maskat hatte.«

Wenn wir auch während des Abendessens Witze über ein Visum für Nizwa machten, war mir klar, daß es nicht mehr lange dauern würde, bis man sogar für Reisen in das Leere Viertel ein Visum nötig hätte. Schon jetzt würde ich wohl nicht mehr dorthin zurückkehren können. Um in die Sande zu gelangen, müßte ich nun von einer anderen Stelle der Küste aus losziehen, in Oman oder in Dhofar durfte ich mich nicht mehr blicken lassen. Selbst wenn ich an der »Piratenküste« an Land ginge, würde meine Anwesenheit den dortigen Residenten vermutlich in große Verlegenheit bringen. Ich erinnerte mich nun, daß mir die Regierung von Aden im vergangenen Jahr, als ihr bekannt wurde, daß ich wieder eine Reise vorbereite, ein Telegramm geschickt hatte, in dem sie mir riet, in meinem eigensten Interesse sa'udi-arabisches Gebiet nicht zu betreten. Obgleich ich dort weder politische noch wirtschaftliche Interessen verfolgte, glaubte fast niemand, daß ich lediglich zu meinem eigenen Vergnügen herumreiste, und vor allem glaubten es weder die amerikanischen Ölgesellschaften noch die sa'udi-arabische Regierung. Ich war mir bewußt, daß ich meine letzte Reise im Leeren Viertel gemacht hatte und daß ein Abschnitt meines Lebens zu Ende war. In der Wüste hatte ich gefunden, wonach ich mich gesehnt hatte, und ich wußte, daß ich dies alles nie mehr wiederfinden würde. Aber das war nicht mein einziger Kummer. Ich war mir darüber klar, daß die Bedu, mit denen ich gelebt hatte und gereist war und in deren Gesellschaft ich mich wohlgefühlt hatte, dem Untergang geweiht waren. Manche Menschen sind der Ansicht, es wird den Bedu in Zukunft besser gehen, da sie die Entbehrungen und die Armut der Wüste gegen die Sicherheit einer materialistischen Welt eintauschen werden. Ich teile diese Ansicht nicht. Ich werde nie vergessen, wie oft ich mir diesen analphabetischen Hirten gegenüber armselig vorgekommen bin, weil sie soviel großzügiger, soviel mutiger, ausdauernder, geduldiger und ritterlicher waren als ich. Bei keinem anderen Volk der Erde habe ich je ein ähnliches Gefühl der Minderwertigkeit verspürt.

Als Bin Kabina und Bin Ghabaisha am letzten Abend die wenigen Habseligkeiten, die sie erstanden hatten, in ein Bündel schnürten, meinte Codrai: »Es ist doch eigentlich zum Weinen, daß das ihr ganzer Besitz ist.« Ich verstand, was er meinte, ich hatte oft genauso empfunden. Dennoch wußte ich, daß die Menschen nicht an der Härte ihres Daseins zugrunde gehen würden, sondern nur an der Langeweile und Ohnmacht, die sie empfanden, wenn sie diesem Leben entsagen müßten. Die Tragödie bestand darin, daß die Entscheidung darüber nicht bei ihnen lag. Wirtschaftliche Faktoren, die sich ihrem Einfluß entzogen, würden sie schließlich in die Städte treiben, wo sie dann als »ungelernte Arbeiter« an den Straßenecken lungerten.

Der Lastkraftwagen fuhr nach dem Frühstück vor. Zum letztenmal umarmten wir einander. Ich sagte: »Zieht in Frieden!« Und sie antworteten wie aus einem Mund: »Bleib in Gottes Hut, Umbarak!« Dann kletterten sie auf einen Stapel Petroleumfässer und hockten sich neben einen Flüchtling aus Palästina, der ölverschmierte blaue Leinenhosen trug. Wenige Minuten später waren sie hinter einer Wegbiegung verschwunden. Ich war froh, als Codrai mich zum Flugplatz in Shardja brachte. Als das Flugzeug sich über der Stadt in den Himmel schraubte und Kurs auf das Meer nahm, wußte ich, was es heißt, in die Verbannung gehen zu müssen.

Die arabischen und botanischen Bezeichnungen der in diesem Buch erwähnten Ppfanzen

Abal	Calligonum sp.
Ailqi	Dipterygium glaucum Decne.
Arad	Salsola cyclophylla Bak.
Birkan	Limeum arabicum Friedr. and L. indicum Stocks
Ghaf	Prosopis spicigera L.
Had	Cornulaca monacantha Del.
Harm	Zygophyllum spp.
Harmal	Rhazya stricta Decne.
Ilb	Ziziphus spina-christi (L.) Willd., Christusdorn
Karia	Heliotropium digynum (Forsk.) Aschers ex. C. Christens.
Qassis	Cyperus conglomeratus Rottb.
Rahath	Eremobium aegyptiacum (Spreng.) Rochr.
Rimram	Heliotropium Kotschyi (Bunge) Gürke
Sadan	Neurada procumbens L.
Saf	Nannorhops arabica Burret, Zwergpalme
Shina	Seidlitzia rosmarinus (Ehrenb.) Boiss.
Zahra	Tribulus spp.

Meine wichtigsten Begleiter auf den einzelnen Reisen

1945–46

Von Salala nach Maghshin

Salim Tamtaim Sultan Musallim bin Tafl Mabkhaut	vom Stamm der Bait Kathir

Von Salala nach Hadramaut

Sultan Musallim bin Tafl	vom Stamm der Bait Kathir
Musallim bin al-Kamam Salim bin Kabina	vom Stamm der Raschid

1946–47

Erste Durchquerung des Leeren Viertels

Salim Tamtaim Musallim bin Tafl Sultan Mabkhaut Bin Turkia Bin Anauf, Sohn von Bin Turkia Sa'id	vom Stamm der Bait Kathir

Salim bin Kabina
Muhammad al-Auf
Amair
Mahsin
Salim bin Mautlauq
Bin Shuwas
} vom Stamm der Raschid

Von Salala nach Makalla

Bin Kalut
Musallim bin al-Kamam
Muhammad, Sohn von Bin Kalut und Halbbruder von Salim bin Kabina
Salim bin Kabina
Salim bin Ghabaisha
} vom Stamm der Raschid

Salim bin Mautlauq
Mabkhaut
Bin Turkia
Bin Anauf
} vom Stamm der Bait Kathir

Bin Duailan, Spitzname »Die Katze« — vom Stamm der Manahil

1947–48

Zweite Durchquerung des Leeren Viertels

Salim bin Kabina
Salim bin Ghabaisha
Muhammad
Amair
} vom Stamm der Raschid

Salim
Sadr
} vom Stamm der Sai'ar

1948–49

Reise nach Liwa

Salim bin Kabina Salim bin Ghabaisha Musallim bin al-Kamam Amair Bin Tahi	vom Stamm der Raschid

Reise durch Oman

Salim bin Kabina Musallim bin al-Kamam Bin Tahi	vom Stamm der Raschid
al-Djabari Mahalhal	vom Stamm der Awamir
Hamaid	vom Stamm der Mahra
Salim bin Habarut	vom Stamm der Djanaba
Ahmad Sultan	vom Stamm der Wahiba
Yasir	vom Stamm der Djanaba
Huashil	vom Stamm der Duru

1949–50

Reise in Oman

Salim bin Kabina Salim bin Ghabaisha Muhammad Bin Tahi	vom Stamm der Raschid
al-Djabari	vom Stamm der Awamir
Huashil	vom Stamm der Duru

Register

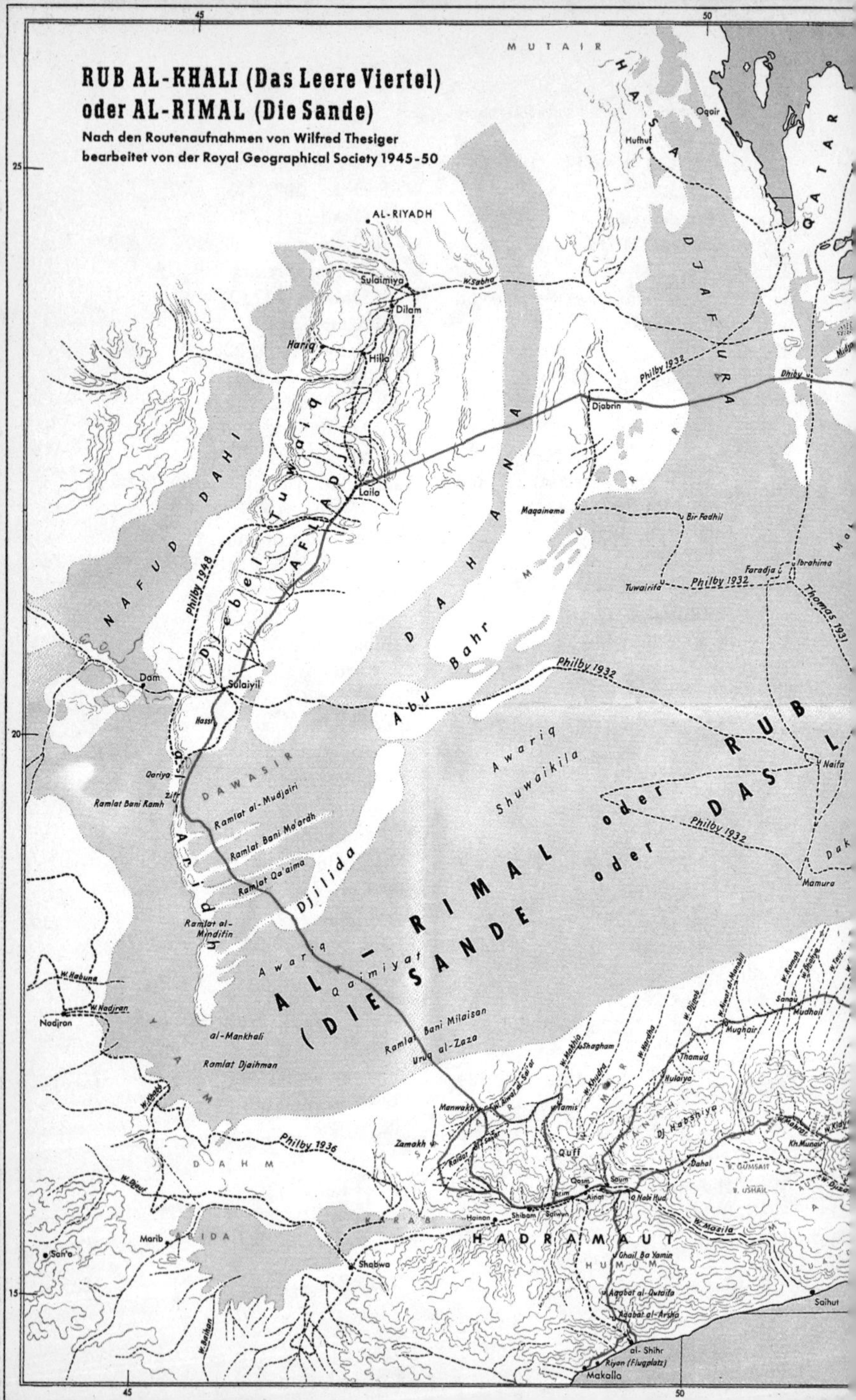
RUB AL-KHALI (Das Leere Viertel)
oder AL-RIMAL (Die Sande)
Nach den Routenaufnahmen von Wilfred Thesiger
bearbeitet von der Royal Geographical Society 1945-50
MUTAIR
HASA
QATAR
Oqair
Hufhuf
AL-RIYADH
DJAFURA
Sulaimiya
W. Sabha
Dilam
Hariq
Hilla
Philby 1932
Dhiby
Djabrin
Laila
NAFUD DAHI
Djebel Tuwaiq
AFLADJ
DAHANA
Maqainama
Bir Fadhil
Ibrahima
Faradja
Tuwairifa
Philby 1948
Thomas 1931
Abu Bahr
Dam
Sulaiyil
Hassi
Qariya
Zifr
Ramlat Bani Ramh
DAWASIR
Ramlat al-Mudjairi
Ramlat Bani Ma'ardh
Ramlat Qa'aima
Djilida
Awariq
Shuwaikila
RUB AL
DAS L
Naifa
Mamura
AL-RIMAL oder
(DIE SANDE) oder
Ramlat al-Mindifin
Awariq
Qaimiyat
W. Habuna
W. Nadjran
Nadjran
al-Mankhali
Ramlat Djaihman
Ramlat Bani Milaisan
Uruq al-Zaza
W. Khabb
Manwakh
Zamakh
Philby 1936
DAHM
W. Djauf
Marib
Sana
ABIDA
KARAB
Hainan
Shibam
Saiwun
Tarim
Qasm
Ainat
Saum
Quff
Thamud
Hulaiya
Mughair
Mudhail
Sanau
Dj. Habshiya
Kh. Munair
Dahal
Nabi Hud
HADRAMAUT
W. Masila
HUMUM
Ghail Ba Yamin
Shabwa
Aqabat al-Qutaifa
Aqabat al-Arsha
al-Shihr
Riyan (Flugplatz)
Makalla
Saihut
W. Baihan
45
50
25
20
15

55
60
25
20
15
PERSISCHER
GOLF
GOLF VON
OMAN
Ras al-Khaima
Umm al-Quwain
Shardja
Dibai
Khaur Fakan
Kalba
Abu Dhabi
Al Sohar
Buraimi
Khaburah
MASKAT
Ras al-Hadd
Sur
al-Taff
Bainuna
Liwa
Bidia
Ramlat al-Hamra
AWAMIR
BANI YAS
Ramlat al-Rabadh
Qusaiwara
Umm al-Zamul
Uruq al-Shaiba
Bin Saidan
Khaur Sabakha
RASCHID
AWAMIR
MANAHIL
Umm al-Samim
Uruq Bu Maraikha
Uruq bin Tamaisha
Ramlat al-Ghafa
KHALI
VIERTEL
Ibri
Nazwa
Sharqiya
Wahiba
Sande
Nafi
Masira
Qarat al-Kibrit
Qurn Sahma
Muqaibara
Al Huqaf
Khaluf
Raqi
Sahma
Khaur bin Atarit
Bir Halu
Sabkhat Midjora
RASCHID
Maghshin
HARASIS
Bai
Ghonat
Khaur Wir
Umm al-Hait
Shisur
Kuria Muria
Andhur
Dj. Samhan
Djebel Qamar
Salala
Ghaidat al-Mara
Ras Fartak
INDISCHER OZEAN
0
50
100
150
200 km
KARAB Stämme
W. Thesigers Routen
Brunnen
Dörfer
Salzpfannen
Sandwüste
55

Piper Panoramen der Welt

Rolf Ackermann
8mal Sardinien
224 Seiten mit 16 Fotos. Serie Piper 5109

Fritz René Allemann
26mal die Schweiz
Panorama einer Konföderation.
619 Seiten mit 17 Fotos. Serie Piper 5106

Harald R. Bilger
111mal Südafrika
Überarb. Auflage. 377 Seiten mit 35 Fotos. Serie Piper 5102

Fritz Böhm
6mal Prag
280 Seiten mit 25 Fotos von Werner Neumeister.
Serie Piper 5119

Raymond Cartier
50mal Amerika
Übersetzt aus dem Französischen von Leonore Schlaich/Max Harriès Kester.
519 Seiten mit 31 Fotos. Serie Piper 5101

Rudolph Chimelli
9mal Moskau
231 Seiten mit 19 Fotos. Serie Piper 5113

Gerhard Dambmann
25mal Japan
Weltmacht als Einzelgänger.
335 Seiten mit 22 Fotos. Serie Piper 5104

PIPER

Piper Panoramen der Welt

Willy Guggenheim
30mal Israel
Überarb. und aktualisierte Neuausgabe.
461 Seiten mit 30 Fotos. Serie Piper 5108

Erich Helmensdorfer
54mal Ägypten
Erweiterte und aktualisierte Auflage.
326 Seiten mit 28 Fotos. Serie Piper 5115

Gebhard Hielscher
38mal Korea
505 Seiten mit 13 Fotos. Serie Piper 5125

Arnold Hottinger
7mal Naher Osten
Überarb. und aktualisierte Neuausgabe.
439 Seiten mit 16 Fotos. Serie Piper 5127

Toni Kienlechner
12mal Italien
458 Seiten mit 17 Fotos. Serie Piper 5110

Catherine Krahmer / Josef Müller-Marein
21mal Frankreich
442 Seiten mit 22 Abbildungen. Serie Piper 5103

Rudolf Walter Leonhardt
77mal England
Panorama einer Insel.
442 Seiten mit 33 Fotos. Serie Piper 5112

Eka von Merveldt
4mal Florenz
Überarbeitete Neuausgabe.
383 Seiten mit 20 Fotos. Serie Piper 5130

Piper Panoramen der Welt

James Morris
3mal Venedig
Aus dem Englischen von Hermann Stiehl und Christian Röthlingshöfer.
365 Seiten mit 21 Fotos. Serie Piper 5136

Frank Niess
20mal Kuba
413 Seiten mit 25 Fotos. Serie Piper 5140

Urs Schoettli
5mal Pakistan
224 Seiten mit 12 Fotos. Serie Piper 5139

Rüdiger Siebert
5mal Indonesien
Annäherung an einen Archipel.
531 Seiten mit 32 Fotos. Serie Piper 5116

Rüdiger Siebert
3mal Philippinen
Das andere Asien. 394 Seiten mit 30 Fotos.
Serie Piper 5131

Walter Tauber
25mal Brasilien
398 Seiten mit 29 Fotos. Serie Piper 5133

Klaus Viedebantt
30mal Australien
Überarb. und aktualisierte Neuausgabe.
358 Seiten mit 29 Fotos. Serie Piper 5126

Günter C. Vieten
30mal Holland
219 Seiten mit 18 Fotos. Serie Piper 5138

Piper 34/13c

PIPER